英国教育史研究丛
易红郡　主编

延续与新变

英国斯图亚特时期贵族教育研究

赵　森　著

CONTINUITY AND CHANGE

A Study of the Education of the Aristocracy in the Stuart Period in England

河北大学出版社
·保定·

出 版 人：刘相美
选题策划：何　东
责任编辑：李　达
装帧设计：赵　谦
责任校对：陈浩苏
责任印制：常　凯

图书在版编目（CIP）数据

延续与新变 ：英国斯图亚特时期贵族教育研究 / 赵森著．-- 保定 ：河北大学出版社，2024．12．--（英国教育史研究丛书 / 易红郡主编）．-- ISBN 978-7-5666-2308-9

Ⅰ．G556.19

中国国家版本馆 CIP 数据核字第 20240V0A70 号

YANXU YU XINBIAN
YINGGUO SITUYATE SHIQI GUIZU JIAOYU YANJIU

出版发行：河北大学出版社
地址：河北省保定市七一东路2666号　邮编：071000
电话：0312-5073003　0312-5073029
网址：www.hbdxcbs.com
邮箱：hbdxcbs818@163.com
印　　刷：保定市正大印刷有限公司
幅面尺寸：170 mm × 240 mm
字　　数：360 千字
印　　张：25
版　　次：2024年12月第1版
印　　次：2024年12月第1次印刷
书　　号：ISBN 978-7-5666-2308-9
定　　价：99.00 元

如发现印装质量问题，影响阅读，请与本社联系。
电话：0312-5073023

总　序

本人在北京师范大学攻读博士学位期间（2000—2003），就选择了英国教育史作为自己的研究领域，后来陆续出版了几部关于英国教育史方面的著作。我从2013年起开始招收博士生，由于多年来是在教育原理方向招生，故首届招收的两名博士生没有从事英国教育史研究。后来，根据张斌贤教授、刘铁芳教授的建议，我开始有意识地要求学生选择英国教育史专题作为博士论文的选题，以便形成较为稳定的团队研究方向。在迄今毕业的博士生中，已有多位从事英国教育史研究，他们根据自己的专业兴趣选题，并已通过博士学位论文的答辩。这套丛书就是他们的研究成果汇集，研究领域涉及现代英语教育的变迁、英国幼儿学校的发展、英国大学开放教育、英国职前教师教育、英国学校音乐教育、英国中产阶级家庭教育、英国贵族教育、英国新大学等。此外，我的博士学位论文也纳入了这套《英国教育史研究丛书》。虽然2005年1月我的博士论文已由湖南教育出版社正式出版，但当时的发行量相当少，面世的仅有二三百册；2013年12月至2014年12月我在伦敦大学教育学院访学时，又找到了不少新的英文文献。因此，该书纳入这套丛书重新出版时进行了适当的扩充和完善。

目前国内教育史学界关于美国教育史的研究居多，研究成果也较为丰富，并且形成了以北京师范大学和河北大学为主的美国教育史研究基地。英国是位于西欧一隅的小岛国，它在人类文明史上具有重要地位。英国最早实现了工业化，成为近代大工业的先行者；英国最早实行政治变革，为西方民主制度树立了榜样。英国的教育同样引人注目，它既是当今世界教育强国之一，也是全球范围内最具吸引力的留学目的地之一。据统计，过去二十年我国赴英留学生的数量大幅增加，我国赴英留学生已成为非欧盟学生中的主力军，优质的教育质量是中国学生选择赴英留学的重要动机。当今英国教育发展，与其教育传统及变革密不可分，研究英国教育的历史和传统，有助于我们更深刻地认识英国教育的特质以及英国教育走向现代化的机制。然而，目前国内关于英国教育史的研究略显不足，相关成果并不多见，类似的研究丛书似乎没有。《英国教育史研究丛书》的出版，不仅弥补了这方面的不足，为外国教育史学科建设贡献微薄之力，而且能为我国教育改革和发展提供一些历史参照。由此可见，无论从出版价值、社会效益还是理论意义而言，《英国教育史研究丛书》的出版都是一种有益的探索。

这套丛书首次出版时包括以下八册。

易红郡著的《从冲突到融合：20 世纪英国中等教育政策研究》。该书将教育史研究和政策分析相结合，将 20 世纪英国中等教育政策发展划分为三个不同的时期，从教育政策的角度详尽、系统地研究了不同时期英国中等教育的历史变迁，并从政治学、社会学、经济学、历史学、文化学等方面，着重分析了 20 世纪以来不同时期英国中等教育政策的变动与得失，总结英国中等教育发展的经验，探讨影响英国中等教育政策形成的内外因素及其内在机制。

稂建中著的《从民族性到全球化：英国"现代英语"教育的变迁研究》。该书主要从英格兰民族国家的建立、民族文学的发展和民族语言的形成等方面分析英国"现代英语"教育变迁的背景，重点探讨 16 世纪之后英国"现代英语"教育的民族特性以及 17 世纪之后英国"现代英语"教育的文化殖民特性；进而分析 18 世纪末和 19 世纪英国"现代英语"教育的全球化视野及其影响因素；最后从语言文化教育、民族身份教育和国家发展战略等维度，反思英国"现代英语"教育的价值及其局限性。

唐超著的《从个人实验到国家主导：19 世纪英国幼儿学校的发展研究》。该书将 19 世纪英国幼儿学校的发展历程分为四个阶段，分别是新拉纳克幼儿学校的实验（1800—1823）、民间幼儿学校运动的兴起（1824—1838）、民办公助下幼儿学校的推进（1839—1869）及国家主导下幼儿学校的普及（1870—1900），主要考察了不同阶段幼儿学校的教育实践及其发展特点。研究表明，19 世纪英国幼儿学校的性质是从民间慈善转变为国家福利，教育场所则经历了从家庭、教会到社会的转移，同时教育的内容也逐渐走向世俗化。

李慧迎著的《战后英国大学开放教育资源研究：基于质量文化的视角》。该书将战后英国大学开放教育资源的发展置于特定的历史背景之下，并以质量文化为分析视角，考察五种不同形式的开放教育及其开放教育资源，即海外办学中的开放教育资源、开放大学的开放教育资源、产业大学的开放教育资源、开放学习项目中的开放教育资源、慕课中的开放教育资源；进而分析其内部质量保障机制和内外部的质量评估过程；最后总结战后英国大学开放教育资源的特点及动因，从中得出对我国开放教育资源发展的启示。

周亦斌著的《传承与嬗变：英国都铎时期学校音乐教育的演进研究》。该书以英国都铎王朝时期（1485—1603）的主要学校为研究对象，首先考察了英国学校音乐教育的缘起（古希腊时期）、英国学校音乐教育的肇始（中世纪早期）以及英国学校音乐教育的变迁（中世纪晚期）；其次将英国都铎时期学校音乐教育的演进划分为恢复（1485—1547）、重构（1547—1558）及渐变（1558—1603）三个阶段，阐述了每一阶段学校音乐教育的形态及其成因；最后分析了英国都铎时期学校音乐教育演进的趋势，并总结其演进的特征。

赵森著的《延续与新变：英国斯图亚特时期贵族教育研究》。该书以英国斯图亚特王朝时期（1603—1714）的英国贵族为考察对象，首先追溯了斯图亚特时期之前英国贵族教育发展的历史源流与文化基础；其次在分析该时期英国贵族所处的政治、经济与文化背景基础上，进一步从历时性与共时性角度阐释了英国贵族的教育思想、教育场所与教育内容；最后揭示了该时期英国贵族教育的价值取向与性别差异，并且在强调其发展的继承性和创新性特征的基础上，分析了斯图亚特时期英国贵族教育发展所产生的历史影响。研究表明，随着教育现代化的发展，英国贵族教育的“装饰性”逐步让位于“实用性”，英国贵族孕育出的贵族精神、精英教育、道德教育仍是英国社会价值取向的风向标。

王宇遥著的《何以为“新”：英国新大学研究》。该书将英国新大学置于特定的历史背景之下，首先考察了新大学诞生的背景、原因及过程；其次通过探讨建筑设计的理念、实施及功能揭示了新大学建筑层面之“新”，并从经费、组织、教师与学生等角度阐述了新大学管理层面之“新”；最后重点探讨了新大学人才培养、科学研究与社会服务等职能之“新”。研究发现，新大学不仅在一定程度上解决了英国大学教育的过度专门化问题，加强了英国大学文理科之间的交流，而且促进了英国高等教育的大众化；但是，新大学也损害了其管理人员的研究权利，并迫使传统大学出现“职业漂移”。

陈瑶著的《维多利亚时期英国中产阶级家庭教育研究》。该书以维多利亚时期（1837—1901）英国中产阶级家庭教育作为研究对象，首先从家庭观、女性观、儿童观三方面分析了维多利亚时期英国中产阶级的价值观；其次从儿童的身体养育、精神陶冶、生活教育三方面再现了维多利亚时期英国中产阶级家庭教育的场景；最后从作为学校的家庭、作为社会组织的家庭两方面揭示了维多利亚时期英国中产阶级家庭的社会属性，并在此基础上进行了一些反思。研究表明，维多利亚时期英国中产阶级十分重视家庭教育，家庭承担着学校教育的职责，母亲和家庭女教师是重要的教育者，同时家庭也是社会阶层再生产的重要场所。

《英国教育史研究丛书》只是一个剪影，我们力图从不同的视角勾勒英国教育发展的历史轨迹；出版《英国教育史研究丛书》也是我们的一种尝试，后续有关英国教育史的研究成果也会纳入其中。我们希望能继续深化和推进这一领域的研究，期待得到外国教育史学界同人的指导，同时形成自己团队的研究特色。但由于我们的研究水平和能力有限，尤其是语言表达风格各异，丛书中还存在不少瑕疵，敬请各位学者和读者批评指正！

最后，感谢吴式颖先生、史静寰教授、张斌贤教授、杨汉麟教授、贺国庆教授、朱文富教授、肖朗教授、刘宝存教授、刘铁芳教授等在上述作者博士论文答辩过程中给予的悉心指导。感谢朱文富教授在这套《英国教育史研究丛书》出版过程中给予的大力支持。感谢河北大学出版社马力老师、何东老师的精心策划！

2023 年 9 月 1 日

目　录

导　　论

第一节　选题缘由

在英国教育史领域，系统考察贵族成长和受教育的过程是一个重要而有益的议题。贵族作为政治、战争和政府的领袖，不仅是英国文化的重要继承者，同时也是控制教会的强大势力。以往在评价中世纪对教育史的贡献时，人们通常把主要功劳归于教会和神职人员，对于贵族的教育贡献研究尚显不足。实际上，英国贵族阶层的贡献功不可没，他们将世俗的教育思想渗透到教会学校和大学，使其从专业培训中心转变为今天的自由教育机构。贵族以自身财富和地位优势促进了第一批关于育儿和教育政策的现代化研究。此外，贵族对音乐、舞蹈、武器训练、狩猎和射箭的热情，也促进了英国各类知识与技能教育的发展，其是英国现代教育与培训的先驱。

一、英国贵族教育研究较为薄弱

自5世纪盎格鲁-撒克逊（Anglo-Saxon）时代开始，英国贵族制度形成且延续至今，虽几度沉浮，但文化血脉从未中断，并且不断迸发出新的生命力。在不少危急时刻，贵族们引领国家摆脱困境，贵族阶层成为世界上延续时间久、对本国历史推动作用非常大的阶层，在世界史中独一无二。有学者指出，若读不懂英国贵族，则无法理解英国历史。[①] 英国贵族财产和爵位继承制度确保了贵族制度的延续及其对国家忠诚的品质。在文化塑造和社会影响方面，英国贵族十分强调良好的家风与道德修养，在建立一定门槛的贵族文化的同时，也保持开放性。实际上，贵族教育非单纯强调文化教育，而是注重将对品格和责任感的塑造、对政治和军事领域的关心和经验以及对领地事务的熟悉列为首要任务。英国贵族教育驰名世界，先后培养出一大批政界、商界和军界精英，他们用自身的行动坚强捍卫并巩固了英国悠久的历史传统和贵族精神。[②]

笔者通过梳理文献发现，我国有关英国贵族教育的研究均侧重某一主题，如公学研究、欧陆游学研究等。对于贵族教育的起源以及特定时期贵族教育的表现形式及其内容的研究较为分散，在教育史领域，鲜有贵族史研究，对于英国贵族教育史的研究则更少。尽管有部分硕士研究相关的贵族教育史，但其体量和内容均缺乏厚度和深度，对贵族教育的全貌未能有效展开。在世界史领域，有专门从事英国贵族研究的机构，但其研究的主题偏向宏大，贵族教育问题一般被夹在文化史当中，且直接论述贵族教育的篇幅十分有限，内容较为笼统，而这为本研究的开展提供了一定思路。

因此，通过对“斯图亚特时期”发展阶段的梳理与分析，有助于我们理解特定时间段内，特定国家区域的特定人群对于教育的目的诉求、规制及保障措施。透过历史维度对不同时间段内贵族教育的变迁进行梳理，更加有助于我们从宏观层面把握贵族教育的发展走向及趋势，从而进一步探究贵族教育变迁的历史背景、主要内容、教育成效，最终较为全面地审视英国贵族教育的整体发展概貌。

---

① 肖先明. 近代社会转型时期英国贵族文学形象的嬗变与道德价值的重塑［M］. 武汉：武汉大学出版社，2019：34-35.

② 管洪亮，李阳. 英国贵族是怎样炼成的？［N］. 光明日报，2013-10-31（11）.

二、英国贵族教育需要“正本清源”

之所以说英国贵族教育需要“正本清源”，是因为国内无论学界还是社会公众，长期以来对英国乃至整个欧洲贵族教育存在误解。他们只是一味地按照个人理解，认为贵族生活就是住别墅，挥金如土，花天酒地，对人呼之即来，挥之即去，衣来伸手，饭来张口，坐享其成，使唤仆人。① 实际上，这与理想的贵族精神背道而驰，充其量算作“暴发户精神”。贵族精神对于当今的欧洲，主要还是作为一种行为气质和个人修养而存在，最典型的便是泛化的绅士风度。

贵族教育培养学生的合作意识和自律精神。贵族精神的熏陶自始至终贯穿英国的教育体系。在英国备受推崇的贵族传统，伊顿公学 500 年的历史做了最典型的概括与诠释。世界著名的贵族学校要实行严格和艰苦的军事化训练，其学生甚至比普通学校的学生还要苦。② 真正的贵族富于自制力，拥有强大的精神力量，而这种精神力量需要从小培养。这也是在贵族学校里鲜有慵懒之气、怯懦之辈的原因。贵族精神代表尊严和品行。在西方，直到 18 世纪，贵族依然作为社会主流发挥着重要作用。直至今日，英国仍然在西方贵族社会转入平民社会后保留着贵族爵位及封号，资产阶级并未掀起否定、批判贵族文化的精神浪潮。与此同时，父母将子女送到贵族学校学习，通过为其佩戴贵族纹饰、徽章以及购买贵族头衔等方式，希望其全方位继承贵族的特有文化传统。英国公众普遍认为，贵族精神代表了一种尊严，一种高超

---

① 黄思记，李申申. 论当前道德及道德教育的症结：兼论世俗化进程中认知的偏颇与失误［J］. 河南大学学报（社会科学版），2015，55（1）：124-135.

② 黄思记，李申申. 论当前道德及道德教育的症结：兼论世俗化进程中认知的偏颇与失误［J］. 河南大学学报（社会科学版），2015，55（1）：124-135.

的品行。①

实际上，真正的贵族教育，有三个重要支柱：一是文化教养，抵御物欲主义的诱惑，不以享乐为人生目的，培育高贵的道德情操与文化精神；二是社会担当，作为社会精英，严于自律、珍惜荣誉、扶助弱势群体，担当起国家与社会的责任；三是自由灵魂，有独立的意志，在权力与金钱面前敢于说不，而且具有知性与道德的自主性，能够超越时尚与潮流，不为政治强权与多数人的意见所奴役。

三、英国贵族精神特质有待发掘

贵族精神起源于西方传统社会，由贵族阶层创造并经历史沉淀而成。可以说，贵族精神是英国上流社会的精髓，代表着勇敢尚武、崇尚正直的人生态度，优越的主人意识，强烈的社会责任感，矜持待人等诸多品质。但随着时代的发展，贵族精神不再是单一贵族的产物，正如《现代奥林匹克主义的哲学基础》所指出的，这里的贵族是不论出身而一律平等的贵族，是凭意志而炼成某种程度的肌体能力所划定的贵族。实际上，贵族文化本质上具有开放性，贵族精神并非专属于贵族，个体在拥有强壮身体、高贵精神和崇高品格后便会成为“精神贵族”。文化教养、社会担当、勇敢拼搏、自由上进等品质就是现代意义上的“贵族精神”。英国同西方很多国家一样，主要沿袭了中世纪的“骑士精神”——自制、克己、奉献、服务，时至今日也依然将其奉为圭臬。

实际上，贵族精神并非西方独有。我国历史上的贵族阶级，从春秋战国到秦代都是其黄金时期，亦为后世留下了很多让人受益匪浅的

① 中国作协创研部. 2014 年中国散文精选［M］. 武汉：长江文艺出版社，2015：358-359.

故事，如“季札挂剑”。中国历史上的贵族精神多体现为“君子精神”，所代表的仁爱、正义、礼仪、诚信、宽恕、恭敬、廉耻等传统美德，是中华文明的精髓。西方贵族精神与我国君子精神有许多共通点。在英国，形成了特有的贵族教育学校体系，如九大公学。与牛津大学和剑桥大学一样，哈罗公学和伊顿公学也长期处于竞争状态，哈罗公学被誉为贵族教育体系的明珠，伊顿公学被视为王室培训基地。以公学为代表的英国贵族教育，形成了许多可资借鉴的教育教学经验。第一，重视严格的管理制度、良好的校风和优良的传统；第二，重视古典文学，丰富绅士的文化底蕴；第三，重视学术课程，培养有学问的绅士；第四，重视非学术课程，培养责任感和意志力。英国贵族教育不仅使学生取得了优异的学术成绩，更重要的是培养了全面发展的人才，为英国社会政治、军事、经济、文化、外交和教育等各个领域输送了不少杰出人才。①

无论何时，人才培养质量始终是各级学校的生命线，这牵涉教育目标达成的效果。英国贵族阶层在教育文化方面的变革使其成功应对社会转型危机，不仅提升了整个阶层的文化素质，而且有效捍卫了其统治地位。无论世界格局多么复杂多变，教育文化水平都是衡量一个国家综合实力的要素之一，国民教育问题关乎一个民族的兴衰起伏。探究斯图亚特时期英国贵族阶层的教育变革，有利于从贵族精神富矿中挖掘文化教养、社会担当、勇敢拼搏、自由上进等现代智慧和力量。

---

① 蔡玲玉. 英国绅士文化对当前教育的启示［J］. 法制与社会，2016（26）：224-225.

第二节 研究问题

学术研究始于问题提出，研究目的在于解决问题。本研究将斯图亚特时期（1603—1714）英国贵族教育的发展变迁作为分析的对象，在通读相关史实资料后，试图从历史的视角入手分析。英国贵族教育经过中世纪晚期以及近代早期的转变，其教育形式和内容发生了巨大的变化。通过进一步研究发现，英国斯图亚特时期贵族教育的变迁实际上是贵族阶层维护其统治地位的手段。教育内容与方式的变化都反映了时代的社会矛盾，也充斥着贵族阶层维护自身利益的目的。因此，想要深刻认识英国贵族教育发展的动因，必须先回溯至斯图亚特王朝之前，了解英国贵族教育的发展概况以及当时的社会政治背景和国际经济格局，厘清隐藏在教育背后的内外因素。

一、社会变迁下斯图亚特时期英国贵族教育的嬗变历程

本研究以斯图亚特时期之前英国贵族教育的发展现状为出发点，首要研究的就是英国贵族教育的内容包括哪些。从品德教育、知识教育、宗教教育、军事教育、女子教育等主题进行拆解和综合，梳理出英国贵族教育的主要内容。同时，分析各内容分别反映了什么样的贵族精神传统，教育内容是否随着英国贵族的地位发生了变化以及贵族们如何通过教育内容变革改变自身处境，保障自身利益和国家社会发展。

二、斯图亚特时期英国贵族教育的历史特征

本研究研究的第二个问题便是英国贵族教育的特点。了解其特点，

需要对不同阶段的教育内容进行提炼，同时也需要结合各阶段英国贵族教育的发展背景，具体涉及政治、经济和社会背景。只有对斯图亚特时期英国贵族的教育活动、教育制度、教育思想和实践进行梳理和归纳，进而提炼出英国贵族教育发展的特征，并对教育目标、教育内容、教育方法呈现出阶段性特征予以梳理和提炼，才能更好地把握其发展的规律。

三、斯图亚特时期英国贵族教育与社会发展的互动关系

研究历史问题，自然不能忽略其历史的意义以及对当代的影响。关于英国贵族教育的发展意义，本研究拟从两个角度展开，一是贵族教育对英国社会发展的作用和意义，主要分析贵族教育对统治阶级和普通民众的影响，在“精英教育”为导向的基础上，尽可能梳理出贵族教育直接或间接地对普通教育产生的促进作用。二是贵族教育的发展对于英国贵族维护自身地位、发展社会财富以及传承精英文化起到了何种作用。

第三节　研究意义

“贵族”一词起源于古希腊，代表着“最优秀的人的统治”（rule of the best born）。可以说，英国贵族的命运反映了其统治集团发展的轨迹，英国王室的历史就是英国贵族的历史。近代初期，英国社会和政治被贵族作为个人或社会团体所享有的力量和影响力所主导。贵族的统治并非总是无争议的，但是通过成功地适应政治和文化的变化以及融合社会精英，贵族在大多数情况下都设法保持了自己的统治地位。随着贵族文化教育研究的不断嬗递，其研究范式也不断发生变化。对英国斯图亚特时期贵族教育发展历程进行研究，把握这一时期英国贵

族教育的转型，具有重要的理论价值和现实意义。

一、理论价值

（一）丰富我国英国贵族教育研究的史料

英国贵族教育既是教育研究的一个重要领域，也是英国贵族文化的一个重要组成部分。在历史的长河中，英国贵族教育的历史嬗变，强有力地彰显了英国统治阶级的政治理想和治世之道。当前，在英国史的研究领域中，相关通史的研究成果斐然，然通史是对一个国家连贯的历史发展进行全局式概述，缺乏专题史对专题部分进行详细深入表述的优点，在相同篇幅的情况下，专题史的研究内容更为翔实。近些年来，我国有关英国通史的著述不断涌现，英国教育史的系列研究成果也不断丰富。但有关英国贵族教育的研究仍较为薄弱，大多数学者将英国贵族教育作为英国贵族文化的子范畴进行探讨，对教育的专门研究比较零散。因此，本研究对于丰富英国贵族教育史研究具有重要的史料价值。

（二）深化对英国贵族教育研究的认识

当前，国内研究英国教育史的学者主要分为两类，一类是外国教育史学者，另一类是世界史分支下的英国史学者。随着研究视角的日益多元化以及研究主题的不断深入，英国教育研究是国内除美国教育研究外最为重要的研究领域之一。但是，从研究范式与时间段来看，仍存在诸多研究薄弱区域。例如对英国贵族教育的研究多停留在案例研究（如公学）、性别研究（如贵族女子教育）等方面。[①] 从研究视角看，缺乏对贵族教育背景、影响等方面的剖析，对于贵族精神下的文

---

① 如原青林（2005）的《“教育活化石”的考释——英国公学研究》、郭佳丽（2014）的《近代早期英国贵族阶层妇女的教育》、安行（2019）的《近代早期英国贵族教育研究——以哈罗公学为范例》等。

化教育产生的复杂过程缺乏客观系统的分析。同时，对于贵族教育发展阶段的划分也基本停留在政治史或文化史层面，基于教育学科层面探讨的研究成果较少。因此，从教育史视角系统地审视英国贵族教育的传统与变革，无疑可以深化对英国贵族教育的认识。

（三）为英国贵族教育提供新的分析理路

资料和论点是学术研究的两个基本要素。在教育史研究中曾存在对于历史资料处理的争论，主要体现为史论关系的处理上，如何做到既不偏颇，也非简单地线性对应，而是在“以论带史”和“论从史出”之间的共生关系中勾勒历史变迁的宏观全貌和细微之处。这一点对于教育史研究者相当重要。文化教养、社会担当、自由灵魂是贵族精神的三大支柱的观点已得到学界普遍认可，但这些支柱如何在历史发展中产生和体现？英国贵族如何通过文化教育来稳定其社会地位？不同阶段，贵族教育的内容发生了何种变化？贵族教育留下了何种历史印记？回应以上问题可以得出诸多新认识，能够为英国教育史打开一片新视域。本研究以英国贵族为分析对象，以教育为分析内容，对英国贵族教育所涉及的教育目的及教育内容、教育方法进行系统探究，可以增加和完善英国教育史和贵族教育史研究的理论视角，有助于更深入地理解和把握贵族精神的本质。

二、现实意义

在史学研究理论和方法上，史学家们认为史学的未来出路在于将社会学研究方法与文化研究方法结合起来进行跨学科研究，如此一来才可以弥合现代与后现代史学理论的鸿沟，强调客观性与主观性、科学性与哲学性相结合。[①] 如何做到还原“历史感”时又体现“时代感”，一直以来是困扰史学家的难题。意大利学者贝内德托·克罗齐（Benedetto Croce）早在1917年就提出了“一切真历史都是当代史”的命题。[②] 无独有偶，英国当代教育史家理查德·奥尔德里奇（Richard Aldrich）长期致力于以历史的视角看待当今的教育问题。[③]

历史是时间和空间的坐标系，时间的叠加形成了历史的厚度，空间的连接形成了历史的广度。除理论价值外，本研究的现实意义体现于通过纵向与横向寻找历史，并最终在两者交汇的位置找到真实的历史。英国贵族中的优秀文化成分既是历史的也是当代的，既是民族的也是世界的。英国曾号称“日不落帝国”，贵族精神下的贵族教育是其坚实的保障。本研究旨在通过对贵族教育的考察，进而揭示英国贵族的文化基因，为新时代我国建设文化强国提供有益的参照。尽管我国的文化传统同英国存在诸多差异，但针对我国当前的教育改革以及建设文化强国中的一些问题和困境，英国的经验和教训或许可以提供些许启发。

第四节　概念界定

一、贵族

“贵族”（Aristocracy）一词从中文语境中理解较为容易，一般指奴隶社会和封建社会中因权力、财产高于其他阶级而形成的上层阶级，

① 周采. 当代史学发展趋势及其对教育史研究的意义［J］. 清华大学教育研究，2018（3）：105-111.

② 李瑞. 文本的陷阱与被建构的历史［J］. 中州大学学报，2012，29（5）：68-70.

③ 贺国庆，张薇. “教育史”学科面向未来的思考［J］. 教育科学，2005（1）：31-33.

包括军事贵族、世俗贵族、宗教贵族等。几经演变，贵族制度在一些国家延续下来，形成了稳定的社会阶级。从西方语境看，界定“贵族”一词并非易事，其对应的英文有 17 种左右，常用的也有 5—6 种，经过大量阅读及资料查找，笔者发现当下研究领域中主要流行的用词为“Aristocracy”“Peerage”与“Noble”。

“贵族”是一个具有悠久历史的概念。在奴隶社会和封建社会中，贵族一般指统治阶级中享有政治和经济特权的阶层。在奴隶社会，起初只有奴隶主贵族才可担任国家官职，如中国的商代和西方的古罗马。在封建社会，贵族是具有世袭爵位和领地的各级封建主的通称。他们主要为皇室的亲族子弟和功臣，享有各种特权，直接掌控政权，通过剥削和压迫劳动人民来实现自身利益最大化。17—19 世纪的资产阶级革命，虽然动摇了贵族的统治，但由于资产阶级在不同程度上与封建势力相妥协，贵族仍在许多资产阶级国家存在，且由封建贵族转变为资产阶级贵族。有学者为贵族下的定义是：“所有无论是出自幸运或受教育程度并已习惯于和贵族家庭生活在一起的人。”①

“Aristocracy”一词源自希腊语 aristokratia（拉丁语 aristocratia）。亚里士多德（Aristotle）将贵族定义为：“少数在道德上和智力上管理所有的利益的规则群体。”还有“Peerage”一词，被定义为：英国贵族或贵族团体，分为五个等级，即公爵、侯爵、伯爵、子爵和男爵。在 1999 年之前，英国贵族有权在上议院任职，并免除陪审团的职责。② 这种头衔可以是世袭的也可以终身授予。此外，还有常用的“Noble”一词，是指以诚实、勇敢和友善的方式讲道德的人，通常指具有较高社会或政治地位的世袭阶级。表 1 将以上三个词的具体定义进行了汇总。

---

① 钱乘旦，陈晓律. 在传统与变革之间：英国文化模式溯源［M］. 成都：四川人民出版社，2003：404.

② 邢占廷. 英美语言文化背景知识［M］. 郑州：河南大学出版社，2011：149.

表 1 三大贵族词汇对比表

项目	Aristocracy	Peerage	Noble
词源	希腊语 aristokratia（拉丁语 aristocratia），高贵、勇敢、善良	古法语 parage，尊严	拉丁语 nobilis，可知的
释义	由最佳个人或少数特权执政的阶层；优越的一类人（如等级、财富或智力）	贵族的一种地位；诚实、勇敢和友善	较高社会或政治地位的世袭阶级；英格兰的前金币，由爱德华三世于 1346 年首次发行
最早使用时间	16 世纪，具体指 1561 年	15 世纪	13 世纪作为形容词使用，14 世纪作为名词使用

贵族-绅士阶层，特别是绅士阶层，在社会流动方面是双向开放的，这是刘易斯·纳米尔（Lewis Namier）在他的一部经典著作中所提出的观点。事实上，与贵族相比，绅士在出身上不具有排他性，而且进入门槛十分多样化。一些历史学家确实把贵族和绅士区分开来，因为贵族的特权和生活方式与绅士不同。然而，鉴于绅士这一人数虽少但意义重大的亚群体的公认影响，似乎可以把贵族和绅士放在一起进行分析。① 虽然在这个群体中可能存在特殊的差异，但这两个部分，贵族和绅士，亦可以被统称为“贵族”，并扮演着领导社会和政治的主要角色。“土地阶级”经常被用作“贵族”的同义词，“乡绅”则表示“绅士”而不是“贵族”。按比例计算，1688 年贵族-绅士阶层占总人口的 1.2%。②

英国的贵族，除了大主教（Archbishops）和英格兰教会的主教（Bishops of the Church of England）等精神贵族，还有世俗贵族。从等级来看，分为五个等级（公爵、侯爵、伯爵、子爵和男爵）；从分布区

---

① KEITH SIDNEY D. The informal education of the landed classes in the eighteenth century, with particular reference to reading[D]. Birmingham: University of Birmingham, 1974: 2.

② KEITH SIDNEY D. The informal education of the landed classes in the eighteenth century, with particular reference to reading[D]. Birmingham: University of Birmingham, 1974: 2.

域看，有五个地理区域（英格兰、苏格兰、大不列颠、爱尔兰和联合王国）。英格兰和苏格兰的贵族爵位一直是分开的，直到《1707 年联合法案》（*Acts of Union 1707*）颁布，此后引入了大不列颠贵族（Peerages of Great Britain）。[①]

综上所述，本书将贵族所涉及的具有爵位的贵族、绅士与乡绅都纳入研究中来。具体而言，无论是世袭贵族还是军事贵族、世俗贵族以及乡绅阶层，都是作为开放贵族的一员而存在。这些群体在斯图亚特时期以及之前的教育目的、教育内容、教育形式都是本书所考察的重点范畴。

二、英国贵族与英国贵族教育

（一）英国贵族

何谓英国贵族？学术界目前仍众说纷纭，各抒己见。当前西方学者对英国贵族的定义大体上可以归纳为如下几种观点：第一，贵族是指那些有公、侯、伯、子、男爵衔的人。例如《韦氏新国际大辞典》就持此观点。该辞典在贵族条目下指出，在不列颠属于下列五个等级之一者即为贵族。这五个等级为：公爵、侯爵、伯爵、子爵、男爵。第二，贵族应该分为大贵族和小贵族两个层次。大贵族是指那些封有爵衔的人和高级僧侣。小贵族是指那些骑士和乡绅等人。[②] 例如《大英百科全书（第 15 版）》就将贵族分为大贵族和小贵族两大阶层。大贵族是那些封有公、侯、伯、子、男爵位的世俗显贵和那些身为主教、修道院长的高级僧侣。第三，贵族的概念应是一个历史概念，在不同的历史时期有着不同的内涵。例如英国学者 K. B. 麦克法兰（K. B.

---

① BENCE-JONES M. The British aristocracy[M]. London: Constable, 1979: 21.

② 王乃耀. 论英国都铎王朝时期阶级关系的新变化［J］. 首都师范大学学报（社会科学版），1996（3）：50-56.

McFarlane）在他的《中世纪晚期英格兰的贵族》一书中指出，英国贵族的定义应随时代的变化而调整。在 1300 年之前，贵族概念应是封有爵位的贵族及乡绅、骑士等人；到 1450 年之后，贵族概念只包括那些封有爵位的人，不再包括乡绅和骑士。[①] 1300—1450 年，贵族是一个模糊不清的概念，无法下一个确切的定义。1539 年，议会通过专门法案规定，除大主教和主教之外，没有五等爵位之一者一律不准出席上议院议会，上议院世俗贵族从广义上的贵族"Aristocracy"中独立出来成为"Peers"，其集合名词是"Peerage"，上议院也成为完整意义上的"贵族院"。[②]

总的来说，"英国贵族"的概念十分复杂，言人人殊。本研究认为，英国贵族可分为教界贵族和世俗贵族。教界贵族指的是那些高级僧侣，这一点学术界似乎没有什么争议，问题主要出在对世俗贵族的定义上。对世俗贵族的定义应做动态的理解，也就是说，在不同的历史时期英国贵族有不同的内涵。在 14 世纪之前，英国的世俗贵族是一个广义概念，其定义包括封有爵衔的达官显贵及骑士、一般乡绅等。中世纪后期的英国，随着经济社会的变动与议会君主制的形成，世俗贵族在层级划分上渐趋严格，形成了爵位贵族、男爵、小贵族三个阶层。[③] 到了 15 世纪中叶之后，英国世俗贵族是一个狭义概念，其定义只包括封有公、侯、伯、子、男爵位的人。14 世纪至 15 世纪中叶，为广义世俗贵族概念向狭义世俗贵族概念的过渡时期，这一时期英国的贵族主要是由那些封有爵位称号的人构成，但也包括少数的骑士和一

---

① MCFARLANE K B. The nobility of later medieval England[M]. New York: Oxford University Press, 1981: 51.

② 杜兰. 世界文明史：理性开始时代 [M]. 幼狮文化公司，译. 北京：东方出版社，1998.

③ 孟广林，金德宁. 中世纪后期英国世俗贵族阶层的历史辨析 [J]. 史学月刊，2017 (5)：85-94.

般的乡绅。

按此观点，本研究可以认为，英国的世俗贵族指的是那些封有公、侯、伯、子、男爵位称号的人，他们属于大封建主阶层。尽管骑士和一般的乡绅不在头衔贵族之列，但他们在小封建主之列。[①] 托马斯·威尔逊爵士（Sir Thomas Wilson）在1600年左右对英国人的划分中，把有爵位的大贵族区别于骑士、准骑士和士绅这些小贵族，大贵族和那些有专业特长的律师、官吏、学者与牧师共同被划分为社会的第一等级。考虑到研究的完整性，本研究将上述对象均列入考察的范围之内。

（二）英国贵族教育

英国的英才教育模式，集中体现为既名声显赫又备受责难的贵族教育。下面分别以教育目标、教育内容、教育场所对英国贵族教育进行界定。具体来讲，教育目标为培养具有绅士风度的政治精英与知识精英。教育内容包括智育、德育、体育、美育等。教育场所包括家庭、王室大家庭、修道院、文法学校、公学、大学等机构。

英国贵族教育由来已久。英国有组织的教育是和基督教传入同时开始的，从6世纪到宗教改革的这一段时间，教会垄断了教育。贵族教育的场所主要在修道院等宗教场合。诺曼征服后，“牛桥”先后被建立。整个封建时代，受教育是贵族及僧侣的特权。宗教改革后，英国自立国教，国王集政权和教权于一身，也正是在这一段时期内，英国九大公学全部建立。总之，在整个封建时期，受教育的英才倾向十分严重，普通劳动人民的子弟很难进入学校接受教育。[②]

本研究对英国贵族教育以教育背景、教育思想、教育场所与教育内容分别进行阐述，既包括家庭教育也包括学校教育与社会教育，既有知识教育也有技能教育，既有世俗教育也有宗教教育。

---

① 陈曦文，王乃耀. 英国社会转型时期经济发展研究：16世纪至18世纪中叶［M］. 北京：首都师范大学出版社，2002：128-129.

② 马陵. 新太阳：教育经济化［M］. 北京：新华出版社，2001：169-170.

三、斯图亚特时期

斯图亚特时期，初名为斯迪瓦特王朝，是 1371—1714 年统治苏格兰和 1603—1714 年统治英格兰和爱尔兰的王朝。在该时期英国爆发了资产阶级革命，并最终通过光荣革命确立了君主立宪制。①

17 世纪是一个危机、发展和变革的时期，这一时期见证了英国作为一个大国的崛起以及在内战和革命中现代议会政府的起源。斯图亚特时代是现代英国崛起的决定性时期，这一时期不仅充满了冲突和内战，而且民族自信和成就也在不断增长。如 1649 年清教徒处决查理一世、1688 年发生光荣革命，可以说政治动荡伴随着思想和科学的革命性变化以及宗教、艺术和经济生活的变革和新发展。到了 1714 年，英国已经成为一个大国，议会制政府开始出现，文化生活非常活跃。

第五节　文献综述

英国是由大不列颠岛上的英格兰、威尔士、苏格兰、爱尔兰岛东北部的北爱尔兰以及一系列附属岛屿共同组成的一个西欧岛国。其文化和历史具有复杂性。“英国”对应的英文有“UK”“England”“British”“Britain”“English”等多种形式。这给本研究的英文资料收集工作带来了一定难度与挑战。在反复试验检索后，本研究最终采用组合式的检索策略，即把“英国”对应的英文以及“贵族”对应的英文进行组合检索，以尽可能搜集更为详尽的外文一手资料，进而便于对国内外已有的相关研究成果进行较为全面的回顾。本研究使用多种类型的文献检索策略以保证史料的翔实。第一，中文纸质文献的获取主要来自

---

① 陈祖洲. 斯图亚特王朝早期议会与王权的斗争 [J]. 史学月刊，2000 (6)：94-100.

湖南师范大学图书馆、湖南省图书馆、陕西省图书馆、国家图书馆借阅的馆藏书籍以及在线图书网店购买的相关著作。中文电子文献主要借助学术搜索引擎，如中国知网、维普、万方、百度学术、读秀、超星图书等。第二，外文资料基本为电子形式，主要借助“Google Scholar”“ProQuest”“ERIC”“Tandfonline”“Spischolar”“EBSCO”“JSTOR”“ResearchGate”“ScienceDirect”“CALIS”“Taylor and Francis Online”“Springer”“Academia. edu”等来获取。此外，还有如Encyclopedia Britannica、Free Online Encyclopedia、Wikipedia等百科全书主流网站。根据以上途径搜集到的文献，笔者将其归纳为国内研究成果和国外研究成果两大部分。

一、国外研究状况

根据本研究的主要内容，笔者将文献梳理集中在两个方面：一是英国贵族教育发展历史的研究，二是英国贵族文化教育的研究。英国贵族教育研究方面的文献查阅和整理不局限于与贵族发展直接相关的文献，还会涉及斯图亚特时期之前的以及斯图亚特时期英国王朝发展的政治、经济、文化、宗教等研究，这些都是斯图亚特时期英国贵族教育发展的重要参考。英国贵族文化教育方面的文献整理主要在于梳理英国贵族教育的主要内容及其背后蕴含的文化价值。笔者在整理国内外文献的过程中发现，关于英国乃至欧洲贵族的发展史研究比比皆是，但直接涉及英国贵族教育的系统性专著却屈指可数，且分布较为零散。因此，在文献整理过程中，笔者将国内外文献分开叙述，按照贵族发展史、贵族文化、贵族教育三部分进行整理，以便于整体把握三种主题下各自研究的主要观点。最后，在文献整理的基础上进行简要评述，以聚焦本研究的主要问题。

（一）关于英国贵族发展史的研究

研究英国贵族教育，就必须先对英国贵族史乃至欧洲贵族史的发展进行梳理，才能从源头上深度理解与把握英国贵族的起源及背景。英国贵族教育发展研究的本质属于断代史和专题史研究，历史研究最忌讳的就是“割裂感”，割裂主观和客观、认识和实践的具体的、历史的统一会导致教条主义、经验主义等。正如卡尔·马克思（Karl Marx）和弗里德里希·恩格斯（Friedrich Engels）所说的那样：“历史不外是各个世代的依次交替。每一代都利用以前各代遗留下来的材料、资金和生产力……其实，前期历史的‘使命’‘目的’‘萌芽’‘观念’等词所表示的东西，终究不过是从后期历史中得出的抽象，不过是从前期历史对后期历史发生的积极影响中得出的抽象。”[①] 所以，从宏观维度上出发才能更好地进行纵向深入研究。

国外有关贵族的研究专著可以追溯到 19 世纪。笔者查找的资料显示，W. H. 马尔洛克（W. H. Mallock）于 1898 年撰写的《贵族与进化论：对富裕阶层的权利、起源和社会功能的研究》是较早研究贵族教育发展进化的一本专著。作者认为“贵族”一词不具有排他性，不仅包括以世袭政治特权，即以头衔或纹章谱系区分的阶级，还包括具有特殊才能和效率的少数群体。换言之，贵族不仅意味着少数人的统治，而且反映了少数人中最好或最有效率的统治。这本从社会学角度考察贵族社会经济生活的专著被后代学者们视为具有重要文化意义的里程碑式的著作，各大出版商对其不断复制和重印。[②]

爱德华·卡彭特（Edward Carpenter）则是从英国贵族与上议院的发展的历史与关系出发，考察了英国贵族在上议院的政治地位和权利。

---

① 中共中央马克思恩格斯列宁斯大林著作编译局. 马克思恩格斯选集：第 1 卷[M]. 北京：人民出版社，1995：88.

② MALLOCK W H. Aristocracy and evolution：a study of the rights，the origin，and the social functions of the wealthier classes[M]. New York：Macmillan，1898.

随着1544年英国上议院的产生，议员包括王室成员、世袭贵族、终身贵族、上诉法院法官和教会大主教及主教，这为贵族的制度发展奠定了基础。有关上议院与贵族制的关系可从大卫·卡纳丁（David Cannadine）的《贵族制方面：现代英国的宏伟与衰落》一书中管窥。作者首先分析了过去200年中的所有土地贵族的起源、传统以及他们对近代工业的贡献，随后重点考察了柯松勋爵（Lord Curzon）、斯特里克兰勋爵（Lord Strickland）等贵族典范，依据时代背景最后分析了现代贵族衰落的原因。①

若从研究内容本身的时间进行划分的话，大卫·克劳奇（David Crouch）是较早从年代上追溯英国贵族起源的学者。他通过研究贵族在1000—1300年的行为和生活方式，为“贵族”一词下了广泛的定义。其著作的一个显著特点是站在整个英国的立场上，着眼于盎格鲁-法国的贵族思想对威尔士和苏格兰社会的渗透，而不是仅采用盎格鲁中心主义的观点。在对贵族（Aristocracy）和贵族（Nobility）的概念进行介绍之后，又着重从两部分进行分析，第一部分是关于女权头衔和社会尊严，第二部分是关于贵族的服饰和徽章。②

尽管以往英国贵族的教育以男子为主，女子的教育仅仅局限于家庭方面，但随着英法通过联姻方式维持国家稳定的活动逐渐频繁，部分女性贵族的地位也在不断上升。金伯利·舒特（Kimberly Schutte）从贵族妇女的婚姻模式着手，以新的视角探讨了开放精英的概念。研究表明，英国没有开放的精英，至少没有最高级别的精英。所有新建立或已建立的贵族家庭，表现出明显的偏爱，即将其女儿嫁入既定的或旧的贵族家庭，显然新移民仍然是不被接纳的。这种缺乏接受的态

---

① CANNADINE D. Aspects of aristocracy, grandeur and decline in modern Britain [M]. New Haven: Yale University Press, 1994.

② CROUCH D. The image of aristocracy: in Britain, 1000-1300 [M]. London: Routledge, 1992.

度进一步表明，英国贵族们希望维持其等级身份。①

英国贵族的发展史先后经历过各种大大小小的危机，可贵的是，贵族均能在每次危机中找到生存点。劳伦斯·斯通（Lawrence Stone）以研究近代早期英国历史而声誉卓著，他的主要著作有《贵族的危机：1558—1641年》《英国革命的原因：1529—1642年》《英国16—18世纪的家庭、性与婚姻》等。其中，《贵族的危机：1558—1641年》最具代表性，作者对伊丽莎白和詹姆斯一世统治期间英国贵族制变化表征及其原因进行了深层次的分析，全面生动地展示了在资产阶级革命爆发之前，贵族的经济活动、与宫廷的关系、家庭模式和婚姻习俗、宗教信仰、文化教育以及建筑、艺术等全方位的社会生活场景，揭示了贵族在经济、政治、法律等方面逐渐衰落的内在原因及贵族性质的变化。贵族的危机预示着其最终的重生以及其在工业革命中令人惊奇的领导地位，可以说，贵族的危机使英国走到了世界的前沿。② J. S. 刘易斯（J. S. Lewis）以家庭方式研究了1760—1860年英国贵族的生育情况，从历史背景下讨论了母性和育儿，包括诸如爱情和婚姻、怀孕、分娩和康复以及母亲与孩子从婴儿期到童年的关系等主题。③

随着英国社会阶层的不断分化，其贵族阶层不断被注入新鲜血液，这也使英国贵族不同时期形态的研究举步维艰。M. L. 布什（M. L. Bush）力图从不同背景分析、比较各贵族的活动，致力于更全面地探索英国贵族的其他显著特征，特别是他们不断变化的理想、组成、财富和权力。他将重点放在英国大陆贵族的比较研究上，对英国贵族制

---

① SCHUTTE K. Women, rank and marriage in the British aristocracy, 1485-2000. An open elite? [M]. Basingstoke: Palgrave Macmillan, 2014.

② STONE L. The crisis of the aristocracy, 1558-1641[M]. London: Oxford University Press, 1965.

③ LEWIS J S. In the family way: childbearing in the British aristocracy, 1760-1860 [M]. New Brunswick, NJ: Rutgers University Press, 1986.

度的学术研究限定于历史职业的性质。作者研究了整个上层阶级的历史，时间范围从12世纪到20世纪。与以往传统不同的是，布什将男爵和绅士作为“次要的贵族”（lesser nobility）纳入研究对象中，重点考察了贵族等级特权、贵族等级地位和由此产生的生存能力与不同阶段的政治权力。①

随着贵族制度的逐步稳定，其发展也经历了从辉煌到衰落的历程。安东尼·M. 卢多维奇（Anthony M. Ludovici）便是研究这一时期历史的众多学者之一，他指出了贵族制度的优势和不足。他认为，文明的活力和秩序只能通过特殊的人的统治来保存。他将贵族称为“大自然的幸运之笔”与“生命繁荣的典范”。他批判了自1688年以来英国贵族存在的目光短浅、贪婪、浪费无可比拟的领导机会以及滥用责任的问题，最后从政治、经济、文化的角度分析了贵族衰落的原因。②

自1688年之后，英国社会便进入了一个全新的、具有转型意义的时期。根据现有的历史分期，1688—1815年英国进入了一个“漫长的18世纪”，在这一时期，贵族的地位不断攀升，在社会经济中发挥的作用愈来愈大。这便是约翰·加农（John Cannon）将其著作命名为《贵族世纪：18世纪英格兰的贵族》的缘由。作者考察了该阶段贵族数量的增长，贵族的儿子接受私人或公共教育的程度以及贵族子女继续上大学并成为主教的过程，分析了教会赞助的增长速度，从贵族阶层的通婚率和独身率来审视贵族对政治制度的控制程度，总结了贵族的财富以及支持其发展的政治和社会信仰。③

---

① BUSH M L. The English aristocracy: a comparative synthesis[M]. Manchester & New York: Manchester University Press, 1984.

② LUDOVICI A M. A defence of aristocracy: a text book for Tories[M]. Boston: LeRoy Phillips, 1915.

③ CANNON J. Aristocratic century: the peerage of eighteenth-century England[M]. London/New York: Cambridge University Press, 1984.

无独有偶，不同学者都注意到了英国贵族在17—18世纪的重要贡献，因此考察其在社会各行业发展情况的学者如雨后春笋般涌现。J. V. 贝克特（J. V. Beckett）用历史视角追溯了从1669年到第一次世界大战期间共计254年的英国贵族制的角色、身份、功能和意义的发展情况，回答了现代最有趣的历史问题之一，即拥有农村权力基地的有土地贵族制如何维持其在第一个工业化国家中的政治和社会地位。具体而言，作者从“英国贵族”“贵族与经济”和“社会与政府中的贵族”三个方面论述了贵族的身份，分析了土地阶层在房地产管理、农业创新、工业投资和城镇建设中的作用，讨论了土地所有者在国家投资和信贷结构中的地位以及他们作为通信系统推动者的作用。此外，作者还考察了贵族阶层所提供的社会领导，包括他们在地方和国家政府中的角色，并提出了贵族阶层从最初发展至工业时代是如何保持自身的经济社会地位和政治权力。在附录部分，作者梳理了从1660年到当代的英国贵族、准男爵和骑士的数量分布，这为后续研究者提供了很好的史料。①

从盎格鲁-撒克逊时代到今天，英国贵族的发展就像一个完整而令人震惊的故事。《名人录》探讨了几个世纪以来英国贵族所享有的非同寻常的社会和政治统治地位，解释了极少数贵族家庭最初是如何上升到这一地位的，并揭示了他们为维护财富、权力和威望而采用的通常是邪恶手段的真相。它公正地审判出贪婪、野心、嫉妒和竞争是驱使当地贵族相互竞争的原罪，同时指出贵族家庭以骇人听闻的方式捍卫他们的遗产。在讲述他们的历史时，还细致入微地介绍了一群“非凡”的人，例如凶猛的战士、放荡的纨绔子弟、蛮横的势利小人和逃脱了谋杀的罪犯等。作者精心的研究和引人入胜的写作，指出了傲慢、腐

① BECKETT J V. The aristocracy in England 1660-1914[M]. New York: Basil Blackwell Inc., 1986.

败和贪婪等是英国统治阶级的根本属性。[①]

克里斯托弗·希尔（Christopher Hill）是英国最杰出的历史学家之一。他将渊博的知识、强烈的道德情感和敏锐的判断力结合在一起，在其论著中探讨了英国革命产生的原因和后果，这一事件现在被许多历史学家视为现代世界演变的转折点，是英国成为第一个工业国家的重要先决条件。论著第一部分着眼于将经济发达地区的意识形态强加于欠发达的威尔士和北部各县的尝试。在第二部分，作者分析了17世纪兴起的两个基本思想，即“新教”和“资本主义”，提出了新教促进人们接受新思想和新实践的一些方法。第三部分考察了意识形态对三种传统职业（神学、法律和医学）的攻击。第四部分转向社会问题，讨论了17世纪对“多头怪物”的思考。最后，作者论述了后革命世界中连续性和变化的交汇点。[②]

（二）关于英国贵族文化的研究

教育与文化存在着天然密不可分的关系。二者相互包含，相互作用，并互为目的和手段，均由社会政治、经济所决定。可以说，社会发展不能没有文化，而社会文化的传递和发展又依赖于社会教育。具体而言，教育是文化的表现形式，文化传统制约着教育活动的过程，文化的流变制约着教育发展的历程。因此，这是本研究将贵族文化的成果进行梳理的原因。

谈及最早分析贵族文化的学者自然绕不开皮埃尔·布迪厄（Pierre Bourdieu），他在《贵族的文化》中强调语言、礼节、着装、兴趣等可以提升精英阶层的水平，同时强调如何通过教育和社会血统获得品位。他认为，在品位和文化之间建立了某种联系，指出消费者对他们日常

---

① BRYANT C. Entitled：a critical history of the British aristocracy[M]. New York：Doubleday，2017.

② HILL C. Change and continuity in seventeenth-century England[M]. London：Weidenfeld and Nicolson，1974.

购买的商品的品位是受到他们已具有的文化所影响的，同时他们自身的文化又是由他们所消费的东西所塑造的。此外，布迪厄还认为，合法文化及其带来的科学观察显示出一定的文化需求，消费者的教养决定了他们的理解力。①

在贵族文化的影响之下，贵族逐渐形成了以家庭为单位的文化派系。莱斯利·吉尔伯特·派恩（Leslie Gilbert Pine）在其著作《英国贵族的故事》中讲述了英国贵族大家族的故事，考察了14个英国贵族家庭的发展概貌。② 对贵族文化的考察除分析家族外，还有学者从语义学角度进行分析，古德里奇·阿曼达（Goodrich Amanda）考察了1700—1850年"贵族"一词使用频率的变化，从质量和数量两方面进行了分析。他否定了当代人和历史学家对"贵族"的定性用法，并认为历史学家经常错误地使用这个术语。作者深刻地指出，在18世纪的大部分时间里，"贵族"完全是一个政治术语，主要局限于受过教育的精英阶层，但到1850年，它已成为对精英阶层的普遍社会描述。此外，作者还比较了"贵族"和"民主"的使用轨迹，并解释了这两个词用法的差异。作者认为，分析"贵族"在当代语境中的流行和使用，揭示了一种重要的语言变化叙事，这种语言变化与政治和社会文化的变化并行。③

在众多不同的英国贵族类型中，土地贵族占较大的比例。亨利·弗伦奇（Henry French）与马克·罗瑟里（Mark Rothery）的文章基于土地家庭的样本中存在着"常规化"的价值观假设，即那些日常训

---

① BOURDIEU P. The aristocracy of culture[J]. Media, culture & society, 1980, 2(3): 225-254.

② PINE L G. Tales of the British aristocracy[M]. London: Burke Publishing Company Ltd., 1956.

③ AMANDA G. Understanding a language of "aristocracy", 1700-1850 [J]. The historical journal, 2013, 56(2): 369-398.

练使这些准则变得不显眼并且仅在传承中被提及。二人的文章特别关注男性发展的“成败”时刻以及“儿子摆脱父母的直接控制”，这些关键步骤为确立男性自治的理想提供了自我控制和独立的机会，但男性还需承担债务、疾病或耻辱的风险。①

英国贵族为保持其合法地位，不断地通过联姻方式扩张领土以维持其经济和政治地位。P. G. M. 迪克森（P. G. M. Dickson）与 J. V. 贝克特共同撰写的文章分析了英国地主阶级被金钱统治的程度，作者认为金钱是衡量他们的社会和政治权力所依赖的土地财产的尺度。金钱定义了社会地位，提供了婚姻的标准，并成为家庭关系的纽带。然而，尽管货币财富是地主成为社会积极成员的一个必要条件，但它不是充分条件，对商人世界来说，它也是至关重要的。贵族的嗜好根植于出身的骄傲，是为了一种辉煌的生活方式，无论代价是什么。这种虚张声势，在伊丽莎白时代早期和斯图亚特王朝早期的贵族中完全可以观察到，是一种潜在的土地继承威胁，并且在叛乱和君主专制的额外政治危险随着 1688 年的光荣革命而消退之后，这种威胁仍然存在。②

随着对英国贵族文化研究的深入，有学者逐渐致力于归纳其理论和概念。道格拉斯・W. 艾伦（Douglas W. Allen）分析了 1550—1880 年统治英格兰的贵族如何将一个小国变成大英帝国。在这个过程中，他们的财富得到了积累，但他们不寻常的生活方式成为现代世俗价值观的对立面，因而被视为前现代经济增长和发展的障碍。③

---

① FRENCH H, ROTHERY M. “Upon your entry into the world”: masculine values and the threshold of adulthood among landed elites in England 1680-1800[J]. Social history, 2008, 33(4): 402-422.

② DICKSON P G M, BECKETT J V. The finances of the dukes of Chandos: aristocratic inheritance, marriage, and debt in eighteenth-century England[J]. Huntington library quarterly, 2001, 64(3/4): 309-355.

③ ALLEN D W. A theory of the pre-modern British aristocracy[J]. Explorations in economic history, 2009, 46(3): 299-313.

除了理论之外，英国贵族文化的表现还可以从多个角度和对象进行分析。如亚当·巴多（Adam Badeau）在其著作中对英国贵族进行了系统阐述，他根据个人研究经历，分析了英格兰贵族的辉煌和盛况、魅力和缺点、恶习和美德，并分别从女王、等级和头衔、长子继承权、优先级、威尔士亲王、上议院、威尔士王妃、精神上的贵族、教堂、下议院、土地、体育运动、入册的贵族、贵族产生的影响等方面进行叙述。①

贵族的层级制度是长期以来文化碰撞的必然结果，其中具有代表性且数量体系庞大的就是骑士群体。哈里·伦纳德（Harry Leonard）剖析了都铎王朝时期贵族发展的因素，并结合对整个世纪骑士人数波动的分析，为讨论王室对荣誉的态度、配音仪式和被认为合适的场合提供了素材，描述了皇室对王室荣誉的态度，并对皇冠和臣民仪式的尊贵进行了讨论。最后，对骑士作为国会议员、治安官和副官的工作进行了研究，试图确定骑士是否承担了新的职责以取代垂死的军事骑士，总结了都铎王朝时期骑士身份如何转变以适应封建主义和骑士精神的衰落背景。②

正是由于各贵族阶层思想的保守性，才为英国贵族制度下的精英文化提供了培育土壤。莫拉·A. 亨利（Maura A. Henry）的《精英文化的形成》以贵族的文化实践和价值观为抓手，认为文化是英国土地等级最突出和最有力的标志之一。这使得 18 世纪英国的精英们建立了一个共同的身份，将自己与其他社会群体区分开来，并证明了他们在英国社会、政治和经济中的主导地位。此外，精英文化理论的提出有助于解释 18 世纪贵族和绅士的胜利。在社会群体的界限不确定且具有弹性的社会中，传统意义上的文化习俗和价值观彰显出重要的作用。

---

① BADEAU A. Aristocracy in England[M]. New York: Harper & Brothers, 1886.

② LEONARD H. Knights and knighthood in Tudor England[D]. London: Queen Mary University of London, 1970.

特别是在18世纪，其作用变得更加重要，当时英国的贵族和商人阶层似乎渴望通过增强政治、经济和文化实力来挑战现有的地主阶级的优势。在这样的背景下，文化成为一个更重要的时代特征。

总的来说，良好的习惯、先进的思想和丰富的物质标志着精英阶层是英国社会中一个独特的、明显占主导地位的社会群体。哈里·狄金森（Harry Dickinson）重点探讨了精英文化追求的范围，分析了精英文化建设的手段和表达的意义。在定义了“文化”和“精英”这两个术语之后，探究了各种各样的社会和经济活动是如何区分贵族和绅士的。一般认为，财富管理和消费作为研究的核心是精英文化最重要的组成实践，如教育和培训、大旅行、乡村和城市的社交能力、房地产建设和改善、艺术收藏和国内旅行等。通过这些活动，精英们定义了自己，变得更加同质，保持并巩固了他们的优势地位。作者进一步指出，18世纪的英国精英文化代表了其成员的精神，它包括精英们的行为、价值观、未说出口的假设、表现等。精英文化不是一套静态的行为和互动规则，不是一种单一的美学，也不是一种旨在组织和延续政治和经济权力的僵化结构。相反，每个男人和女人都在一个给定的行为和精神框架内生活，他们在自我定义和集体定义中发挥了相当大的作用。精英阶层就像他们的中产阶级和工人阶级对手一样，自己创造了自己的阶层。①

《英国斯图亚特时代：1603—1714》对英国的百年内战和革命进行了通俗易懂的介绍，包括英国内战的起因、英国革命的性质、奥利弗·克伦威尔（Oliver Cromwell）的目标和成就、宗教激情在复辟时期英国政治中的延续以及光荣革命对英国的影响。彼得·冈特（Peter Gaunt）对该著作的第5版进行了彻底的修订和更新，以反映斯图亚特

---

① DICKINSON H T. A companion to eighteenth-century Britain［M］. London: Blackwell Publishers Ltd.,2002:311-328.

时代研究的新工作和不断变化的趋势。新版本著作扩展了关键领域，包括早期斯图亚特王朝的经济、宗教和社会背景；围绕英国内战的关键军事事件和辩论；殖民扩张、外交政策和海外战争；苏格兰和爱尔兰的重大发展。新版本对于研究英国斯图亚特时代的人来说是必不可少的读物。①

（三）关于英国贵族教育的研究

英国贵族教育的外文论著以绅士教育为主，部分以具体的教育形式展开，如大陆游学、宗教教育、音乐教育、骑士教育等，这些都构成了英国贵族教育的主要内容。

1\. 关于贵族教育目的的研究

在众多论著中，乔治·C. 布劳尔（George C. Brauer）的《绅士教育：英国绅士教育理论，1660—1775》较为系统地梳理了贵族教育的体系。全书论述了绅士教育的美德、公共精神、知识获取、世俗经验、良好教养、旅行体验等教育目标，最后一章作者从选择公立教育还是私立教育两个方面阐述了英国贵族家庭对于儿童教育场所的选择是具有时序性特征的。②

詹姆斯·克莱兰德（James Cleland）以学校机构为例，撰写了一套研究丛书，分别论述了父母对孩子的教育和导师们的教育职责以及贵族的宗教教育、道德教育、法律教育等内容。③

以上作者分别从体系和体量上对英国贵族教育的相关目的与内容进行了介绍。此外，有关英国贵族教育的内容多散见于综合性研究著

---

① COWARD B，GAUNT P. The Stuart Age：England，1603-1714[M]. Florence：Taylor and Francis，2017.

② BRAUER G C. The education of a gentleman：theories of gentlemanly education in England，1660-1775[M]. New York：Bookman Associates，1959.

③ CLELAND J. Institution of young nobleman[M]. New York：Scholars' Facsimiles & Reprints，1948.

作。弗利西蒂·希尔（Felicity Heal）和克莱夫·霍姆斯（Clive Holmes）在《英格兰和威尔士的绅士，1500—1700》的第七章教育部分专门论述了早期家庭教育、女子职业教育及大学教育等内容，作者以几个伯爵家族为例，指出贵族文化既有保守性，又有可塑性，以此来适应社会流动性和社会经济的快速转型。到了16世纪，社会文化的繁荣发展，要求贵族子女在更完善的教育系统中学习更多的知识技能，这种趋势的发展也倒逼精英们提升他们的文化软实力，以维持他们的社会和政治地位。①

以上研究均是从机构性的正式教育出发进行考察。基思·S.登特（Keith S. Dent）在攻读博士期间，考察了18世纪地主阶级的非正式教育。作者首先对当代历史学家关于18世纪地主阶级观点的争议性进行了分析。一些历史学家认为，正规教育的内容有一定的局限性，尤其是在现代学科方面。与此同时，非正式机构发挥了重要作用。很多地主阶级都拥有图书馆，而且这些图书馆反映了他们的阅读兴趣。这种兴趣发展的最重要的因素是熟人圈子。因此，地主阶级有可能在更广泛的知识追求中扩大他们的学科领域，而某些学科领域似乎特别受欢迎。此外，还有一些观点与贵族妇女和神职人员有关。② 阿瑟·庞森比（Arthur Ponsonby）分析了贵族世袭的原则以及其拥有的社会政治权力，从家庭教育、宗教教育、公学等方面阐述了16—17世纪贵族的演变。③

理查德·L.格里夫斯（Richard L. Greaves）根据宗教信仰和受教育情况将17世纪中叶的英国人分为三类：宗派主义者、清教徒和英国

---

① HEAL F, HOLMES C. The gentry in England and Wales, 1500-1700[M]. Basingstoke: Palgrave, 2002: 243-275.

② DENT K S. The informal education of the landed classes in the eighteenth century, with particular reference to reading[D]. Birmingham: University of Birmingham, 1974.

③ PONSONBY A. The decline of aristocracy[M]. New York, NY: Kraus, 1972.

圣公会教徒。格里夫斯主要感兴趣的是区分前两者，因为在 1640—1660 年，他似乎认为圣公会教徒并没有积极参与宗教或教育争议。然而，巨大的差异将清教徒和宗派主义者分开，使得他们在教育思想和教育制度上针锋相对。①

安·福雷斯特（Ann Forrest）分析了 17 世纪初英格兰的教育计划和改革者，整体考察了 17 世纪的政治、社会和宗教背景下的教育，解释了 1640—1660 年教育建议大量涌现的缘由以及之后又缺乏行动的原因，并最终发现了改革者提出的各种方案在宗教取向上具有统一性。②《工业革命期间的两次革命、土地精英和教育》一文从深入了解工业化进程和随之而来的人口转变入手，提出了一个模型机制，以此支持土地精英极力阻止教育改革的主张。通过将利益集团理论应用于土地所有权的方式，土地所有者可以推迟教育改革。然而，他们不能无限期地阻止改革的引入，因为地产精英从教育中获得的收益在某个时刻会超过与之相关的成本。作者还认为，工业革命前农业生产率的提高可能对土地所有者能够接受教育的人数产生了积极影响，从而促进了更早的教育改革。③

还有一些学者论述了中世纪晚期英国的绅士问题。现代学者一直在努力地为士绅这个社会群体确定一个相对全面的定义，因为士绅成员本身很难阐明他们的社会地位。14 世纪，英国贵族通过世袭召唤议会的社会封闭方法有效地分裂了王国的贵族。骑士、绅士和士绅被迫离开这个精英群体，发展各自独立的群体身份，但最终却以失败告终。

① GREAVES R L. The puritan revolution and educational thought: background for reform[M]. New Jersey: Rutgers University Press, 1969.

② FORREST A. Educational schemes and reformers in England during the early seventeenth century[D]. Edmonton: The University of Alberta, 1970.

③ LEITE D N, AFONSO Ó, SILVA S T. The two revolutions, landed elites, and education during the Industrial Revolution[J]. Macroeconomic dynamics, 2020, 24(6): 1478-1511.

他们之间的任何亲属关系，即他们一起打造出的具有自身文化特性的温床，都被这种文化与其他群体的重叠所破坏。“温和”一词涵盖了与社会所有精英阶层相关的特征，这使得绅士作为一个社会群体并不能与其他群体明显区别开来。由于无法定义自己，温和派发现很难将新来者排除在外，从而增加了可以声称是群体一部分的个人的多样性。纹章、行为、狩猎、叫卖和语言方面的文献表明，在 15 世纪，由于士绅在社会封闭方面的失败，通往文雅的多条道路被打开了。①

一般研究认为骑士和骑士精神与宫廷贵族和军事实力密切相关。对此 J. D. 罗德里格斯-贝拉斯科（J. D. Rodríguez-Velasco）则提出了不同的观点，作者在《秩序与骑士精神：中世纪晚期卡斯提尔的骑士身份与公民身份》一书中探讨了骑士精神在 14 世纪日益城市化的卡斯提尔中产阶级崛起过程中所扮演的角色。同时还深入研究了世俗的城市骑士组织是如何产生并创造自己的规则的，这与以军事和宗教为导向的骑士精神不同。此外，作者从文化和律法的发展历程中深入研究了社会秩序和骑士秩序的兴起渊源。第一个骑士勋位是由国王阿方索十一世（Alfonso Ⅺ）建立的卡斯提尔贵族骑士团。在这个秩序建立不久，又出现了一些来自城市居民、资产阶级平民的新秩序。与君主制有联系的城市机构，包括骑士兄弟会、圣玛利亚·德·加玛诺兄弟会和圣地亚哥·德·伯戈斯兄弟会。这些机构制定了骑士规则和法规，并重新定义了城市社会的特权和政治结构。②

2. 关于贵族教育内容的研究

英国教育的显著特征是公学教育，这也是英国教育特色的集中体

---

① PINYAN K C. Changing understandings of gentility: status, gender, and social opportunity in England, c. 1400-1530[D]. New Brunswick: The State University of New Jersey, 2017.

② RODRÍGUEZ-VELASCO J D. Order and Chivalry: knighthood and citizenship in late medieval Castile[M]. Philadelphia, Pa: University of Pennsylvania Press, 2016.

现。正如九大公学中的哈罗公学就将自身定位为一所英伦学校。M. V. 沃尔班克（M. V. Wallbank）考察了 18 世纪的公学与统治精英教育，分别从三个角度阐述了 18 世纪公学和精英教育的内容与特点：第一，根据主要政治家的数据，预判在国家治理精英教育中接受公学教育的频率和持续时间；第二，对这种教育在时代政治生活中所起作用的理论提出尝试性的建议；第三，试图评估公学在传播格鲁吉亚贵族非常钦佩和普遍拥有的博雅知识方面所做的贡献。①

N. 奥姆（N. Orme）对中世纪英国学校进行了重要考察，并对西方国家的教育进行了区域性研究，这为他的研究奠定了基础。他收集了相关的印刷材料，对从诺曼征服到 16 世纪初这段时期贵族儿童的教育进行了有组织的学术讨论。其著作考察的是贵族子弟在贵族家庭生活的童年时期以及离家当学徒的阶段，展现了皇室以及小贵族的日常生活，详细讨论了贵族家庭对女孩和男孩的教育。作者认为中世纪对贵族教育的贡献与都铎时期所谓的英国“文艺复兴”有关。通过研究可以看出，贵族教育的意义不仅仅是智力训练，还包括广泛的技能和学科的教育，用最广博的教育关怀以培养孩子的领导才能。② 曾就读于剑桥大学的亨利·皮查姆（Henry Peacham），先后担任校长、游学导师、作家。他写了各种主题的专著，最具代表性的作品是《完美绅士》（*The Compleat Gentleman*），集中体现了他的教育理论，其目录涉及宇宙学、几何学、诗歌、音乐、雕塑、绘画和纹章学等，展现出他的兴趣之广。③

---

① WALLBANK M V. Eighteenth century public schools and the education of the governing elite[J]. History of education, 1979, 8(1): 1-19.

② ORME N. From childhood to chivalry: the education of the English kings and aristocracy, 1066-1530[M]. London: Routledge, 2017.

③ GORDON G S. Peacham's compleat gentleman: with an introduction[M]. Oxford: Clarendon Press, 1634.

约翰·洛克（John Locke）的《教育漫话》希望贵族教育能够塑造一位绅士的原型：一个理性思考、道德可靠、有社会能力的人，能够进行充分的思考和行动。要做到这一点，清醒、自然、身体的健康发育是基础；美德、智慧、教养和学习的发展需依次进行。洛克认为良好的道德和礼貌比知识更重要。就知识而言，他强调选择知识不应该仅仅是因为教育传统，而是因为可用性和实用性。① 此外，在他的《人类理解论》一书中，概述了一种新的精神哲学，主张儿童的意识是一块白板，不存在先天的观念。②

C. S. 布雷姆纳（C. S. Bremner）论述了英格兰和威尔士的教育，具体从小学或初等教育、中等教育、高等教育、技术职业教育进行了历史性梳理。③ 此外，还有杰奎琳·伊尔斯（Jacqueline Eales）在其论著中分析早期现代英国的女性，其中第五章就介绍了1500—1700年女性的识字与受教育情况。在整个16世纪和17世纪，女性进入教育机构的机会非常有限，其中，牛津大学、剑桥大学以及伦敦的律师学院都拒绝录取女性。尽管男孩和女孩都在教授初级阅读和写作的小学或女子学校上学，但两性在学校教育和教育机会方面存在很大差异。来自精英社会阶层的男学生可以上文法学校，为上大学做准备，但证据表明有这样机会的女学生寥寥无几。那些专门为女孩开设的学校旨在传授被视为对女性有用的知识。在此期间，随着印刷文化的流行，越来越多的女性拥有了书籍。④

---

① LOCKE J. The educational writings of John Locke[M]. Cambridge: Cambridge University Press, 1968.

② LOCKE J. An essay concerning human understanding[M]. New York: Penguin Books, 1997.

③ BREMNER C S. Education of girls and women in Great Britain[M]. London: S. Sonnenschein & Company, Lim, 1897.

④ EALES J. Women in early modern England, 1500-1700[M]. London: Routledge, 1998:35-36.

《英国贵族妇女和虔诚的织物，1450—1550》对约克斯特和早期都铎王朝贵族妇女在宗教艺术繁荣中的作用进行了全面研究，涉及建筑、雕塑、彩色玻璃、雕刻、纺织品和盘饰等，在与罗马决裂前，这些艺术确实改变了英国的教堂。如贵族们扩大、修复并装饰了他们的教区教堂和其他喜爱的宗教机构，并且建造坟墓、彩色玻璃窗、教堂和祭坛，他们捐赠的慈善机构和学校执行慈善工作并为他们的灵魂祈祷，同时捐赠了许多无价和奢华的纺织品、珠宝和盘子来点缀弥撒的庆祝活动。①

肯尼斯·查尔顿（Kenneth Charlton）在论著中从教育的全面定义出发，将口头教育、书面教育与妇女的精神、社会和经济地位联系起来。通过研究妇女在宗教教育中作为接受者和代理人的作用，对妇女受到的控制和她们可以获得的自由提出了更广泛的见解。② J. 布罗霍夫（J. Broekhoff）在文章中论述了中世纪的骑士教育，首先追溯到中世纪骑士教育的骑士理想，其次表明这种理想是如何在骑士教育中被拒绝的，再次概述骑士精神对后来历史的影响，最后论述了骑士教育的意义。骑士教育作为公共教育，在修道院和大教堂的学校里进行，课程由七门文科组成。③

劳伦斯·斯通在文章中分析了 1640—1900 年英国的识字教育，先分析了影响教育的原因，尤其是基础教育发展、停滞或衰退的各种因素。接下来，作者试图扩展早期文章中关于 17 世纪中叶英国识字率的定量证据。最后，将 1640—1900 年英语教育的发展趋势进行了总结，

---

① HARRIS B J. English aristocratic women and the fabric of piety, 1450-1550[M]. Amsterdam: Amsterdam University Press, 2018.

② CHARLTON K. Women, religion and education in early modern England[M]. London: Routledge, 1999.

③ BROEKHOFF J. Chivalric education in the middle ages[J]. Quest-Illinois-National association for physical education in higher education, 1968, 11(1): 24-31.

并将其与苏格兰和法国的情况进行比较。①

作为儿童历史的一个分支领域，儿童教育学除了研究19世纪的历史时会受到关注，多数时候都是被忽视的。有学者重点考察了英国斯图亚特王朝的儿童教育领域。17世纪英国的儿童教育受到教派冲突和基督教人文主义的双重指导，两者都是由宗教改革运动推动的扫盲教育。这种教育因阶级不同而天差地别，穷人接受的是非正式的、参差不齐的教育，这与富人的私人教师授课形成鲜明对比。通过斯图亚特·英格兰改革派教育家的著作，我们可以发现基督教人文主义和宗教教育为普通教育提供了动力。②

3. 关于贵族教育方式的研究

约翰·弥尔顿（John Milton）的《论教育》（“On Education”）于1644年发表，正如其中所述，教育带来了双重目标：一个是公共目标，使一个人能够公正、巧妙和慷慨地履行和平与战争中的所有私人职务和公共职务；另一个是私人目标，通过重新正确认识上帝来修复我们始祖的废墟。③

丹尼尔·笛福（Daniel Defoe）是17—18世纪的英国作家。其代表作《地道的英国绅士》旨在改善英国的绅士教育，他提出通过现代英语研究经典来改善绅士教育。④ 约翰·亚当森（John Adamson）撰写的《对教育史的贡献：现代教育先驱1600—1700》记录了17—18世纪英格兰以及圣让-巴蒂斯特德学校教育形式的变化。除了像夸美纽斯

① STONE L. Literacy and education in England 1640-1900[J]. Past & present, 1969, 42(1): 69-139.

② SAMUEL G. Revolutionary schooling in England: general education in the Stuart Period[D]. Charleston: College of Charleston, 2021.

③ MILTON J, BROWNING O. Milton's tractate on education: a facsimile reprint from the edition of 1673[M]. Cambridge: Cambridge University Press, 1883.

④ DEFOE D. The compleat English gentleman[M]. London: David Nutt, 1890.

（Comenius）这样的著名教育家之外，亚当森还为鲜为人知的创新者提供了一席之地，例如塞缪尔·哈特利布（Samuel Hartlib）和赛普里安·金纳（Cyprian Kinner）博士。① 英国历史学家埃斯梅·温菲尔德-斯特拉特福（Esme Wingfield-Stratford）于1938年出版的《绅士的养成》首先追溯了绅士的历史，接着从名字和理想、有教养的人、有良好教养的人、力量和超强、温柔的强者、形式与文化方面等分别进行了阐述。作者还回顾了骑士精神、骑士风度、文艺复兴时期的绅士、伊丽莎白时代的绅士等主题。② J. H. 赫克斯特（J. H. Hexter）在《文艺复兴时期贵族的教育》一文中，从文艺复兴时期贵族的教育是什么、有多少人接受了教育、历史上人们是什么时候开始接受教育的、人们想要什么等问题出发，分别叙述了乡绅的训练、贵族教育实施的学校、绅士和准绅士的教育目标等。③

大卫·麦克斯韦·法伊夫（David Maxwell Fyfe）分析了律师学院及其对英国法律职业的影响，指出律师学院最初是在亨利三世（Henry Ⅲ）于12世纪和13世纪解散了伦敦城内由牧师控制的法学院后出现的。律师学院通过建立亲密的社区，使得社区成员不仅遵守其习俗，接受其纪律，对其忠诚，而且生活在社区中。在这些社区中，年长的成员、执业律师通过模拟辩论赛、模拟审判和讨论，自由地加入年轻律师和学生的教学中。这种教育方式必然具有高度的实践性，这体现为很多法律制定是经验的而不是逻辑的，遵循的是一个又一个案例的建立，而非一般的阐述或编纂。威尔弗里德·普雷斯特（Wilfrid

① ADAMSON J W. Contributions to the history of education: pioneers of modern education 1600-1700[M]. Cambridge: Cambridge University Press, 2014.

② WINGFIELD-STRATFORD E. The making of a gentleman[M]. London: Williams & Norgate Ltd., 1938.

③ HEXTER J H. The education of the aristocracy in the Renaissance[J]. The journal of modern history, 1950, 22(1): 1-20.

Prest）在文章中分析了1560—1640年律师学院绅士的法律教育，作者强调四大律师学院除规模外，在功能和地位上与牛津大学和剑桥大学不相上下，进而分析了律师学院的入学规模、入学阶层及教育内容。①

律师学院是编年史家的领地。威尔弗里德·普雷斯特在著作中分析了1590—1640年伊丽莎白一世和早期斯图亚特时期的律师学院，通过对晚期都铎王朝和早期斯图亚特王朝的组成、结构和功能方面全面的描述，将其内部的发展与外部更广阔的世界联系起来，并涵盖足够长的时期，以突出随时间发生的重大变化。② 彼得·克拉克（Peter Clark）以肯特镇为分析单元，考察了英国1560—1640年的书籍所有权。尽管这是在英国革命前的那个关键的世纪里，但是随着教育设施的改善和大众思想观念的改变，还是有许多近代历史研究者关注书籍的问题，并对个人图书馆进行大量分析，这些图书馆通常是一些政治要人的图书馆。③ 威廉·阿尔弗雷德·莱斯利·文森特（William Alfred Leslie Vincent）分析了1660—1714年文法学校延续的传统，具体调查了文法学校的日常学习事务，涉及语言学习、基础知识、图书馆、宗教基础等，并进一步从学校管理的角度分析了这一时期变革的背景，最后归纳了变革的程度和效果。④ 哈里·伦纳德分析了都铎时期骑士的出身，重点考察了皇家服务中的活动对整个世纪骑士数量的波

---

① PREST W. Legal education of the gentry at the inns of court, 1560-1640[J]. Past & present, 1967(1): 20-39.

② PREST W. The inns of court under Elizabeth Ⅰ and the early Stuarts 1590-1640 [M]. Harlow: Longman, 1972.

③ STONE L. Schooling and society: studies in the history of education[M]. Baltimore: Johns Hopkins University Press, 1976: 95-96.

④ VINCENT W A L. The grammar schools: their continuing tradition, 1660-1714[M]. London: John Murray, 1969.

动影响，为讨论皇家对荣誉的态度提供了材料。①

帕特里夏-安·李（Patricia-Ann Lee）分析了文艺复兴时期绅士教育的实验，在16世纪和17世纪早期，绅士们涌入英国的学校，这被很好地记录了下来。英国绅士们对新的教育方式非常感兴趣，他们通过挤入现有的学校系统来表现这种热情。因此，试图建立一所英语学院不仅对绅士教育的发展有利，还有助于改善英国的绅士观念。②

戈登·埃德蒙·明盖（Gordon Edmund Mingay）在其书中强调了土地社会的本质，即稳定性和保守性，同时反复强调绅士随着时代的发展，愿意抓住每一个经济机会。明盖赞扬绅士作为地方长官的作用，他认为他们在贵族和平民之间起到了有益的缓冲作用。③

乔尔·罗森塔尔（Joel Rosenthal）的《英格兰中部的父权制和特权家庭》一书，将定量证据和法律证据与案例研究相结合，将家庭的特征描绘成既有实体性、虚构性又有象征性。这项重要的研究引起英国中世纪史和家族史的学生和学者的兴趣。④ 埃里克·艾奇逊（Eric Acheson）在论著中提出，对贵族生活的研究将有利于增进对中世纪晚期社会的了解。作者从五个方面系统考察了15世纪莱斯特郡的贵族：作为土地所有者，作为以郡为基础的社会团体的成员，作为郡政府的参与者和领导者，作为更广泛的家庭单位的成员。⑤

---

① LEONARD H. Knights and knighthood in tudor gland[D]. London：Queen Mary University of London，1970.

② LEE P-A. Some English academies：an experiment in the education of renaissance gentlemen[J]. History of education quarterly，1970，10(3)：273-286.

③ MINGAY G E. The gentry：the rise and fall of a ruling class[M]. New York：Longman，1976.

④ ROSENTHAL J. Patriarchy and families of privilege in fifteenth-century England[M]. Philadelphia：University of Pennsylvania Press，1991.

⑤ ACHESON E. A gentry community：leicestershire in the fifteenth century，c. 1422-c. 1485[M]. Cambridge：Cambridge University Press，2003.

在 17 世纪，旅行成为绅士教育的一个基本特征，大旅行通常指富有的年轻人去法国或意大利旅行几年。在 14—20 岁的某个时候，他们在一位家庭教师的陪同下出发，这位教师除了具备很多优秀的品质之外，还应该具备外语能力。他们遵循标准的路线和标准的课程，如学习男子气概和礼仪，当然还有法语。理想的情况是，这个年轻人回到英国后变得温文尔雅、才华横溢，完全是个绅士。[1]

在家庭生活的发展方面，对于英国贵族和乡绅的子女来说，洛克的教育哲学和其继承的卢梭（Rousseau）教育哲学，对 17 世纪中叶英国贵族和乡绅子女的生活产生了重大影响。从那时开始，儿童的需求需要人们更加关注。他们的教育、游戏、书籍和玩具反映了他们作为独立和独特的社会成员的新地位。[2]《英国清教主义，1603—1689》清晰地描述了清教徒在动荡不安的 17 世纪的兴衰，回答了谁是斯图亚特王朝的清教徒，他们是为了躲避迫害而逃到新世界的自由使徒还是偏执的狂热分子，一心要把虔诚带到斯图亚特英格兰等问题。[3] 还有研究调查了从都铎王朝开始到 20 世纪末英国君主的教育情况。在不同的历史时期，人们对教育的重视程度存在着巨大的差异。例如亨利八世和他的孩子是在文艺复兴时期接受教育的，那时的教育被认为是重要的和令人兴奋的。

彼得·戈登（Peter Gordon）和丹尼斯·劳顿（Denis Lawton）追踪了几个世纪以来皇家教育的变化，不仅将其与教育理念和理论联系

---

① COHEN M. The Grand Tour: constructing the English gentleman in eighteenth-century France[J]. History of education, 1992, 21(3): 241-257.

② MONICA DAPHNE B. The children of the aristocracy and squirearchy in 18th century England: a new era in parent-child relationships[D]. Montreal: Concordia University, 1992.

③ SPURR J. English Puritanism, 1603-1689[M]. New York: St. Martin's Press, 1998.

起来，还将其与不断变化的政治、社会和宗教环境联系起来。① 克里斯托弗·斯塔尔（Christopher Starr）考察了1381—1450年埃塞克斯郡的贵族，特别是他们的生活方式。重点讨论了在大约1250年到大约1450年，东霍恩登赫伦霍尔的泰里尔家族对财富的获取，斯塔尔试图描述埃塞克斯士绅的特殊性，将士绅作为个体来关注。② 芭芭拉·怀特海德（Barbara Whitehead）的《欧洲近代早期的妇女教育：1500—1800年的历史》记载了1500—1800年妇女受教育的300年。怀特海德从女权主义的角度审视了这段历史，指出这一时期女性的颠覆行动导致了所知的学术界的形成。③ 梅根·J.霍尔（Megan J. Hall）带我们回顾了在中世纪的英格兰，在诺曼征服（1066）至修道院解散（1530年代末）这段时期，年轻女性学习的内容以及她们学习的背景。④

与骑士精神、骄傲、自信和血统相关的荣誉让位于强调人文主义、新教、为王冠服务、节制、智慧和虔诚的重要性的荣誉。默文·詹姆斯（Mervyn James）的作品受到了挑战，英国贵族通常被描绘成不像欧洲大陆贵族那样动荡的精英。例如，有一篇综述将英国绅士描绘成勤劳、敬业的地方法官、治安官和地方长官，他们以“缓和情绪、解决纠纷”的能力而闻名。然而，这种被驯服的英国精英、表现克制和温和的贵族与绅士的形象正受到攻击。⑤ 罗斯玛丽·奥戴（Rosemary O'Day）展示了教会、法律和医学等学术职业的出现与教育领域更广泛

① GORDON P, LAWTON D. Royal education: past, present, and future[M]. London: Frank Cass, 2003.

② STARR C. The essex gentry 1381-1450[D]. Leicester: University of Leicester, 1999.

③ WHITEHEAD B. Women's education in early modern Europe: a history, 1500 to 1800[M]. New York & London: Taylor Francis Group, 1999.

④ HALL M J. Women's education and literacy in England, 1066-1540[J]. History of education quarterly, 2021, 61(2): 181-212.

⑤ POLLOCK L A. Honor, gender, and reconciliation in elite culture, 1570-1700[J]. Journal of British studies, 2007, 46(1): 3-29.

的扩展之间的关系。①

安东尼·弗莱彻（Anthony Fletcher）呈现了1600—1914年英国儿童成长的全新观点，其建立在非常广泛的资料基础上。历史学家一致认为，在1600—1914年，英国基本上是一个等级社会。在城市化和工业革命的转型影响下，许多非土地财富被创造出来。贵族的权力逐渐衰落，一个强大的、雄心勃勃的中产阶级逐渐成长起来。② 帕特里克·沃利斯（Patrick Wallis）和克里夫·韦伯（Cliff Webb）探讨了16世纪末和17世纪英国贵族子弟所接受的教育和训练。同时，二人还指出，男孩在家中的出生顺序对他接受的教育有很大影响，长子更有可能上大学或律师学院，小儿子更有可能成为伦敦的学徒。③

16世纪，荷兰鹿特丹的德西德里乌斯·伊拉斯谟（Desiderius Erasmus）领导了一场人道主义运动，通过给欧洲王子提供自由教育来阻止他们进行虚荣的战争。《近代早期英国的贵族教育》探讨了人文主义课程如何教给王子们修辞技巧、圣经知识以及政治方面的知识，以维护王室对臣民灵魂的统治。自由教育的目的是防止过度强大的君主制，但实际上它教会国王和王后如何提高他们对教会和国家的权威。④《精英教育：国际视角》是第一本系统考察世界不同地区精英教育的书。作者对国家精英教育体系的出现进行了历史分析，并考虑了最近

---

① O'DAY R. Social change in the history of Education: perspectives on the emergence of learned professions in England, c. 1500-1800[J]. History of education, 2007, 36(4-5): 409-428.

② FLETCHER A. Growing up in England: the experience of childhood 1600-1914[M]. New Haven, CT: Yale University Press, 2008.

③ WALLIS P, WEBB C. The education and training of gentry sons in early modern England[J]. Social history, 2011, 36(1): 36-53.

④ POLLNITZ A. Princely education in early modern Britain[M]. Cambridge: Cambridge University Press, 2015.

的政策和经济发展如何改变精英轨迹的配置以及从中受益的社会群体。[①] 利亚·奈特（Leah Knight）、米什琳·怀特（Micheline White）、伊丽莎白·绍尔（Elizabeth Sauer）展示了1500—1700年早期现代英国女性阅读、拥有和流通书籍的大量新证据和解释，这是一个识字率提高、书籍生产和发行革命的时期。[②] 约翰·劳森（John Lawson）与哈罗德·西尔弗（Harold Silver）介绍了盎格鲁-撒克逊开端基督教服务的教育，其中包括中世纪早期教会的一种教育功能，12世纪的文艺复兴，文法学校和歌校的兴起，教会内外的教育，文法学校、牛津大学和剑桥大学宗教秩序与教育教区，神职人员等。同时介绍了1640—1660年清教徒革命期间的教育以及前工业时代英国的教育和社会。[③]

二、国内研究状况

（一）关于英国贵族发展史的研究

与国外不同的是，我国学者研究贵族发展史多以断代的形式入手，且多选取转型时期下的16—18世纪为研究时间段。尽管未能以长时段的范式进行历史研究，但已经涵盖了本研究的历史分期，不足之处笔者可以从英国通史类著作中寻找补充。

对于贵族群体身份的研究，顾晓鸣在文中指出，英国在17世纪出现了新贵族，16—17世纪的英国贵族主要包括两类人。一类是大贵族（Peerage），包括公爵、侯爵、伯爵、子爵、男爵；另一类是士绅

---

① MAXWELL C, AGGLETON P. Elite education: international perspectives[M]. London: Routledge, 2015.

② KNIGHT L, WHITE M, SAUER E. Women's bookscapes in early modern Britain: reading, ownership, circulation[M]. Ann Arbor: University of Michigan Press, 2018.

③ LAWSON J, SILVER H. A social history of education in England[M]. Abingdon: Routledge, 2007.

（Gentry），其中大士绅（Squirearchy）包括侍卫武士（Squire）、骑士（Knight）、从男爵（Baronet）等，小士绅即作战武士（Armigerous Gentry）。顾晓鸣在文中得出了新贵族对英国社会资本主义的发展起到了重要推动作用的结论。①

由于不同学者对“新贵族”概念的理解不同，因此我国学者李德志从英国新贵族的构成出发，指出苏联学者所说的乡绅并不属于贵族范畴，接着从新贵族的形成时间、宗教信仰、政治立场、经济状况总结了新贵族的特征，最后评价了新贵族的历史作用。1688 年后，政变中英国的资产阶级、新贵族与王权达成了妥协，这反映出资产阶级和新贵族 100 多年来长期结盟的必然结果，该联盟构成了英国政治生活的基础。② 除“新贵族”概念外，陈倩晗注意到西方学者关于中世纪晚期英国“北方贵族”的相关解读以及研究趋势日益升温，认为北方贵族在中世纪晚期的英国历史上十分活跃，对国家政治以及地方社会有着十分重要的影响。同时强调 20 世纪以来的西方史学界对北方贵族的研究趋势是逐渐去“辉格化”，而且出现了一些过于依赖研究人物群体关系和过于强调物质利益的“碎片化历史”的倾向。③

以上研究均是从某一角度进行切入并研究。阎照祥教授写出国内第一部研究英国贵族长期发展演变的专著《英国贵族史》。该书作为英国专门史读物，勾勒了英国贵族的发展脉络，揭示了他们先从军事贵族到封建贵族，继而从封建贵族到资产阶级贵族，再从资产阶级贵族中衍变出工党贵族的基本轨迹，阐明了各个时代贵族含义的广义和狭

---

① 顾晓鸣．略论十七世纪英国革命中的新贵族［J］．复旦学报（社会科学版），1982（1）：88-92.

② 李德志．试论英国新贵族的构成、特点及历史作用［J］．史学集刊，1985（3）：57-63.

③ 陈倩晗．“群体人物研究”的样本：西方史学界对中世纪晚期英国“北方贵族”的研究［J］．天津大学学报（社会科学版），2020，22（4）：321-329.

义区别。另外，还介绍和论证了贵族等级体制与国家政权的关系，指出了贵族群体在国家政治生活中的重要地位、作用和影响。①

随后，阎照祥教授又推出了一部侧重研究英国近代贵族体制的著作《英国近代贵族体制研究》，无疑又为英国贵族史的研究注入了新的生机和活力。该书重点分析了英国贵族政治的阶级实质、形成原因、历史地位和作用。全书内容共分四章，即英国贵族政治的历史渊源、英国近代贵族体制的基本特征、贵族权势长期延续的原因、缓慢的衰落，其中第二、三章是论述的重点。作者认为，英国近代贵族自成体系、独具特点，其等级结构具有封闭性与稳定性；在政治权力行使时具有垄断性与排斥性；而在面对政治变革和社会进步时，又显示出固守与让步的双重特色。②

在众多研究时段中，关于 16—18 世纪英国贵族阶层的研究成果较多，究其原因，主要是因为从 16 世纪开始，贵族和农奴二元式的社会结构逐渐裂变为一种以贵族、中等阶级和工资劳动者为主体的三元式结构。英国的社会分层体系经历了一个动荡变迁与稳定发展的过程。社会中各阶层都经历了一个分化重组的过程，促使社会流动加快与社会角色日趋复杂多变。姜德福的博士论文《16—18 世纪英国贵族的社会地位》系统考察了 16—18 世纪的英国贵族阶层社会地位的变化，从构成与特征、数量与流动、社会特征、社会地位与作用四个方面入手，全面系统地剖析了贵族发展演变的动因、类型、机制和规律，展示了贵族的生活场景，揭示了社会转型与贵族阶层演变的双向关系，并评价了贵族阶层在这一时期英国社会中的影响与作用。作者认为，在 16—18 世纪，英国贵族数量增长较快主要归因于人口因素、婚姻习俗、封爵政策、长子继承制四个方面。父权制、家长制、长子继承制仍然

---

① 阎照祥. 英国贵族史［M］. 北京：人民出版社，2000.

② 阎照祥. 英国近代贵族体制研究［M］. 北京：人民出版社，2006.

是制约贵族家庭生活的三大要素。贵族的文化教育生活变化较大，贵族教育的目的、内容和方式，也与中世纪的骑士教育存在巨大差异。贵族的文化水平不断提高，文化生活日益丰富多彩，这使得贵族成为文化创作的鉴赏者和收藏者以及英国文化活动的守护者，其影响一直持续到 19 世纪。①

1688 年之后，英国贵族阶层开始表现出自己明显的特色。欧志雄、舒小昀的《1688—1783 年英国贵族阶层分析》一文，分别从贵族阶层、贵族与社会、贵族观念三个层面进行了阐述。作者指出，贵族作为一个社会集团，在政治、文化和社会生活中充当英国人的代表，成为贵族之外的社会各阶层的表率。其身份标志是拥有土地和爵位，这直接影响了他们的生活方式、所拥有的物质财富的数量和质量。在享受英国社会上层传统特权的同时，贵族还需承担相应义务，由此他们形成了独特的贵族观念，这种观念打上了时代的烙印。②

（二）关于英国贵族文化的研究

提及英国贵族文化，人们较容易联想到其阶级特权、社会地位、巨额财富等。“贵族”本身作为一种文化载体与文化意象，蕴含着丰富的内在意蕴，其中包含向上的精神追求与人文价值，如荣誉和责任、道德与伦理、勇敢与谦逊等。英国贵族教育是解析英国文化的重要窗口，其教育过程渗透于英国贵族培养、传承、更迭的各个阶段与方面，成为推动英国贵族文化持续发展的中坚力量。③

姜德福在其博士论文中系统考察了 12 世纪早期英国诺曼贵族的家族成长策略，并认为自诺曼征服英国以后，在英国形成了一个诺曼贵

---

① 姜德福. 16-18 世纪英国贵族的社会地位［D］. 长春：东北师范大学，2003.

② 欧志雄，舒小昀. 1688-1783 年英国贵族阶层分析［J］. 湖北师范学院学报（哲学社会科学版），2003（2）：44-50.

③ 郭佳丽. 从文化贡献视角溯源英国贵族教育发展轨迹：评《英国贵族文化史》［J］. 教育发展研究，2020，40（Z1）：127.

族集团。12 世纪早期，第二代诺曼贵族审时度势，利用联姻、地产、社交等家族成长策略，建立了盘根错节的社会关系网，既实现了家族利益的最大化，也为英国贵族集团的成长壮大奠定了坚实基础，并对英国贵族家族的延续和发展产生了长远影响。12 世纪后，英国贵族的政治地位发生了较大的变化，最明显的变化之一就是在与国王的斗争中逐渐取得政治特权，这同时也是英国贵族逐渐分享国王权力的过程。有学者从“英国的特例”“早期的西欧贵族不存在”“骑士身份与贵族地位的继承性”三个方面探讨贵族。①

阎照祥教授的文章基于英国贵族政治权势在近代的延续视角，指出在我国史学界，有关光荣革命前英国贵族分化斗争的研究较多，涉及此后贵族等级制度的论述甚少，忽略了君主立宪制建立后贵族阶级在上议院立法中的作用，在谈及贵族资产阶级化时，对其经济上的封建主义残余鲜有提及。阎照祥教授剖析了 1688 年后英国贵族阶层长期存在并把持国家政权以及最终衰落的原因。研究表明，1832 年议会改革开启了政治变革的制动阀，贵族垄断的政体首次遇到了严重挑战。具体表现为，议会改革增强了中等阶级的舆论监督作用，在国会外形成了一个压力集团。土地贵族面临比政治和经济改革更难抗拒的是国内农业的衰落。②

中世纪英国贵族的政治文化作为英国贵族文化的一种，是西方文化传统的主要载体。对自由的追求和中世纪浓厚的等级观念共同构成了英国贵族的权利自由观。忠诚是中世纪贵族精神中备受重视的伦理道德，以对上帝、君主和妇女的忠诚为主要载体，是维系国王与贵族封建契约的重要情感桥梁。贵族忠诚保证了中世纪君主政体虽然内容渐变而形式却千年一贯，确保了政治的稳定性和连续性。在国家或民

① 姜德福. 16-18 世纪英国贵族的社会地位 [D]. 长春：东北师范大学，2003.

② 阎照祥. 论英国贵族政治权势在近代的延续 [J]. 历史研究，1991 (4)：168-182.

族临危之际，贵族们常能挺身而出承担公共责任，甚至会奉献自身财产乃至生命，来抵抗外来侵略。在向上流社会看齐的风尚中，贵族良好的精神气质成为官方的政治价值参照系，被社会各阶层广泛学习与模仿。中世纪英国贵族政治文化是英国政治文化的重要内容。它对世界现代政治制度和政治文化的形成起到重要的先导作用，也为现代政治文明的形式做出了重要贡献。①

在近代初期，英国新贵族与社会阶级的关系，具体可分为新贵族与国王旧贵族、新兴资产阶级的关系。张慧芝指出，新贵族与封建贵族相比所表现出来的“新”是指在经济上，他们按照资本主义方式经营农业，剥削雇佣农业工人，或者将土地租给农业资本家，坐收资本主义的地租。在英国近代政治上，新贵族与资产阶级结成同盟去反抗以国王为代表的封建势力。但新贵族与新兴资产阶级相比又表现出一定的“旧”，因为他们与封建贵族、封建经营方式仍有着千丝万缕的联系，所以革命后的英国，无论是政治制度之间的继承关系，还是诉讼程序和封建法律形式都被虔诚地保存下来。②

正是由于近代英国贵族政治文化大众化及其影响巨大，才使得贵族阶级在政治及社会变革中仍占据主导地位。上流社会的价值观念主要体现为贵族政治文化。田晓红的《论近代英国贵族政治文化大众化及其影响》认为，英国的贵族政治文化并没有随着英国资本主义的发展及现代民主宪政的发展而被彻底淘汰。相反，其对英国民众及英国的政治发展道路都产生了深刻的影响。直到今天，这种政治文化基因依然深植于每一个英国人的政治特质之中，这主要归功于近代英国贵

---

① 汪兰丽．中世纪英国贵族政治文化［D］．北京：中国政法大学，2007．

② 张慧芝．论近代初期英国新贵族与社会阶级的关系［J］．黑龙江史志，2008（17）：64-65．

族政治文化的大众化。①

随着英国近代贵族体制中的民族精神日益凸显，英国从中世纪的宪政制度中汲取了政权关系和议会民主制的积极因素，建立并巩固了社会上层共同行使国家权力的制度、制约王权的议会制度和君主制度。张宗华分析了乡绅的崛起和爵位的膨胀以及新贵族势力的扩大。在工业化时代，贵族势力的渗透和贵族精神的延续，使英国成为农业革命和工业革命的先驱，建立了现代化所需要的外部条件，例如教育机构、交通网络、灌溉系统等，从而催生了工业革命的开启。而这一切依赖于英国政治制度的稳定性、连续性、渐进性、灵活性，具有强韧生命力和发展连续性的贵族体制在英国政治现代化进程中发挥了主导作用。②

贺亚丽考察了15世纪英国的乡绅阶层的演变历程，其形成了包含骑士、从士绅、小绅士在内的三重结构，并且在三重结构以外吸收了大量的新鲜血液，逐渐融合为贵族之下、约曼农之上的中产阶层。随着经济地位的好转、受教育程度的提高以及国家政局发展的需求，乡绅逐渐意识到自身在国家政治中所扮演的重要角色，开始积极争取更多参与政治生活的机会。③《16—18世纪英国贵族精神的“渐进式”演变及其对社会风气的影响》一文，重点阐释了16—18世纪英国贵族阶层发生各种社会演变的背后因素，具体体现为政治权力、社会地位、经济地位、婚姻家庭生活和教育的变化。其中，英国贵族精神很大程度上以文化为载体而呈现。贵族对教育的重视，稳固了社会等级，其在思想文化上的优势影响了社会其他阶层。在社会其他阶层努力向贵

---

① 田晓红．论近代英国贵族政治文化大众化及其影响［J］．湖北行政学院学报，2012（5）：93-96.

② 张宗华．论英国近代贵族体制中民族精神的精髓［J］．西北民族大学学报（哲学社会科学版），2009（5）：28-35.

③ 贺亚丽．15世纪英国乡绅的政治生活研究［D］．兰州：兰州大学，2017.

族靠拢的过程中，贵族也不可避免地受到其他阶层的影响，贵族精神和中产阶级的原则在冲突中不断融合，并最终形成了“贵族精神”。绅士风度作为英国民族精神的外铄，是英国社会各阶层在向上层社会看齐的过程中，以贵族精神为基础，融合各阶层的价值观念而形成的。①

新贵族作为英国历史上特定时期所特有的名称，指于5—17世纪区别于封建贵族的新阶级。尽管1688年政变后英国确立了君主立宪制，维护了资产阶级的根本利益，但大多数官职仍然掌握在贵族手中。由于英国的土地贵族和其前身新贵族的特点、作用、变化以及对英国近代历史的深刻影响，从而侧面反映出资产阶级革命后，通过多次重大的改革，他们经历了一个渐进的、和平的政治发展过程，完成了政治上层建筑的改造。

徐志超与顾复研究了英国的新贵族及其历史演变过程，分析了无论新贵族还是旧贵族，都要想好维护自身权益的可行性。作者指出，在17世纪初，英国宫廷中贵族派别的斗争就是很好的证明。从某种意义上讲，宫廷贵族的政治斗争与贵族文化中的新趋势有一定的关系，反映了传统贵族和贵族暴发户之间在文化品位、生活态度和价值观上的不同。随着伦敦社会的日益世俗化，部分贵族精英为避免宫廷被伦敦的物欲社会裹挟，进而维护贵族在政治和文化上的先导地位，他们对贵族文化进行了升级，出现了以道德操练、理性自律为核心的贵族文化。在17世纪20年代，激烈的宫廷派别斗争从某种程度上说就是这股新的贵族文化对上层政治冲击的结果和反映。②

罗海文聚焦于18世纪，以英国贵族服饰流变为线索，论述了英国贵族在社会生活和文化观念方面引领社会的作用。同时强调，在18世

---

① 毕书媛. 16-18世纪英国贵族精神的“渐进式”演变及其对社会风气的影响［D］. 大连：辽宁大学，2011.

② 徐志超，顾复. 论英国的新贵族及其历史演变［J］. 苏州大学学报，1988（4）：139-144.

纪的英国社会，贵族阶层长期把持经济、政治和文化命脉，掌握着国家的权力。他们将财产、地位和权力密切地结合在一起，形成了颇具特色的“贵族时代”。除研究服饰文化外，18 世纪英国社会结构的变迁体现为由传统的农业社会过渡到现代工业社会。秦元旭从家庭、市场、政治制度、文化牵引这四个方面，全面深入地分析了 18 世纪英国社会结构变迁的各种推动力及其相关的合力作用。在英国社会各阶层互动、解构、整合的过程中，以贵族为主体的社会上层，以乡绅、工商金融业者、各种专业人士为主体的社会中流砥柱及以工人和农民等为主体的社会下层三层式的现代社会结构已然形成。其中，贵族阶层在英国社会历史的发展中，在政治、经济、社会、文化的变迁中起到了重要的引领作用。①

王丽丽以亨利·萨默塞特（Henry Somerset）公爵夫人为个案，研究了中世纪后期，英国贵族妇女的生活地位和状况。贵族妇女在婚姻、家庭、经济、宗教方面扮演的角色，可以反映出她们所处的地位。作者通过英国贵族妇女的一生经历，分析了她们在不同人生阶段的权利和地位。② 到了维多利亚晚期，英国社会改革运动中贵族女性做出的贡献被学者们发掘，其中部分贵族女性在维多利亚晚期参与社会改革活动，不仅有力地推进了英国政治民主化进程，使女性主义思想在英国得到传播，而且代表了一部分通过融入社会改革运动而调适自己的人，一定程度上避免了贵族阶层走向没落的命运。

在都铎时期，英国国家政策的变化、社会等级结构和价值观念的改变以及新经济因素的影响，使英国世俗贵族在新的社会形势下被迫脱离传统、面对现实，军事性职能渐趋衰弱，主要职能开始趋于非军

---

① 罗海文. 18 世纪英国贵族服饰的理论意义［J］. 社科纵横（新理论版），2012，27（2）：168-169.

② 王丽丽. 维多利亚晚期英国社会改革运动中的贵族女性：以亨利·萨默塞特公爵夫人为个案［D］. 昆明：云南大学，2012.

事化、多样化。王萍指出，英国的贵族阶层凭借其特殊的军事功能、优越的社会地位和丰厚的经济实力，在对外征战和对内统治方面成为绝对重要的封建军事力量和王权最为坚实的社会基础。但在都铎时期，英国贵族渐渐偏离了传统的发展轨道，主要职能逐渐非军事化、多样化，阶级属性也开始发生变化。这些转变最终促成他们成长为决定17—18 世纪英国国务的中坚力量。①

到了 17 世纪，从英国国王特权到贵族文化的转变过程中，狩猎作为近代早期英国上层社会的重要特权之一，与其政治、文化等各方面有密切联系。左敏重点分析了狩猎活动与政治形势的密切交织，说明了它在上层社会生活中的重要性。它既是重要的娱乐活动，也是调训贵族战争能力的重要路径；既是身份与地位的表征，也是社会等级与自然秩序的映射，具有丰富的内涵。②

田杰分析了骑士爵位从中世纪的骑士制度流传下来的历程。其指出有两种方式可以获得骑士身份，一种是获得爵士级的骑士勋章，另一种是成为下级勋位爵士。有学者通过分析骑士的英勇和忠诚精神的品质的由来，认为获得骑士身份受到多方面要素的影响，如对于身份和地位的追求、战争的正义性、贵妇人的影响以及渴望荣誉、避免耻辱等。此外，绅士情结、近代忠于爱情观念的形成以及进取精神都是中世纪骑士精神潜移默化的结果。③ 杨娜认为英国贵族是世界史上少有的能够在适当的时候做出适当退却的阶级。英国之所以在现代化的社会转型方面取得成功，避免了革命的震荡，赢得了社会的平稳发展，与英国贵族的远见、勇气和妥协精神紧密相关。17—19 世纪英国盛行

---

① 王萍. 从传统回归现实：英国都铎时期世俗贵族传统军事职能弱化现象简析［J］. 世界历史，2009（5）：70-77.

② 左敏. 从国王特权到贵族文化：17 世纪英国狩猎活动的变化及其寓意分析［J］. 史林，2012（5）：152-159，191.

③ 田杰. 从威廉·马歇尔看骑士的“勇”与“忠”［D］. 石家庄：河北师范大学，2010.

的嫁妆制，使得贵族的婚姻要服从家庭的利益。[①]

（三）关于英国贵族教育的研究

国内有关贵族教育的研究与国外不同的是，大都聚焦于某一主题进行展开，如公学研究、欧陆游学研究等，这些研究从各自的立意均贡献了不同的知识和史料。下面将从贵族教育的目的、内容和方式等方面展开论述。

1. 关于贵族教育目的的研究

从论著发表的时间看，杜大昌的《英国贵族子弟学校——伊顿公学》是较早介绍英国贵族子弟学校的文章。他以伊顿公学为例，分别从名人辈出、历史悠久、学费奇贵、学制独特、弊端严重等方面对公学的特征进行了概括。[②] 此后，我国学术界开启了研究英国公学的热潮，原青林博士撰写了国内第一本系统研究英国公学的专著《揭示英才教育的秘诀——英国公学研究》，专著填补了我国教育研究在这方面留下的空白。专著从多个维度对英国公学这一特有的教育机构进行了考察和研究，从而揭开了培养英国精英之摇篮的奥秘。作者就公学的历史沿革、办学模式、文化归因、社会环境等相关问题进行了讨论。[③]

由于公学在英国贵族教育发展史上的突出地位，因此有不少硕士生纷纷加入公学研究的队伍。如黄燕、于淼、梁淑红等硕士研究生，分别分析了英国公学教育政策变化的背景、历程与得失，阐释了英国公学改革过程中的本质变化。鉴于贵族男子教育研究与女子教育研究的失衡，郭佳丽的硕士论文《近代早期英国贵族阶层妇女的教育》以英国贵族妇女教育为研究对象，在一定程度上弥补了研究的不足。作者从宗教教育、基础学校教育、美德教育与人文主义教育等方面进行

---

① 杨娜. 论17-19世纪的英国贵族社会［D］. 济南：山东师范大学，2011.

② 杜大昌. 英国贵族子弟学校：伊顿公学［J］. 世界知识，1981（9）：27-28.

③ 原青林. 揭示英才教育的秘诀：英国公学研究［M］. 哈尔滨：黑龙江人民出版社，2006.

详细分析，指出贵族阶层妇女在社会生活中通过一定的途径获得受教育的机会，系统梳理了她们当时的受教育情况。第三章从贵族阶层妇女的受教育水平对宗教传承的作用及教育对贵族妇女自身和社会的作用两方面，分析近代早期英国贵族妇女接受教育的影响，认为贵族妇女在社会发展过程中有一定的贡献。近代早期，少数贵族女性得到人文主义教育，她们可以同男性一样拥有智慧、尊严与美德，在教育领域发挥极为重要的作用。①

2. 关于贵族教育内容的研究

也有从伊顿公学发展历程入手的文章，其归纳出不同时代背景对伊顿公学课程设置所产生的影响，并着重介绍了当代伊顿公学课程设置，同时对其课程设置特色进行了归因分析。于淼的《当代英国伊顿公学课程设置研究》介绍了伊顿公学的课程理念、课程目标以及课程内容。伊顿公学课程可分为三类：基础与提高并重的文化课程、丰富灵活的活动课程、门类众多且设施完备的体育课程。作者指出，对传统的课程设置理念的坚守，也是伊顿公学独树一帜的重要原因。最后总结了伊顿公学课程设置的特点及原因，这为伊顿公学优质的教育提供了确切的保障。总之，宗教传统、贵族情结、科学主义是影响英国公学课程设置的突出原因。②

在公学与英国传统文明的互动过程中，深入剖析其特色形成的历史原因尤为重要。其中，独立自治是公学的管理体制，包括独立于政府和公学体系两方面。一方面，公学独特的“性格训练”造就了学生积极的人生态度和十足的自信心。所以公学的学生在身体、学识和性格气质等方面都能够获得独特而全面的发展。另一方面，公学始终以优异的教学质量而著称，这源于它优越的教学质量保障体系。人文主

① 郭佳丽. 近代早期英国贵族阶层妇女的教育 [D]. 天津：天津师范大学，2014.

② 于淼. 当代英国伊顿公学课程设置研究 [D]. 哈尔滨：哈尔滨师范大学，2016.

义精神使英国贵族从中找到了阶级领导的理论和人性修养的依据。自由主义和理性主义通过直接影响英国的民族特性和发展道路，从而影响了公学的发展。

不同学者由于研究方法选取的不同，可能也会得出不同的创新观点。梁淑红的《英国公学的特色研究》，基于文化社会学关于文化与教育相互关系的理论，通过考察公学与英国传统文化的互动过程，剖析其文化特色形成的历史原因。其中绅士情结是精英教育特色和体育教育特色形成的推动因素，而人文主义则是人文教育特色和全面发展教育特色的基本原因，也是文化与教育相互作用的观点。① 丁芳也从伊顿公学发展的历史轨迹入手，归纳了伊顿公学主要的办学特色，并且将其特色归纳为办学理念、行政体制、课程体系与教学管理、学生管理以及教师选拔与管理五个方面。②

教育的转型折射出近代早期英国世俗贵族对文化知识态度的积极转变。张明明阐述了英国贵族态度的变化历程。作者认为，中世纪的贵族热衷狩猎和战争，鄙视书本知识；到了近代早期，贵族改变了传统观念，纷纷进入各类学校接受文化教育。随着资本主义兴起并迅速发展，文艺复兴、宗教改革运动席卷英国社会，贵族的权威遭遇挑战。民族国家③建立后，新的社会要求引发了社会各阶层对文化知识需求的增加，伴随着教育的不断世俗化，文化氛围日趋浓厚，再加之社会流动的增多，导致民众的文化发展冲击了贵族的社会地位。在各种质疑与挑战面前，英国世俗贵族及时应变，以积极的态度进入各类学校接受教育，积极参与到文化生活中。在自身知识水平和实践能力提高的基础上，贵族的举止更加优雅，眼界更为开阔，文化品位不断提升，

---

① 梁淑红．英国公学的特色研究［D］．武汉：华中师范大学，2002.

② 丁芳．英国伊顿公学办学特色研究［D］．长沙：湖南师范大学，2012.

③ 民族国家是指欧洲近代以来，通过资产阶级革命或民族独立运动建立起来的、以一个或几个民族为国民主体的国家。

并使近代早期的英国文化承载了诸多贵族特征，贵族精神也成为英国社会一股强大的主流文化，深刻影响着英国文化的发展走向。[①]

如上所述，除了文化教育外，体育运动也是近代早期贵族的重要活动。陈凯鹏的《近代早期英国贵族的体育运动》指出，受古典文化和人文主义的影响，贵族阶层高度重视体育运动，将其看成精英教育不可或缺的部分，赋予其丰富的社会文化内涵。依靠雄厚的经济实力和显赫的特权身份，贵族长期垄断着某些炫耀性的高雅运动项目。贵族热衷于打网球、打猎、架鹰、赛马、击剑等，而平民则喜好踢足球、打板球、打曲棍球及观看斗熊等，分层化特征极为突出。对贵族来说，体育运动不仅具有强身健体、磨炼意志等功能，还在素质修养、人际交往、等级维护、官职晋升等方面起到重要作用。近代早期英国社会的变化，为体育的发展创造了条件。通过体育这个特殊纽带和平台，贵族拓展了社交关系网，同时巧妙地调整了与君主的关系。[②]

"绅士风度"是贵族精神中重要的品质。杜冰川追溯了"绅士"一词最早出现的时间，认为意大利文艺复兴时期的人文主义教育家皮尔·保罗·弗吉里奥（Pietro Paolo Vergerio）的著作中最早提及"绅士"一词。在英国独特的贵族体制和精英教育传统下，他将绅士教育从天国拉回到人间，从古典带到现实，将近代西方绅士教育推向顶峰。此时的绅士教育内容已经与古典文化渐行渐远，文实并重的教育取向为新时代的绅士教育赋予了新的生机，指引着英国绅士教育源远流长。[③] 这与朱镜人在《英国教育思想之演进》中第三章具体论述的英国绅士教育思想大致吻合，均从社会背景出发，分别以弥尔顿和洛克为

① 张明明．近代早期英国世俗贵族对文化知识态度的转变［J］．洛阳师范学院学报，2015，34（6）：68-76.

② 陈凯鹏．近代早期英国贵族的体育运动［J］．经济社会史评论，2018（1）：21-29.

③ 杜冰川．14-17 世纪西方绅士教育思想研究［D］．南京：南京师范大学，2012.

主要代表人物，进而总结英国绅士教育的影响。①

中世纪时期贵族阶层子女的教育也是学界研究的重点。李梓榕在论述中世纪理想的英国贵族形象的基础上，进一步归纳了英国贵族阶层的男子在军事教育目标上的侧重点，并与贵族阶层女子所承担的角色进行了对比。贵族男子的教育，主要包括宗教道德教育、等级与社交礼仪教育、骑士技能教育以及知识文化教育四个方面，其中骑士技能教育是贵族男子教育中最具中世纪时代教育色彩的一种教育形式。贵族女子的教育，包括宗教道德教育、等级与社交礼仪教育、家务管理技能教育以及知识文化教育。与男子不同的是，家务管理技能教育是中世纪时期英国贵族女子教育中的重要组成部分。作者最后阐述了中世纪时期英国贵族阶层教育的总体特征，并总结了中世纪时期贵族教育对近代教育的影响以及对贵族精神传承的意义。②

16 世纪以后，英国社会不再单单崇尚英勇善战的骑士精神，要成为适应时代要求的贵族还需要掌握文学、艺术、历史、法律知识，同时具备过人的军事能力，特别重要的是要具备良好的个人品德。这就促使贵族们纷纷接受更高等的教育，学习各种礼仪、技能。除家庭教育和中学教育外，英国高等教育也具有贵族的特征。有学者指出，在1870 年以前，英国高等教育主要表现为精英贵族教育，上流社会对给民众提供更多的教育持否定态度，教学内容中古典的成分占比很大，目的是培养合格绅士。中世纪的贵族大多接受骑士教育。这是一种家庭教育，是在自己家或在其他地位更高的贵族家接受教育，以接受军事教育为主，注重礼仪和举止，但不注重文化教育。

① 朱镜人. 英国教育思想之演进［M］. 北京：人民教育出版社，2014.

② 李梓榕. 中世纪时期英国贵族阶层子女的教育状况研究［D］. 天津：天津师范大学，2018.

3. 关于贵族教育方式的研究

从教育的方式变化看，近代早期是英国贵族传统教育方式转型的重要时期。袁娇的《近代早期英国贵族教育变革》，将近代早期英国贵族作为一个整体进行了考察，以贵族的教育变革窥测了英国社会转型时期的社会阶层面貌。分别考察了近代早期经济社会变迁和近代教育的兴起与英国贵族教育变革、近代早期英国贵族教育的基本模式。同时将贵族教育分为公学教育、大学教育和大陆游学。最后，作者对近代早期英国贵族教育变革所产生的影响进行了分析。在教育模式变革的影响下，贵族的文化艺术活动得到了极大的丰富，贵族的文化素养水平得到了极大的提升，并且成功塑造了英国绅士形象。蓝色血统加上良好的教育，更加巩固了贵族的统治地位。英国贵族阶层在教育文化方面的变革使其成功应对社会转型危机，不仅提高了整个阶层的教育文化素质，而且有效捍卫了其统治地位，对社会各个阶层也产生了深远的影响。

上述学者们围绕近代早期英国贵族部分的教育目的、教育内容、教育方式等方面进行了较为细致的考察。此外，选择代表性的学校机构进行研究也是研究的重要方面。安行指出，哈罗公学的教育内容以古典语言为主，课外活动包含体育活动与宗教活动两类，采用课内外相结合，在知识、身体与道德方面培养学生的方式。哈罗公学的教师与寄宿制是保障哈罗公学运转的关键，而寄宿制的发展也是该校逐渐向贵族学校转变的因素。最后得出了近代早期的英国贵族教育，促使贵族个人在知识与道德上发展，帮助贵族子弟谋求职位，加强了贵族家族之间联系的结论。英国贵族教育在近代早期这一阶段呈现出世俗化、国家化和专业化的教育现代性特征，但科学化发展起步较晚，而贵族教育也具有反福利化的倾向。①

肖先明论述了近代早期英国贵族教育的变革。中世纪英国封建贵族的教育以骑士训练为主，不重视正规的学院式教育。到了近代转型时期，迫于军事作战技术的突变、海外殖民之需、文化世俗化以及政治权力国家化等社会压力，英国世俗贵族教育从尚武的骑士精神教育逐渐转变为社会化的学校教育，教育的内容从主要以军事与宗教为主转变为以文化知识和礼仪教育为主，摒弃了骑士教育的糟粕，兴起了大陆游学的风尚。贵族教育的成功转型对其后英国社会发展产生了深远影响，奠定了英国社会形成绅士风尚的基础。②

除社会宗教等因素外，有学者从文化的视角分析了近代早期英国贵族子弟入学的动因。刘贵华指出，促成贵族子弟入学的文化动因主要包括三点：一是教育成为贵族身份的重要标志；二是教育成为贵族任官的重要条件；三是文化知识的价值取向日益世俗化。到了近代早期，贵族对教育产生了强烈的兴趣，送子女上文法学校、大学，甚至是律师学院，这在当时成为时尚之举。贵族子弟入学是近代早期英国教育发展中出现的新现象，被称为一场“文化革命”。它不仅改变了学校的社会构成，推动了教育世俗化的进程，也改变了贵族的知识结构与社会形象，影响了近代早期英国社会变迁的进程。贵族子弟入学折射出近代早期英国思想文化方面的变化。③

除公学研究外，国内学者对贵族欧陆游学的研究也较多。阎照祥将兴盛于 17—19 世纪英国的欧陆游学定性为历时悠久的文化事件，它

---

① 安行. 近代早期英国贵族教育研究：以哈罗公学为范例［D］. 苏州：苏州大学，2019.

② 肖先明. 近代早期英国贵族传统教育方式的转型［J］. 国外社会科学，2015（5）：109-113.

③ 刘贵华. 近代早期英国贵族子弟入学的文化动因［J］. 江汉大学学报（社会科学版），2009，26（2）：106-110.

与英国贵族寡头统治的时间大致相符。游学主体是家产雄厚的不列颠贵族乡绅子弟，观光和学习是游学的重要内容，主要目的地是法国的巴黎和意大利的名城。游学内容包括对外国语言、历史文化和礼仪的学习，结交名流，考察社会民情和政治制度，搜集文化珍品和文物。游历期间难免经历的磨难，有助于提高个人素质、拓宽视野。贵族欧陆游学期间虽有诸般事端和不良行为，但欧陆游学的主流应该得到肯定。欧陆游学对于英国人开阔视野、理性看待并合理汲取异国文化起到了不可或缺的作用。①

邵冠青研究了伊丽莎白一世时期（1558—1603）以新兴资产阶级为代表的新贵族阶层的崛起，封建旧贵族们被迫转变其教育模式，以期能够在文化领域继续保持领先地位并适应新型政府对公职人员素养的需求。作为欧洲大旅行时代的开端，此时的出行者尚局限在英国大贵族家庭的子弟，而游学的内容也是以教育为主。经过长达数年的游历，贵族子弟逐渐接受并学习外国语言、政府组织、文化艺术、外交手段等一系列对今后仕途大有裨益的内容。因此，教育旅行的开展被看作是英国绅士风度的开端，并引领了英国社会整体素养的提升。随着教育旅行规模的壮大和大旅行时代的到来，欧洲近代旅行服务业得以产生与发展，英国和欧洲大陆之间的联系日益紧密，加速了其在近代社会共同发展的进程。②

实际上，英国欧陆游学成体系的过程并非一蹴而就，也是经历了萌芽时期（中世纪）、兴起时期（16 世纪）、蓬勃发展时期（17—18 世纪）和转型时期（18 世纪末 19 世纪初以后）。英国欧陆游学的活动历史反映出其社会文化传统，其中“游”与“学”所占的比重不断发生

① 阎照祥．17-19 世纪初英国贵族欧陆游学探要［J］．世界历史，2012（6）：74-84.

② 邵冠青．行走的力量：伊丽莎白一世时期的教育旅行研究［D］．上海：上海大学，2013.

变化。[①] 17—18 世纪英国的大旅行背后存在着一系列推动的因素，包括一直以来贵族大旅行的传统、英国这一时期获取官职的政治恩赐制以及贵族将接受教育当作维护其权威的手段之一。游学的内容除了一直以来的学习礼仪、艺术品鉴赏之外，温泉疗养、购买和收藏艺术品也逐渐成为游学的重要组成部分。

尚梦杰系统分析了欧陆游学的影响因素及历史意义。在工业革命的影响下，过去以古典教育为中心的绅士教育已经不符合时代发展的需要，科学教育和技术教育日益受到重视。交通发展所带来的旅行业的大众化，使得大旅行所具有的教育功能、满足商品购买需求及游览风景名胜的功能都被弱化，导致大旅行开始衰落。但是，大旅行中英国与欧洲大陆的文化交流，促进了英国社会文化的变迁，使得社会上层的文化风尚日益在整个社会流行、普及。[②] 许璐以 16—18 世纪英国贵族大陆游学研究为研究对象，从英国社会发展背景出发，论述了资产阶级化的贵族经济实力得到了提升，文化水平也有所提高，为了巩固对政权的统治，贵族必须开阔眼界，增长见识。从欧洲大陆来看，文艺复兴之后的意大利、法国等国家，传承了人文主义的精髓，具有浓厚的文化艺术氛围，吸引着英国贵族子弟前去接受艺术的熏陶。在游学过程中，英国贵族子弟游历意大利、法国等国，接受人文主义教育，学习语言，拜访名流，感受各国风土人情，游学生活丰富多彩。通过游学，英国贵族子弟增长了见识，提高了个人修养，为进入国家权力中心增加了砝码；英国贵族的统治得到了巩固，贵族也成为英国文化的引领者。此外，游学活动增进了英国和欧洲大陆之间政治、经济和文化的交流。[③]

---

① 尚梦杰. 历史必然性：英国欧陆游学的兴起 [J]. 陇东学院学报，2019，30 (1)：80-83.

② 尚梦杰. 英国欧陆游学研究 [D]. 开封：河南大学，2020.

③ 许璐. 16-18 世纪英国贵族大陆游学研究 [D]. 武汉：华中师范大学，2015.

以上研究均从一个方面着手。云南大学及天津师范大学等机构的一些硕士研究生从整体上概括了英国贵族教育的发展。张富体考察了16—18世纪的英国世俗贵族教育的转变及产生的重大影响。他从中世纪英国的社会背景归纳出贵族教育的模式、贵族教育的内容、贵族教育的目的。贵族教育突出的特点是由家庭教育转向公共学校教育，即社会化。教育的施教者从非专业家庭教师转向社会化的专业教师，教育内容从主要以军事与宗教教育为主转变为以文化知识与宗教教育为主，教育目的从以人格教育为主的骑士精英教育转为绅士精英教育。最后论证了16—18世纪英国世俗贵族教育的转变巩固了贵族阶级的统治地位、提高了贵族的文化生活水平、加强了贵族之间的凝聚力。①

从译著来看，奥尔德里奇著、诸惠芳等译的《简明英国教育史》较为全面地展现了英格兰和威尔士的教育史，考察了作为教育基础的社会基本情况——家庭、两性、职业以及其他方面，研讨了各种思想和理想，诸如基督教的、社会的、个体的、识字的和普及的等，介绍了正规教育系统的组织及活动。最后具体论述了初等教育、中等教育和高等教育，其中16—18世纪的部分内容都谈到了贵族阶层从初等教育到高等教育的发展演变。②

从国内的专著看，徐辉与郑继伟合作完成了《英国教育史》，其中涉及骑士制度与贵族教育内容。该书重点指出了从16世纪开始，英国贵族生活发生的一系列变化。贵族从蔑视知识，沉溺于打猎、娱乐和战争，逐步变成受过教育的阶层。贵族和绅士屈尊就读文法学校和大学，学习当时颇为时髦的经典文学、历史和考古学，还学习一些技能如骑马、田野运动、唱歌、跳舞和作曲等。民法的知识也被认为是贵族和绅士教育不可缺少的一部分。一些大家庭把外国语言和外国文化

---

① 张富体. 16-18世纪英国世俗贵族教育变革研究［D］. 昆明：云南大学，2010.

② 奥尔德里奇. 简明英国教育史［M］. 诸惠芳，等译. 北京：人民教育出版社，1987.

的第一手经验也作为十分重要的教育内容。贵族和绅士的儿子常被送到文法学校学习，有些被送到伊顿公学寄宿学习。作者进一步指出，英格兰历来没有类似意大利和法国的那种学习击剑、养马、军事科学和社会行为的学园。剑桥大学原校长威廉·塞西尔（William Cecil）确立了贵族教育的新标准：除了在大学学习之外，年轻的贵族还要学习法语、拉丁语、写作、美术和宇宙结构学、射击等。大量的贵族子弟在占据大学学额的同时也纷纷进入各种法律协会，这是当时贵族教育的一个重要现象。①

秦元旭、罗香香讨论了近代早期英国贵族捐赠高等教育的方式，分析了由于资本主义经济的发展、城市的产生与建立、新兴资产阶级的崛起、宗教改革、文艺复兴等重大历史事件的发生，将近代早期英国贵族捐赠高等教育的方式归纳为直接办学，土地、房产捐赠，提供奖学金、研究基金以及圣俸的捐赠，投资扩建学院等。最后总结了捐赠高等教育的意义。

谢雪冰指出，到了17世纪，文生比武夫更适应现代社会发展的需要。于是，近代的绅士教育逐渐兴起。它以培养贵族的绅士风度和文化素质为主，体现了新贵族的价值观。公学、牛津大学以及剑桥大学是当时实施绅士教育的主要场所。贵族大学生要系统地学习古典文学、逻辑学、修辞学和伦理学。他们还要学习成为绅士所需的拉丁文知识，训练修辞和逻辑思维能力，掌握政治精英应该具备的相关治理知识。16世纪以后，越来越多的贵族接受了大学教育。大学教育对提高贵族阶层的文化素质水平以及行政能力起了重要的作用。②

与上述研究类似，易红郡的专著《英国教育的文化阐释》在第三章中系统地介绍了英国的贵族精神、公学教育和绅士教育。作者从英

---

① 徐辉，郑继伟．英国教育史［M］．长春：吉林人民出版社，1993．

② 谢雪冰．近代英国高等教育的历史脉络及其特征分析［D］．昆明：云南大学，2008．

国贵族体制的形成、贵族教育的理论、贵族教育的宗旨等方面进行了论述。绅士教育是具有英国特色的一种教育思潮，其实质是贵族教育，它集中体现了英国文化传统中的贵族精神与精英意识。贵族慷慨而潇洒的绅士风度、优雅的举止、儒雅的谈吐等均为中下层阶级极力模仿。贵族凭借其优越的社会地位、雄厚的经济实力、显赫的政治权势、特有的文化素养和强烈的社会责任感，在英国社会变迁中独领风骚，盛极一时。在教育变迁面前，英国贵族也并不像人们所认为的那样，因怀疑创新和故步自封而遭到社会的遗弃，而是将传统与变革有机地结合起来，继续保持着对精英教育的控制。①

易红郡在《英国教育思想史》的第二章中详细论述了英国绅士教育思想。首先从概念入手，对绅士的概念进行了考察，指出绅士教育不同阶段的内涵变化。同时，将 15—17 世纪具有爵位的绅士作为研究对象，指出其也是一般意义上的贵族。研究认为，贵族教育实质上就是一种绅士教育，绅士教育集中体现了英国贵族精神与精英意识。为使读者对绅士教育理解得更为深入，作者选取了为英国绅士教育理论奠定重要基础的代表人物托马斯·埃利奥特（Thomas Elyot）、汉弗莱·吉尔伯特（Humphrey Gilbert）、克莱兰德和洛克等教育家，分别阐述了其各自的英国绅士教育理论与思想。最后，作者指出，绅士教育思想是英国教育思想史上的一个重要转折点，绅士教育作为一种世俗的现实主义教育，在近代英国教育理论的形成与发展中占据重要地位。②

---

① 易红郡. 英国教育的文化阐释［M］. 上海：华东师范大学出版社，2009.

② 易红郡. 英国教育思想史［M］. 上海：华东师范大学出版社，2017.

三、已有研究述评

上述研究以“贵族”与“发展史”为主题和主线，对英国贵族教育发展史进行研究。本研究按照传统的文献综述的形式，从理论与实践等各方面，按照发展史、文化史和教育史进行整理，然后再进行分析和评述。

通过以上围绕研究主题对贵族史、文化史和教育史进行国内外文献梳理后可以看出，这些研究分别从不同层面对英国贵族文化的本质特性、结构功能以及实践中存在的现实问题提供了一定的思路，对本研究有一定的奠基性意义。笔者梳理后可以发现，当前对英国贵族教育史研究的主要特点具体如下。

第一，关于英国贵族乃至欧洲贵族发展史的研究较多，直接涉及贵族教育发展史的研究较少。从所掌握的资料来看，由于贵族在欧洲具有悠久的历史，早期贵族发展主要体现为政治史、婚姻史、宗教史、战争史等，因此研究的成果也大多聚焦于以上主题史的撰写，特别是政治王朝战争等主题研究成果颇为丰富，这些研究为后人了解不同王朝时期的英国贵族发展样貌提供了很好的史料。有关贵族的文化研究，特别是涉及贵族精神的研究也较多。一些学者以贵族文化为主题进行了较为深入的研究，并且从不同的视角审视各王朝阶段不同贵族群体所呈现出的多种样态的文化形式，取得了一些具有普遍意义的研究成果。这些研究和探索成果丰富和拓展了贵族文化史研究。但遗憾的是，迄今系统研究英国贵族教育发展史的论著还比较少。而对英国贵族教育发展史研究和思考较多的主要是一些硕士论文和期刊论文，这些论文主要侧重贵族教育的制度史或公学、大学等学段史方面的研究，在知识教育、家庭教育等方面有一些涉及贵族教育的部分内容。也有论者在对英国贵族教育发展史研究时，从文化学的角度提出了一些思考和见解，但没有详细地归纳贵族教育的全部样貌和阶段性特征。从学理来看，通过研究贵族教育史下的贵族精神是贵族教育研究的基本问题和核心问题之一。由此，我们在梳理贵族教育史料时，只有对其价值本质有了深刻的认识和理解后，才能从根本上深化贵族教育发展的理论和实践改革。

第二，“就教育论教育”“就文化论文化”的贵族教育研究范式有待突破。贵族教育是整个教育和贵族发展史的核心内容，因此从教育史和文化史的角度谈论贵族教育有其合理性和必要性，这类研究也在世界史下的英国史研究起到了应有的作用。同时也应看到它的局限性。具体而言，“就教育论教育”“就文化论文化”的研究思维方式，往往在研究教育制度的发展和贵族文化的意义及价值问题上容易出现极端倾向。然而，对于英国贵族教育研究来说，既要关注它的政治合理性，又要审视它的文化合理性。原因在于，贵族教育是实现工具合理和价值合理的有机统一方式。所以，开展贵族教育研究不能单纯地专注于文化史的考察，更为关键的是必须追问贵族教育背后的本质逻辑，追问贵族教育在政治上发挥的重要价值取向之所在。基于此，笔者试图从本质与形式相结合的视角对贵族教育发展史进行研究，目的是摆脱“就教育论教育”“就文化论文化”的贵族教育研究的局限。

第三，缺乏对英国贵族教育全面、动态、系统的研究。目前研究较为零散，需重构英国贵族整体教育体系。由于贵族教育涉及的内容十分丰富，研究者对贵族教育的研究往往聚焦于“公学”“欧陆游学”“牛桥教育”等主题，这也是从研究的深度和可行性进行考量，也就是一直所提倡的“小题大做”。这些研究尽管可以作为我们了解英国贵族教育的一个窗口，但仅仅停留在窗口的话，十分不利于从整体上把握贵族教育的内容、目的、原则等。由此使得国内读者对英国贵族教育发展缺乏科学的、全面的认识，甚至对这种培养社会政治精英为主要目标的贵族教育持否定态度。以往研究偏向于制度化教育，体现在强调“公学”教育的精神，这将导致贵族教育陷入“少数的”、偏离“大众的”轨道，十分不利于读者理解贵族教育的丰富多样，进而导致贵族教育非制度化内容的缺失。因此，需要及时纠正英国贵族教育研究中的片面行为，只有以一种大教育观看待贵族教育的演进，才能保持贵族教育的当代价值和生命活力。相关议题讨论程度较浅，需进一步深掘贵族教育的内容与形式。以上研究具有片面性，大多聚焦于贵族教育的某部分主题，但仔细阅读后会发现很多研究存在部分重叠和重复。似乎一提到英国贵族教育就是九大公学中的伊顿公学和哈罗公学。以学校为例来反映贵族教育传统，虽然具有一定的代表性，但代表的面还远远不够。这恰恰忽视了英国贵族教育的本真，学校教育难免存在着标准化和功利化的倾向。因此，只有理解教育背后蕴含的文化多样性，才能真正从多个视角梳理贵族教育发展史。同时要梳理贵族教育的一致性和差异性，应克服单一的传统文化中潜在的权威取向等因素的影响，克服以学校为研究对象下的不同程度单一的机构教育文化的影响。缺乏溯源性研究，需进一步梳理英国贵族教育的发展脉络。在不同贵族阶层中，教育目标和形式内容侧重点不同，片面强调贵族教育的优越性或者糟粕性均是对英国贵族教育的曲解。而且教育一直伴随着社会的发展，为各阶段的经济政治发展而服务，更多的是起到一种协调各群体关系的作用。以上观点可以从现有的关于贵族教育研究的硕士论文和期刊论文中找到。

综上所述，目前现有的研究对英国贵族教育从不同方面进行了探讨，但对于贵族教育内容的体系化的研究仍然不够深入，特别是英国贵族教育对英国普通世俗教育所产生的积极影响仍然没有得到很好的揭示、解释和分析。涉及贵族教育的历史地位问题时，发掘的意义还不够深入也不够具有说服力，尤其是贵族教育所反映出的贵族精神并没有完整彰显，仍缺乏系统的理论分析和现实考察，甚至还没有引起足够的重视和反思。在研究价值取向上，存在着一味否定和片面吹捧的两种倾向，缺乏对其利弊的客观性分析，导致贵族教育中文化内在价值的失落，或者对贵族教育中所谓“精英教育”的过度追求和迷恋。这些都是由于对贵族文化及其价值认识不清、研究缺乏深入性而造成，也导致贵族教育下的文化精神建设陷入误区等。以上种种问题，均为本研究提出了挑战，同时也是本研究需要警惕和反思的地方，希望通过本研究，为英国贵族教育做出外国教育史学科的应有贡献。

第六节　研究方法

教育史归属于历史学中的专门史，研究历史需要一定的史学方法论指导，并需要具体的研究方法。史学方法论是确定研究历史、分析历史的基本方法和总体过程。各种方法作为手段和工具通过具体地解读、诠释和处理史料来协助方法论得到运用。史学方法论的基础是对史料的分析，这一原则从 19 世纪确定下来后鲜有变化，而不断发生变化的是史料的来源和研究方法的拓展。① 本研究的具体研究方法及其运用如下。

一、历史研究法

历史研究法是研究者在过去时空的场域中，系统地收集和评价史料，以描述、解释和理解过去时空中发生的行为和事件。本研究主要涉及斯图亚特王朝英国贵族教育的变革，秉持规范与严谨的原则，同时出于对贵族教育发展的连续性和继承性考虑，英国贵族教育的溯源、斯图亚特王朝之前的贵族教育，亦是笔者研究考察的范围。运用历史

① 肖朗. 史学方法论与教育史研究刍议 [J]. 华东师范大学学报（教育科学版），2016，34（4）：5-7.

研究法有利于综观事件发展脉络，完整把握特定历史的发展特点，既可以纵向了解斯图亚特王朝前后贵族教育的历史，又可以横向比较英国与欧洲其他国家在贵族教育上的异同，进而开展综合评价。

二、文献研究法

文献研究法也称为“文献分析法”。本研究建立在对大量文献选取、甄别和解读的基础上，因此以“文献史料分析”作为研究的主要操作步骤。从海量的文献中，检索和提取具有代表性和真实性的历史素材，是工作的重点和面临的严峻挑战。本研究中所包含的文献，不仅有一手资料，如部分英国贵族的个人传记、回忆录、书信以及政府政策、学校章程与年鉴等，还有大量的二手文献，如其他研究者的研究成果、思想论著等。

三、个案研究法

本研究讨论的主题，其主要时间集中在斯图亚特时期，这一时期英国各级正式与非正式教育的发展均发生了重要转变，不论是教育内容还是教育目的，都可找到多个具有典型性的案例。因此，主要章节在具体论述时将运用个案研究法，分别阐释英国贵族在多个公学、律师学院、牛津大学、剑桥大学的教育活动。个案研究法作为质性研究的常用范式，其开展建立在详细的素材收集基础上，通过叙述等方式，在对教育事件、过程、政策等因素进行深入探究时，分析判断并确定其价值，且在历史个案研究过程中常伴随着清晰的时间线索和强烈的过程感。

第七节　研究思路

本研究从贵族教育的起源出发，基于贵族教育的文化价值视角去考察斯图亚特时期英国贵族教育发展的轨迹。在综合运用历史研究、文献分析和个案研究等方法的基础上，按照历史发展脉络，从社会、经济、宗教、文化、思想等多个角度，综合解构该时期最为典型的贵族教育发展理论与实践，归纳其特征，剖析其新变模式，以求找到具有普适意义的规律，最后将斯图亚特时期英国各阶段的教育发展以专题的形式进行串联，构架具有紧密逻辑关联的研究体系。

首先，笔者认为英国贵族教育的发展与欧洲贵族教育一脉相承，后期逐步呈现出自身特色。因此，在展开贵族教育的讨论时，主要包括两部分内容：第一部分按照贵族文化发展的进程，对贵族教育的起源展开描述，进而分析斯图亚特之前，英国贵族文化传统与教育实践等要素；第二部分则是阐述 1603 年前英国贵族教育的发展概况背景。英国贵族教育始于军事训练和宗教传播，因此第二部分是对英国近代早期贵族教育发展背景的系统梳理。

其次，笔者拟对斯图亚特时期的贵族教育进行详细阐释，主要集中在第三章至第五章，这是描述贵族教育从基础教育阶段逐步过渡到高等教育阶段的核心部分。随着政治局势的相对稳定，对军事人才的需求小于对智识人才的需求，英国贵族教育开始从武育走向文育。经过调整和优化后的英国贵族教育，在教育的制度化和课程内容设置等方面有了较大改变，最终为工业化发展奠定了经济基础和社会基础。因此，这亦是贵族教育发展相对快速和系统化的时期。多种因素的共融为这个阶段英国教育走向体系化、制度化的形态创设了有利条件。

基于上述的基本思路，本研究拟对斯图亚特时期教育活动发生的基本线索进行串联，厘清影响贵族教育发展的因素，以及贵族如何在复杂多变中革新，又如何在革新后的各种冲击下保持相对精英的文化定位。对这些问题的考量将被纳入整个研究，以期在深入历史分析后，基于史料获得一定的教育变革规律，透过呈现的清晰的历史经验及反思，为全球化视野下英才教育的发展提供历史参照。

第一章　斯图亚特时期之前贵族教育的追溯

不管怎样，在我看来，只有善良才是高尚的；真诚的心胜过冠冕，单纯的信仰胜过诺曼人的血统。

——阿尔弗雷德·丁尼生（Alfred Tennyson）

英国贵族发展至今已有1000多年，其能够长久存在并在英国社会发展史中经久不息的主要原因为顺应社会发展，主动自我调适，坚持国家利益为重。中世纪早期热爱战争、崇尚武力的军事贵族到了近代开始重视文化教育与学习，并进入学校接受教育。早期英国贵族的教育活动成为传播文化知识的重要载体，对后来贵族群体的价值观塑造、知识结构生成和良好行为养成奠定了重要且坚实的基础。

第一节　贵族教育发端的背景

中世纪以来，受教育权一直被贵族、高级僧侣以及其他社会上层家庭的子弟垄断，教育以培养神职人员、高管等为目的。英国贵族教育整体的发展背景为：作为统治阶级国家管理的需要，作为上层阶层身份地位的确保与作为文化精英文化资本的传承。

一、国家管理的需要

贵族代表一种社会等级，由有头衔和无头衔的臣民组成，他们通过延续自身血统来维持那些头衔和社会地位。每个贵族家庭的新一代都继承了他们祖先传袭下来的头衔。长期以来，贵族被认为具有杰出的品质和超凡的能力，通过为国王服务或为公众利益服务来体现其价值。[①] 这种高尚的品质促使统治者授予英勇的人贵族头衔，并有可能因此永久授予他的家族贵族头衔。从近代向现代迈进的过程中，英国贵族家庭作为统治阶层的地位不断受到外部压力的挑战，这便要求其及时做出变革以适应经济与社会的不断变化。为了适应新的环境，保护和提高他们传统的社会地位，并强烈回应所面对的其他阶层对其统治地位的挑战，贵族们利用文艺复兴时期的科学和教育、战争和宗教冲突造成的混乱、不断变化的政治思想和观念、市场经济的发展以及中央集权国家的演变来维持他们的血统、声誉和地位。[②]

在斯图亚特时期，财政上依靠王室与贵族和绅士合作统治。首先，通货膨胀不断地削减国王的收入，直到国王无力维持国家财政。其次，绅士在数量、财富、教育、经验和权力方面的比重都有所上升。再次，一个拥有规则、程序、委员会、集体精神和自信的议会不断发展。最后，清教徒对教会不满，他们确信自己是正义的，受到上帝的指引，意志坚强，且人数逐渐增多。此外，活跃在伦敦和省城的律师越来越富有，他们挤进议会，小心翼翼地捍卫普通法，挑战任何违反法律的

---

① BRADDICK M J. State formation in early modern England, c. 1550-1700[M]. Cambridge:Cambridge University Press,2000:1-3.

② HINDLE S. The state and social change in early modern England,c. 1550-1640[M]. Basingstoke:Palgrave,2002.

国王。[①]

教育是社会结构和社会进程的基础。除了在文化适应、社会化、职业准备和知识阶层培训中发挥作用外，教育还可以被证明与社会控制和社会变革的过程有关。依据定义，教育改变的是那些受过教育的人，但这种变化是可控的。无论教育计划的目的是维持现状，还是鼓励对现有社会秩序的批评和改变，如果要实现合理的发展，就必须控制这一过程。因此，用何种手段调整教育是关键。

在教育中，维持现有社会秩序的人和那些试图改变现有社会秩序的人处于对立状态。教育是现有社会秩序的一部分。从这个角度来看，很明显，教育是基于特定的规范性假设，而这些假设又以关于人性的本质、社会的本质以及人类与社会之间关系的哲学命题为前提。当这些假设和主张在实际环境中得到实现时，它们就具有了政治性。因此，教育是一种政治活动。前提是在贵族阶级开始获得认同的时期，贵族阶级教育的起源、发展和特征与当时的主要技术经济、社会和意识形态密切相关。

在英国，君主往往用权力的标志和象征来宣称自己的权威，贵族们也紧跟君主的步伐以确保家族的统治地位。英国王室认为，当务之急应该是培养和训练贵族成为忠诚的臣民，而不是把他们孤立并保护他们家族的长子继承权。[②] 为了培养贵族的政治亲和力，年轻的贵族一般 7 岁左右进入皇室家庭，开始接受军事训练与人文主义教育。其教育所涉及的内容包括狩猎、骑马、古典语言等。贵族教育的一系列变革的主要焦点是培养其成为天然领导者。传统上，贵族作为政府官员和军官，要为君主服务。但随着个人主义的盛行，英国部分贵族已经开

---

① ROBERTS C，ROBERTS F D，BISSON D. A history of England：prehistory to 1714 [M]. London：Routledge，2016：193.

② 王秋怡. 论近代英国贵族的教育变革 [J]. 临沂大学学报，2015，37 (2)：41-43.

始忽视这些职责，更关注自己的需求而非君主的需求。贵族们曾经勤劳可敬的行为已经变成不愿服从和不温不火。因此，英国王室通过教育英国贵族的子女，如传授知识、技能等，来降低君主制及其官员衰落的威胁。在现代早期的英国，成为贵族需要对家庭和王权都做出承诺。除了担任君主的重要职位，一个优秀的贵族还需要在宫廷中通过寻求荣誉和其他方式来提升家族的名声和声誉。此外，家庭利益始终影响着贵族的行动和决定。尽管为家族和为君主服务并不冲突，但是对于一个担心自己即将崩溃的政府来说，上述事务的优先性显而易见，即维护君主是贵族们的首要考虑。

二、身份地位的确保

传统的贵族保护长子，因为长子代表着贵族家庭的未来和延续。长子继承了相应的爵位后，也就代表其占有了家庭大部分财产。有一个继承人来继承家族的姓氏和头衔不仅仅意味着财产的继承，也是家族血脉延续的标志。① 出于保护长子的原因，贵族父母不希望他们的孩子接受可能有危险性质的教育。英国王室看到了贵族们普遍缺乏教育的现状，认为提供适当的教育来维持统治十分必要。随着教育扩展到普通人群，这就更需要进行专门的王子和贵族子弟教育，必须在恶习养成之前规范他们的不良行为，使得他们从小养成良好的习惯。在传统贵族家庭中，普遍认为高贵是一种自然特性，体现在一个人的行动中。因此，那些精神高贵的人都可以成为贵族，但前提是这些表现高贵的行为被英国王室承认。实际上，贵族成员的头衔和荣誉仅仅是对这些自然特征的外部认可，通常为君主服务才能体现忠诚与高贵的身份地位。传统的军事贵族意味着社会的领袖，即使长子通过继承获得

---

① 德瓦尔德. 欧洲贵族 1400-1800［M］. 北京：商务印书馆，2008：18.

了高贵的头衔，却不具备与他们的祖先一样的高尚精神，那么从统治者那里赢得尊重和荣誉也十分艰难。①

随着贵族与绅士日渐疏离，双方都出现了新的等级，到了1500年，贵族有公爵、侯爵、伯爵、子爵和男爵，而绅士分为骑士、士绅和绅士。② 贵族数量的增加，尤其是在高等法院任职的人被授予贵族爵位的数量增加，极大地增强了贵族的权力。这一过程不可避免地削弱了绅士在宫廷中的重要性和权力。随着他们在宫廷权力的被削弱，他们在郡内等级制度中的地位同样受到影响。在县域等级制度中，宫廷贵族的影响力并未随着宫廷士绅影响力的缩小而扩大。爵位荣誉的膨胀造成了两极分化：一方面是贵族原本合法的优先权利；另一方面是贵族在郡县等级制度中的地位。贵族的权力越来越多地交给了那些真正认真工作的人，如更勤奋的副官和治安官，他们不辞辛劳地出席集会、季度会议和小会议。无论是宫廷贵族还是乡村贵族都无法控制乡村统治者，他们的权力和影响力取决于当地对功绩和价值的估计，这与宫廷晋升的标准越来越背离。③

英国贵族长期统治和支配着社会规范，他们认为贵族具有天生优于他人的出身，若想获得民众的认可，则必须对国家经济、社会和政治做出贡献。每个社会群体通常都接受一种教育，这种教育将使他们适应其继承的社会地位。因此，每一级教育都与不同的社会阶层联系在一起，每一个阶层都有防止下层渗透的强大既得利益。既然如此，那么教育系统与社会结构的联系越紧密，任何一个层面的变化就越有可能独立于其他层面的变化。此外，正是因为教育是保持现有社会差

---

① 德瓦尔德. 欧洲贵族 1400-1800［M］. 北京：商务印书馆，2008：32.

② SAUL N. Age of chivalry：art and society in late medieval England［M］. New York：St. Martin's Press，1992：22.

③ HEXTER J H. The English aristocracy，its crises，and the English revolution，1558-1660［J］. Journal of British studies，1968，8(1)：22-78.

别的如此强大的力量，变革总是一个极具爆炸性的政治问题，总是遭到强烈的抵制和憎恨。因此，上流社会的绅士和成功的商人安全地盘踞在以古典文学为基础的私立学校和大学中，并垄断了社会中的所有关键职位，不太可能欢迎中产阶级文法学校设施的扩建和改进。①

随着时间的推移，教育的这种彰显地位的功能发生了巨大的变化。在中世纪，识字并没有带来特殊的地位感，因为这个国家的许多最高等级的贵族既不会读也不会写。在北欧，这一情况的结束是在 16 世纪中期。英国的第一位鲁特兰伯爵（Earl of Rutland）和法国人康斯特布尔·蒙莫朗西（Constable Montmorency）是最后一批在各自国家担任高级职务的文盲。② 随着工业化的发展，社会分层的水平也越来越与教育水平相适应。一直以来，英国贵族对其社会角色的危机的感知十分敏感，并不断地通过对贵族概念本身的变化进行追踪，从“美德”和“兵役”的封建角色转变为出生和世袭法律地位分析。在该时期内，贵族们失去了对国家的控制，社会和政治的主动权落入地主阶层手中。贵族们交出了权力，永久性地让渡了大量土地资本资源。此时，贵族的购买力下降，随之带来的是贵族们提高进入上层社会的资金门槛，这在很大程度上打破了贵族通过教育维护行政和政治职权的藩篱。③ 在该过程中，教育在教化传统贵族方面发挥了至关重要的作用，因为它有助于用社会文化元素取代军事属性，这些元素越来越使贵族成为各种职业群体中的精英，从而重新获得社会地位。因此，按照这种观点，贵族的现代化并非通过为政治领导和战争职能做更好的准备来实现，

① STONE L. Literacy and education in England 1640-1900[J]. Past & present，1969(42)：69-139.

② STONE L. The crisis of the aristocracy，1558-1641[M]. Oxford：Oxford University Press，1967：675.

③ 斯通. 贵族的危机：1558-1641 年 [M]. 上海：上海人民出版社，2011：9.

而是主要通过逐渐采用“文明”行为和逐渐丧失他们的军事身份来实现。①

三、文化资本的传承

文化资本包括知识、技能、教育，任何个人都可以通过其文化资本在社会上获得较高的地位，包括他人对自己的高度期许。文化资本包括三种子类型，即具身化文化资本（Embodied Cultural Capital）、客体化文化资本（Objectified Cultural Capital）和制度化文化资本（Institutionalised Cultural Capital）。具身化文化资本是指被内化于个人的文化资本，即个体所具有的、浸入身心的素质，例如基本的言行举止、知识、技能等。客体化文化资本是指个体在身外拥有的物品，如艺术作品等。这些文化产品可以物理性地作为经济资本被转移（卖出），且“象征性”地作为文化资本。制度化文化资本是指个人所持有的文化资本在制度上被广泛认可。一般指的是学业证书或执照，主要是在劳动市场里被认可，它允许文化资本能较为简易地被转变成经济资本，经由对成就在制度上的等级给定其金钱价值。

近代早期的英国经历了一系列重大的政治、社会和文化变革，贵族理想的转变便是其中之一。16 世纪出现了试图重新定义贵族观念及其在社会中的作用的人文主义小册子。这些作品极大地影响了现存的英国贵族，表现出贵族们强大的适应变化的能力。

在人文主义理想中，美德主要是道德和智力，而中世纪传统关注的是贵族的军事美德。人文主义作家创造了一种新的贵族理想。这种理想认为，只有在人文学科中受过教育、具有文明美德并为国家服务

① MOTLEY M D. Becoming a french aristocrat: the education of the court nobility 1580-1715[M]. Princeton: Princeton University Press, 2016: 4.

的人才是高尚的。在这种理想中原则上不存在社会出身和阶级的区别。然而，后来为了适应 16 世纪的社会状况而对贵族的类别进行了调整。最终，贵族被确定为三类：来自古老家族的贵族；通过学习和为国家服务而成为贵族的贵族；来自古老家族的贵族研究了人文学科，提升了自身的道德素养，并希望在议会厅或战场上为国家服务。最后一种被认为是真正的贵族，集出身、教育和美德于一身。

在中世纪盛期，骑士被认为是一个小贵族阶层。到了中世纪晚期，军衔已经与骑士精神的理想联系在一起，这是完美的宫廷基督教战士的行为准则。这种新的人道主义理想并没有与旧理想完全决裂。它与传统的中世纪贵族理想密切相关，并试图融入旧理想的某些特征，赋予其新的人文主义意义。新理想对贵族的要求是以人本主义和“书本”的方式接受教育，尤其是接受古典教育。16 世纪末和 17 世纪初的现实提供了许多通过学习和在国家中取得较高地位而获得贵族身份的例子，塞西尔家族（Cecil Family）是其中的一个例子。索尔兹伯里（Salisbury）亦希望他的儿子继承家族传统，成为君主的顾问之一，因此他坚持要求克兰伯恩（Cranbourne）接受适当的人文主义教育。①

显然，新理想要求 16 世纪和 17 世纪的贵族接受与旧贵族不同的教育。所有历史学家都同意，对教育态度的改变至少在一定程度上是新人文主义思想的产物。人文主义者成功地创造了这样一种学说，即古典教育不仅构成了最适合绅士的学校教育形式，还构成了进入公共生活最好的准备。人文主义远在到达英国之前就已经发展起来。最初英格兰的人文主义与伊拉斯谟的北欧人文主义思想并无太大区别。在英国，这些观点由托马斯·莫尔（Thomas More）在他的《乌托邦》（*Utopia*）中发展起来。莫尔的作品代表了基于希腊-拉丁作者的古典人

① DANUSHEVSKAYA A V. The formation of a renaissance nobleman: William Cecil, 2nd Earl of Salisbury 1591-1668[J]. History of education, 2002, 31(6): 505-520.

文主义。托马斯·埃利奥特的《行政官之书》（*The Book Named the Governor*）有一个相当不同的角色。① 这两部作品的主要区别是前者是用拉丁文写，而后者是用英文撰写。莫尔将个人美德和学识视为一个人能够胜任治理国家领导职务的唯一特征，完全否认世袭和财富作为统治者必备品质的任何相关性。埃利奥特则同意个人在社会中的地位必须由他的品质决定，即美德和学识。然而，他坚持认为上帝创造了一个等级社会。埃利奥特为传统贵族的存在辩护。他比莫尔更务实，试图将人文主义思想应用于英国社会秩序的现实，但他希望美德可以帮助人们实现实际的政治进步。所有人文主义理论对真正贵族的理解都与中世纪理论不同。真正的贵族不再仅仅与出身和血统有关，而是应该基于人的美德，并表现在受这些美德启发和学识指导的行为中。更有人主张德为真正贵族的特征的观点，完全无视血统问题。埃利奥特更喜欢将血统和美德结合起来的贵族视为真正的贵族。他认为，绅士的美德通常与更多的忍耐、更多的能力和美德混合在一起，而非卑下的血统。②

在英国历史上，通常占主导地位的社会群体会展示文化优越感以表明其上层社会地位的必要性。斯图亚特时期英国社会对贵族子女的培养旨在灌输正统的贵族文化，以复制社会秩序，包括既定的性别划分并确保王朝的连续性。英国的贵族精英们通过不断开发越来越昂贵、越来越精致的品位来区分自己，而这种区分很难通过模仿来学习和获得。虽然土地财富和其他货币投资形式的经济资本对王朝的再生产至关重要，但在早期现代条件下，经济资本的力量只有在与非物质资源，特别是社会资本（如贵族头衔、公益赞助）和符号资本（如荣誉、名

---

① 朱镜人，汤燕．托马斯·埃利奥特的人文主义绅士教育思想研究［J］．安徽教育学院学报，2007，130（2）：1-4.

② DANUSHEVSKAYA A V. The formation of a renaissance nobleman：William Cecil，2nd Earl of Salisbury 1591-1668［J］. History of education，2002，31(6)：505-520.

声）相结合时才能充分发挥作用。社会秩序的成功传播和家庭的壮大在很大程度上取决于年轻贵族对文化或信息资本，如知识和技能的吸收。

因此，精英本身并不像模仿模式那样被视为固有的文化典范。相反，他们有能力让公众普遍相信他们的品位和反映出的内在价值。正如布迪厄指出的那样，品位由在社会中占据关键地位的精英所实现，这些精英承认和强调某些文化形式的合法性。贵族们通过资助和补贴在奉献文化方面发挥着核心作用，同时也在贵族教育课程中积极嵌入和推崇某些文化项目。[①] 英国贵族精英们利用可支配的资源，以正统观念来灌输他们自己的文化偏好，然后这些正统观念可以被他们自己和更普遍的主流社会阶层用来将自己与其他群体区分开来。换言之，精英品位成为广泛持有的高地位文化信号，作为一种具有社会价值的文化资本形式运作，随着贵族对精英身份的保护，贵族通过教育维持高雅文化偏好的欲望愈发强烈，并使其合法化与制度化。

第二节　贵族教育的文化寻根

英国贵族的文化源远流长，主要可分为三种：其一是骑士文化。它是贵族文化的重要组成部分。这种文化的继承者纯粹是贵族子弟，贵族子弟学习如何成为一名真正的骑士以及一个有崇高理想和完全忠于爱情的人。其二是绅士文化。绅士文化可以视作骑士文化的升级版。其最早出现于 17 世纪中叶，后在英国盛行并发展到极致，绅士风度既是英国民族文化的外化，又是英国社会掺杂了各阶层某些价值观念融合而成的一种全新的社会文化。其三是精英文化。精英文化作为一种

---

① 庄晨燕．法国教育体制与“国家贵族”再生产：皮埃尔·布迪厄《国家贵族：精英大学与团体精神》导读［J］．民族高等教育研究，2021，9（6）：9-17.

有意识的专门化的高级文化，长期以来成为英国整个社会的风尚。这表明贵族在继承了财富和地位的同时，也继承了创造、保护和享受高级文化的责任和特权。

一、骑士文化中的贵族教育

骑士精神是中世纪世俗贵族的价值体系和行为准则。根据其基本定义，骑士在马背上战斗，于 1066 年随着诺曼人到达英国。在军事革新的同时，新的统治精英引入了规范贵族的伦理制度，比如在战场上互相尊重。① 于是，骑士阶层出现了，并产生了一种新的文化，该文化是由英雄形象塑造的，反映了当时的军事价值取向。在军事扩张的战争时期，骑士文化中体育训练一直受到高度重视。然而，当行动的需要成为更具包容性的道德理想的一部分时，体育教育便不仅仅为战争作预备，也成为理想人发展的综合表征。从某种意义上说，骑士教育呈现了整个社会形式，反映了伦理理想和日常现实之间永恒的张力。在英国传统中，身体力量和宫廷道德相结合，“灵魂的音乐”和“身体的操行”达成最大程度的和谐并存。②

尽管骑士精神未能造就完美的骑士，但它却在中世纪的欧洲发挥了文明的作用，在极大程度上推动了从黑暗时代结束到文艺复兴时期教育的巨大进步。然而，比它的直接影响更重要的是它给后代留下的文化遗产。到了 13 世纪，宫廷的爱情观念影响了贵族的行为。优秀的

---

① MILLS C. The history of chivalry or knighthood and its times［M］. London: Longman,1826:9-11.

② COSS P R. The knight in medieval England 1000-1400［M］. Brand: Sutton Pub Ltd. ,1993:72.

骑士懂得如何赢得一位女士的芳心，也知道如何创作自己的诗歌。[①] 宫廷爱情诗人颂扬英雄事迹以捍卫女士的荣誉，并通过他们的亚瑟王（King Arthur）和圆桌会议的故事复活了神话般的过去。中世纪晚期提供了充分的证据，表明封建领主几乎从不遵从教会的理想或宫廷爱情的教义。很显然，现实和理想之间存在着巨大的张力。作为美好生活的理想，骑士精神可以通过将体力与虔诚美德相结合而创造出理想的形象。

中世纪骑士精神的价值体系十分独特。根据狭义的价值观，每个人一出生就被赋予一个社会地位，这个人必须接受他或她的角色。即使是神职人员，在某种程度上是贵族和农民之间的“第三等级”（Third Estate），也有自己的等级之分，即贵族出身的神职人员和普通出身的神职人员。下层阶级的孩子很少接受正规教育。在家里，父母教导他们的孩子遵守他们的准则，掌握某些宗教信仰，学习关于他们世界的迷信和信仰，并以适当的方式平等地和上级交流。这些孩子学会相应的技能或从事某一行业来侍奉他们的主，通常这和他们父母的劳动是一样的。[②]

贵族的孩子需要教育来为他们的未来做准备，享有特权的自由公民的孩子需要学习管理政府的方法、管理大地产的技能并从事军事职业。[③] 这个教育过程包括四个基本阶段。在前 6 年里，男孩待在父母家里学习基本技能。通常被称为“听差”的男孩在 7 岁时就在领主的庄园、大领主的城堡或国王的宫廷里服务。在这一过程中，皇家夫人监

---

① RODRÍGUEZ-VELASCO J D. Order and chivalry: knighthood and citizenship in late medieval Castile[M]. Philadelphia: University of Pennsylvania Press, 2010: 46-47.

② ROSE J E. Religion and revolution in seventeenth-century England[J]. The seventeenth century, 2014, 29(3): 293-302.

③ CHARLTON K. Women, religion and education in early modern England[M]. London: Routledge, 1999: 46-47.

督或教育这个男孩各种各样的科目，如宗教、音乐、礼仪、荣誉的规则、基本的写作与阅读技巧、拉丁语和白话。

年轻的贵族往往需要接受拳击、摔跤、体操和基本军事技能等体能训练。通常在 14 岁的时候，这个男孩会成为领主和他的夫人的私人仆人。在这个阶段，这个男孩被称为“乡绅”。他可能会摆桌子、在家里工作、梳洗马匹、清洁盔甲、擦亮盾牌，或者在比赛或战斗中陪伴他的主人。[①] 乡绅通过打猎、击剑、游泳、骑马、比武或放鹰来为服兵役做准备。此外，经常学习演奏乐器、唱歌或下棋。任何阶级的任何人都可以获得“骑士”的头衔，但这一荣誉几乎总是落在贵族家庭的儿子身上。在 21 岁时，通过初级阶段，这个男孩可以成为一名骑士。骑士的入会是通过在教堂、城堡或宫殿举行的封建仪式进行的。仪式的一部分包括禁食和在放置这个男孩的剑的祭坛前祈祷一夜。有专门的讲座详细介绍他的职责，他会发三个誓言：忠于教会、尊重和忠于他的上级、勇敢和忠于他的夫人。接下来，一把剑会触碰他的肩膀，这象征着他被封为骑士。作为等级的象征，他需要遵守理想的骑士的品格——纯洁、勇敢、可敬、公正、慷慨、贞洁、谦逊等。[②]

事实上，骑士精神是欧洲文明赖以建立的三大基石之一，另外两个为基督教（Christianity）和古典古代（Classical Antiquity）。如果说古典时代教会人们如何思考，那么骑士精神则教会贵族如何行动或实践。当然，英国文明基于骑士精神形成了良好的行为准则，雅典的完美绅士具有优秀的品质，包括公正、节制、勇气和诚实，古罗马的贵族则尊重女性。但是，无论是希腊人还是罗马人，都不以那些属于为他人着想的美德而引人注目，比如服务、怜悯和谦虚。而骑士精神则使美德成为文明行为的基础，骑士精神也给良好的行为带来了宝贵的

---

① 孙艳. 斯图亚特王朝早期宗教政策研究 [D]. 南京：南京师范大学，2011：19-20.

② REED J E, PREVOST R. A history of Christian education[M]. Nashville: Broadman & Holman, 1993: 125.

快乐。尽管骑士精神的教化影响使所有阶级都受益，但它对贵族阶层的影响最大。没有它，一个贵族只不过是一个碰巧比他的同伴更富有、更有权势或更有特权的人。人类的本性往往认为富人和强者不如穷人和弱者可亲。①

无可争议的是，从贵族价值体系的意义上说，骑士精神在整个中世纪社会产生了广泛影响。由于贵族构成了社会精英和军事精英，并且由于这个原因在文化上占主导地位，所以他们的价值体系影响了军事以外的领域。② 骑士精神的影响体现在政治生活、社会行为、纠纷处理、葬礼仪式，甚至建筑和设计中。如果骑士精神介于理想和现实之间，介于法典编纂和实践之间，那么它对英国社会文化的影响是真实且重大的。③ 尽管这种骑士精神后来有所丧失，但在封建制度之后很长一段时间内，骑士的理想仍继续影响着社会。

封爵制的封建理想一直受到教会教义的强烈影响，神职人员从未停止努力，将桀骜不驯的贵族纳入宗教范畴。从封建理想和宗教理想的融合中发展出来的骑士精神，在莱昂·戈蒂埃（Leon Gautier）的不朽之作《骑士精神：中世纪骑士的日常生活》（*Chivalry: The Everyday Life of the Medieval Knight*）中得到了充分的诗意表达。毫无疑问，教会对中世纪贵族的理想产生了深远的影响。贵族出身的妇女的解放为骑士精神的理想又增添了一个维度，因为人们接受了爱情可以强化骑士精神的观点。④ 但是统治者的宫廷学校和宗教圣地的修道院没有提供被认为是中世纪社会另一个重要因素所必需的教育。骑士

---

① BENCE-JONES M. The British aristocracy[M]. London: Constable, 1979: 11.

② KNIPHFERT C. Nobility, knighthood, and chivalry in medieval Britain: William Marshal and Simon de Montfort, 1150-1265[D]. Waco: Baylor University, 2018: 3.

③ SAUL N. Chivalry in medieval England[M]. Cambridge, MA: Harvard University Press, 2011: 3-4.

④ BROEKHOFF J. Chivalric education in the middle ages[J]. Quest, 11(1), 1968: 24-31.

制度及其伴随的训练需要一种与那个时期任何一所学校所追求的教育截然不同的教育。骑士精神可以被认为是为世俗世界表演，就像修道院为宗教表演一样。①

骑士教育作为公共教育，是教会的一项职能。在修道院和大教堂的学校里，课程由7门学科组成，分为语法、辩证法、修辞学、算术、几何、音乐和天文学。② 在传统的骑士教育计划中，对骑士精神的封建理想的挑战，体力发挥了主要作用。从实用的角度来看，贵族的生活取决于他的身体技能和耐力。骑士艺术最重要的是为骑士性格的发展和真正贵族身上的特质提供了机会。骑士教育是通过榜样实施的教育。③ 年轻的贵族们目睹了战斗，并继续模仿他们的领主的英雄壮举。他们之间的竞争非常激烈，一个乡绅在一场决斗中丧生并不罕见。但是宫廷生活总有轻松的一面，那就是一起打猎、下棋等不太危险的消遣。④ 女性地位的改变缓和了体育取向的严肃氛围，不少骑士通过在餐桌上服务学会了礼貌，产生了骑士精神的宫廷理想所表达的文化形式。从骑士到现代绅士，给中世纪社会打上如此沉重烙印的骑士理想显然是在骑士教育中体现出来的。⑤

骑士精神代表着世俗社会中那些承认最高社会理想并试图通过明确确立的形式和习俗来实现这些理想的人的组织。骑士精神对于世俗生活就像修道对于世俗生活一样。骑士制度代表了世俗社会所接受的

---

① SHEEHAN E M. Survey of medieval schools from 500 to 1300[D]. Boston：Boston University，1931：24.

② 伍娅. 试论英国的骑士制度［D］. 上海：华东师范大学，2006：11-13.

③ JONES M. Gentry and lesser nobility in late medieval Europe[M]. New York：St. Martin's Pr，1986：15-16.

④ 甄玉峰. 试论中世纪英国骑士制度的特征及作用［D］. 石家庄：河北师范大学，2022：13.

⑤ BROEKHOFF J. Chivalric education in the middle ages[J]. Quest，11(1)，1968：24-31.

教育，骑士理想和行动的训练形成了贵族成员的唯一教育。像中世纪的所有教育一样，这种教育是一种纪律，对个人和社会阶层都是如此，但是其中的智力因素甚至比修道制度更多。①

二、绅士文化中的贵族教育

在斯图亚特时期的英国，骑士精神遗产的主要继承者是绅士。当骑士成为过去时，除了被君主授予现在纯粹的荣誉——骑士荣誉之外，绅士取代了骑士的位置，成为贵族的规范。在法国和英国，王室的大封臣或更大的男爵（后来的贵族）形成了第一等级，而更小的男爵（后来的骑士和乡绅）构成了第二等级。在君主制的英国，由三类人组成了社会结构，第一类为王子，分为两部分贵族或贵族阶层；第二类为不具备贵族头衔的人，如骑士、士绅和普通绅士；第三类被称为自由民。②

财富、等级和社会地位将绅士与自耕农区分开来，同样，在天平的另一端，他们也与贵族和大地主区分开来。现代教育理论和实践必须放在文艺复兴时期为贵族子弟提供的教育背景下来管窥。在中世纪，乡绅的教育与职员和大学生的教育是完全不同的。教育主要是僧侣和牧师的领域。直到文艺复兴时期，乡绅通常被寄宿在贵族家里，在那里他们学习贵族的礼仪、技能和习惯。直到16世纪，像理查德·佩斯（Richard Pace）这样的外交家还能写下这样的话："绅士之子才会优雅

① MONROE P. A brief course in the history of education[M]. New York: The Macmillan Company, 1907: 147.

② JAMES L. On the nobility of the British gentry, or the political ranks and dignities of the British Empire, compared with those on the continent for the use of foreigners in Great Britain and of Britons abroad[M]. London: T. Hookham and Simpkin and Marshall, 1827: 14-15.

地吹号角，熟练地打猎，优雅地训练一只鹰。”①

随着绅士在数量、财富、教育和政治抱负方面的崛起，原本等级森严的社会制度开始松动，使得个人的社会流动性急剧增加。莎士比亚指出，打乱琴弦，一切都是不和谐的。在他的时代，许多绅士都可以追溯到他们的祖先，他们通过购买土地并签订有利的租约，将他们的年收入从大约 100 英镑提高到 200 英镑或 300 英镑。他们的儿子们依次穿着丝绒马裤和丝质紧身上衣，出入律师学院，招待客人，购买盾徽，称自己为绅士。但更多的新贵族来自与贸易、工业、法律和政府相关的职业。在从事这些职业之后，他们买下了庄园，加入了上流社会。不仅绅士人数增加了，整个阶级的财富也增加了。新旧家族都从教会和王室手中买下庄园。在诺福克郡，贵族拥有的 1572 座庄园在 16 世纪从 977 座增加到 1181 座。贵族在晚年拥有 67 个王室领地，91 个教会领地，30 所学院、医院和其他机构。在整个英格兰，贵族的土地份额从 15 世纪的四分之一增加到 1640 年的近二分之一。

“地主绅士”一词最初虽表示贵族，但在 1540 年左右开始指代英格兰的小贵族。这使得在一定意义上，贵族和地主绅士所指代的群体存在交叉关系。彼得·科斯（Peter Coss）认为，历史术语“绅士”本身就是一种历史学家应用于不同的社会结构的词。任何特定的模式可能并不适合当时的社会，但仍需要具有一致性公认的定义。“地主绅士”一词特指拥有土地的上层阶级中没有头衔的成员。从历史来看，最稳定和最受尊重的财富形式一直是土地，土地所有权仍然赋予了地主巨大的声望和政治影响力。

最早定义“绅士”的为 1413 年《增补法》(*Statute of Additions*)，其指出绅士是具有单独头衔的社会地位的拥有者，即出身名门或地位

① CASTRONOVO D. The English gentleman: images and ideals in literature and society [M]. New York: Ungar, 1987: 52.

高、富有、不需要工作谋生的人。区分绅士的是其“集体领土”的四个方面：集体身份、状态分级、担任公职和对人民的集体权力。彼得·科斯断言，绅士们总是通过国家或地方机构集体表达自己的意见。至关重要的是，他们将自己按水平排列，而不是按领主关系垂直排列。因为绅士的贵族阶层为人数有限的有头衔的贵族，他们位列上议院，而绅士则只位于上流社会的末端，有资格被选入下议院。因此，正如麦克法兰所暗示的那样，绅士是一种较低级的贵族，在 14 世纪定义议会男爵领地时其仍然存在。

百年战争期间，英国的地位等级制度确立了它的最终形式（除了詹姆斯一世发明的现代准男爵），包括从公爵到男爵的五层贵族等级以及其他“氏族”的骑士、乡绅和绅士的三层等级。等级的差异化与收入差异相关，例如根据早期惯例，骑士等级的土地收入为 40 英镑，绅士等级为 20 英镑，名义上每年 10 英镑的土地收入或 300 英镑的流动财富被视为绅士的等价物。这种地位体系的表达是由政府的主动性和社会适应的相互作用形成的。尽管有这样一种发展趋势，即贵族等级的“贵族”与非贵族等级的“绅士”分离开来，但跨越贵族与非贵族界限的“绅士”的包容性内涵仍然在当时的俗语中得以体现。①

到了 14 世纪后半叶，“士绅”是对社会地位较高的人的尊称，特别是绅士级别以上、骑士级别以下的地主贵族成员。后来，这个词的使用范围逐渐扩大到贵族的儿子、从男爵和骑士的长子。随着时间的推移，士绅的排名超过了绅士。② 如前文所述，这种最底层的绅士与自耕农或拥有土地的农民的区别在于其拥有文雅品质，这种区别主要是通

① JONES M. Gentry and lesser nobility in late medieval Europe[M]. New York：St. Martin's Press，1986：16.

② MASON P. The English gentleman：the rise and fall of an ideal[M]. New York：Morrow，1982：27.

过出身、教育、财富与闲暇来实现的。[①] 自 15 世纪以后，一个得到法律承认的世袭贵族阶层已经拥有贵族所没有的特权（如在上议院的席位），但更重要的或许是二者的财富和影响力的差异。正如一些学者所强调的那样，贵族和绅士都是同质的政治和社会精英的一部分，他们被对土地的共同兴趣和共同的生活方式联系在一起，但这一点的意义可能被夸大了。更富有的男爵和不太成功的男爵、伯爵，甚至公爵之间的界限可能很难划分，但这并没有磨灭这样一个事实，即贵族的主体和其中绝大多数绅士之间总是存在着可测量的社会鸿沟。[②]

因此，在 17 世纪的几十年里，早期斯图亚特王朝的“荣誉膨胀”（Inflation of Honours）带来了上层绅士阶层相当大的扩张。据估计，在 15 世纪末，大约有 60 名传统贵族、500 名骑士、800 名士绅和 5000 名其他绅士有权携带武器，这样一来，小贵族就有 6300 名。但这些都是最低的数字，因为其中排除了非纹章乡绅（Non-armorial Gentry）。此外，英国中下层士绅（Middle and Lesser Gentry）拥有的耕地比例从 1436 年 25％显著上升到 1688 年的 45％—50％。[③] 在伊丽莎白统治的最后几年，爵位的等级和社会地位开始下降，这是劳伦斯・斯通恰当地称之为“荣誉膨胀”的缘由。[④]

1710 年，理查德・斯蒂尔（Richard Steele）指出：“绅士的称号永远不会贴在一个人的身上，而是贴在其所在环境中的行为上。”因此，英格兰国王詹姆斯二世对一位女士请愿将她的儿子提升为绅士的请愿

---

① WINGFIELD-STRATFORD E. The making of a gentleman[M]. London: Williams and Norgate Ltd. ,1938:147-160.

② CASTRONOVO D. The English gentleman: images and ideals in literature and society[M]. New York:Ungar,1987:26.

③ HARTE N, QUINAULT R. Land and society in Britain, 1700-1914: essays in honour of F. M. L. Thompson[M]. Manchester:Manchester University Press,1996:23.

④ 斯通. 贵族的危机：1558-1641 年 [M]. 上海：上海人民出版社，2011：49.

书的回答是："我可以让他成为贵族，但全能的上帝不能让他成为绅士。"绅士的儿子被送到修道院，和修道院的新手一起接受教育。然而，中世纪教育中最重要的因素是文法学校。在文法学校，顾名思义，拉丁语语法是在拉丁语散文和诗歌大师提供的模式基础上教授的，"语法"被广泛定义为正确说话和写作的艺术。从最早的时候起，文法学校是每个大教堂和大学教堂的必要组成部分，它们的教学是由"世俗神职人员"进行的，所谓的世俗神职人员与普通神职人员不同，他们与世界融合，不生活在修道院的统治之下。1382 年，温彻斯特公学的建立标志着一个新的时代的开始，因为它不仅是最大的文法学校，而且是第一所主要作为学校而不是作为一些教会机构的附属机构建立的学校。伊顿公学成立于 1440 年，它是第一所被称为"公学"的文法学校。①

三、精英文化中的贵族教育

英国贵族通过他们的文化实践和价值观，塑造了一个共同的身份，将自己与其他社会群体区分开来，并证明了其在英国社会、政治和经济中的主导地位。文化是英国土地等级最突出和最有力的标志之一。②此外，精英文化能够很好地解释历史上的英国贵族为什么能够摆脱多重危机。从传统意义上说，在一个划分社会群体的界限不确定且具有弹性的社会中，文化习俗和价值观具有相当大的意义。英国商人阶层不断渴望通过增强政治、经济和文化实力来挑战现有地主贵族的优

① 杜大昌. 英国贵族子弟学校：伊顿公学［J］. 世界知识，1981（9）：27-28.

② FRIEDMAN S,REEVESR A. From aristocratic to ordinary:shifting modes of elite distinction[J]. American sociological review,2020,85(2):323-350.

势。[①] 用亨廷顿（Huntington）的话来说："荣誉就会降为'一套彩绘的剑鞘'。"因此，荣誉作为一系列相当微妙和复杂的概念或话语出现在一些文本中。有一种论述强调血统的重要性，这可以使基于竞争自信和世仇的行为准则合法化。除此之外，还有一种论述是强调美德，颂扬智慧、学识、虔诚和克制，并将荣誉与为君主和联邦服务联系起来。这些概念提供了当代贵族精英气质的大部分实质内容，但是它们的混合和结合并无固定的模式。[②]

在上述背景下，文化成为一个更重要的特征。总的来说，共同的习惯、思想和物质标志着精英阶层是英国社会中一个独特的、明显占主导地位的社会群体。可以肯定的是，仅仅靠模仿是不会有任何结果的。[③] 社会各阶层都承认一个人如果拥有适当的习惯、训练、兴趣和干净整洁的外表，就可以称为精英。精英文化是许多个人的产物，它反映了组成这个群体的各种各样的人的特征。虽然像切斯特菲尔德（Chesterfield）伯爵这样的人宣扬了彬彬有礼、儒雅得体的绅士的理想化形象，但并非每一位绅士都拥有这样高尚的价值观。像 16 世纪任何其他社会群体一样，英国的精英阶层所形成的精英文化代表了其成员的精神。精英文化包括精英们的行为、价值观、未说出口的假设、表现等。[④] 需要指出的是，精英文化不是一套静态的行为和互动规则，不是一种单一的美学，也不是一种旨在组织和延续政治和经济权力的僵化结构。相反，每个贵族都在一个给定的行动和精神框架内生活，他

---

① GORDON P, LAWTON D. Royal education: past, present and future[M]. London: Frank Cass, 1999: 18-19.

② UNDERDOWN D, KISHLANSKY M A, AMUSSEN S D. Political culture and cultural politics in early modern England: essays presented to David Underdown [M]. Manchester: Manchester University Press, 1995: 94.

③ DICKINSON H T. A companion to eighteenth-century Britain[M]. New York, NY: John Wiley & Sons, 2008: 343-344.

④ 陈磊. 16 世纪的伦敦"精英阶层"研究 [D]. 哈尔滨：哈尔滨师范大学，2013：37.

们在自我定义和集体定义中发挥了相当大的作用。虽然出身和金钱构成了贵族精英社会的基础，但个人的文化观念却赋予了精英不同的地位。因为，只有在一个人的举止、行为、教育和教养得到社会的认可时，他才是绅士。对于每一个思想开放的有产绅士来说，他们的举止既优雅又粗鲁。于是，教育和培训在精英文化中发挥了关键作用，其培育了具有特质文化的社会群体。①

在学校机构产生前，大多数贵族通过私人教师接受教育。② 与公学不同，私人教师只能提供不完整的教育，可以教授的科目范围有限。私人教师教的学生缺乏在学术上取得成功的动力，同时也缺乏在公学中脱颖而出的竞争力。通过正规教育和非正规培训，贵族群体不仅获得了相似的知识、态度、举止、衣着、言语、行为和成就，还建立了一个亲密而独特的朋友网络，并通过教育为自己在社会和政府中的领导角色做好了准备。他们所受的教育在他们童年以后会继续产生影响。贵族群体所学的课程和礼仪都是有根据的，并反映在他们成年后的休闲活动中。此外，他们的教育支持和认可了社会精英的社会和政治优势。

第三节 贵族教育实践的肇始

斯图亚特之前英国的贵族教育已经有了一定的实践样态，并非仅仅由天主教和国教操控和掌握。英国在基础教育、中等教育和高等教育层面开始出现了许多教育机构，如修道院、公学、文法学校、牛津大学与剑桥大学等。这些机构构成了英国贵族教育的实践场域。

---

① DICKINSON H T. A companion to eighteenth-century Britain［M］. London：Blackwell Publishers Ltd.，2002：306.

② DOYLE W. Aristocracy：a very short introduction［M］. Oxford：Oxford University Press，2010：56-57.

一、宗教教育

自盎格鲁-撒克逊时代起，教规规定的教义和信条就指出每个人都要学习。在牛津主教会议（1281）上，佩卡姆大主教（Archbishop Peckham）的宪法要求牧师一年四次，用信条、十诫、福音戒律、七宗罪和七项圣礼来教导人民。教区会议命令将这一教法扩展到儿童，也就是向儿童教授这些科目。托马斯·克伦威尔（Thomas Cromwell）的儿子格雷戈里·克伦威尔（Gregory Cromwell）的家庭教师亨利·道斯（Henry Dawes）的一封信，为年轻人可能在家庭教师的指导下进行的学习提供了具体的细节。

大多数都铎时期的理论家都建议学生在家中由家庭教师进行教育，而不是去学校进行绅士教育。值得注意的是，骑士技能、礼仪和数学的学习都在日常生活中进行。格雷戈里·克伦威尔学习法语、写作、武器，甚至旅行和娱乐等的时间，都是由索思韦尔先生（Mr. Southwell）所安排和指导的。[①] 托马斯·克伦威尔精心聘请了一些优秀的导师以确保他的儿子在剑桥大学受到最好的教育。他经常向格雷戈里·克伦威尔和他的同伴尼古拉斯·萨德勒（Nicholas Sadler）、表兄弟克里斯托弗·韦利费德（Christopher Wellyfed）以及另一个只知道名叫贝雷斯福德（Beresford）的人寄送礼物，这些人都接受过良好的教育。格雷戈里·克伦威尔于1528年到1533年在剑桥大学学习，他在受教育期间居住在彭布罗克（Pembroke）庄园、基督学院（Christ's College）以及他父亲的朋友和同事的家中。

在整个中世纪，教会是保存知识和提供学校的主要代理人。纽曼

---

① SYLVESTER D W. Educational documents, 800-1816[M]. London: Methuen, 1970: 138.

（Newman）认为，在欧洲，没有一个人能勇敢地反对教会。当然，在罗马帝国覆灭和盎格鲁-撒克逊人入侵英国之后，是教会重新引入了学校和学习。原因不难找出——基督教是一种知识分子的宗教，是一种教化的宗教。最重要的是，它是一个信仰《圣经》的宗教。从《圣经》中阅读是该宗教的礼仪和教义的基础，因此对一个牧师而言，识字是必要的。也因此，597 年之后跟随圣·奥古斯丁（St. Augustine）来到英国的早期传教士开始建立学校也就不足为奇了。在整个盎格鲁-撒克逊时期，教会特别是修道院，是学习和教育的中心。在接下来的几个世纪里，主教、神职人员和宗教俗人继续建立学校，以期为教会提供受过教育的神职人员。东安格利亚（East Anglia）和坎特伯雷（Canterbury）是早期的教会学校，《比德的教会史：摘录》（*Bed's Ecclesiastical History*：*Extracts*）提供了早期教会学校的证据。值得注意的是，东安格利亚的学校教拉丁语语法。继埃尔普瓦尔德（Erpwald）之后，他的兄弟西格伯特（Sigebert）统治东盎格鲁王国。他是一个善良而虔诚的人，很久以前他在高卢受过洗礼，后来则一直在流亡以逃避雷德瓦尔德（Redwald）的攻击。当他回到家乡成为国王后，希望自己的国家也能够遵循高卢的良好做法，于是他建立了一所学校，让男孩们学习语法。菲利克斯主教（Bishop Felix）从肯特郡到他那里，从坎特伯雷学校为他带去了老师和校长。①

在 15 世纪后期，福特斯库（Fortescue）声称，他们所创办的学校是一种可以让贵族学习所有礼仪的学院，因为除了法律之外，他们的学生也学习宫廷艺术，例如舞蹈和唱歌。尽管都铎王朝的教育理论家们普遍专注于对经典的学习，但他们也表现出中世纪时期对非学术性成就的热情。理查德·穆尔卡斯特（Richard Mulcaster）的《初级》（*Elementarie*）就表达了他特有的态度，绅士的品质、阅读、写作、绘

---

① SYLVESTER D W. Educational documents, 800-1816[M]. London: Methuen, 1970: I.

画、唱歌、玩耍、语言、学问、健康和活力以及得体的外表和丰富的技能除了有助于实现平衡、全面发展的人的理想，也是绅士风度的重要外在象征。①

教会引入的教育是基于罗马-希腊世界的“文科”课程。它提供了七门课程的指导：前三门课程包括语法、辩证法或逻辑学和修辞学，后四门课程包括算术、几何、音乐和天文学。然而，在学生开始学习这些课程之前，他们必须学习阅读和写作的基本技能。他们首先要背《使徒信经》（*Creed*）和《主祷文》（*Pater Noster*）② 中的字母，然后继续学习读诗篇。在此之后，拉丁语语法的学习开始以 6 世纪君士坦丁堡的教师普里西安（Priscian）所创造的语法为基础。也许在未来会有一本像埃尔弗里克（Aelfric）的《口语》（*Colloquy*）这样的书，它不仅教学生用拉丁语阅读和写作，而且教学生用拉丁语进行辩论和交谈。③ 1480 年，威廉·卡克斯顿（William Caxton）出版了一本很受欢迎的法语百科全书《世界映像》（*Image du Monde*）的英文译本，该书自问世以来就被广泛传阅。它对七门人文学科进行了图解说明，尤其值得注意的是它对“自由”一词的定义。

七门学科中的第一门是语法。没有它，其他所有学科都毫无价值。因为语法是学习的基础和开始。这是一扇门，从婴儿开始，在不断的学习中，人们获得学习的智慧。这是一门形成语言的科学，无论是用

---

① PREST W R. The inns of court under Elizabeth I and the early Stuarts，1590-1640[M]. Harlow：Longmans，1972：153.

② 《使徒信经》是最简短且在今日教会中使用最为普遍的一篇，全篇共十二条。据说在五旬节后，十二使徒分散往各地传道，为确保真理的合一，临行前制定了此信经，由各使徒每人提供一句，所以共有十二句。《主祷文》，天主教亦称之为《天主经》，是基督宗教最为人所知的祷词，亦是最为信徒熟悉的经文。此文记载于《圣经》新约的《马太福音》第六章第九节至第十三节与《路加福音》第十一章第二节至第四节。

③ SYLVESTER D W. Educational documents，800-1816[M]. London：Methuen，1970：8-9.

拉丁语、法语、英语，还是人类使用的其他语言，谁能理解所有的语法，谁就能创造和解释每一个单词，并通过字母来发音。上帝用话语创造了世界，话语赋予了世界意义。第二门是逻辑学，也叫作辩证法。这门学科证明了“正反”，换句话说就是指真理或公理。第三门叫作修辞学，它包括实质、正义、理性和话语的顺序。这门学科不是无用的，因为能够做出判断的权利和法律以及根据理性所创造出来的律法被国王、王子和男爵牢牢地掌握在手中。

第四门为算术。没有它，人们就无法完全学会这七门学科中的任何一门。因为这个原因，它被置于七门学科的中间。所有的数字都是由算术产生的，所有的事物都是通过数字运行的。来来去去，万物皆有数。通晓算术科学的人，就能明白万事万物的规律。世界本是借着律法创造的，最终也会因为律法而消灭。① 第五门是几何学，它对天文学的帮助比其他学科都要大，因为它包括罗盘和测量天文学。因此，凡是有度量的事物，都是由几何学来度量的。通过几何可以知道星星的运行轨迹，又可见穹苍、日头、月亮以及地之广大。通过几何可以认识万物，也可以认识量。② 第六门叫作音乐。音乐从混乱中创造秩序，这门学科所有的节制都来自“混乱”，就像音乐是从所有不和谐的事物中产生和谐一样，从这一艺术中也产生了一些良药。通过这种音乐科学，在神圣的教堂里唱的所有歌曲，以及所有具有不同和声和不同声音的乐器所发出的所有声音都显得分外和谐。最后一门是天文学，它是一切学问的终点。通过这门学科，可以对天上和地上的事物进行探索，特别是对那些自然形成的、不属于人类的事物进行探索并去测绘它们的距离有多远。凡是懂得天文学的人，都能在一切事物中看到

---

① SYLVESTER D W. Educational documents, 800-1816[M]. London: Methuen, 1970: 9.

② SYLVESTER D W. Educational documents, 800-1816[M]. London: Methuen, 1970: 10.

理性。因为造物主以理性创造万物，并以自己的名义命名万物。①

9—10 世纪，教会陷入了惊人的黑暗时期，彻底改革迫在眉睫。教会领袖通过将哲学与基督教神学相结合，创造出一种中世纪的综合体，这就是著名的“经院哲学”。受到理性的启发，一些教会领袖认为通过宗教信仰可以获得正确的哲学建构和表达。在 10 世纪，有一种罕见的现象，女修道院院长可以管理两个修道院，她居住在相邻社区的修女和僧侣的修道院。本笃会（Benedictines）② 每天的活动日程包括祈祷、工作和学习，每天举行 7 次礼拜仪式。修女们半夜 2 点起床去唱诗班做晨祷，接着是歌颂赞美诗。天亮时修女们可以回到床上睡 3 个小时，早上 6 点也就是黄金时间，起床去完成白天的其他任务。教会要求修女们在冬天晚上 7 点、夏天晚上 8 点的时候上床睡觉。在一些礼拜仪式之间，修女们经常抄写手稿，并在手稿上画插图。到了 14 世纪中叶，经院哲学对宗教的定义变得非常狭隘，每一位经院教师或哲学家都认为自己是基督教教育家。③ 事实上，很少有经院教师或哲学家对大众教育表现出兴趣。在课堂上，教师陈述一个问题，学生收集支持和反对解决方案的论据。然后，每个学生逻辑理性地提出自己解决问题的方法。为了找到一个合适的解决方案，大家会认真思考和探讨每位学生的论点。

阿西西的圣克莱尔（Saint Clare of Assisi）的规则要求修女每年忏悔 12 次，每年在特殊节日领圣餐 7 次。一些修女把石头放在鞋子里让

---

① SYLVESTER D W. Educational documents, 800-1816[M]. London: Methuen, 1970: 11-12.

② 本笃会又译为“本尼狄克派”，亦被称为“黑修士”，是天主教的一个隐修会，是由意大利人圣本笃于 529 年在意大利中部卡西诺山所创，遵循中世纪初流行于意大利和高卢的隐修活动。其规章成为西欧和北欧隐修的主要规章。

③ 卞玉. 斯图亚特王朝复辟时期英国宗教政策研究：1660-1688 [D]. 南京：南京师范大学，2012：6-7.

其他人鞭打自己，希望自己变得更有灵性。在美术方面，一些修女发掘出杰出的创造能力。中世纪时期的理想的、受过教育的、有礼貌的、亲切的、勇敢的、善良的骑士几乎不存在。贵族女儿被教育成迷人的社会名流，除此之外她们也会学习做家务，如缝纫和刺绣。需要指出的是，宫廷的皇家教育方式与内容不同于修道院。①

英国贵族精神所强调的社交礼仪，并不囿于宗教和智力发展。当城堡的主人打猎和打仗时，其他人管理庄园，这使得一些妇女有机会练习数学、管理和决策技能。托马斯·阿奎那（Thomas Aquinas）在他的《神学大全》（*Summa Theologica*）中批准丈夫在没有征得妻子同意的情况下参与战争。一个意大利谚语表达了中世纪流行的关于妇女教育的观点：一个女孩应该被教会缝纫而不是阅读，除非你想让她成为一个修女。修道院的主要目的是崇拜、冥想和祈祷。在早期，修女的识字水平很少超过平均的识字水平。对于为数不多的女知识分子来说，修道院是中世纪最有学问的女性的避难所，因为传统教育经常扼杀修女的创造力。②

在中世纪，贵族妇女开始涉猎音乐、艺术和戏剧，最富创造性的表达方式起源于修道院。修道院将社会和宗教遗产传递给一些孩子。③当贵族父母无法为他们的女儿找到合适的丈夫时，修道院是婚姻的替代选择。一些父母同意了他们的女儿保持未婚并住在修道院的请求。当一个女人感觉到她生命中有一种特殊的神圣方向指向基督教时，修道院给她提供了一个机会去发现她在机构教会中得不到的职业的意义。

---

① PETIT-DUTAILLIS C. The feudal monarchy in France and England: from the Ⅹth to the ⅩⅢth century[M]. London/New York: Routledge, 2013: 371-372.

② WHEALE N. Writing and society: literacy, print, and politics in Britain, 1590-1660 [M]. London/New York: Routledge, 1999: 22-25.

③ WHITEHEAD B. Women's education in early modern Europe: a history, 1500-1800 [M]. New York & London: Taylor Francis Group, 1999: 85-86.

教堂是中世纪最重要的机构，在教育领域尤其如此。

在最黑暗的日子里，教会举着启蒙的蜡烛。尽管这把“火”经常闪烁不定，但它从未完全失去知识的本质。中世纪教育的内容主要是宗教性的。然而，太多的教导集中在《圣经》的教导和教会父亲的权威语录上。在中世纪晚期，教育被定义为学习拉丁语知识，拉丁语是教会和学校的神圣语言。任何可以获得的教育机会都主要是为有钱有势的人所提供的。[①] 在中世纪的每一次运动中，男性都比女性具有更多的受教育机会。然而，考虑到所有规定，中世纪女性的教育地位超过了古代文明提供的早期教育地位，更可能超过了宗教改革期间女性的教育地位。在教育不受重视的历史时期，处于学术成就最佳位置的人往往无法利用他们的机会。在整个中世纪时期，相当一部分神职人员是文盲，大多数早期贵族既不会读也不会写。

1509 年，亨利八世（1491—1547）成为国王。当时罗马不允许亨利八世为了娶到安妮·博林（Anne Boleyn，1501—1536）而与阿拉贡的凯瑟琳（Catherine of Aragon，1485—1536）离婚。亨利八世宣布 1534 年最高法令，切断英国教会与罗马的联系，承认君主为英国教会的领袖。到 1547 年统治末期，亨利八世关闭了大约 550 家英国修道院，并没收了它们的财产。这些修道院的约 7000 名居民回归了世俗生活。此外，这些修道院大多数没有重新开放，这不仅是天主教、基督教界的一大损失，更是教育机会的缺失。

新教来到英国后的几十年中，英国颁布了一系列法令。例如 1558

---

① WALSHAM A. Cultures of coexistence in early modern England: history, literature and religious toleration[J]. The seventeenth century, 2013, (28)2: 115-137.

年，伊丽莎白女王颁布了《至尊法案》（*Act of Supremacy*）[①]，将教育管理置于英国圣公会之下。亨利八世和他的继任者不仅关闭了学校，还杀害了许多持不同意见的人。在亨利八世统治下，女性受教育的机会减少了。他关闭了许多修道院，这些修道院大多数没有重新开放，这种做法严重损害了女性受教育的权利。更为重要的是，他的迫害夺去了许多人的生命。这些被迫害的人往往反对忏悔，支持英文《圣经》，并向他们的家人和朋友传授一种非正统的宗教。[②]

许多抄写《圣经》和其他教义的人没有修道士从事体力劳动所需要的身体素质。这些人中稍微有一些学问的人抄写单词，但对内容的理解有限。极端的对比往往是中世纪生活的特征。基督教的成员增加了，但虔诚的信徒却减少了，教会领袖也痴迷于对金钱和权力的追求。宗教改革前，英国几乎没有世俗学校。16 世纪初，罗马天主教会主导着教育，教会掌管着修道院、大教堂、学院、医院、音乐学校和其他机构。所以，贵族早期的教育实践始于宗教教育，变革升级于英国的宗教改革。

二、家庭教育

对于英国贵族婴幼儿来说，其最重要的是饮食和保健。然而，并非每个出身高贵的母亲都像大多数人那样将婴幼儿交给护士来喂养。对于贵族家庭来说，幼年的贵族子女在其成长和生活方面均由专职妇

① 该法案取代了 1534 年由伊丽莎白的父亲亨利八世颁布的《至尊法案》，该法案将教会权力凌驾于君主之上，并被英格兰的玛丽一世废除。它和 1558 年的《统一法案》（*Act of Uniformity*）一起构成了通常所说的《伊丽莎白宗教协议》（*Elizabethan Religious Settlement*）。

② REED J E，PREVOST R. A history of Christian education[M]. Nashville：Broadman & Holman，1993：200.

女进行照料。在中世纪的西欧社会，特别是晚期阶段，用奶妈来进行哺乳的方式已然成为西欧上层家族内部的新兴潮流。那时，传统母亲喂养的方式发生巨变，社会各阶层的关系因奶妈风潮的兴起发生转变。同时，在贵族中聘用护士也很普遍。但在中世纪的记录中，记录护士的文献却并不多见。在后期，护士逐渐分化为提供护理的护士与喂养的护士。直到中世纪末期才发明了“湿式护士”（Wet-nurse）和“干式护士”（Dry-nurse）这两个术语。①

除了护理之外，教育环境也至关重要。贵族的孩子到了一定的年龄后经常被送出家门，开始在一个有权势的男爵家中，有时甚至是国王的宫廷里接受骑士教育。这些孩子会接受7年的骑士教育，在此期间他们会作为侍从来侍奉他们的主人。骑士精神不仅直接成为英格兰民族开土拓疆的精神动力，而且对文化和社会伦理道德产生了深远的影响。② 4岁时，年幼的贵族被提拔到更有声望的乡绅职位，而一些较贫穷的贵族的儿子一辈子都是乡绅，因为他们没有足够的土地财富。理想的情况是，乡绅在21岁时被封为骑士，在此之前一般服役7年。骑士教育制定了明确的规则，它将贵族子女接受教育的时间规定为7年，并规定其在不同的时间学习不同的内容，即七门文科和七门骑士艺术。贵族的孩子在7岁时，要离开女仆，由家庭教师进行教育。这个家庭教师应该是一个德高望重的人，而且应该严慈并济地对待学生。家庭教师的首要职责是了解这个孩子，了解他的性格和学习习惯。家庭教师的工作是为贵族的孩子制定一个协调的工作和娱乐时间表。需要指出的是，贵族的孩子学习音乐是为了从枯燥的学习中获得一些喘息的机

---

① ORME N. From childhood to chivalry: the education of the English kings and aristocracy 1066-1530[M]. London:Routledge,2018:50-51.

② 朱伟奇. 中世纪骑士精神［M］. 西安：陕西人民出版社，2004：2.

会，而绘画既可用于娱乐，也可达到实用目的。[①]

埃利奥特认为，贵族的孩子应该享受学习的乐趣。在7岁时，孩子应该开始学习《伊索寓言》（*Aesop's Fables*），然后阅读希腊作家阿里斯托芬（Aristophanes）的喜剧。作为一名人文主义学者，埃利奥特建议孩子学习荷马（Homer）和维吉尔（Virgil）的作品，并在13岁或14岁之前阅读诗歌。埃利奥特关于语法和修辞学研究的观点显示了当代社会对幼儿学习发展能力的理解。虽然埃利奥特建议孩子们学习语法、逻辑学和修辞学，但他也明白，他们不能学习太长时间，学习的内容也不能太超前，否则孩子们就会不喜欢这个主题，从而影响后续对该学科的学习。时至今日，人们也同样认为，较难的科目必须循序渐进地教授，以确保学生不会感到无聊或沮丧，从而不会对这门学科产生反感。埃利奥特设想，如果年轻人上大学是为了成为演说家，那么他们需要知道的不仅仅是如何用拉丁语发表华丽的演讲，除此之外还要有渊博的知识。因此，一个学者必须是各种学问的集大成者。[②]

在中世纪的英格兰，对于儿童教育影响最为深远的教育家为亚里士多德和罗马的吉尔斯（Giles of Rome），他们持有相似但并非完全相同的观点。亚里士多德的教育观点主要是从男孩的角度来提出，他认为儿童在5岁之前应该在家中接受父母的抚养、教育并参加劳动。在5岁时，儿童应成为学习和锻炼的旁观者。7岁时，儿童应成为正式参与者。罗马的吉尔斯在大约1270年完成的《论君主统治》（*De Regimine Principum*）一书中提出，生命的第一阶段是从出生开始持续到7岁，其主要活动是进食、生长和运动，而不是正式的学习。下一阶段从7岁持续到14岁，但由于个体之间的差异，应该灵活地考虑孩子们在14岁

① ORME N. From childhood to chivalry: the education of the English kings and aristocracy 1066-1530[M]. London: Routledge, 2018: 28.

② TEHIE J B. Historical foundations of education: bridges from the ancient world to the present[M]. Upper Saddle River, N. J: Pearson Merrill Prentice Hall, 2006: 122.

之后的发展。14 岁之后，贵族子弟开始学习骑马和决斗以及如何应对成人的婚姻。

一项对整个中世纪人口的统计表明，婴儿的死亡率在出生后的第一年为 15%—20%，到 20 岁时为 30%。女孩 12 岁、男孩 14 岁的时候就到了各自的青春期。在亨利三世的所有孩子中，有两个男孩和两个女孩成功长大，但至少有五个在婴儿期或成年时死亡。在中世纪，婴儿出生后，大部分都通过洗礼使孩子们产生灵性。所有的婴儿都会接受洗礼仪式，最早在分娩的时候就会进行洗礼，最晚不得晚于出生后的第八天。在受洗时，孩子们将会得到一个名字，更重要的是，受过洗礼的孩子就会成为基督徒，并且拥有被救赎的权利，而不经过洗礼的孩子则没有任何权利。

在 17 世纪初，没有法律要求政府必须为苏格兰儿童提供正规教育。出身高贵，有望继承爵位或至少在社会上有显赫地位的男孩，最有可能接受正规教育，以满足人民对受过良好教育的君主的期望和国家的需要。关于苏格兰当代教育实践和课程设置的信息有些匮乏。但简单地说，年轻绅士在进入大学接受文科教育之前，大都是在家里跟随导师或在当地学校学习阅读、写作和拉丁语。接下来可能是接受一项或多项教育活动：如出国旅行，在宫廷中学习，或在国外继续深造、学习专业科目，例如法律或神学。①

英国皇室或贵族的婴儿除其母亲和护士外还有其他看护者。有时，在断奶后，也可以继续使用湿式护士来提供其他类型的服务。

到了 13 世纪，已经出现了一些供贵族们学习的书籍，但是这些书籍并不能完全促进青少年的成长，因此贵族们为青少年的发展提出了

① BOYLE C A. A social analysis of the upper ranks of the Scottish peerage, 1587-1625 [D]. Montreal: McGill University, 1998: 52.

建议。[1] 亚里士多德本人是一位虔诚的古典作家，曾在中世纪大学学习，他在《政治》（*Politics*）的第七本书中提到了婴儿及对其的照顾。婴儿的饮食应以母乳为基础而不是酒，父母应当容忍婴儿哭泣和尖叫，因为这样可以强健婴儿的身体。父母应该允许稍大一些的孩子们自由活动，在寒冷的天气中进行适当的娱乐活动能够使他们在战争中更加顽强。

中世纪的"家庭"一词不仅意味着父母和子女的亲属群体，还包括住在屋檐下，共享父母权威并得到与父母相同的保护的保留者。[2] 王室的王子和公主拥有自己的独立家庭，包括小家庭、小教堂和仆人。至于小贵族，他们自己负担不起维持集会的费用，他们把孩子们送出去，使他们在大家庭中或在修道院、学校等其他地方以同样的社交方式生活。贵族家庭中的孩子聚会按现代标准进行了同质化，对参与聚会的男孩和女孩所规定的年龄限定有所不同。因此，这一群体类似于一个大型现代核心家庭，而不是一个阶级。贵族阶级的孩子彼此之间以及下等仆人之间的亲近关系解决了一个长期的教育问题——需要让年轻人适应其他人的陪伴。[3]

在家庭中，父母因长居于家中，直接参与贵族孩子们的教育。从托儿所的非正式教育过渡到在他人的带领下正式学习的孩子的年龄很难准确确定，并且可能有很大不同。[4] 就女孩而言，她们在整个成年时期都一直受到妇女的照料，其教育没有男孩那样正规，因而从非正式

---

① ORME N. From childhood to chivalry: the education of the English kings and aristocracy 1066-1530[M]. London: Routledge, 2018: 71-72.

② MITCHELL L E. Family life in the middle ages[M]. Westport, Conn: Greenwood Press, 2007: 107-108.

③ HARRIS B J. English aristocratic women, 1450-1550: marriage and family, property and careers[M]. New York: Oxford University Press, 2002: 210-215.

④ ORME N. From childhood to chivalry: the education of the English kings and aristocracy 1066-1530[M]. London: Routledge, 2018: 36-37.

学习到正式学习的转变不是很明显。从 11 世纪开始，国王通常将长子的照顾委托给骑士，骑士的主要职责是保护他。当亨利八世制定自己儿子的教育计划时，亨利·菲茨罗伊（Henry Fitzroy）、蒙德（Mond）公爵、爱德华六世（Edward Ⅵ）同样雇用了官员来照看他们的家庭。都铎王朝的早期继承人的教育主要由语法大师负责。亚瑟（Arthur）接连被四到五位大师教授阅读和语法，其中一位是约翰·雷德（John Rede），前温彻斯特公学校长，是一名职业艺术大师，而另外两位，则是伯纳德·安德烈（Bernard André）和托马斯·林纳克雷（Thomas Linacre）。亨利八世也拥有一系列语法大师，从诗人约翰·斯凯尔顿（John Skelton）开始，再到约翰·霍尔特（John Holt），霍尔特曾在玛格达琳学院（Magdalen College）、克里斯蒂学院（Christi College）任教。

由骑士或乡绅所教的贵族男子，负责教养家庭中的贵族青年如何唱歌、跳舞、骑马和展示自己。实际上，他们学习的所有主题（语法除外）都沿袭了传统。[①] 然而，贵族的主人是无法确认的，随着贵族财富的积累以及对国家的重要性越来越大，家庭骑士和乡绅成为主人的可能性就越小。无论如何，家庭中的其他成员也会去学习音乐、骑马和打猎等。文职导师可能向王位继承人教授阅读和语法，早期向贵族男孩传授语法的讲师可能是兼职教书的神职人员，他们的主要教育活动没有被记录。可以看出，斯图亚特时期之前的贵族家庭生活在公共场所而不是私人场所，他们的生活与各种各样的家庭固定在一起，共同构成了英国贵族子女的家庭教育形态。

---

① COSTER W. Family and kinship in England，1450-1800［M］. London：Routledge，2017：92-95.

三、基础教育

最初，公学与文法学校没有不同，文法学校的建立是为了接收来自全国各地而不是特定地区的男孩。所有非本地性质的学校在这个意义上都是公学。在早期，公学与文法学校都吸引了来自乡村和城镇的男孩、贵族和绅士的儿子、神职人员和商人。这种公学与文法学校差异的缺乏得到了进一步的证明，正如亚瑟·弗朗西斯·利奇（Arthur Francis Leach）[1] 先生所展示的那样，1525 年埃塞克斯的萨弗伦·瓦尔登（Saffron Walden）学校指示应遵循温彻斯特公学和伊顿公学的规章；而苏塞克斯的卡克菲尔德文法学校（Cuckfield Grammar School）的校长则以伊顿公学为范本，其课程和上课时间不时进行必要的修改，以便学校的做法与伊顿公学保持一致。[2]

16 世纪上半叶，人文主义者希望贵族子弟在家中接受良好的教育，并在其父亲的全面监督下成长。世纪之交，人文主义者开始将文法学校和大学视为教育贵族的合适场所，二者由此成为 16 世纪下半叶贵族教育不可或缺的一部分。到 16 世纪末，贵族教育又多了一个阶段。理论上，三年学制的教学是文法学校的职能，四年学制的教学是大学的职能。尽管在实践中，文法学校，顾名思义，可能只教授语法和提供一些经典文本的初读，逻辑学可能在一些学校引入并成为一门学科。1005 年之后，埃尔弗里克成为恩舍姆（Eynsham）[3] 的修道士。“口语”

---

① 亚瑟·弗朗西斯·利奇（1851—1915）是一位英国历史学家，他撰写了许多关于英国教育发展的书籍，被称为“英国教育史之父”。

② VINCENT W A L. The grammar schools: their continuing tradition, 1660-1714[M]. London: J. Murray, 1969: 19.

③ 从英文翻译而来，恩舍姆是牛津郡的一个英国村庄和民政教区，距牛津西北 5 英里（约相当于 8046 米）。

是校长和学生之间的对话，是教男孩正确说拉丁语的一种常见方式。因为对话中的一些人物是农夫、商人等，一些评论家认为这是修道院学校的证据，证明那里的学生来自不同阶层。然而，这样的解释很难维持，因为班级被称为“pueri”（男孩），而且对话中的人物似乎是虚构的，是为了让学生们学习拉丁语更容易、更愉快而引入和分配的。然而，后来盎格鲁-撒克逊时代的修道院学校确实有可能从修道院外招收学生。①

都铎时代的男孩，从七八岁开始，一周六天，每天花 8—10 个小时在学校。他们在夏天早上 6 点上学，在冬天早上 7 点上学。他们从上午 11 点开始休息，直到下午 1 点，然后学校恢复上课，一直持续到下午 5 点或 6 点。1530 年，在著名的伊顿文法学校，学生们早上 6 点开始学习，直到 9 点才吃早餐，早餐只花费大约 15 分钟。中午 11 点吃午饭，下午 5 点吃晚饭。除长时间的学习外，文法学校的学生还必须忍受无休止的练习和背诵以学习拉丁语，这是都铎时期英格兰文法学校教学的重点。日常教学包括记忆语法、分析课文和练习作文。学生们会在本子上记下对写作有用的成语、语录或数字。其他科目，如古代史和希腊语，也被教授，但重点是语言课程，为的是让学生流利使用拉丁语。因为要进入教会、法律和医学领域，甚至教书，都需要拉丁文知识，尽管教书在当时还不被视为一种职业。教师的工资很低，直到 1540 年左右，校长还被称为“办事员”。教师必须遵守教会制定的基督教原则，因为英国宗教改革时期的学校和大学是由教会权威控制的。语法老师经常受到主教的严厉批评。在改革时期的英国，文法学校的学生如果不学习，可能会受到纪律处分。改革时期英国文法学校的纪律以严厉为特征。尽管人们期望文法学校的老师受过良好的教育，并且有良好的声誉，但当他们的学生不学习时，他们中的许多人会采取严厉

---

① SYLVESTER D W. Educational documents，800-1816[M]. London：Methuen，1970：5.

的管教方法。据报道，伊顿公学的学生为了躲避殴打而逃跑。尽管做法有所不同，但都铎时期的英格兰文法学校一般都通过体罚来加强纪律。需要指出的是，都铎时期并未注意到学生的个体差异。①

从16世纪下半叶开始，在人文主义的影响下，士绅和贵族们意识到让他们的子弟接受良好高等教育的必要性，但仍有一些乡绅成员怀疑是否有必要像前几个世纪那样，让男孩接受被认为是文员的教育。受过教育的同时代人将中世纪和早期都铎王朝贵族的教育描述为主要由贵族运动组成如军事训练、狩猎、骑马、跳舞等。有时甚至提到男孩没有被教授如何阅读或写作。整个16世纪，不同的学者都注意到同样的问题。埃利奥特将孩子的生活和教育分为四个阶段：从出生到7岁，应该在托儿所；从7岁到14岁，应该在私人老师或校长的指导下学习；从14岁到21岁，跟随他的校长继续深造；从21岁开始，学习英国法律。

虽然文法学校直到14世纪才被广泛推广，但最早的这类学校出现在6世纪，例如坎特伯雷的国王学校（The King's School，597）和肯特郡的罗切斯特国王学校（King's School Rochester，604）。这些学校附属于大教堂和修道院，向未来的牧师和僧侣教授拉丁语与教会的语言。宗教工作所需的其他科目偶尔会增加，包括音乐和诗歌（礼拜仪式）、天文学和数学（教堂日历）以及法律（行政）。随着12世纪后期古代大学的建立，文法学校成为文科教育的重点，拉丁语被视为三门学科的基础。学生通常在文法学校接受基础教育，直到14岁后，他们会去大学和教会深造。最早独立于教会的三所学校分别是温彻斯特公学（1382）、奥斯威斯特公学（1407）和伊顿公学（1440），温彻斯特公学和伊顿公学分别是牛津大学和剑桥大学的预备校。作为寄宿学校

---

① TEHIE J B. Historical foundations of education: bridges from the ancient world to the present[M]. Upper Saddle River, N. J: Pearson Merrill Prentice Hall, 2006: 118.

性质，这些学校可以招收来自全英各地的学生。

在 16 世纪的英国宗教改革期间，大多数大教堂学校都关闭了，取而代之的是由修道院解散资助的新基金会。例如威尔士现存最古老的学校，布雷肯的基督学院（Christ College，Brecon，1541）和班戈的修道士学校（Friars School，Bangor，1557）建立在前多米尼加修道院（Dominican Monastery）的遗址上。在 16 世纪和 17 世纪，建立文法学校成为贵族、富商和行会的普遍慈善行为。爱德华六世国王对文法学校做出了重要贡献，在他的统治期间建立了一系列学校。此外，他还以玛丽女王和伊丽莎白一世女王的名义建立了一些文法学校。詹姆斯一世国王在阿尔斯特创立了一系列“皇家学校”（Royal Schools），其中阿马皇家学校（The Royal School，Armagh）是其创立的第一所皇家学校。从理论上讲，这些学校对所有人开放，并对那些无法支付学费的人免收学费。然而，很少有贫困儿童上学，因为他们的劳动对他们的家庭更具有经济价值。随着宗教改革后对《圣经》学习的重视程度增加，许多学校增加了希腊语，在少数情况下还增加了希伯来语。这些语言的教学因缺乏非拉丁文类型和精通这些语言的教师而受到阻碍。

四、高等教育

12 世纪不仅被视为英国大学的诞生时期，而且是巴黎大学的诞生时期，英国大学生活的早期灵感正是来源于此。事实上，牛津大学已经有了学生。[1] 牛津大学不是主教席位，它的教区是遥远的林肯。而且，如果僧侣提供或支付第一批牛津大学教师的薪水，那么他们完全

① EVANS G R. The University of Oxford：a new history[M]. London：Bloomsbury Academic，2021：121-130.

无法获得或至少无法保持对新兴大学的控制。① 古老的牛津大学和剑桥大学的规模不断扩大，从 1500 年的 150 人增加到 1600 年的 400—500 人，其组成也明显发生了变化。劳伦斯·斯通设想了一场教育革命。从 16 世纪 60 年代开始，大量本科生涌入，此外还有出身良好的非专业学生，但妇女再次被排除在大学教育之外。与此同时，大学教学的地位和性质也发生了变化。本科生越来越多地在学院内接受教育，并接受学院导师的道德和教育监督。课程既受到家长对社会有用课程和受保护课程的要求的影响，也受到人文主义的影响。②

中世纪大学的研究是建立在三元论和四元论的基础上的。文法、修辞、逻辑等文科教育中的核心部分，被称为三学或三艺（Trivium）。至中古时代，神学院又开放了算术、几何、音乐、占星（后称为天文）等理学教育中的核心部分，被称为四术（Quadrivium）。三学与四术，合称文理七艺（Seven Liberal Arts），或自由七艺或博雅教育，这是中世纪大学的主要科目，后世学术合称之源。在这七种学科中，13 世纪又增加了三种哲学，即自然、道德和形而上学。1426 年，牛津大学要求在四术的主题中，算术和音乐各需要学习一年，而几何和天文学各需要学习两年。三种哲学各需要学习三个术语。其中一些课程似乎是同时进行的，整个艺术课程通常需要学习 8 年，每门课程的学习需要三学期。剑桥大学的要求大致与其相同。罗伯特·雷德（Robert Rede）爵士于 1518 年向三位讲师支付了报酬。在这三个人中，第一位讲师根据法规被分配给一年级和二年级的学生讲授人类书籍；第二位讲师给三年级本科生讲逻辑学；第三位讲师向四年级学生和艺术学士讲授哲

① LEADER D R. A history of the University of Cambridge. Volume 1：the university to 1546[M]. Cambridge：Cambridge University Press，1994：235-242.

② O'DAY R. Social change in the history of education：perspectives on the emergence of learned professions in England，c. 1500-1800[J]. History of education，2007，36(4/5)：409-428.

学书籍。需要指出的是，当时所追求的教育方法与现在大有不同。[①]

苏格兰的大学的章程体现了其教会属性。苏格兰主教创始人不仅与僧侣，而且与修道士携手合作。虽然苏格兰大学在其建立之初是一所教会神学院，但随着学院的出现，它的教育呈现出纯粹的传统大学的特征。其教学科目包括语法、演讲、诗歌、亚里士多德哲学和所罗门的著作。由此可见，其为神学研究做了充分准备。

16 世纪，苏格兰的第一所主要大学圣安德鲁斯大学没有设置人文学科教授的职位。1563 年，一个改革委员会抱怨缺乏科学教学，特别是那些必要的学科，即人文学科。1571 年，希腊语和希伯来语都不能进入苏格兰这片土地。最终，在 1620 年，圣伦纳德学院建立了人文学科。苏格兰的宗教改革使北方王国的大学直接处于教会控制之下，教士们紧紧抓住他们的亚里士多德和彼得·隆巴德（Peter Lombard）。在早期，15 世纪或 16 世纪苏格兰大学的人数没有超过一所较小的英国学院，例如剑桥大学彼得学院。直到 1695 年，圣安德鲁斯大学才有希腊语教授。苏格兰在哲学上的现代优势实际上可以追溯到迟来的中世纪主义。[②]

年轻人若想通过上大学深造，要么是贵族的儿子，要么是牧师或商人的儿子。在大学学院的记录中发现了一种社会经济差异的模式，表明贵族的儿子与牧师或商人的儿子的比例大致相同。接受高等教育为职业做准备的观念已经被确立。伦敦的律师学院是法学院，主要由贵族子弟和富裕的中产阶级成员就读。在伊丽莎白一世时期，法律是一个非常赚钱的行业，受过法律教育的人可能有机会当选为国会议员。伊丽莎白本人非常支持高等教育，她经常参观大学。事实上，她的宫

---

① SIMON J. Education and society in Tudor England[M]. Cambridge: Cambridge University Press,1979:84-86.

② ORME N. From childhood to chivalry: the education of the English kings and aristocracy,1066-1530[M]. London:Routledge,2017:95-105.

廷由受过良好教育的人组成。她认为每个人都应该接受人文传统的教育，不仅要读经典，还要接受法律培训。80%以上被律师学院录取的学生来自贵族。进入律师学院学习法律的学生，无论其学历或对从事法律职业的兴趣如何，都被律师学院接受。今天的法学专业学生学习的是刑法的不同分支，而在伊丽莎白一世时代，没有这样的分支存在。法律的学习极难，以至于学生的辍学率十分高。学习法律的学生不得不阅读大量书籍，并将许多事实牢记于心。大多数教授法律的教科书要么过于全面，细节太多，要么省略了太多重要的事实。

从1560年到1640年，学习法律主要有三种方式：私人阅读、出庭和参加背诵练习。尽管学习法律有困难，但就读于律师学院的学生如果自己努力，就能学有所成。此外，律师学院的学习氛围鼓励年轻人参加戏剧、听布道并在法庭上露面，或学习舞蹈和击剑以及演奏音乐。这些课外活动对那些不想进入法律行业的人很有帮助。因此，要想让孩子进入优质的文理学院或法学院，父母应该鼓励孩子在很小的时候就参加许多课外活动，以丰富他们的技能，从而对他们未来的教育或职业有所帮助。①

让社会上层的青年为职业生涯做好准备，并让他们具备尽可能多的社会和学术技能，这一观念从改革时期的英国一直延续至今。在改革时期的英国，大多数大学生都是贵族，他们认为大学教育不仅对获得职业生涯的专业准备是必要的，而且对与那些能帮助他们获得好职位的人建立联系也是必要的。剑桥大学四所学院录取的学生中有33%是贵族子弟，这一数据证实了贵族在大学中所占比例过高。威廉·哈里森（William Harrison）是当时的英国居民，他在1587年出版的《英格兰描述》（*The Description of England*）一书中对这种情况进行了评

---

① TEHIE J B. Historical foundations of education: bridges from the ancient world to the present[M]. Upper Saddle River, N. J: Pearson Merrill Prentice Hall, 2006: 125.

论。哈里森解释说，有些大学最初只面向穷人的儿子，因为他们的父母无力将他们抚养成人。虽然绅士们可能会送他们的儿子上大学，以确保他们有成功的事业和富裕的生活方式，但他们的儿子不一定能完成他们的学业。有趣的是，在剑桥大学四大学院之一的凯斯学院，只有30%的绅士的儿子能够毕业。

大学的课程本质上是人文主义的。学生们在14岁或15岁开始学习，通常在18岁毕业。课程集中在语法、修辞学、逻辑学和算术、音乐、几何、天文学。以前的口头性质的教学方法，正在被导师制所取代。大多数攻读文学学士学位的学生阅读非基督教作家的作品，因为他们认为最好的教学材料来自古代世界。正如上层阶级认识到大学教育对于获得一个有收入潜力和声望的职位的价值一样，下层阶级也明白大学教育可能改变他们的生活。社会经济地位较低的大学生对学习非常认真。剑桥大学的凯斯学院82%的农民学生获得了学士学位，而整个大学的学生获得学士学位的比例仅为50%。尽管底层学生的学位完成率较高，但他们只占剑桥大学学生总数的15%。英国宗教改革历史学家大卫·克雷西（David Cressy）认为，经济地位较低的阶层更认真地对待他们的学习，因为他们相信教育是通往更好生活的道路。相比之下，上层阶级认为，大学教育更多是为了炫耀，或者给人留下好印象。

在都铎时期，基督教堂学院（Christ Church）和三一学院（Trinity）已经建立，皇家教授职位也已经设置。1530—1570年，大量的绅士进入大学，大学教育被视为精英教育，大学生毕业后进入政府部门或成为神职人员相对更容易。因此，神职人员的地位随着宗教改革而上升。然而，入学的平均年龄在16世纪只有15岁，在接下来的一个世纪只有16岁，还有个别学生10岁或12岁就入学了。学位可以在不满足居住要求的情况下购买，许多本科生只在大学待了一年左右。的确，大学入学的平均年龄有增长的趋势，导师制在大学中得到发展，课程最终扩大到包括现代语言和现代作家以及古典文学。教学仍然掌握在神职人员手中，大学基本上还是神职人员的神学院。这种情况导致许多人更喜欢律师学院或私人教师的授课，后者被洛克提倡且能提供最常用的教学。① 总之，斯图亚特时期之前的教育活动为后续的贵族教育发展打下了良好基础。

① MINGAY G. E. The gentry：the rise and fall of a ruling class[M]. New York：Longman，1976：159.

第二章　斯图亚特时期贵族教育的背景

所有文明都是贵族的杰作，维护贵族是所有文明的辛勤工作。

——温斯顿·S. 丘吉尔（Winston S. Churchill）

英国斯图亚特王朝的经济、政治和社会观念对其贵族教育产生了较大的影响，当时的贵族教育因而打上这一王朝的时代烙印。政治方面，以王权为中心的教育领域是一个国家控制本国意识形态的重要阵地，英国国教成为英国年轻一代的宗教信仰。经济方面，斯图亚特王朝时期，英国已经迈进了非农社会阶段。文化方面，英国贵族整体文化素质的提升、维权意识的萌生、谋生技能的掌握，促使英国贵族积极思变，以稳固其社会地位。

第一节　政治背景

17 世纪斯图亚特王朝统治时期，国王詹姆斯一世推崇“君权神授”理论，渴望王权专断。后查理一世继续推行君主专制政策，导致议会与国王的矛盾激化，引发了内战。随后，英国爆发了光荣革命，议会通过《权利法案》推翻了封建君主专制，为英国资本主义发展开辟了道路，促使现代国家雏形的形成。

一、伊丽莎白宪法的存续

1603年之前，都铎王朝的严格控制给了英格兰表面上的稳定，但在表面之下的动荡已然加剧。随着伊丽莎白一世的去世和苏格兰的詹姆斯六世登上英格兰的王位，下议院感到更加需要维护自己的权利。在斯图亚特早期，英国政治上发生了最明显的反抗权威的事件。从某种程度说，“大叛乱”（Great Rebellion）比“清教徒革命”（Puritan Revolution）更适合用来形容导致查理一世被处死的运动。的确，大多数清教徒站在反对国王的一边，议会委员会以国王和议会的名义运作，从而为清教徒提供了一个保护屏障，防止他们被称为反叛者，一场在一开始就与政治主权有关的战争成为一场争取宗教自由的运动。① 17世纪上半叶，英国正经历着政治、社会生活和宗教方面的变革。在这些领域中，存在着互动和冲突，宗教起初具有最强烈的声音，因为教会和国家是如此紧密地联系在一起。在伊丽莎白一世统治时期，权力的平衡已经开始从王室向议会转移。詹姆斯一世和查理一世没有意识到或接受这一点。他们都缺乏都铎王朝那种赢得民众支持的天赋，不过詹姆斯一世不像他的儿子查理一世，他确实设法维持了某种平衡，遏制了宪法上的冲突，而这种冲突在顽强的抵抗中达到了高潮。②

宗教改革之后，随着民众越来越有文化、越来越有疑问，随着经济发展带来的变化，旧的、松散的政府形式不再顺利运作。人们担心国王、法律、议会和教会之间的分歧。然而，这场斗争虽不是阶级战争，但在很大程度上是中产阶级对个人政府的反抗与教会和国家之间

---

① COWARD B. The Stuart Age: England 1603-1714[M]. London: Routledge, 1980: 89.

② FORREST A. Educational schemes and reformers in England during the early seventeenth century[D]. Edmonton: University of Alberta, 1970: 1.

现有联盟相冲突的司铎主义（Sacerdotalism）[①] 的渴望。

17 世纪伊始，英国的宪法进入了一个过渡状态，这种状态一直持续到个人统治向议会政府的转变完成。变革是注定要发生的，但它是否会和平地完成，或者是否会以暴力的方式进行，主要取决于中产阶级和新王朝之间建立的关系。在统治方面，伊丽莎白一世比她的父亲和兄弟姐妹更为温和。但是，伊丽莎白一世没有给她的继任者留下一张玫瑰花床。相反，他们发现等待他们的是一条陡峭多石的小路。当第一个斯图亚特王朝取代最后一个都铎王朝登上英格兰王位时，人们无法看到路的尽头。[②]

1603 年，很少有人哀悼女王的去世，极少有人不欢迎新国王的和平登基。J. E. 尼尔（J. E. Neale）对伊丽莎白一世后期议会的研究揭示了议会代表对伊丽莎白政府许多方面的不满，这种情况通过对一份匿名文件的分析得到了充分证实。该文件是 1603 年 3 月写给新国王的"纪念"，其中列举了监管和财产分配等引发人们不满的情况以及教会中存在的问题，如缺乏传道部长、多元化和无住所等。伊丽莎白政府也不是政治稳定的保证，政治稳定可能会弥补其缺陷。伊丽莎白一世拒绝结婚或指定继承人，因此她的统治具有不确定性，这种不确定性逐年增加，并成为她统治期间的主要国内问题。[③] 伊丽莎白一世去世后，许多人希望宗教紧张的气氛能够缓和。她的继任者是苏格兰国王詹姆斯一世。詹姆斯一世和伊丽莎白一世一样都是新教徒，但他认为自己是和平缔造者。作为苏格兰女王天主教玛丽一世的儿子，他也被

---

① "司铎主义"是一种信仰，认为牧师是上帝和人之间的重要调解人。人们不能靠自己接近上帝，必须通过牧师，无论是为了认罪、领圣餐还是接受恩典。

② HINDLE S. The state and social change in early modern England, 1550-1640[M]. Basingstoke: Palgrave, 2002: 231-235.

③ NENNER H. The right to be king: the succession to the crown of England, 1603-1714[M]. Basingstoke: Macmillan, 1995: 13-15.

期望比伊丽莎白一世更好地对待天主教徒。一些天主教徒甚至认为他可能会停止对他们的迫害，并允许他们自由礼拜。许多人对教会的状况不满，皇家税收系统需要彻底改革。在伊丽莎白一世去世之前，议会开始对英格兰的未来表示担忧。一些大陆君主被视为破坏了王国的代表大会，女王试图提高议会外税收以资助对西班牙和爱尔兰的昂贵战争，这是詹姆斯一世时期议会中许多议员怀疑法院“专制主义”的主要原因，也是表达连贯的宪法意识形态的主要原因，认为议会的传统权利和自由受到威胁。①

1640 年以前，清教徒和其他新教徒之间的区别并不大。清教徒的生活方式比其他人更受新教原则的影响，也比其他人更关心教会的改革。在 1603 年，很少有清教徒想要一个非宗教的教会，甚至是一个没有主教的国家教会。那些在伊丽莎白一世统治的后期倡导类似激进措施的人受到了严厉的惩罚。虽然对 17 世纪 30 年代查理一世的政府有许多不同的历史解释，但本质上对个人统治有两种主要的解释。对于一些历史学家来说，尽管是少数，这是一个仁慈的家长政府时期，政府有效地统治并发起改革，同时通过法令制定对穷人有利的政策。对于其他历史学家来说，通常占主导地位的观点是，这是一个压迫性和可疑的皇家政府时期，创造了一个反对无议会统治和征收议会外税收以及过度使用皇家特权的国家。

在伊丽莎白一世统治期间，英国贵族们的平均收入急剧下降，尽管到 1641 年得到了提升，但这仍是一个沉重的打击。这在很大程度上是因为贵族的人数减少了，他们的租金抵不过通货膨胀造成的损失。他们的地位在伊丽莎白一世统治时期严重下降，这种下降导致在接下来的 40 年里只有通过招募新的贵族和大幅提高租金才能弥补，才能与

① ANNA VLADIMIRA D. Ideal and practice：aspects of noble life in late Elizabethan and Jacobean England[D]. Kingston upon Hull：University of Hull，2001：20-25.

上层绅士相比。因此贵族在 17 世纪几乎没有自己的地位，上层绅士在宫廷中的地位或在一个郡内的显赫地位通常与贵族不分上下。

17 世纪 30 年代的“十一年暴政”（Eleven Years Tyranny）观点过度依赖后见之明和对历史上“胜利者”（即国王的反对者）的偏见认同。它让历史学家看不到查理一世政府的积极目标。17 世纪 30 年代，王国政府的观点是仁慈的和充满父爱的，虽然强调国王确实试图制定一些有效的改革措施，但没有强调这些措施的实施没有达到预期目标。更严重的是，由于查理一世和他的宫廷越来越脱离当代宗教、知识和文化生活的主流，查理一世和他的大臣们所奉行的政策变得无法解释，因此经常被误解。

二、英国光荣革命的爆发

1640—1660 年，英国见证了整个封建主义社会秩序的毁灭以及资本主义可以自由发展的政治结构的引入。出于战术上的原因，1660 年的统治阶级假装他们只是在恢复旧形式的宪法，但是他们希望通过复辟来建立一种新的社会秩序。内战是一场阶级战争，在这场战争中，查理一世的专制受到了国教和封建地主的反动势力的保护。国会击败了国王，因为它能吸引城镇和农村的贸易、工业以及自耕农和进步绅士的热情支持。绅士的经济崛起是一种孤立的进程，这在其他国家通常被描述为从封建社会到资产阶级社会的过渡。①

反对国王统治的声音自 16 世纪 90 年代就存在于议会中，在 17 世纪 20 年代末得到加强，并在 17 世纪 40 年代普遍存在。持有这些观点的人并不是在所有事情上都意见统一，就像在 17 世纪 20 年代末，一些

---

① HEXTER J H. The English aristocracy, its crises, and the English revolution, 1558-1660 [J]. Journal of British studies, 1968, 8(1): 22-78.

人比其他人更热衷于追求个人抱负，并且比其他人更不愿意信任国王。此外，对一些人来说，宗教改革不是他们政治目标的核心。有不虔诚的议员——风流成性的伯克希尔律师亨利·马丁（Henry Marten）就是一个例子。在他的记忆中不可磨灭地留下了查理一世在17世纪20年代五骑士案之后蔑视法律的回忆，以及他在17世纪30年代复活过时的封建权利的回忆。但是在17世纪40年代的大部分时间里，仍然致力于反对国王的是那些与议会的事业不可分割地交织在一起的更典型的人。[①] 17世纪20年代末，罗伯特·哈利（Robert Harley）、托马斯·佩勒姆爵士（Sir Thomas Pelham）、布鲁克勋爵（Lord Brooke）和纳撒尼尔·巴纳迪斯顿爵士（Sir Nathaniel Barnardiston）等热心的清教徒绅士们认识到议会和新教的命运联系在一起，两者将一起沉浮。

17世纪40年代，反对国王背后最强大的意识形态的驱动力是宗教热情。[②] 在王政复辟时期，贵族在经历了长达40多年的衰落之后，重新获得了政治权力。国王-上议院-下议院混合政府的理论逐渐被吸收到正统的政治模式中。复辟后，贵族们更好地学会了如何将他们的财富用于政治目的，关系政治和利益政治的时代开始了。家族议会利益的管理与王室庇护的分享是权力的关键，这是倾向于政治的贵族们渴望操纵并取得巨大成功的关键，“辉格寡头政治”的鼎盛时期已经不远了。贵族在政治上的生存能力与贵族在上议院的宪法体现相辅相成。与此同时，人们逐渐接受了混合政府的理论，这种理论赋予上议院“平衡”宪法的职能，防止它在国王所代表的“纯粹君主制”或下议院所代表的“纯粹民主”的方向上偏离得太远。

17世纪40年代，反对查理一世的许多人心中燃起了反抗之火，因为他们看到了一个机会，通过议会实现他们和他们的前辈至少从16世

---

① HILL C. The century of revolution：1603-1714[M]. London：Routledge，1993.

② WROUGHTON J. The Longman companion to the Stuart Age，1603-1714[M]. New York：Longman，1997：271-276.

纪 80 年代就开始争取的宗教改革“立宪议会主义”。他们希望保护议会在宪法中的地位，使其免受至少自 1626 年以来一直盛行的皇家“专制主义”的威胁，这往往与对宗教改革的渴望携手并进，这种渴望也同样植根于 1640 年之前的几十年。因此，他们开始表达一种与神圣的立宪主义不同的意识形态——“立宪保皇制”。这包括渴望保护平衡的古代宪法免受议会和“大众清教徒”对王室特权入侵的威胁、对主教教会的依恋、共同祈祷书和以复活节和圣诞节等传统节日为中心的礼拜仪式。对保皇党人来说，他们与议员不同，1625 年发展起来的前劳迪亚教会是真正的改革，对一些人来说，值得为之奋斗。查理一世在 1640 年放弃劳德（Laud），并在 1641 年开始声称他是伊丽莎白教会和古代宪法的唯一真正捍卫者，这两者都受到议会创新的威胁，他则开始获得意识形态方面的支持。①

1660 年之后，贵族们摆脱了 1620—1640 年面临的更加严苛的要求，即对能力水平的高期待和高标准。实际上，上层绅士和大律师的综合才能远远超出了部分贵族的能力，这也就解释了下议院的大部分成员仍然是从这两个群体中选出的。由于爵位存在明显缺陷和缺位，这一群体不得不面对而且确实遇到了时代的核心危机，即宪法危机。这场危机在复辟时期有所缓解，在 1688 年的革命时期也有所缓解，随之而来的是对高技能的持续需求以及 1640 年之前危机引发的清教徒狂热。一旦动荡平息，上议院中的人就可以相当舒适地相处，不必假装知识的显赫或学术的崇高。正是这种对期望和要求的双重降低，英国贵族避免了 17 世纪早期的动荡和 17 世纪中期几十年的灾难，进入了更平静的时期。

英国吸引了欧洲的激进分子、改革者和理想主义者，他们希望现

---

① WROUGHTON J. The Longman companion to the Stuart Age，1603-1714[M]. New York：Longman，1997：271-275.

在有机会能够在实践中检验他们的想法。毫无疑问，议会领导人和一些普通议员都被这种令人兴奋的气氛所影响。像哈特利布、夸美纽斯和约翰·杜里（John Dury）这样的改革者受到了像1640年第四代贝德福德伯爵（Earl of Bedford）弗朗西斯·罗素（Francis Russell）这样的重要政治领袖的资助。一个“神圣的改革”是祈祷的传教士对议会的一些快速布道，官方批准这个印章，并下令印刷。约克郡议员亨利·斯林斯比爵士（Sir Henry Slingsby）在日记中写道，人们非常期望拥有一个幸福的议会，在那里，所有的臣民可以彻底平反所有冤屈。①

在漫长的议会时期的最初几个月里，人们可能低估了国王的议会对手——其纲领的激进性质。在反对国王的人中最突出的是有钱有势的贵族，特别是贝德福德、沃里克（Warwick）和埃塞克斯（Essex）伯爵以及约翰·皮姆（John Pym）、奥利弗·圣约翰（Oliver Saint John）、纳撒尼尔·费因斯（Nathaniel Fiennes）和威廉·斯特罗德（William Strode）。约翰·皮姆作为国王，他在汉普郡、威尔特郡和格洛斯特郡的财产接收人，通过他从贝德福德和沃里克伯爵那里获得赞助，结成了政治盟友。在17世纪20年代的议会中，他因在教会和政府中激烈反对罗马人而声名鹊起，并在试图弹劾白金汉公爵乔治·维利尔斯（George Villiers）的行动中发挥了领导作用。②

然而，1641年的立法并没有解决17世纪40年代议会领导人的一个核心问题，即如何确保他们在1641年的冤情得到平反以及如何确保宪法让步是永久性的。直到1641年11月，议会领导人不准备致力于有效解决这个问题。与此同时，他们似乎认为，未来“好政府”的保证

---

① 吴新颖，龙献忠．英国传统文化对现代化进程的影响［J］．江淮论坛，2004（5）：141-144.

② TREVELYAN G M. The English revolution，1688-1689[M]. Oxford：Oxford University Press，1938.

是查理一世给他们和他们的盟友重要的国家办公室，使他们能够在枢密院和国王的心中施加影响。当然，这与17世纪20年代贝德福德圈子的一些成员在议会中的活动相一致。①

有证据表明，在17世纪40年代早期，因参与辩论而导致宗教分裂和政治问题的人，比以往要多得多。因此，历史学家发现战争开始时公众的政治意识觉醒后而导致的后果也就不足为奇了。约翰·沃尔特（John Walter）认为，尽管当地人民因纺织业的萧条而遭受经济困境的影响不容忽视，但这些民众暴力爆发背后的主导动机，是可以在反教皇的威斯敏斯特议会领导人的声明中看到的，这是对教皇的厌恶和对保护议会和新教的热情。这也反映了在1642年5月的抗议誓言中，沃尔特的发现与其他地方研究的结果一致。这些研究表明，即使在社会的下层，人们也会根据一系列地方、地区和国家因素做出支持国王或议会的明智决定。②

当时的经济危机与政治秩序的崩溃联系在一起。请愿者要求将恢复政治和经济秩序的进程齐头并进。同样，许多人认为政治秩序的崩溃是社会和宗教激进主义的原因。例如约翰·霍瑟姆（John Hotham）爵士认为，如果没有与国王达成协议，那么整个王国的贫困人口将会大量增加，不久他们将被所有贵族和绅士彻底毁灭。和平请愿反映了全国上下许多人的愿望，即希望维护一些人所说的“国家的和平”。内战结束后，从新型军队成为主要政治力量开始，到1649年1月30日查理一世在白厅被处决结束，这一时期被认为是17世纪英国历史上最激

---

① 邵政达. 革命与司法：17世纪英国普通法法院的独立［J］. 世界历史，2018（4）：104-116，158-159.

② WILLCOX W B，ARNSTEIN W L. The age of aristocracy，1688-1830[M]. Boston：DC Heath & Company，1992：13-17.

动人心的时期之一。[①]

然而，斯图亚特王朝的许多弱点在1660年后依然存在。其中，最主要的是对国王决意推行“专制主义”的持续恐惧。在17世纪早期，人们怀疑英国君主是否有一系列连贯的政策，旨在以议会为代价加强王权。政府缺乏有效的中央官僚机构，依赖个人能力，这意味着后来的斯图亚特王朝政府，在国内和国外事务上将会很少有一致的政策。[②] 1660年后，就像在斯图亚特时代的早期，人们所认为的情况和历史事实一样重要，而且往往更重要。许多人认为1660年后君主制倾向于专制主义的一个主要原因是王室的财政空虚，这和17世纪初一样严重。因此，像他的前任一样，查理二世有时不得不试图通过控制镇政府或治安委员会来获得议会外的收入，或者通过操纵议员们的意见来获得议会内的收入。不足为奇的是，这些措施协同“专制主义”运动，被解释为削弱议会在宪法中地位的一部分。

查理二世和詹姆斯二世作为英国国王，也作为其他不列颠王国的统治者，第一，他们的所作所为极大地助长了英格兰臣民对他们的不信任，就像查理一世在17世纪30年代末对苏格兰事务的不干涉以及他在17世纪40年代与爱尔兰天主教徒的谈判一样。第二，宗教继续在政治和社会中发挥重要作用。英国复辟时期的历史清楚地表明，宗教远没有失去其重要性，仍然是一种强大的政治和社会力量。在一个伟大的好战圣公会浪潮中，一些当地绅士甚至在1661年骑士议会开会之前，就压制了修道院并驱逐了教会牧师。当骑士议会开会时，制定了一个野蛮的、镇压性的法典——《克拉伦登法典》(*Clarendon Code*)，目的是针对所有拒绝遵守既定教会教规的人。《克拉伦登法典》不同的实施

---

① DURKACZ V. The source of the language problem in Scottish education，1688-1709 [J]. The Scottish historical review，1978，57(163)：28-39.

② 颜景高. 历史转折的文化动因探析 [M]. 济南：山东人民出版社，2012：80-81.

方式清楚地表明，并非所有人都认同好战的英国圣公会教徒的偏狭愿望，有些人更支持长期的后宗教改革时期的综合教会传统，这一传统在17世纪30年代被查理一世和劳德打破，又在17世纪50年代被奥利弗·克伦威尔复兴。相比之下，第三个问题是政治转型。17世纪40年代和50年代所发生的事情，其影响非常明显。①

人们认为，17世纪40年代和50年代的事件削弱了复辟君主制的权力，以至于1660年后英格兰的宪政发展永远偏离了欧洲走向专制主义的总体趋势，因此这个国家不可逆转地走上了君主立宪制的道路。17世纪40年代和50年代标志着英国中世纪和都铎王朝的结束。有些历史学家还认为，1660年标志着宗教在英国政治和社会生活中成为重要的转折点，即从短暂的共和制恢复为君主制。1660年以后，公众对政治问题的参与意识大大提高了。当然，“公共领域”的这种发展不是新的。这种发展在伊丽莎白一世时代晚期和斯图亚特时代早期的英国政治中具有重要意义。然而，17世纪40年代和50年代的公众对于政治参与和意识形态方面产生了分歧，主要分歧是在宗教问题上，且在1660年后愈演愈烈并延续至今，形成了英国复辟时期的党派政治，这可能是英国革命的主要后果之一。在开始对复辟政治进行叙述性分析之前，有必要就上文简要描述的当前观点多说几句。强调君主制所产生的长期优势和弱点是很重要的。17世纪晚期的英国仍然是个人君主制，就像都铎王朝和早期的斯图亚特王朝一样。后来的斯图亚特王朝像它的前身一样，在国家政治中扮演着核心角色，并一直持续到19世纪。

---

① 沈之兴. 西方文化史：第4版［M］. 广州：中山大学出版社，2019：160-161.

三、现代国家概念的形成

国家不是一个纯粹的制度现象，国家创造了某种程度的规范性共识和组织协调，也因这种共识和协调而产生。尽管任何共识的性质都很明显是一个有争议的问题，但国家可以通过其所倡导的价值观的广泛内化而变得稳定。毫无疑问的一种观点是，国家是一种有组织的社会权力。例如迈克尔·曼（Michael Mann）将国家视为"社会"的一个方面，他将其定义为有组织的权力网络，通过这个网络，人类可以追求自己的目标，控制自己在国家中所处的环境。迈克尔·曼还区分了集体和个人的社会权力。有组织的社会力量创造集体力量，通过合作，人们可以增强他们对第三方或自然的联合力量。然而，组织也创造了监督或协调职能。这反过来又为那些处于监督地位的人创造了分配权（即A对B的权力），因为上层俯瞰并指导整体。因此，国家发展需要核心权威，但发展的主动性不一定来自中央。①

在17世纪的英国，国家不是官僚机构。中央政府依赖地方官员的合作，而这些地方官员没有报酬，中央权力的地方代理人充当中央政府和地方之间的调解人。如果国家被视为中央行政机构和地方代理人的综合体，那么通过研究政策实施的有效性，就可以较好地跟踪国家的形成过程。因为，为了实现其目标，国家依赖合作和支持，正是这些无形资产决定了国家的发展。然而，由于这些资产在很大程度上是无形的，只能通过评估国家政策的有效性来作为国家发展的指标。即使在官僚化的国家也可能如此，在17世纪的英格兰等国家尤其如此。②

---

① ROBERTS C, ROBERTS F D, BISSON D. A history of England: prehistory to 1714 [M]. Englewood Cliffs, N. J: Prentice-Hall, 1980: 286.

② MILLWARD J S. Seventeenth century, 1603-1714[M]. London: Hutchinson Educational, 1967: 108-121.

17 世纪，英格兰出现了王室和贵族之间的合作关系，这使得国家日益强大。显然，在 17 世纪 80 年代，一些汉普郡的法官愿意为了州的利益而迫害同宗教人士，而在该郡的迫害通常十分有效，因为它压倒了亲属关系和邻里关系。

就国际竞争而言，英国在 17 世纪 50 年代的努力很难与 17 世纪 60 年代的努力相比。效率的提高依赖于县与乡村精英的合作，而不是中央的扩张。[①] 在 17 世纪 60 年代，社会关系发生了重大变化，人们也普遍承认在这一时期，国家效率有了很大的提高。尽管对 17 世纪的英格兰有很多研究，但历史学家很少明确指出它实质上的定义。对于社会学家来说，问题往往是相反的：他们常常不得不从一般用途中提取精确术语，去除内涵以及读者的先入之见，以便产生一个具有分析价值的术语。“国家”一词的使用说明了这个问题。

因此，总的来说，17 世纪国家发展的宏大叙事，试图解决关于国家长期相对自治的问题以及确定这个特定时期在其历史长河中的重要性。正如基思·莱特森（Keith Letson）所阐述的，如果用一个相当折中的社会阶级定义，来描述一个松散的个体集合，这些个体具有不同但相似的经济地位，他们通过相似的地位、权力、生活方式和机会，通过共同的文化特征和相互作用这个纽带联系在一起，那么可以认为，这样定义的社会阶级可以在《近代早期英国的社会秩序：三种途径》（*The Social Order of Early Modern England : Three Approaches*）一书中看到。

17 世纪 40 年代和 50 年代的政治危机以及 1688 年的政治危机，曾经被认为是英国现代社会发展的关键。关于资产阶级政治权力或宪法自由崛起，这种旧的叙述已经被推翻并且没有替代，对于大多数政治

---

① 郭方．英国近代国家的形成：16 世纪英国国家机构与职能的变革［M］．北京：商务印书馆，2006：16-19.

历史学家来说，最值得关注的问题是关于英国内战的原因而非后果。但是内战在英国历史叙述中如此突出的一个原因是，人们认为 17 世纪中叶的经历对英国的发展非常重要。对于一些历史学家来说，国家的功能性无能已经取代了意识形态差异或社会冲突，成为解释政治崩溃的一部分原因。在“县—社区—学校”的早期工作中，也有一个关于功能失败的联合描述，在这种情况下，归因于地方对中央权威抵抗的结构性问题。① 17 世纪 40 年代和 50 年代，通过削弱君主的行政权，国家维护了个人自由的宪法保障。这几十年也被视为农业和商业的资本家政治影响力不断上升的关键时期，他们对立法拥有更大的控制权。在试图重新审视这些问题之前，首先有必要解决界定国家定义的问题。②

国家作为一个总的范畴，是由它的行使权力来定义的，而不是由这种权力的具体用途或表达这种权力的制度形式来定义的——在一般意义上，它只有思想，却没有执行力。国家体现在政治机构中，而政治机构的形式和目的会随着时间的推移而变化。这些机构的具体体制形式，以及在任何特定背景下，对这一权力的使用都是一个悬而未决的问题，而不是国家本身定义的一部分。需要解释的不是“国家”的崛起或成长，而是国家权力形式的变化。③ 英格兰国家机构网络中三种不同的政治权力“具体化”是有区别的。父权制、军事财政制和宗教制，每一种政治权力都在不同的地方经历过。每一种情况，都可以看到不同的发展模式推动创新的物质条件、行使权力的形式以及实现这

---

① BRADDICK M J. State formation in early modern England, c. 1550-1700[M]. Cambridge: Cambridge University Press, 2000: 2-3.

② 扈红英. 西方现代国家建构研究：自由主义与民族主义的视角 [M]. 北京：光明日报出版社，2018：57.

③ BRADDICK M J. State formation in early modern England, c. 1550-1700[M]. Cambridge: Cambridge University Press, 2000: 21.

一点的合法语言。在不同情况下，对于变革动力的来源、时间顺序以及使用政治权力背后的利益与变革的现代化程度等问题，都会得出不同的结论。政治权力的一个重要特征是它是以领土为基础的，现代早期国家的一个戏剧性变化是这一领土基础规模的转变。因此，可以认为这种扩张是“王朝”国家的发展。在这种扩张中，可以看到在新领土上类似过程的发展。

在现代早期的英国，有一个协调的、地域受限的行使政治权力的机构网络，这个网络不包括这些范围内的其他政治组织的权力。有人认为，用现代社会理论把这个网络称为机构网络是合理的，而且这是一个越来越多的同时代人能够理解的观点。早期现代政体与现代政体的区别不是国家的缺失，而是国家所体现的具体政治权力形式。政治权力的定义至关重要，因为对政治权力的控制是国家定义的本质。政治权力的独特之处在于，它以领土为基础，功能有限，并受到武力的支持。① 事实上，早期现代国家的现代化不仅表现为发展更加专业化和差异化，还表现为在行使这些更加专业化的职能时减少了自由裁量权。官僚化体现了精确性和可预测性，从合法化的角度来理解，这是作为一种使政治权威可接受的手段。通过减少对专门的国家工作人员的自由裁量权，并且更严格地规定他们的报酬，有助于确保他们的活动更容易获得批准。

第二节 经济背景

17 世纪的英国，在商品经济的影响下，先后发生了商业革命和价格革命，在农村和城市中相继出现了资本主义手工工场，出现了资本

---

① SHARPE J A. Early modern England: a social history, 1550-1760[M]. Baltimore, Md: Edward Arnold, 1987: 128.

主义的经济关系。同时，英国专制政权推行重商主义政策，实现了较为丰厚的原始资本积累。17 世纪中叶，英国发生了资产阶级革命，建立了世界上第一个资本主义国家，率先完成了从封建制度向资本主义制度的过渡。

一、印刷技术的大力推行

以往的历史学家认为，由于文盲数量较多和偏远地区交通不便利，英国群众在当时无法获得媒体或时事信息。恰恰相反，在 17 世纪的英国社会中，媒体比以往任何时候都更加普遍，人们可以获得前所未有的大量信息。

（一）阅读文化的盛行

在中世纪，阅读成为一种常见的消遣方式，这不仅反映了印刷术的引入对书籍生产的影响，也反映了教育的广泛传播。最初的学习只与教会密切相关。在小学的音乐学校，男孩们学习的是拉丁文的赞美诗和歌曲，学习基础知识和一些阅读，可能还有写作。修道院学校主要是为打算出家的男性设计，完全是在严格的纪律条件下进行宗教教育。[①] 威廉·卡克斯顿因将印刷术引入英国而闻名。1438 年，他出生在肯特郡，师从著名纺织品商人罗伯特·拉奇（Robert Large）。1441 年拉奇去世后，卡克斯顿搬到了英国和佛兰德斯之间最重要的贸易中心布鲁日，并建立了繁荣的纺织业。[②] 宗教改革后，廉价印刷品的数量非常庞大，其中 93%的价格不超过 6 便士。

在 17 世纪的英国，印刷品的数量惊人地增长，它能够推进新教发

---

① MINGAY G E. The gentry: the rise and fall of a ruling class[M]. London: Longman, 1976: 30-34.

② WHEALE N. Writing and society: literacy, print and politics in Britain 1590-1660 [M]. London and New York: Routledge, 1999: 55-64.

展并提高人们的识字率。有些作家认为出版是庸俗的，只以手稿的形式发行他们的作品，但印刷商、出版商和书商都能满足广大读者对于简洁散文的需求。从16世纪90年代开始，早期现代读者和作家数量的稳步增长，不可避免地与出版的书籍和小册子数量的增加有关。直到17世纪40年代，出版率虽然没有迅猛增长，但始终如一地在稳定增长。在伊丽莎白一世统治的前半段，即1558年到1579年，伦敦的文具公司出版了大约3850种书籍。1604年，出版速度加快，出版了约7430种书籍。1624年，出版了9740种书籍。1640年内战前夕，又出版了9680种书籍。17世纪20年代以来的一个重大发展是，廉价的小年历、小册子和大报的产量大幅增加，以迎合新的、不断增长的"流行"读者群体。在争议不断的1642年、1643年、1647年和1648年，每年出版的书籍都超过1000种，还不包括报纸。① 值得注意的是，当1603年对印刷商罗伯特·查特里斯（Robert Charteris）的存货进行盘点时，人们发现几乎没有小册子。如果算起来，这可能意味着在200年里总共生产了4万本"小书"。到1660年，英国印刷商每年印刷约40万册书籍。在英国流行文化的其他领域，也很明显对印刷品产生了较大需求。②

手册是识字的基本指南，强调教师的权威，教师对学生的权威堪比君主对臣民的权威。在17世纪的英国，国王和教会都鼓励民众培养读写能力。虽然手册教孩子们拼写，但严格的拼写标准直到18世纪才出现。③ 到17世纪初，英格兰首都出现了数百台未经许可的印刷机，到17世纪中叶，诺里奇、布里斯托、埃克塞特等城市也有了印刷设备。

① WHEALE N. Writing and society: literacy, print and politics in Britain 1590-1660 [M]. London and New York: Routledge, 1999: 6.

② STEVENSON J. Reading, writing and gender in early modern Scotland [J]. The seventeenth century, 2012, 27(3): 335-374.

③ WORDEN B. Stuart England [M]. Oxford: Phaidon, 1986: 45.

第一台印刷机于1476年来到伦敦，但仅限于威斯敏斯特教堂，其印刷的文本相比抄写的手稿更不为公众所知。1500年，伦敦只有5家印刷商。到1523年，至少有33家印刷商和书商积极从事这一行业。①17世纪早期，出版和购买小册子的高昂成本使印刷机无法真正充当公共工具。因此小册子通常只在小而亲密的文人群体中生产和消费。直到17世纪20年代，一种新的、更便宜的字体技术降低了生产成本，正好赶上开始内战的革命，加快了印刷机的传播。考虑到印刷机对大众的可用性，媒体革命在武装冲突的爆发中发挥了重要作用，而这并非巧合。②

蒂姆·哈里斯（Tim Harris）指出，众所周知，南北战争前夕，报刊的产量急剧增加。在1640年末的长期议会之后，审查控制权被打破，小册子和其他印刷材料的话题引起了巨大的争议，讨论了广泛的政治、宪法和宗教话题，断言17世纪中叶的英国革命伴随着媒体革命将没有太大争议。虽然人们专门关注小册子，但在这个时候，民众也可以通过各种方式传播他们的声音，如书籍和报纸、口头交流、木刻版画、绘画、舞台戏剧、民谣、布道、官方公告、请愿和骚乱等。在个人层面上，最多产的、最民主的表达形式无疑是小册子。一旦在伦敦印刷，一本小册子就会在街角或印刷店出售，或者被带到更远的农村地区，几乎遍布各地。一些副本要么被零售商购买在国内转售，要么由所有者在离开首都旅行时携带，要么通过邮递寄给农村的朋友。一旦副本到达村庄或城镇，它将被张贴以供更多消费。③

---

① HOUSTON R A. Literacy in early modern Europe: culture and education, 1500-1800 [M]. London: Routledge, 2016: 268.

② 巴比耶. 书籍的历史 [M]. 刘阳等，译，桂林：广西师范大学出版社，2005：3-4.

③ CRESSY D. Literacy and the social order: reading and writing in Tudor and Stuart England[M]. Cambridge: Cambridge University Press, 2006: 2-5.

（二）印刷技术的推广

随着印刷机的发明，大约在 15 世纪中叶，印刷已经成为一种普通的信息媒介。政府对印刷和贸易的干预始于 1586 年的法令，该法令禁止印刷任何书籍，除非得到坎特伯雷大主教或伦敦主教的许可。这项法律和其他法律，虽然延缓了新闻的涌入，但并没有完全阻止它。印刷品每年印刷的总数量仍然稳步上升，从 1560 年的 149 份到 1600 年的 259 份，再到 1640 年的 577 份。政府对印刷业的干预在整个 17 世纪零星地持续着，尽管并不总是以法律公告的形式出现，但它仍然出现在政府宣传中。①

三十年战争不仅增加了人们对新闻书籍、小册子和印刷品的依赖，也加速了英国社会所有领域的信息传播。因为从一开始，英格兰和苏格兰之间的冲突就伴随着宣传小册子的浪潮，努力赢得了英国人对盟约事业的同情。尽管政府关注书面文字，但大多数英国人仍是文盲，因为教育机会很少留给穷人，甚至那些出身名门的人或富人的受教育机会也很少。尽管不识字，但英国社会各阶层并非不知道政治事件的发展过程，他们可以表达自己的意见。因此，民谣和时事通信等书面资料也开始口头流传，并定期在全国各地张贴或兜售。②

在整个 17 世纪，印刷术持续盛行，不仅与口头交流相结合，而且进一步鼓励大众通过口头方式进行交流。在伊丽莎白一世女王 1533 年登基后的 80 年里，源自英格兰的书籍总数和进口作品数均大幅度增加。印刷越来越受欢迎，其影响力虽然容易被夸大，但仍然意义重大。小册子是面向大众读者的，公众对信息的渴望与一个巨大的、预先存在的信息传播网络共同作用，将整个英格兰的印刷业和口头交流联系了

---

① CRANFIELD G A. The press and society from Caxton to Northcliffe[M]. London: Longman,1978:236

② MCKITTERICK D. Four hundred years of university printing and publishing in Cambridge 1584-1984[M]. Cambridge:Cambridge University Press,1984:73.

起来。

印刷材料通常包含木刻，这些木刻是一般性质的图像，但可以传达特定的意义或思想。公认的叙事模式通过众多形式，从上层阶级渗透到普通大众，来构建作品。毫无疑问，选择一种绝对的、占主导地位的交流方式会产生许多困难。尽管有大量的报纸在流通，但大多数新闻仍然靠口头传播。然而，在16世纪末和17世纪初，印刷鼓励了新的交流方式，并对已有交流方式进行了改变。17世纪不仅仅是一个以口头或印刷为基础的社会，而且形成了一种趋势，即在社会中共同努力传播新闻、谣言、流言和重要的社会信息。这些新故事，无论是经过深思熟虑的还是实时创作的，都显示出其在英国社会走过的道路。这些特定的路径揭示了英国文化和社会的许多方面，从主题和形式到信息的传递，显示了这些方面是如何共同作用的，改变了17世纪英国的日常生活，包括社会互动、文化、政治和教育。①

印刷改变了16世纪和17世纪英国的经济、政治、社会和文化景观。"新闻书籍"（Newsbooks）与"新闻信件"（Letters of News）之间存在明显区别，前者是廉价制作和出售的作品，受议会法律约束；而后者出版频率更高，成本更高，而且包含的信息多。J. B. 威廉姆斯（J. B. Williams）认为，澄清这些术语的重要性在于英国社会利用这些印刷作品来改变和形成公众舆论。新闻信件的费用要高得多，订阅费为每年5英镑，这就对部分社会阶层产生了限制并给读者的教育和文化多样性也带来了一定限制。②

根据威廉姆斯的说法，政府当局急于镇压煽动性小册子和未经许可的印刷，于是设立了监督职位，授权执政者没收煽动性书籍，同时

---

① HACKEL H B. Reading material in early modern England: print, gender, and literacy [M]. Cambridge: Cambridge University Press, 2005: 78.

② WILLIAMS J B. The newsbooks and letters of news of the restoration [J]. The English historical review, 1908, 23(90): 252-276.

起草监管新闻的建议。这些政府互动的例子显示了新闻书籍对公众思想和对当时政治事件看法的影响力；所有政府批准的新闻书籍本质上都起着宣传的作用，而且很可能受到政府的审查，这能够促进公众对信息的总体渴望。① 17 世纪的前几十年，越来越多的人进入并留在学校，国家强调所有社会阶层的儿童都应该上学，至少接受基础教育，其中往往包括阅读指导。教育的改变，改变了新闻书籍的作者和作者呈现材料的方式以及读者感知这些作品的方式。小册子在 1642 年后成为影响舆论的重要手段，并在当时的公共政治话语中发挥了重要作用，帮助形成政治决策。政府对印刷及其对社会的影响的认识变得清晰，即使一个人没有阅读能力，找到一个能阅读的同乡也并非难事。

17 世纪所有参与印刷业的人，作家、编辑和书商都跳过法律审查这一步，与先前建立的通信网络一起非法生产并分发他们的印刷作品。此外，进一步分析口头作品（戏剧作品、歌谣以及公开辩论或讨论）和书面作品（新闻书籍和小册子）之间的共性。更具体地说，那些涉及女巫或巫术或弑君行为的作品，与英格兰的政治、文化和教育变革有关，揭示了英国社会各阶层之间的关系。

1603 年，伊丽莎白一世女王去世，詹姆斯一世国王即先前的苏格兰詹姆斯六世继位。詹姆斯一世是一个虔诚的长老会教徒，当他对宗教事务和宗教团体的划分采取中立立场时，引起了英国社会的冲突。1604 年，他授权官方翻译《圣经》，此时他树敌甚多。使国内宗教分歧进一步复杂化的是欧洲大陆天主教徒和新教徒之间的三十年战争，这场战争既有国内的也有国外的。② 战争从 1618 年左右开始，到 1648 年左右结束，它给整个西欧带来了宗教和社会剧变。国王詹姆斯一世的

---

① BARKER N. The Oxford University Press and the spread of learning, 1478-1978: an illustrated history[M]. Oxford: Clarendon Press, 1978: 265.

② SCHNECK C. Between words: popular culture and the rise of print in seventeenth century England[D]. Orlando: University of Central Florida, 2012: 16.

去世和国王查理一世在1625年的登基给英国带来了迅速而可观的变化，包括各种税款的征收、国王和议会之间关于国王的角色和权利的分歧、君主对统治机构和臣民的统治。在位4年后，查理一世解散了议会，直到1640年都没有议会，这是导致1642年国会议员和保皇党之间内战爆发的重大原因之一。查理一世和他的治理方法在整个英格兰引发了政治问题和社会冲突，为公众的辩论和讨论提供了话题，同时通过各种口头和视觉传播途径推动了印刷文化的发展。①

（三）印刷材料的创新

印刷材料是英国大众的一项创新。大多数小册子的印刷都结合了文字和图像，甚至还有木刻版画，这使得文盲也能接触到它们。农村至少有30％的男性能够阅读，而在伦敦，男性识字率则高达80％以上。即使在最低阶层，全国也可能有超过20％的农民可以阅读。这种文化水平足以使小册子的信息传播到全国各个角落。虽然印刷成册后达不到人人阅读的程度，但内容已被人们口耳相传。1594年，第一批以小册子和新闻书籍形式出版的印刷作品将英国带入了印刷文字的新时代。这些作品在17世纪中期迅速流行起来，促进了社会各阶层之间的交流。口头表达、视觉艺术和书面交流在表达主题和思想方面有一些共同之处，这使得这些形式之间的关系越来越紧密。新闻书籍的编辑以及作者撰写的大量英国民众感兴趣的话题所采取的形式千变万化。然而，呈现的故事却包含许多相同的元素，如视觉描绘等。印刷作品和口头传播的作品与当时大众娱乐之间的密切联系表明了口头传播和印刷在新闻的流通、传播和讨论中的重要性。

对于印刷材料来说，16世纪的法规要求有一套详尽的许可制度，每一份准出版物都必须经过审查员的许可，然后记录在文具商的登记

① BARKER N. Form and meaning in the history of the book[M]. London: The British Library, 2003: 143.

册中。1637年之后，印刷材料必须含有授权出版人的姓名。① 1642年8月，保皇党重新控制新闻界，英格兰见证了迄今为止让公众参与国家政治的盛况。弗雷德里克·西伯特（Frederick Siebert）分享了一些关于印刷输出数量的有用统计数据：根据对保存在大英博物馆托马森藏品中的数据分析表明，尽管1640年仅出版了22本小册子，但随后4年间均发行了1000多本，大多数小册子的作者并没有经济动机来发表他们的作品。②

印刷术本身在某种程度上是对促进大众传播的一种回应，印刷术的重要性取决于现有的社会、经济和政治背景。据推测，到17世纪中叶，社会的识字率大约为44%。而就政治问题来看，国王查理一世被推翻和克伦威尔对王权的要求，为英国社会各阶层在所有可能的社会环境中讨论的新闻和谣言提供了话题。③

二、工商行业的迅猛发展

在16世纪末到17世纪初，所有的新贸易都遇到了巨大的困难。1650年前，波罗的海、地中海和远东的英国商人被迫出高价面对荷兰的商业竞争。由于荷兰人手无寸铁，仅凭那庞大而笨重的舰队，比英国人更无力抵御北非港口海盗的袭击。然而，在其他地方，荷兰人凭借着收取比竞争对手更低运费的巨大优势，在波罗的海的谷物和海军商店贸易中占据了最大份额。在远东，最先到达那里的是荷兰人，他

① KNIGHT C. William Caxton, the first English printer[M]. London: Charles Knight and Co., 1844: 149.

② HOUSTON R A. Literacy in early modern Europe: culture and education, 1500-1800 [M]. London: Longman, 1988: 36.

③ CLAIR C. A history of European printing London[M]. New York: Academic Press, 1976: 49.

们得到了葡萄牙人正在放弃的大部分贸易。[1]

（一）航海贸易的持续

尽管英国东印度公司在早期的航海贸易中获得了利润，但到了16世纪20年代，它的收益却不容乐观。该公司不仅要抵御长途航行到东方的风险，还要解决与荷兰的矛盾。在1623年，斯图亚特时代对立公司的代表之间爆发了一场小规模冲突，即“安博伊纳大屠杀”。由于东印度公司用银条购买香料和丝绸，因此人们将矛头指向出口银条。其实这种批评是错误的，因为东印度公司的进口产品被再出口，弥补了白银的损失。但在17世纪早期，当代人没有将远东贸易视为一个增加利润的途径。

到处都有那些通过追求职业或商业生涯而变得富有的人加入贸易活动，如律师、政府官员、商人或布料制造商。由于西北肯特郡、北安普敦郡、大部分埃塞克斯郡、整个赫特福德郡和萨里靠近伦敦并且有大量的公有土地出售，因此这些人通过圈地建牧场的方式来提高土地的使用率。在16世纪至17世纪早期，这些逐渐富裕起来的人都将拥有土地视为自己的出路。其中一个原因是土地所代表的社会地位，获得地产本身并不能赋予一个人贵族身份，但它为一个人融入贵族群体开辟了道路，使他能够像绅士一样生活。也就是说，这些人不需要自己劳动，只需在当地事务中发挥作用，就能把他们的孩子嫁入邻近的贵族家庭。当时有钱人对土地如此贪婪的另一个原因是很难找到替代的投资。当然也存在其他更有利可图的投资形式，例如城市房地产、租金和年金、有息贷款、参与航运等。此外，为采矿和殖民定居等目的而成立的各种合资企业，是一种为未来提供可靠收入的方式。[2]

---

① JACK S M. Trade and industry in Tudor and Stuart England[M]. London：Allen and Unwin，1977：66-76.

② CLAY C G A. Economic expansion and social change：England，1500-1700：volume 1：people，land，and towns[M]. New York：Cambridge University Press，1984：152.

（二）商业模式的成熟

在16世纪至17世纪初，成功的商业化农业取得了很高的利润率，从而为从业者提供了资金，他们可以将这些资金再投资于他们的企业。这些人大多数是佃农，他们集中精力积累经营所需的流动资本。最重要的是，这意味着他们将圈养更多的牛羊，可以获得更多的粪便，从而获得更高的收入。但是如果牧场短缺，便很难养活更多的牲畜，他们就需要租更多的牧场。到了17世纪二三十年代，随着莱昂内尔·克兰菲尔德（Lionel Cranfield）、阿瑟·英格拉姆（Arthur Ingram）爵士、阿尔德曼·科凯恩（Alderman Cockayne）、威廉·克雷文（William Craven）爵士、浸礼会士·希克斯（Baptist Hicks）爵士和保罗·拜宁（Paul Bayning）爵士进入土地市场，他们掌握的资源甚至超过了功成名就的律师。比如英格拉姆爵士就将多数收购的土地留给了他的儿子。到了这个阶段，即使是不属于这个行列的商业金融家——约翰·沃尔斯滕霍姆（John Wolstenholme）爵士，他也能够在房地产市场有所作为。沃尔斯滕霍姆为扩大英国商业版图、开展殖民统治和航海大发现做出了突出贡献。①

许多城镇的经济结构在16世纪和17世纪经历了相当大的变化，一些职业失去了原有的重要性，另一些职业取而代之。在此期间，几乎所有的城镇都是商业和服务中心，其次才是制造业中心。在当时，城镇的一些服务活动也具有工业性质，这些活动为当地消费者制造商品，对供应市场和便于少数偏远地区消费者消费具有重要意义。②

此外，农村是制造毛织品或其他类型的纺织品的地区。像缩绒、染色、剪毛这些最后的制作程序，往往是在中心村庄进行的，这样便于其他分散的村庄参与，而纺纱和织布是在工人家中进行的。就像更

① CLAY C G A. Economic expansion and social change：England，1500-1700：volume 1：people，land，and towns[M]. New York：Cambridge University Press，1984：153.

② TREVELYAN G M. England under the Stuarts[M]. London：Methuen，1980：25-32.

有经济实力的制衣区一样，纺织厂和作坊通常都在城镇里，而不是在村庄里。[①] 因此，甚至在这一时期开始之前，萨福克和埃塞克斯的集镇，如萨德伯里、拉文翰、朗梅尔福德和霍尔斯特德、格洛斯特郡，威尔特郡、萨默塞特、斯特劳德、埃文河畔布拉德福德、特罗布里奇、布鲁顿、谢普顿马利特、德文郡和约克郡的西部，不仅充当商业和服务中心，而且承担部分产业的生产任务。[②]

（三）商业产业的丰富

同样，从16世纪中期开始，东兰开夏郡的各种纺织工业变得越来越重要。像科恩、伯恩利、伯里、罗奇代尔，尤其是曼彻斯特这样的城镇也开始以同样的方式发展。特别是伯明翰和曼彻斯特、蒂弗顿和利兹，其中伯明翰和曼彻斯特达到17岁的人口已经有8000—9000人。除了在农村工业高度发达的地区之外，面向非本地市场的制造业更多地出现在大城镇而非小城镇。

关于16世纪和17世纪在城镇中从事各种形式经济活动的人数，没有准确的统计数据。有些人是在镇上从事搬运工作，有些人则是在做临时工，如工业外包工和佣人。地方政府对那些处于社会金字塔较高位置的人，即被叫作“自由王国”的人，提供了不同职业的指标，这些人被视为社区中较富裕的四分之一，他们中的许多人本身就是低技能劳动力的雇主。这一证据表明，食品和饮料的加工、服装和鞋袜的制作、建筑、家庭必需品的提供以及其他形式的零售和分销为大中型城镇60%—70%的正规就业人员提供了工作。[③] 1700年左右，按贸易值计算，英国约四分之三的贸易都经过伦敦，因此所有大型商业公司

---

① 龚勋．世界通史：第2卷［M］．汕头：汕头大学出版社，2012：28.

② 张炜．印刷媒介与15、16世纪英国社会变迁［D］．北京：中国社会科学院研究生院，2009：48-54.

③ HELLINGA L，TRAPP J B. The Cambridge history of the book in Britain，Ⅷ 1400-1557［M］. Cambridge：Cambridge University Press，2014：306.

都设在伦敦。所有的消费者、丰富的水运原材料的供应以及各种先进技术都集中在伦敦，支撑着各类制造业的发展。其中最主要的是纺织品，包括羊毛、混合面料、丝绸，这些都是裁缝、女帽商和女裁缝们的材料；其次还有金属制品的精加工，包括手枪、钟表；再次还有木工（包括家具制造和马车制造）；此外，还有烘烤、造船和船舶修理、酿造和蒸馏、玻璃制造、蜡烛制造、印刷、制糖和烟草加工。

除了在农村，城镇也是如此，许多人不止从事一种职业。这似乎已经证明，超过一半的劳动力在从事与服务和商业相关的职业，而他们的工作就是为那些真正住在城里的人和从周围来访的人提供必需品。

伦敦是一个只能因商业或政治原因而不是为了娱乐而去的地方，除了主教和钟鸣鼎食的世俗贵族之外，很少有人在那里拥有住房。大都市发展背后的最终动力可能是成千上万的移民不断涌入。而反过来，至少到 17 世纪中叶，在很大程度上反映了全国人口增长的农村无力为不断增加的人口提供生计。但是，各种因素促使伦敦成为一个足以吸引移民的强大磁石，即使在英国人口停止增长之后，这种吸引力还将持续。

英格兰和欧洲其他地区之间的大部分贸易和物流往来总是要经过伦敦，这得益于伦敦地理位置的天然优势。伦敦的交通运输非常便利，因为道路系统汇聚于此，加之泰晤士河深入英格兰南部的中心地带，与王国的西南部和东北部几乎等距，因此伦敦的航运也可随时到达整个南部和东部海岸。同样地，从泰晤士河到荷兰的港口只有很短的海上航程，荷兰的腹地是西欧人口最稠密和最富裕的地区，或者也可以选择通往斯堪的纳维亚或波罗的海的海上航线。然而，这些优势只在中世纪的最后两个世纪才逐渐显现出来。

到 17 世纪中期，由于伦敦自身的发展以及郊区的向西扩张，使得伦敦形成了一个单一的城市区域，这对于理解伦敦在 1700 年成为西方最大的城市是至关重要的。从某种意义上说，伦敦发展背后的主要力量是商业，而威斯敏斯特发展背后的主要力量是法院、官僚机构和议会，这两者都是利用对大都市中的富人增加吸引力这一手段获得了进一步的推动力。但最重要的是，伦敦的吸引力在于社交。社交人员有宫廷、教会和国家的头面人物，此外还有法律、商业等各个行业的交流。

三、城镇规模的快速增长

1500 年，苏格兰是一个没有大城镇的国家，在许多方面与斯堪的纳维亚半岛和欧洲其他边远地区相当，与法国、意大利和西班牙等国家也形成了鲜明对比，这些国家有许多人口数量超过 10 000 人的城市。这种情况在 16 世纪几乎没有改变，但随后发生质变。

（一）人口规模的增长

到了 17 世纪初，苏格兰的城市人口开始增长。到 17 世纪 50 年代，9％以上的人口居住在人口数量超过 10 000 人的城镇，16％的人口居住在人口数量超过 2000 人的城镇。由此可见，苏格兰正迅速成为欧洲城市化进程最快的城市之一。16 世纪初，由于海外贸易的不景气，苏格兰城镇处于长期停滞的状态。从 16 世纪初到 18 世纪初，居住在人口超过 10 万人的城镇中的苏格兰人口比例从 1.6％左右增加到 5.3％左右，苏格兰成为欧洲城市人口增长率最高的地区之一。

尽管 16 世纪和 17 世纪大多数城镇的规模都很小，而且许多城镇发展城市特色的程度也很有限，但是它们对经济运行却发挥了至关重要的作用。首先，它们充当了交换中心的角色，周围农村地区的人们可以在这里出售他们的剩余产品，购买他们自己无法生产的产品。其次，这些城镇会为人们提供一系列不可或缺的服务。在许多方面，伦敦对整个国家来说，也起到了较小的城镇对更有限的地理区域所起的作用。然而，伦敦的发展比其他任何城市都要快得多，至少到了 16 世纪下半叶，它不仅在发展进程上甚至在发展性质上都出现了显著变化。①

1500—1800年，人口比例在人口超过5000人的城镇中没有显著上升，但苏格兰的城市增长率却迅速增加，令人难以置信。16世纪初，苏格兰的城市系统仍只是部分整合。在形成一个完整的城市网络之前，市民们组成了一个全国性的政治游说团体。16世纪，城市等级制度由爱丁堡、阿伯丁、邓迪和珀斯统治，到17世纪又有了格拉斯哥的加入。1535年，四大城市缴纳了52%的联邦税，1613年增长到54%。而到了1697年，这种模式发生了变化，爱丁堡和格拉斯哥共支付了55%的联邦税，前者占40%。②

苏格兰的城市等级不是由大型城市主导的。在16世纪90年代，爱丁堡仅占苏格兰人口的4.7%，而伦敦占英格兰人口的10%。17世纪，爱丁堡的面积是格拉斯哥的2倍多。格拉斯哥、阿伯丁、邓迪和珀斯的人口总和等于甚至超过了首都。从以上数据可以看出苏格兰社会中强烈的地方主义因素。在一些主要区域中，缺少中等规模的城镇，还是拿苏格兰来说，它的一个城镇的最小人口规模在1700年可能是500人左右，而英格兰是1000人左右。1639年的城市大约由60个城镇组成，36个城镇的人口数量在2500人以下，10个城镇的人口数量在5000人以上，但人口数量在2500—5000人的只有9个城镇。在当时拥有2000—10 000人口的城镇中，居住着的居民有超过一半的都是摊贩。16世纪90年代的数据表明，居民在1000—5000人的城镇人口占总人口的6.6%，而人口数量超过10 000的城镇人口占总人口的7.2%。这些小城镇本来是许多农村居民在城市生活的正常聚居地，而由于小城

① CLAY C G A. Economic expansion and social change: England, 1500-1700: volume 1: people, land, and towns[M]. New York: Cambridge University Press, 1984: 173.

② WHYTE I. Scotland's society and economy in transition, c. 1500-c. 1760[M]. London: Palgrave, 1997: 116.

镇的数量不足，使得这些农村居民无法在城市落脚。[①]

随着16世纪贸易的复苏，爱丁堡在苏格兰贸易的许多部门获得了越来越多的份额，尤其是羊毛和皮革，但人口却没有相应地得到增加。早在1480年，爱丁堡的出口收入就占了苏格兰出口收入的54%。到1578年，这一比例上升到75%。到了16世纪后期，苏格兰的经济开始转型。1500—1760年，爱丁堡对苏格兰贸易的影响甚至大于伦敦对英国商业的影响。爱丁堡对鱼、煤和盐的出口很少控制，这就解释了为什么在17世纪晚期这些商品的市场开始衰退之前，第四世界的许多小港口一直很突出。16世纪爱丁堡对外贸易的日益垄断导致其他大型区域更加注重内部贸易，充当爱丁堡的供给者。然而，这些贸易的发展是以牺牲中等城镇为代价的。

了解苏格兰自治市的制度背景对于理解城市体系也是至关重要的。控制中等城镇的增长有效地遏制了1650年以后的全国人口增长，从而改善了相当一部分人的生活水平。新的消费方式在大城市建立起来，随后被各地方所采用。到1691年，爱丁堡的人口约为34 000人，这体现了它作为法律、政府和教育中心的重要性，以及利斯作为主要港口所产生的深远影响。此外，查理二世授权对荷里路德教堂进行大规模改造，他的兄弟詹姆斯二世也发起了各种倡议，包括建立爱丁堡皇家医师学院（Royal College of Physicians of Edinburgh，1681）和倡导者图书馆[②]（Advocates Library，1689）。然而在1650年后，柏林的人口数量迅速超过爱丁堡，在1700年达到约6万人。柏林成为商业、工业、教育、社会和行政的中心。1700年的伦敦人口规模已经超过了1600

① WHYTE I. Scotland's society and economy in transition, c. 1500-c. 1760[M]. London: Palgrave, 1997: 117.

② 在乔治·麦肯齐（George Mackenzie）的倡议下，1689年正式开放以来，爱丁堡的倡导者图书馆迅速发展成为苏格兰最好的图书馆。在1710年引入图书馆的法定缴存特权之后，其藏书量逐年增长。

年，也超过巴黎和那不勒斯。巴黎的发展主要是由皇家的行政管理所推动的，它一直处于严格的皇家控制之下，主要由富有的官员、税农、神职人员和大贵族控制。[①] 英格兰与欧洲大陆大多数国家的不同之处在于，其城市人口均集中在首都城市。例如在法国，1700 年有 6 个省级城市，居民超过 3 万人，其中一些城市，自 1600 年以来就迅速发展，如里昂、南特和马赛。在英格兰，只有诺维奇在 1700 年拥有 3 万居民。然而，在 17 世纪，尤其是 1670 年之后，英国的省级城镇作为一个整体，比 1500—1600 年发展得更加迅猛。到 1700 年，包括所有主要港口和省会城市在内，有 5 个城市的居民超过 1 万人，另有 26 个城市的居民在 5000—10 000 人。伯明翰、曼彻斯特、利兹和利物浦首次出现在这一类城市中，反映了北部和中部地区经济的迅速发展。在内战中断后，苏格兰大中型省级城镇的人口比例可能有所下降。格拉斯哥发展最快，并开始与美国进行贸易，到 1691 年成为苏格兰第二大城市，拥有 1.5 万人。[②]

（二）英格兰城市的复兴

历史学家彼得·博尔赛（Peter Borsay）首次使用“城市复兴”一词来描述斯图亚特王朝后期的社会变革。社会变革并非纯粹的人口数量上的变化，还包括人们意识的转变。博尔赛指出，由此出现了一种更为尖锐的城市文化和意识，与乡村社会的文化和意识有着鲜明的区别。然而，确凿的统计数据表明，1603—1714 年，城镇和城镇居民在城市发展的过程中显得越来越重要。在此期间，伦敦成为西欧最大的城市（欧洲唯一比它大的城市是君士坦丁堡），人口数量从 20 万增长到 57.5 万。1714 年，省级城镇的数量也有了显著增长，至少有 6 个城镇

① HOULBROOKE R. Britain and Europe, 1500-1780 [M]. London: Bloomsbury Academic, 2011: 185.

② HOULBROOKE R. Britain and Europe, 1500-1780 [M]. London: Bloomsbury Academic, 2011: 186.

的居民超过 10 000 人，18 个城镇的居民为 5000—10 000 人。在整个 17 世纪，居住在城镇的人口比例从 8%增加到 16%。在同一时期，全国人口只增长了 23%，而城市人口却增长了 100%。①

伦敦人口增长集中在郊区，尤其是东部的工业发展为人口的增长贡献巨大。在西部，越来越多的乡绅和贵族每年都会在伦敦住一段时间。伦敦是一个在 16 世纪 80 年代刚刚开始崛起并发展的城市。以欧洲人的视角来看，伦敦的实际工资水平已经很高，并且在技术和技能的发展方面也很突出，例如数学和航海。除了城市化和殖民化之外，促使英国进步的第三个因素是农业创新。16 世纪的地主、自耕农和他们的测量员作为占有者和被占有者所进行的活动推动了伦敦农业的发展，并为美国种植园的推行提供了理论基础，也对其他种类的农作物改良起到了重要作用。

从 16 世纪末到 17 世纪早期，大多数城镇的规模似乎都有所扩大，但根据调查，可用的数据还不足以猜测城市人口。这是一个人口增长的时期，一些城镇的人口增长速度甚至快于总人口增长速度。在 1500—1760 年，苏格兰的经济转型还有待全面评估，很明显，它给中世纪勃艮第（Burgundy）的行政和社会框架带来了严重的压力。1660—1700 年，整个城市人口呈适度增长的趋势，而显著增长仅限于爱丁堡、格拉斯哥和数量有限的中心小城镇，许多中等规模的小城镇人口数量停滞不前甚至人口数量下降。② 这一时期也见证了许多中心城市的发展，包括伦敦。据估计，在 1520 年，5.5%的人口居住在 5000 人以上的城镇，到 1670 年，这一比例增长到 13.5%。移民是人口增长

① WHYTE I. Scotland's society and economy in transition, c. 1500-c. 1760[M]. London: Palgrave: 117.

② BEIER A L, FINLAY R. London 1500-1700: the making of the metropolis[M]. London/New York: Longman, 1986: 155.

的显著影响因素，在 17 世纪的最后几十年，女性移民占大多数。①

（三）城市精英的崛起

1600 年，英国已经有了一批精英，他们既愿意发展农业，又不反对发展工商业。在伊丽莎白一世和詹姆斯一世时期②的英国，不仅有地主豪绅投资殖民和商业企业，甚至是自称为绅士的商人和学徒也来捍卫他们手工业的荣誉。1741 年，大卫·休谟（David Hume）评论说："在我看来，商业在国家现有的政治体制中更容易衰落，不是因为它在那里不安全，而是因为它在一个自由的政权下会更体面。"在英国，土地和贸易之间的利益被认为是密切相关的。③

1660 年后，专业银行家的人数迅速增加。17 世纪 90 年代，政府和私人公司股票大幅增加，形成了一个市场。第一家专门从事火灾保险的公司成立于 1680 年，不久之后又成立了第一家海上保险公司。早期最成功的保险公司和第一家股票交易所都是在咖啡馆发展起来的。到 1663 年，仅在伦敦金融城就有 82 家这样的时尚场所。由于伦敦将政治功能和经济功能结合在一起，再加之伦敦居民对各种印刷媒体的接触，成功地培养了一批欧洲文化水平较高的人群。伦敦女性的读写能力在 17 世纪后期似乎提高得特别快。伦敦从瘟疫和 1665—1666 年大火的灾难中迅速恢复，展示了其不可战胜的活力。这场早期最大的现代城市大火，摧毁了大部分建筑也烧毁了大量的商品库存。随之而来的是一场巨大的建设热潮。虽建造一个宏伟的新市中心的计划化为泡影，但

---

① EALES J. Women in early modern England，1500-1700［M］. London：Routledge，2005：76.

② 詹姆斯一世时期是英国和苏格兰历史上与苏格兰詹姆斯六世统治时期同时存在的时期，詹姆斯一世时代继承了伊丽莎白一世时代，先于卡罗琳时代。"Jacobean"一词通常用于描述那个时期具有独特风格的雅各宾建筑、视觉艺术、装饰艺术和文学。

③ SLACK P. The invention of improvement：information and material progress in seventeenth-century England［M］. Oxford：Oxford University Press，2015：260.

也成功建造了许多新教堂和公共建筑，还有成千上万的房屋。伦敦的发展从诸多方面影响了全国其他地区。最明显的是，伦敦对食品、燃料、原材料和其他商品的需求刺激了农业、采掘业和制造业等行业的发展。这些需求有助于发展全国市场，促进区域专业化。由于伦敦经历了太多自然灾难，因此只能依靠不断的移民来维持，更不用说增加人口了，基于此伦敦接纳了英格兰人口自然增长的一半。

王权是防止贵族社会地位下降的主要堡垒之一，伊丽莎白一世在爵位的分配上非常谨慎。斯图亚特家族的到来是皇室政权逆转的契机。詹姆斯一世和他的继任者查理一世随心所欲地颁发了大量的荣誉，先是在各自的加冕典礼上表示对臣民的善意，随后又随意出售头衔以增加急需的收入。查理一世甚至对那些在他的加冕典礼上没有被授予爵位的人处以罚款，和詹姆斯一世一样，查理一世恢复了以前每年土地收入最低 40 英镑的规定。其结果是骑士的数量大大增加，詹姆斯一世在即位后的 18 个月内，骑士的数量增加了两倍。[①] 自 16 世纪 90 年代以来，爱丁堡商人进行的与土地有关的活动不断增加。爱丁堡的精英阶层在 16 世纪 30 年代初遇到了困难，随着 1638 年契约战争的爆发以及瘟疫、高税收等的到来，逐渐摧毁了贵族群体中最杰出的成员。

在 16 世纪上半叶，英国王室建立了一个以欧洲视角来看非常强大的垄断体系。英国王室正在发展成为一个同质群体，有能力也有共同追求的目标，这使英国王室能够保持垄断地位直到 17 世纪后期。英国王室的特权是由国王授予，作为对国家税收的回报。皇家自治大会的发展使英国王室更加团结，皇家自治大会是一个不受直接控制的独立大会，每个皇家自治市都会派代表参加。皇家自治大会在欧洲是独一无二的，是由市民自己而不是由王室创建的，反映了苏格兰君主制采

---

① MINGAY G E. The gentry: the rise and fall of a ruling class[M]. New York: Longman, 1976: 5.

用自由放任的方式。大会分配了市民的税收收入，管理他们的事务，为他们谋利益，并捍卫他们的权利。[①] 从 15 世纪开始，男爵领地开始建立，他们得到了国王的授权，却被世俗和教会的土地所有者所控制。这些所有者禁止他们从事对外贸易，商人们只能在自治市的范围内进行买卖，而不能在属于皇家自治市自由范围的周围乡村买卖。在 16 世纪至 17 世纪，新的皇家领地的建立受到了现存领地的抵制，因为自由新基金会的纽带必须从旧基金会中分离出来。王室自由范围内的内部贸易，据说也仅限于王室的市场，尽管这一规则经常被忽视。1500—1707 年联邦成立了大约 250 个贵族区。16 世纪末至 17 世纪初，贵族中的许多人开始侵犯皇室特权。皇家领地的全部特权在 1633 年得到确认，这种确认是很有必要的，这一事实表明他们的地位受到了冲击。[②]

复辟后，舆论开始转向反对王室，王室的垄断越来越被视为限制性的。许多贵族区发展起来，挑战历史悠久的皇家区。一个很好的例子是老阿伯丁，位于皇家区的北部。老阿伯丁当局积极努力地恢复该镇的传统集市，取得了巨大的成功。在 17 世纪后期，老阿伯丁的规模扩大了一倍，从约 900 人增加到约 1800 人。16 世纪 90 年代，由于贸易量的增加，该镇的商人和工匠比 17 世纪 30 年代更加集中。1672 年的一项法案给男爵领地赋予了对外贸易的权利。1672 年后，贵族数量的增长和特权的增加标志着经济控制权从城镇转移到农村土地所有者手上。这反过来又对城市结构产生了影响。1691 年，皇家自治市赢回了一些特许权，但是旧的垄断体系已经被成功瓦解。17 世纪末至 18 世纪初，皇家勃艮第大会试图将第一部分税收转移给贵族勃艮第，在某

---

① WHYTE I. Scotland's society and economy in transition, c. 1500-c. 1760［M］. London：Palgrave：118.

② CLAY C G A. Economic expansion and social change：England 1500-1700：volume 2：industry，trade and government［M］. Cambridge：Cambridge University Press，1985：165-197.

些情况下，贵族勃艮第的贸易开始与他们竞争，甚至超过他们。[①]

到了17世纪后期，洛锡安区（Lothian）的农场和农场结构方面也不同寻常。1694年的人头税记录表明，在这个地区，多租户相对罕见，而由雇佣仆人工作的大规模单租户农场却很常见，这表明洛锡安区的租户已经走上参与市场商业化的道路。租户的减少和平均持股规模的增加使农民拥有更大的能力来面对市场机遇。[②] 在17世纪末至18世纪初，爱丁堡和格拉斯哥附近的一个重要部门转向畜牧业生产，可耕地被开垦为草地，这可能与城市人口中一些部门生活水平的提高以及转向肉类和乳制品成分更高的饮食有关。城镇在其他方面也影响着农村，城镇是农村社会信贷的重要提供者。17世纪早期，阿伯丁是其农村腹地的信贷提供者。较大城镇的商人也将财产投资于农村，他们购买地产不是为了获得社会声望，而纯粹是为了商业。虽然个体商人购买地产可以追溯到14世纪，但苏格兰商人作为一个群体，主要是在短期内小规模地积极购买土地。在17世纪早期的爱丁堡，律师引领城镇地产向农村地产转移，他们更有可能模仿绅士而不是商人。

第三节　文化背景

17世纪的英国社会流动性很强，绅士身份既可以通过继承获得，也可以通过接受大学教育、担任重要公职、增加财富收入来获得。英国社会作为“开放的等级社会”，传统贵族的危机感油然而生。为保证其威望与地位，须借助良好的文化教育来使自己的地位高于其他阶层。清教徒的活动、科学的萌芽以及绅士文化的冲击构成了该时期英国贵

① WHYTE I. Scotland's society and economy in transition, 1500-1760[M]. London: Palgrave: 119.

② WHYTE I. Scotland's society and economy in transition, 1500-1760[M]. London: Palgrave: 124.

族教育发展的文化背景。

一、清教活动的盛行

1640—1660年，席卷英国的革命浪潮引发的不仅仅是政治性的改革要求，英格兰的社会结构也引起了许多批评家的不满和抨击。他们要求建立新的教育体系，彻底改革英格兰的法律结构，重新安排宗教事务，还要关心穷人，为社会建立更公平的经济机制。宗派主义者是最直言不讳的批评者之一，他们响应旧约，呼吁社会改革，自由派清教徒也发挥了重要作用。[①]

正式教育起初是家庭非正式教育的延伸，主要涉及宗教问题。教会对英国教育的贡献是不可否认的。然而，到了17世纪，保守主义严格约束了教育改革，尤其是在英格兰，从罗马天主教到英国国教的转变相对来说比较稳定。[②] 基督教人文主义家认为，美德是最能通过学习来培养的品质。该观点也得到了亨廷顿的赞同，他给儿子的指导十分详细，比如何时开始对孩子进行教育，应该阅读哪些作家的作品，应该在什么阶段开始学习语法和诗歌。对亨廷顿来说，教育的目的是双重的。首先，教育是一种获得赞美和尊重的手段，这包括能够在餐桌上保持自己的风度，在公开场合发表得体的言论，在法庭上表现得体。其次，教育是为君主和国家服务做准备，而大多数人文主义评论家认为，服务君主和国家是绅士的主要使命。

亨廷顿在他的建议中详细阐述了一个主题："你生来就是一个为公众服务的人。"亨廷顿的同僚们认为为王子服务就是为宫廷服务，但亨

---

① GREAVES R L. The puritan revolution and educational thought: background for reform[M]. New Brunswick: Rutgers University Press, 1969: 3.

② FORREST A. Educational schemes and reformers in England during the early seventeenth century[D]. Edmonton: University of Alberta, 1970: 22.

廷顿不这样认为。他喜欢引用沃尔特·米尔德梅（Walter Mildmay）爵士的格言："一个人应该了解宫廷，但不要在那里度过一生，宫廷里掺杂着各种恶习、挫折和无尽的不安全感，这是无比悲惨的。"①

如同它的前身基督教人文主义一样，清教主义慢慢地重新教化了英国的地主阶级，重新定位并提高了他们对自己的期望。对许多清教徒来说，清教主义赋予了他们关于公共生活的概念，这一概念让他们也倍感辛酸。把"我"的目标定得很高，不亚于"基督的王国"(Regnum Christi)，即上帝在地上的国，他的旨意应该在那里实现。②这种对公共生活本质的认识的传播是缓慢而零星的。清教徒关于良好生活质量的观点的表述既有效又详细。这在很大程度上要归功于伊丽莎白一世和詹姆斯一世，他们在教会政治舞台上反对并击败了清教徒。从 1570 年到 17 世纪初，清教徒试图将他们的教会和礼仪观点强加给英国教会，通过议会间接向宫廷施加压力，通过女王身边的人直接施加压力。然而，接连的失败逐渐转移了许多清教徒的精力，使他们不再关注唯一的政府和教会崇拜等分裂问题。从 16 世纪晚期开始，他们把努力的重心转向了神职和良心。

清教主义对促进 17 世纪的英格兰、威尔士、苏格兰和新英格兰的教育发展起到了不可估量的作用。在英国，清教徒革命时期制订了一个宏大的计划，该计划旨在建立从小学到大学再到研究所的各个层次的完整的国民教育体系，并且其中一部分目标已经实现。这个计划背后的理论是，受过良好教育的公众是改革后英联邦的主要基础。威廉·奥弗顿（William Overton）要求郡政府支持建立免费学校，这样

---

① AMUSSEN S D, KISHLANSKY M A. Political culture and cultural politics in early modern England: essays presented to David Underdown[M]. Manchester: Manchester University Press, 1995: 93.

② HEXTER J H. The English aristocracy, its crises, and the English revolution, 1558-1660[J]. Journal of British studies, 1968, 8(1): 22-78.

英格兰的自由人基本没有不懂阅读和写作的。保守派马修·雷恩（Matthew Wren）抱怨说，清教徒在每个角落都建立了学校，还专门为他们自己建立了一两所学院。①

在17世纪，教会主义和宗教教条仍然把人们的思想和灵魂束缚在一种僵硬的体制中。克伦威尔时代的英国进行了宗教狂热主宰社会政治结构的最后尝试。然而，宗教与政府、世俗事务的分离对17世纪中叶的英国人来说并不明显。即使像托马斯·霍布斯（Thomas Hobbes）这样的世俗主义支持者也很难理解。对于一个还不习惯用世俗的、理性的术语思考的民族来说，这种对绝大多数人影响最大的想法使宗教的争论为听者和读者提供了一个适合他们理解的知识词汇。因此，霍布斯，克伦威尔时代真正伟大的思想家之一，享有的影响力不如约翰·欧文（John Owen）、威廉·戴尔（William Dell）、约翰·班扬（John Bunyan）、约翰·萨尔特马什（John Saltmarsh）、约翰·韦伯斯特（John Webster）、威廉·沃尔温（William Walwyn）、乔治·福克斯（George Fox）和约翰·李尔本（John Lilburne）等人。②

宗派主义者的说教和写作是特别重要的。然而，任何试图精确定义宗派、清教徒和英国国教等术语的行为都异常困难。历史学家用教会、神学、政治、心理和社会经济因素来形成一个可被人接受的定义。这些术语所指的群体在整个16世纪和17世纪都出现了明显的变化。而就意识形态而言，同一术语往往在同一时期不止适用于一个群体，这一事实使问题变得更加复杂。例如在17世纪40年代，一些人在保持英国国教宗教观点的同时，却在政治上效忠清教徒。宗派主义者在他们

① STONE L. Literacy and education in England 1640-1900[J]. Past & present, 1969(42):69-139.

② GREAVES R L. The puritan revolution and educational thought: background for reform[M]. New Brunswick: Rutgers University Press, 1969:4.

的教会中主要是分离主义者，他们反对任何形式的神圣教会政体。① 一些教徒做礼拜的方式不合常理，他们更喜欢简单的礼拜仪式。在神学上，这些方式并不统一，而是包含加尔文主义、反律法主义、神秘主义，甚至泛灵论（Animism）的色彩，这些通常是结合在一起的。在认识论上，宗派主义者与英国圣公会和清教徒在宗教反民族主义和反智主义方面都有所不同。宗派主义者在宗教、政治、经济和社会方面表现出强烈的原始主义倾向。一般来说，他们代表了下层阶级的利益。清教徒更倾向于改革现有教会机构，而不是选择分离主义。尽管在1660—1662年，许多人被迫走上分离主义的不归路，但清教徒依然拥护圣公会、长老会和公理会作为教会政体。虽然他们坚决拒绝法律上的主教，但一些清教徒仍将这一概念应用于长老会或公理会政体。清教徒更喜欢纯洁简单的礼拜仪式，庄重但不过分正式。从神学上讲，清教徒是加尔文主义者，要么温和要么严肃，这取决于他们遵循乌尔里希·茨温利（Ulrich Zwingli）② 还是威廉·帕金斯（William Perkins）③ 的传统。④

此外，大多数圣公会教徒长期以来一直否认他们的清教徒血统。与此同时，圣公会内部的少数派热衷于宣称英国的新教清教徒改革是其传统，以至于他们声称改革应该是圣公会的规范。教派的原始主义特征和清教徒的适度靠近并没有引起英国圣公会的兴趣，其也不倾向

① GREAVES R L. The puritan revolution and educational thought: background for reform[M]. New Brunswick: Rutgers University Press, 1969: 3-7.

② 乌尔里希·茨温利是基督教新教神学家，瑞士宗教改革运动的领导者，改革宗教传统最早的支持者。茨温利以基督教人文主义者的身份研究《圣经》。

③ 威廉·帕金斯是一位有影响力的英国神职人员和剑桥神学家，也是伊丽莎白一世时代英国教会清教运动的最重要领导人之一。

④ LARMINIE V M. Wealth, kinship and culture: the seventeenth-century newdigates of Arbury and their world[M]. Rochester, N. Y: Boydell & Brewer, 1995: 231.

于反职业主义。圣公会教徒不能与任何社会经济阶层相提并论。[①] 在1640—1660年，清教徒和英国圣公会之间就政治和宗教问题进行了对话，但是随着清教徒在17世纪40年代获得政治权力，对话转向了清教徒和宗派之间的辩论。对话仍然包括教会问题、政治问题以及神学问题，甚至涉及权力问题。此外，这些争议表明人们逐渐意识到需要进行广泛的社会改革。到17世纪，在清教主义未能给整个国家留下影响后，另一种思想悄然兴起，即妇女必须有所成就，使自己具有吸引力，玩耍、唱歌、说外语、跳舞，这样的成就被称为"美德"。但仍有一些反对者，如马修·黑尔（Philip Sidney），他认为女人除了家务之外，什么都不需要知道，甚至连阅读菲利普·锡德尼（Philip Sidney）爵士的《彭布洛克伯爵夫人的阿卡狄亚》（*The Countess of Pembroke's Arcadia*）都被认为是超出了界限。[②] 在这些对话中，宗派主义者和更自由的清教徒要求革命性的改革，往往迫使更保守的清教徒捍卫他们自认为需要改变的社会结构。保守派的辩护是不可避免的，因为他们不仅要求法律和经济改革，而且要求对教会和教育机构进行改革，这就对国家的两大支柱发起了猛烈的攻击。宗派主义者在讲坛和报刊上对这些机构的批评预示着一场语言和思想的战争。激进分子是否有意摧毁教会，这并不重要。对英国清教徒来说，重要的是教育和教会系统受到了攻击。[③]

---

① GREAVES R L. The puritan revolution and educational thought: background for reform[M]. New Brunswick: Rutgers University Press, 1969: 5.

② BREMNER C S. Education of girls and women in Great Britain[M]. London: S. Sonnenschein & Co., Lim., 1897: 9.

③ GREAVES R L. The puritan revolution and educational thought: background for reform[M]. New Brunswick: Rutgers University Press, 1969: 6.

二、科学革命的萌芽

在英国内战和克伦威尔统治之后，17 世纪的最后 40 年科学领域发生了革命性的变化，世人见证了从物理和化学到医学和生命科学等所有科学领域的重大进步。复兴后的英格兰政治上的相对平静和乐观让科学事业蓬勃发展。皇家学会成立于 1660 年，科学出版不断进步。与欧洲其他地区一样，长期持有的科学规则受到在伦敦和大学城进行实验的自然哲学家的挑战。①

17 世纪下半叶的许多英文出版物，至今仍被认为是有史以来最具有开创性的科学著作，它们代表了当时前沿的知识以及蕴含了时代的经济趋势。在包括开明的法国在内的四分之一以上的欧洲，仍会发生比《克拉伦登法典》更严重的迫害。《统一法》② 伴随着《许可法》颁布，该法将斯图亚特时期的新闻审查制度建立在议会权威的基础上，但保留了狭隘的教会精神。③ 1640 年，勒内·笛卡尔（René Descartes）的《方法论》（*Discourse*）已经在特定的圈子里被阅读和欣赏，而弗朗西斯·培根（Francis Bacon）的早期作品也正在经历明显的复兴。在英国革命的第一阶段，国家的繁荣开始被视为与科学技术的发展是紧密联系的。起初是试探性的，然后是决定性的。几十年来，各种历史学家的著作已经证明，英国革命被理解为从 17 世纪 40 年代延伸到 17 世纪晚期的危机，与这一时期英国科学的发展密切相关。④

---

① PARK K，DASTON L. The Cambridge history of science. Volume 3：early modern science[M]. New York：Cambridge University Press，2016：139.

② 《统一法》是英格兰议会的一项法案。它规定了公共祈祷的形式、圣礼的管理和既定的其他仪式。

③ CLARK G N. The later Stuarts：1660-1714[M]. Oxford：Clarendon Press，1934：28.

④ JACOB M C. The cultural meaning of the scientific revolution[M]. New York：Alfred A. Knopf，1988：74.

在讨论早期斯图亚特时期的科学史时，自然要从弗朗西斯·培根开始，他对科学的贡献有三方面。首先，17 世纪中叶，科学开始成为时尚。除了在牛津，他的影响力在 17 世纪 40 年代开始变得重要。其次，他提倡归纳法，并强调归纳法实验的重要性。最后，培根避免了威胁科学家的一个巨大危险，即提出的结论可能招致教会的谴责。1621 年，詹姆斯一世召开了一次议会。培根随后被剥夺了公职，并被处以罚款和监禁。培根曾出版一系列著作，其中包括《学习的进步》（*The Advancement of Learning*），旨在改善教育，为哲学和科学的探究奠定了坚实的基础。他的其他著作还有著名的《亨利七世统治史》（*History of the Reign of King Henry Ⅶ*），其对知识论巨大的影响力持续了一个世纪。①

在 17 世纪早期的爱尔兰，最杰出的新教牧师阿马大主教詹姆斯·厄舍（James Ussher），拥有古英格兰血统。厄舍作为一位非常杰出的学者，他获得了《凯尔经》（*Book of Kells*），并把它和他的其他藏书一起留给了都柏林的三一学院。该学院由伊丽莎白一世于 1591 年建立，被称为“历代贵族的大学之母”，相当于牛津大学和剑桥大学。这对爱尔兰贵族的英格兰化产生了巨大影响。与女王一起建立都柏林圣三一学院的是都柏林大主教亚当·洛夫特斯（Adam Loftus），他对英国思想的传播产生了重要影响。

在 17 世纪的前 40 年里，英国贵族达到了高度文明，以福克兰子爵二世（Viscount Falkland Ⅱ）和他的学者、诗人等为代表，还有凡·戴克（Van Dycks）第四代彭布罗克伯爵家族（Fourth Earl of Pembroke）与伊尼戈·琼斯（Inigo Jones）。值得注意的是，当 17 世纪 30 年代的宁静世界被内战打破时，福克兰为查理一世而战，彭布罗克站在议会一边。英国内战不是一场阶级斗争，而是主要由宗教问题

---

① WORDEN B. Stuart England[M]. Oxford：Phaidon，1986：63.

引发的一场冲突，骑士党（Cavaliers）为国教而战，圆头党（Roundhead）为清教而战。保皇党中有清教徒和天主教徒，也有高级圣公会教徒，而贵族阶层分为保皇党和圆头党两大阵营。詹姆斯一世和查理一世的新创制使贵族人数增加到 120 人，其中 90 人是国王的，贵族数量的增加有助于解释其忠诚度。因为许多新爵位中有皇室宠臣和朝臣，他们自然会支持国王的事业。在贵族阶层之外，更大更富裕的地主，即汉普顿（Hampden），其阶级倾向于支持议会，而小乡村的乡绅们总体上支持国王。既然议会声称要为维护法治而斗争，反对国王的专断权力，自然在议会阵营中会有许多律师。另一方面，也有同样多的优秀律师是保皇党，包括当时最杰出的年轻律师之一，爱德华·海德（Edward Hyde），后来成为克拉伦登伯爵，作为一个小而古老的地主贵族的长子在法律界发展，他同样坚信国王代表英格兰的基本法律，反对议会篡夺权力。①

在英国的内乱中，科学主义者团体一直在进行秘密调查。其中一个团体曾在伦敦和牛津聚会，这个团体的成员是伟大的皇家学会的直接先驱，并把查理二世国王的名字与科学运动永久地联系在一起。查理二世不是一个科学主义者，但他喜欢观察和讨论实验。在英国，普林尼·鲁珀特（Pliny Rupert）尝试了默佐廷雕刻，并且在火器和火药方面做了一些改进。即使是斯图亚特王朝最迟钝的亲戚，安妮女王的同宗——丹麦的乔治王子，也对数学十分感兴趣。但是，科学运动的力量不是来自皇家的赞助，皇家学会也没有为科学家提供更多的机会。②

幸运的是，科学运动的早期几位成员有着非凡的智力天赋，他们一直忙于解决极其重要的问题。从马斯顿荒原之战那年起，罗伯特·波义耳（Robert Boyle）就在英国学习化学。约翰·威尔金斯（John

---

① BENCE-JONES M. The British aristocracy[M]. London：Constable，1979：51.

② CLARK G N. The later Stuarts，1660-1714[M]. Oxford：Clarendon Press，1934：29-30.

Wilkins）娶了奥利弗·克伦威尔的妹妹，成为皇家学会的第一任秘书。此外，博伊尔（Boyle）是皇家学会在牛津的核心人物。与他们在一起的是约翰·沃利斯（John Wallis）和克里斯托·莱伊恩（Christo Leyen），他们是杰出的数学家，也是牛顿（Newton）的直接先驱。①

威廉·配第（William Petty）是一个从解剖学到经济学的知识渊博的开拓者，也有一些有前途的学生，其中之一是约翰·洛克。因此，复辟时期发生的科学运动在深受青睐的背景下出现，而这主要是由于它取得的真实而惊人的进步。科学运动在许多实际的工作中带来了更高的精确度和更广泛的适用性，不仅对农业、制造业、医学，而且对航海、海军建筑、射击和工程等方面的发展都有促进作用。当时的大多数科学家都是广泛分布在有科学研究但发展较慢的分支中，且在将他们的研究成果整合成一个综合或哲学的过程中，出现了某种中断。在这段时间里，神学家们仍然与英国思想的主线联系在一起，所以平衡好神学与科学倾向的关系至关重要。②

三、绅士文化的出现

绅士作为重塑英国统治阶级的新兴群体，其概念在英国社会史中一直存在争议，因为其在成员或共同属性方面往往难以简单定义。这个问题因同时代的人愿意以两种重叠但不同的方式使用“绅士”一词而变得更加复杂。作为一个包容性的类别，“绅士”一词适用于出身和地位高贵的人（包括名义上的贵族）；作为一个专门为“低级贵族”保留的术语，绅士低于男爵的等级。

从16世纪到18世纪，非名义上的地主绅士构成了英国地主精英的

---

① 夏平. 真理的社会史：17世纪英国的文明和科学［M］. 赵万里，等译，南昌：江西教育出版社，2002：15-17.

② CLARK G N. The later Stuarts,1660-1714[M]. Oxford:Clarendon Press,1934:30.

核心。有头衔的贵族从1600年的60个家庭扩展到1800年的600多个家庭，并在英国和爱尔兰积累了不少财富，且拥有较高的地位和权力，他们与更广泛的土地社会共享许多基本的社会和文化特征。社会史学家对土地社会问题的研究反映了社会历史本身在14世纪的开始和演变所产生的更深层次的矛盾心理，它揭示了英国社会中绅士作为一个身份群体长期的连续性。令人惊讶的是，在1420—1440年，“绅士”一词和“淑女”的概念在历史资料中突然流行起来。

克里斯蒂娜·卡彭特（Christine Carpenter）教授发现，在沃里克郡，14世纪20年代，“绅士”一词开始在私人契约中以合理的频率出现。在14世纪40年代以前，该词较少与农民分离，在14世纪60年代以前，这一词在政府文件中很少出现。这种描述性的变化是由1413年的《增补法》引发的，该法令最终产生了从所有出身良好的人的氏族到出身最低的人的“绅士”的推断。①

就斯图亚特时期而言，1560年后绅士和贵族迅速扩张。到了1639年，超过3700个家庭获得了武器和绅士地位，大多数人都是成功的律师和商人。在詹姆斯一世统治的早期，骑士头衔的数量在新旧贵族中激增，当时国王发现对他有利的是，有地位意识的接受者会为荣誉买单。② 1611年，詹姆斯一世开始推销一种新发明的荣誉——准男爵爵位（世袭骑士爵位），最初是为了资助爱尔兰的驻军。新的贵族头衔和晋升机会也可以通过朝臣或王室直接出售。随后的13年里，贵族的总数从81人增加到126人，伯爵的数量增加了一倍多。在4年的时间里，皇家最受欢迎的第一任白金汉公爵乔治·维利尔斯，通过出售9个爱尔兰贵族、11个准男爵、4个骑士和爱尔兰大法官头衔，私吞了2.4万英

① 默顿. 17世纪英国的科学、技术与社会［M］. 范岱年，吴忠，蒋效东，译，成都：四川人民出版社，1986：36.

② HEAL F，HOLMES C. The gentry in England and Wales，1500-1700[M]. Stanford：Stanford University Press，1994：72.

镑。政府安排买家分期付款，但随着王室负债不断增加，各类头衔价格开始暴跌，这使得买家恼火。男爵头衔从 1621 年的 1 万英镑降至 1628 年的 4000 英镑。查理一世于 1629 年停止了封号的销售，但在 1643 年又重新恢复，以资助保皇党的战争。①

从起源来看，绅士是一个有“地位”的群体，而不是一个紧密结合的社会实体。其成员团结一致，共同采用具有地位的政治、经济、社会和文化特征，其基础主要来自土地租金和服务的收入。然而，这种状态总是包含一系列悖论。正如人们常说的那样，英国的贵族制度远没有其他欧洲国家的贵族制度那么僵化，它没有固定的要求，比如资产或贵族证书。它成功地避免了成为一个封闭的场域，总是从外部招募新人，新血液被逐渐吸收是如此缓慢，以至于几乎察觉不到。通过保持贵族与当代权力和财富的紧密联系，或多或少地吸收新来者，英国比欧洲其他许多国家更大程度上保持了贵族的现实。

威廉一世征服英国时，英格兰有一个非常成熟的盎格鲁-撒克逊贵族。后来，他宣称拥有所有英格兰土地。为了管理国家，他建立了几个强大的“巨头”，这些“巨头”统治着大片领土，按照国王的意愿终身租住。这些“巨头”大多是威廉的亲戚，他们通过一个小的封建制度统治着这个国家。在接下来的几个世纪里，土地和权力从国王转移到贵族和下层绅士手中，但即使在玫瑰战争（1455—1489）时期，少数大“巨头”也拥有强大的军事实力和控制权。到 16 世纪中期，在亨利八世建立了相对大量的小庄园之后，前现代贵族开始出现。尽管如此，一些封建传统一直延续到 1660 年复辟时期。

“贵族”一词用来描述广泛的社会等级，具体可分为两层。在顶端的是贵族，贵族头衔包括公爵、侯爵、伯爵、子爵和男爵。这个群体

---

① JAMES L. Aristocrats：power，grace，and decadence：Britain's great ruling classes from 1066 to the present[M]. Boston：Little Brown，2009：117-118.

虽然非常富有和强大，但总量非常小。在亨利八世统治之初，约有 40 名成员。到 1658 年，有 119 名成员。“士绅”是贵族之下较小的土地拥有者的一个子类，形成了贵族的第二层。在士绅阶层中还有进一步的社会等级，在上层是更多的头衔持有者，如男爵夫人和骑士，他们的头衔通常是终身的。下面是士绅，最后是绅士。

就数量而言，贵族从来不是人口的重要组成部分。① 成为贵族代价高昂，受到诸多限制，但也有很多特权。如贵族不能因民事诉讼而被捕，不能因债务而入狱，也不能被要求宣誓。贵族可以由贵族而不是平民审判，如果被判犯有死罪，有权被斩首而不是受绞刑。在不同时期，贵族都有使用弓弩、枪支和打猎的权利，尽管这些权利都是短暂的。最重要的特权是在国王的家庭中服务，以及通过上议院或下议院成为议会成员。能够获得这些权力席位，就意味着可以通过被授予特权，更好地获得次要职位。②

英国贵族和其他贵族之间的规模差异可能被夸大了。最基本的区别是，英国贵族由相对较少的有爵位家族和大量的无爵位家族组成，而在国外，有爵位的贵族家庭的比例要高得多。在英国，加入贵族很容易，但获得头衔却很难。在有些国家，头衔的授予要自由得多。17 世纪的那不勒斯至少有 119 个王子、156 个公爵、173 个侯爵和数百个伯爵。在 17 世纪末的英国，王室之外没有王子，事实上，只有 19 个公爵，3 个侯爵，152 个伯爵、子爵和男爵。③

在肯特郡和柴郡，1500—1640 年，贵族家庭的更替似乎相对较少。相比之下，自 1500 年以来，约克郡、莱斯特郡和诺福克郡有 60%的绅

---

① BECKETT J V. The aristocracy in England 1660-1914[M]. New York:Basil Blackwell Inc.,1986:29-30.

② ALLEN D W. A theory of the pre-modern British aristocracy[J]. Explorations in economic history,2009,46(3):299-313.

③ BENCE-JONES M. The British aristocracy[M]. London:Constable,1979:21.

士是新移民，萨福克郡和北安普敦郡有 70%的绅士是新移民，伦敦腹地的埃塞克斯郡和赫特福德郡有 85%—90%的绅士是新移民。修道院和教堂的解散以及在伊丽莎白一世统治时期教区和教区土地的出售和交换，将英格兰 10%—20%的土地转移到了私人手中。

在诺福克郡，绅士们从 1535 年拥有 67%的庄园增加到 1565 年的 78%，在那里大多数其他类别的土地所有者是王室与贵族。在约克郡，克利福德的 679 个贵族家庭中，超过 25%的家庭拥有一些修道院的土地。绅士通过在地方上充当可靠的、可信任的代理人来获得和保持他们对都铎王朝政体的重要性。从某种意义上说，这是他们成就的本质。内战和克伦威尔时代，绅士被排除在权力之外，由此产生的疏离和愤怒，强调了地方职位对绅士自我认同的中心作用。这种权力的剥夺使许多保皇派和温和派议员绅士成为政治上的反对者，他们集中精力保护他们在当地的土地利益、社会网络和文化资本。①

斯图亚特时期英国贵族可能已经拥有了一种有学问、有社会特色的文化，这种文化是在当地获得的。公学、文法学校和大学在 1560 年后人数逐渐增加，既是因为父母希望儿子离开他们的家乡，也是因为他们认为提高社会地位需要优秀的教育。这种发展也拓宽了他们的社会视野，特别是扩大了他们寻求婚姻伴侣的“精英人才库”的地理范围。到 17 世纪初，至少一半的沃里克郡绅士在郡外寻找婚姻伴侣。该地三分之一较为富裕的绅士以及近 20%的小绅士，都在西米德兰兹郡以外寻找婚姻伴侣。1660 年后伦敦的发展以及精英社交活动集中在约克、切斯特、埃克塞特、格洛斯特、温彻斯特等地区中心以及巴斯、巴克斯顿、通布里奇韦尔斯和斯卡伯勒等新兴度假城镇，为不太富裕或人脉不太广的地主拓宽了视野。

---

① BERNARD G W. The power of the early Tudor nobility: a study of the fourth and fifth earls of Shrewsbury[M]. Sussex: Harvester Press, 1985: 173-175.

1600—1640 年，人们越来越重视旅行，将其作为绅士教育的一部分。以前，宗教改革使英国旅行者面临危险，特别是在 1570 年伊丽莎白一世被逐出教会之后。1585—1604 年，英国与西班牙的敌对行动使那些没有包括在外交随行人员中的人员难以旅行。此后，绅士源源不断地加入高级贵族的行列去旅行。他们前往巴黎、罗马、佛罗伦萨、帕多瓦、维罗纳、博洛尼亚和米兰以及热那亚和威尼斯。

更多的绅士参与了新兴“财政—军事”国家不断扩大的官僚机构，机构中的职位并没有重新点燃绅士的激进主义，而是让有抱负的律师、医生、制造商和批发商、地位较高的零售行业人员以及其他“中等”阶层能够宣称自己是绅士，并与土地社会接触。在 17 世纪晚期的英国，一个富商梦寐以求的愿望是当一名乡绅。从站商店柜台或坐职员办公室退隐到田园之中宽敞的庄园宅第，这是新兴中产阶级的幻梦。

事实上，“精英撤离”可能因地产贵族本身规模的减少而加剧。早在 1700 年之前，绅士阶层的繁衍就已经停止了，这一现象在 1540—1640 年是英国社会的显著特征。绅士阶层人数减少是几个并发趋势的结果：1660 年后的三代中，完整的家庭规模更小，男性继承人更少；婚姻部分的价值大幅增加；待售土地数量减少。

斯图亚特时期，英国社会在政治、经济及文化等方面发生了显著的变化。英国社会进入转型时期，社会结构开始发生裂变，变化主要体现为王室旧贵族的衰落、乡绅新贵族的崛起和中产阶级的发展三方面。随着社会发展进入新时期，教育也进入了快速变革期。在整体教育变革的大环境下，英国社会涌现出一种崭新的伦理价值和精神气质，从而推动了科学在 17 世纪的英国的发展。同时，社会的经济、政治、军事、文化等方面的因素对科学发展起到了助推作用。在该时期，各领域涌现出一批著名的思想家、哲学家、教育家，诸如约翰·洛克、托马斯·霍布斯、亨利·皮查姆、约翰·弥尔顿、弗朗西斯·培根等，他们提出的教育思想与理论是指导该时期教育变革不可忽视的指南。

第三章　斯图亚特时期贵族教育的思想

贵族的旧有兴趣：行动的浪漫、骑士精神和战争的崇高激情逐渐消失，取而代之的是对和平与文明的精致而亲密的追求。

——莱顿·斯特拉奇（Lytton Strachey）

斯图亚特时期的贵族教育思想不仅揭露了当时英国传统贵族教育的弊端，还促进了英国贵族的教育改革和社会发展，具有深远的历史意义。从特点来看，它还强调等级化、精英化等。随着17世纪英国民主化程度不断加深，先后涌现出不少教育家与思想家。其中，亨利·皮查姆、约翰·弥尔顿及约翰·洛克三位重要的代表利用著作提出的贵族教育思想，深刻且富有启迪性。其主要体现在自由教育、道德教育与艺术教育三方面。

第一节　皮查姆论贵族教育

亨利·皮查姆[①]于17岁时成为剑桥大学三一学院的一名学者。1595年他获得文学学士学位，3年后获得文学硕士学位。在那里，他最喜欢研究历史和宇宙学，他花了很多时间钻研。他在剑桥大学接受教育期间，先后担任过校长、旅行导师和作家，并以其著作《完美绅

---

① 亨利·皮查姆于1576年出生于英国赫特福德郡北米姆斯，靠近圣奥尔本斯镇。

士》（*Complete Gentleman*）而闻名，他的这本专著也在礼仪书籍中占据重要地位。这本书充分表达了他的教育理论，其目录显示了他广泛的兴趣：宇宙学、几何、诗歌、音乐、雕塑、绘画和纹章学。其内容主要涉及宫廷绅士和淑女的教育、理想和行为举止。①

一、理想的绅士形象

在17世纪的英国，教育是新生绅士的特权，因此，用皮查姆的话来说，绅士可以使自己成为对国家有用的人。洛克认为，在这样的教育中，阅读历史、年表和地理是绝对必要的。皮查姆的《完美绅士》记录了（更好的）骑士的礼仪、教育和思维方式（内战前的贵族）。②因此，皮查姆关于贵族品质、义务和成就的巨著被命名为《完美绅士》。这本书之于17世纪的英国，就像另一本广为流传的中世纪礼仪著作——卡斯蒂廖内（Castiglione）的《朝臣》（*Courtier*）之于文艺复兴时期的意大利。贵族行为准则以绅士为目标，这在英国具有特殊的意义。“绅士”这一称谓的模糊性使得绅士行为显得尤为重要。③

理查德·布拉思韦特（Richard Brathwaite）在他的《英国绅士》（*The English Gentleman*）和《英国淑女》（*The English Gentlewoman*）中向清教徒展示了一个角色的草稿，这个角色绝不缺乏礼貌，但所有方面都建立在宗教戒律的基础上。布拉思韦特指出，冗长的讲坛说教，从《圣经》中证明衣服是人类腐败的根源，没有与善良没有密切关系的伟大，唯一能真正解除绅士困惑的武器是慈善和奉献。但皮查姆是

---

① GORDON PEACHAM H G S. Peacham's Compleat Gentleman[M]. Oxford: Clarendon Press,1906:15.

② GORDON PEACHAM H G S. Peacham's Compleat Gentleman[M]. Oxford: Clarendon Press,1906:27.

③ BENCE-JONES M. The British aristocracy[M]. London:Constable,1979:12.

一个完全不同的人，他坚持认为"只有高尚才是好的"。① 皮查姆作为一个爱国者，也是一个新校长，在伊丽莎白一世的朝臣中，他相信存在天生的绅士，相信学习是好的忠告和优雅的源泉。而正是他有着要把绅士从愚昧时代的暴政和普通教育中拯救出来的决心，促使他写出了《完美绅士》。②

二、绅士教育的目标

皮查姆认为，英国贵族的学习具有尊严和必要性，学习是贵族的一个重要组成部分。

新阶层的特征部分由印刷的手册塑造，这些手册将绅士描绘成一个人，在他身上，贵族的军事才能和热情受到前所未有的道德、审美和智力的磨炼，或者说他身上具有那个时期的人文主义作家所说的美德。正如皮查姆的《完美绅士》中所述，绅士的头衔将被那些满足于"酗酒、骂人、下作、追随时尚、什么都不做"的人所败坏。皮查姆坚持认为，一位绅士必须使自己对国家有益和有用，通过他的荣誉、正义感和口才的力量维护国家，并使不和谐的联邦协调一致。③

皮查姆在书中抱怨说，男孩们经常被揪耳朵、被鞭打脸、被棒子的末端抽打脑袋，甚至每次冒犯都被老师打嘴巴。皮查姆也曾是一名教师，他认为，许多教师在很大程度上表现得很不好，连他们的名字

---

① STARNES D T. Elyot's "Governour" and Peacham's "Complete Gentleman"[J]. The modern language review, 1927, 22(3): 319-322.

② SMITH J M. State formation, geography, and a gentleman's education[J]. Geographical review, 1996, 86(1): 91-100.

③ SMITH J M. State formation, geography, and a gentleman's education[J]. Geographical review, 1996, 86(1): 91-100.

都让学生讨厌。学生一看到他们出现就发抖，一看到他们离开就高兴。[①] 皮查姆指出，青春犹如人生的四月，是把知识的种子撒播到心灵的土地上最自然、最方便的季节。

正如人们常说的那样，英国人把绅士的头衔看得比其他任何头衔都重要。绅士的概念和全盛时期的公学制度不仅确立了行为标准，还在各行各业培养出了领导者。用安东尼·勒琼（Anthony Lejeune）的话来说，绅士对自己的身份有安全感，对自己的社会地位有信心，因此在心理上可以自由地从事工作。绅士继承了一种责任感、荣誉感和随之而来的义务。他生来就被教育要勇于承担责任，要有独立的思想，要能顶住压力，要树立一种不带傲慢的作风，这种作风往往是那些仅仅通过赚钱或在政界攀爬而获得地位的人所没有的。[②]

在17世纪初，时尚界绅士说话的口音在本质上与后来的绅士类似。皮查姆在1622年指出，将“优雅”的发音与“朴实、最熟悉的语调”一起列为绅士的重要特征，并建议他的读者多和那些会说话的人交流。一个世纪以前，卡斯蒂廖内对该问题的看法也没有什么不同，他的完美朝臣拥有“有教养的发音”和“不做作”。文艺复兴时期意大利朝臣的情况仍然适用于20世纪的英国贵族，其说话很有教养，从不做作且文雅。在17世纪早期的英格兰，皮查姆所提倡的“优雅的”讲话与宫廷有关，所以一开始“优雅的”讲话自然在伦敦及其周边地区最为流行。然而，这并不仅仅是人们通常认为的“伦敦口音”。它不同于皮查姆时代的伦敦腔。英国社会的某些特征使得这种“宫廷口音”迅速传播到整个国家。早在16世纪，相当谦逊的乡村绅士的儿子们就在伦敦进入牛津大学或剑桥大学学习法律，这两所学校在当时相当于后来的

① ALEXANDER M V C. The growth of English education，1348-1648：a social and cultural history[M]. University Park：Pennsylvania State University Press，1990：235.

② BENCE-JONES M. The British aristocracy[M]. London：Constable，1979：20.

公学。因此，其他地区绅士的儿子与讲宫廷口音的年轻人混在一起，并从他们那里获得了这种口音。此外，英国人对乡村的热爱，使得即使是最时髦的贵族和朝臣每年也要花大部分时间待在他们的乡村别墅里。他们在那里的时候，和邻近的乡绅混在一起。一个庞大的、辉煌的、国际化的宫廷与偏远的乡村社会之间的频繁交流，在其他欧洲国家并不像在英国那样普遍存在。外国贵族要么像路易十四时代的法国一样，把大部分时间都花在宫廷里，要么完全是个乡巴佬，就像德国一样，在那里贵族指望的是当地太子党的乡村宫廷，而不是欧洲某个大城市的宫廷。事实上，大多数和英国贵族一样规模的德国巨头本身就是君主，所以他们不必把目光投向自己的小宫廷之外。人们有时会拿操着标准英语口音的英国绅士和操着地方口音的外国贵族做比较，这被认为是英国阶级意识的例子。①

三、绅士教育的课程

在17世纪的前20年里，英国贵族的品位发生了显著的变化。伊丽莎白一世时代的人对绘画艺术的兴趣几乎仅限于肖像画，而在肖像画中，人物的社会地位比画家的名字或作品的质量更重要。其主要有两大因素：一是人们开始把绘画作为艺术，而不是某种形式的社会纽带的表现或回忆；二是人们对各种艺术家的赞助数量开始增加，不仅仅局限于肖像画家。由于这种变化发生在1604年与西班牙的战争结束后不久，于是有人又提出了一种解释，那就是与欧洲大陆的接触增加。1604年之后，去欧洲大陆旅行的便利程度提高了，这在一定程度上促成了品位转变的发生，但在英国人懂得充分利用他们的机会之前，改变品味是首先必要的。

---

① BENCE-JONES M. The British aristocracy[M]. London: Constable, 1979: 15.

皮查姆为向绅士教授绘画艺术辩护，他相信这是使绅士成为更好的赞助人的一步。随着社会压力的增加，一些艺术知识成为必要的，以保持绅士的绅士风度。

到1612年，皮查姆已经写了《用笔画画的艺术》（*The Art of Drawing with the Pen*）及《密涅瓦·布里安娜》（*Minerva Britanna*）。在所有这些作品中，他显然都赶上了品味的潮流。但也许赶时髦是皮查姆唯一的优点。皮查姆并不指望英格兰的绅士们亲自参与这场关于绘画（Drawing）地位的争论，他们的贡献仅仅是对于绘画地位的理解。对皮查姆来说，这至少意味着赞助人有作画的能力。为了说服贵族成员发挥他们的作用，皮查姆必须克服布克（Booker）提出的反对意见。皮查姆首先承认，虽然绘画肯定是学者或绅士所期望的成就之一，虽然绘画的用途很容易证明，但它既不是首要的，也不是最重要的学科。亚里士多德自己也把图形学作为一门文科，认为其非常适合自由的人去学习，前提是他不试图在其中达到完美。在绘画艺术的问题解决后，皮查姆转向了更为严肃的辩护方面。

在《绅士练习》（*The Gentleman's Exercise*）和《完美绅士》出版之间的10年里，英国公众对绅士的形象进一步明确。詹姆斯二世本人、他的王后及他的小儿子都雇用了艺术家，查理一世也开始大量收藏古代大师的作品。此外，爱好绘画的人越来越多。[①] 伊丽莎白一世时代唯一明确专门为贵族子弟提供教育计划，但汉弗莱·吉尔伯特爵士的“伊丽莎白女王学院”（Queen Elizabeth's Academy），其学生仍然是皇家的学生。当皮查姆写他的《绅士全集》的时候，皮查姆自己把对绘画的辩护与实践和赞助联系起来，而不是与教育理论著作联系起来。

按照传统，皮查姆首先给出了贵族的定义。良好的出身固然重要，

---

① DUNTHORNE H. Britain and the Dutch revolt，1560-1700[M]. Cambridge：Cambridge University Press，2013：57.

但这并不足以使一个人真正高贵。毕竟，贵族头衔不过是对所做贡献的认可，每一代人都必须象征性地再次获得这个头衔，因为所有的美德都在于行动，没有人是为自己而生的，贵族的品德提升了，对他的国家是有益的。英国的政治人文主义强调为联邦服务是贵族的起源和教育的目标。

皮查姆认为，书面和口头语言必不可少。此后，皮查姆专注于有用的学习科目，宇宙学、地理学、几何学都有它们的用处。在诗歌和音乐不时受到清教徒的攻击时，皮查姆首先反击他们的攻击。他认为，诗歌是神的礼物，可以鼓舞战士的勇气，使教学变得愉快，甚至神性也因诗歌而变得甜美。皮查姆断言，不接触音乐的人缺乏美德。然而，不管音乐有什么好处，皮查姆坚持认为它仍然是一种消遣的活动。对于每一种艺术，皮查姆都列出了公认的大师名单。①

对于伟大的格言或牧歌作曲家，皮查姆认为这只是一个口味指南，为绅士的反应提供适当的条件。素描和绘画遵循了同样的模式。皮查姆在结束他的辩护时指出，在希腊，只有贵族才被认为适合学习绘画。为了结束这场争论，他终于在纳撒尼尔·培根（Nathaniel Bacon）身上找到了一位英国绅士的榜样，这位绅士也是公认的大师。皮查姆指出，虽然作为艺术家的绅士和作为赞助人的绅士之间没有必然的联系，但他们可能会建立某种关系。因此，皮查姆认为训练是一种愉快的消遣，对士兵和军师来说很有用。它既可以使一位绅士能够判断艺术作品，同时也可以让绅士直接参与艺术作品的创作。皮查姆帮助人们理解了这样一个时代，像纳撒尼尔·培根这样杰出的绅士可以毫无愧色地练习绘画艺术，查理一世可以授予彼得·保罗·鲁本斯（Peter Paul

---

① LEVY F J. Henry Peacham and the art of drawing[J]. Journal of the Warburg and Courtauld Institutes,1974,37(1):174-190.

Rubens）和安东尼·凡·戴克（Anthony van Dyck）爵士头衔。[①]

第二节 弥尔顿论贵族教育

约翰·弥尔顿是17世纪英国著名的政治家、诗人。他出身于伦敦的一个绅士家庭，1625年入剑桥大学三一学院学习，毕业后出游法国、意大利。与此同时，他还讨论了新兴资产阶级和新兴贵族子弟的教育问题。其中最能体现他教育思想的作品是1644年发表的《论出版自由》和《论教育》。

一、贵族教育的目的

在某种程度上，弥尔顿认为校长在教育学生方面过于雄心勃勃。他指出，教育者不是逐渐向学生灌输知识，要警惕以不恰当的速度将知识灌输给学生。他主张将科学、艺术、拉丁语和希腊语扩展到更广的教育领域，而不仅仅是贵族可以接触到的领域。

弥尔顿融合了两种不相容的运动，即文艺复兴和清教主义。他生活的年代，即1608—1674年，虽然与教科书中教条式的划分不一致，但很好地对应了从文艺复兴到现代的过渡。他对学习的渴望、对永生的渴望以及对教育的看法，都有自己独到的见解。在《失乐园》（*Paradise Lost*）出版前30年，弥尔顿在写给他朋友查尔斯·迪奥达蒂（Charles Diodati）的信中写道："你问我在沉思什么？借助天堂，一个不朽的名声。"

关于弥尔顿早年的最简洁的叙述是在《为英国人民再辩》（*Second*

---

① LEVY F J. Henry Peacham and the art of drawing[J]. Journal of the Warburg and Courtauld Institutes,1974,37(1):174-190.

Defence of the English People）的自传部分中提出的。在剑桥大学，发生了有趣的事，预示了弥尔顿在教育上的信念的萌发。弥尔顿从他的导师威廉·沙佩尔（William Chappell）那里受到了惩罚。虽然这种冒犯和惩罚的确切性质都不为人知，但可以肯定的是，弥尔顿确实反对了一个最受欢迎的17世纪教学惯例——写无意义和无限的拉丁语练习，这一事件导致弥尔顿被学校短期开除。弥尔顿发表了不少论文和演讲，抗议经院哲学的统治和使用其技术的教育学的邪恶。他于1629年获得剑桥大学学士学位，1632年获得文学硕士学位。毕业后，他在他父亲定居的霍顿过着相对隐居的生活。这一时期，于他的创作天才而言是一个重要的时期，他在不断地研究和思考中度过。然而，他母亲去世后，他放弃了退休生活，去了意大利。在随后的一段时间里，也就是在他回到英国并积极参与公共事务的这段时间里，弥尔顿开始从事学校教师的职业。从1640年到1643年，他只教他的侄子约翰（John）和爱德华·菲利普斯（Edward Phillips），但从1643年到1647年，其他孩子也被送到他那里接受教育。1643年，弥尔顿与玛丽·鲍威尔（Mary Powell）结婚。作为一个骑士家庭的年轻轻浮的女儿，鲍威尔很快发现这桩婚姻不太合她意，于是回到了她在牛津郡的家。①

在经历各种人生风雨后，弥尔顿为教育提出了双重目标。第一个反映出清教徒的教育观念，认为教育是一个精神化的过程，目标是发展个人最高的道德和宗教能力。第二个体现为文艺复兴传统，目标是完善人格。后者只关心贵族阶级的儿子的教育，其目的是让他们在和平时期或战争时期担任适当的领导职位。具体提出目标的陈述如下：

> 学习的目的是通过重新正确地认识上帝来修复我们最初的父

---

① SMITH P L. John Milton as an educator[J]. Peabody journal of education, 1945, 23(3): 169-179.

> 母的废墟，并出于这种认识去爱他，模仿他，因为我们可能最接近拥有真正美德的灵魂，这种美德与信仰的神圣恩典结合在一起，构成了最高的完美。因此，全面而慷慨的教育适合一个人公正地、熟练地、宽宏大量地履行所有职务，无论是私人的还是公共的，无论是和平时期还是战争时期。①

弥尔顿为实现这些目标而推荐的组织是一个学院，它将取代低级学校和大学，招收 12 岁的孩子，期望他们在 21 岁时完成课程。于是，一个遍布英格兰城市的学院系统被设计出来，每个单元都足够容纳 150 人。② 弥尔顿在剑桥上学时，曾对经院哲学的影响进行过批判。在《手稿》（*Tractate*）中，弥尔顿首先把他的批评集中在拉丁语和希腊语的教学方式上。他认为应该把这种教学方式从七八年的详细枯燥的学习简化为对语法要点的简要介绍，然后通过广泛阅读这两种语言来快速学习。他特别反对强调练习和作文，他认为，这些应该作为学习语言的最后一步，而不是第一步。

弥尔顿的整个语言哲学都有现代的一面。也就是说，他把语言看作学习的工具而非目的本身，他带着相当大的痛苦抨击了他在英国的学校和大学里所知道的那种对干巴巴的语言的专注。他认为，语言不过是一种工具，向人们传达有用的知识。弥尔顿还谴责了强迫不成熟的学生学习对他们来说过于高深的主题和知识过程的做法，这种做法可能在任何层面上都没有什么好处。他描述说，在他那个时代，大学课程缺乏从易到难的内容顺序，他们不是从最容易的艺术开始学习，而是先学习最有智慧的逻辑和抽象的形而上学的相关内容。

---

① SMITH P L. John Milton as an educator[J]. Peabody journal of education, 1945, 23(3): 169-179.

② SMITH P L. John Milton as an educator[J]. Peabody journal of education, 1945, 23(3): 169-179.

弥尔顿从三个领域概述了理想学院的阶段：学习、锻炼和饮食。理想学院的课程包括 20 多种不同的研究，分为四个级别。根据年龄可以进行以下划分：第一，12—13 岁；第二，13—16 岁；第三，16—19 岁；第四，19—21 岁。[①] 毫无疑问，弥尔顿继承并利用了英国人文主义者贡献的教育学，这是弥尔顿的《手稿》中所缺少的一个方面。他谴责他那个时代的教师过于严厉，并建议保持耐心。在为贵族阶级设计教育计划时，弥尔顿遵循了埃利奥特和阿斯卡姆（Ascham）的传统。阿斯卡姆给伊丽莎白一世女王讲述了他用双翻译法教拉丁语的有趣故事。然而，应该注意的是，不止一个批评家表明，弥尔顿并没有忽视大众的教育需求。

弥尔顿对他那个时代盛行的教育模式的基本反对意见是，它的范围狭窄，浪费时间在对材料的精心、正式的剖析上。他提出的是一种更好的教育，学校的课程范围很广，他的教学也像《手稿》中建议的那样没有迂腐，这一点得到了学生爱德华·菲利普斯的认同。此外，宗教教育在周日进行，是弥尔顿教学的一个重要特征，也是《手稿》中提出的一项要求。有趣的是，弥尔顿为他的学校使用的房子配备了花园，这一事实符合教育宽敞场地的规格。在他制定这一要求的时候，除了伊顿公学和温彻斯特公学之外，其他英国学校没有良好的娱乐场所，学校的规模要小得多，且最多只有 30 名学生。

尽管弥尔顿对世界文化的贡献主要体现在他的诗歌中，但作为一名教育家，他的重要性不容忽视。在他的《手稿》中，学习不再是教育的目的，而仅仅被视为一种手段。此外，弥尔顿的作品具有独特的历史意义，与文艺复兴和现代教育都有关系。在谴责语言主义方面，《手稿》属于旨在以现实教育取代形式主义的一系列文件。《手稿》之

① SMITH P L. John Milton as an educator[J]. Peabody journal of education, 1945, 3(3): 169-179.

所以重要，是因为它坚持个人在生理、智力、审美和精神领域的全面发展。① 弥尔顿关于理想的上流社会教育的基本计划也考虑到了有规律的日常锻炼的需要，但他对健康几乎没有提及。弥尔顿把完整的教育定义为“使一个人能够公正地、熟练地、高尚地履行政治与社会、和平与战争中的所有职责”②。他承认，用武器锻炼可以促进敏捷、力量和耐力等方面能力的提高，但灌输这些品质更多是出于利他而非个人利益。

二、贵族教育的内容

弥尔顿认为，教育的基本真理不是在于机械完美的学习，而是教师要在精神工作中心怀学生。教育的第一步就是让学生摒弃幼稚和不健康的心理，参加一些富有男子气概和能够带来自由的运动，从而给他们的心灵注入一种天真和热情，这种热情不会被辜负，他们中的许多人都因这种热情变得有名起来，其他人与之相比，都难以望其项背。

除此之外，弥尔顿在《论教育》中推荐的实用学科有防御工事、建筑和航海。③ 弥尔顿建议，拉丁语练习、算术和几何要像以前一样，边玩边教，睡觉前要复习。一旦学生掌握了拉丁语的基本知识，他们就会阅读那些与农业有关的论文。这样做的目的不仅仅是教他们拉丁语，还要激励他们，使他们能够改善国家的面貌，清除贫瘠的土壤。在学习了地球仪和地图的使用、古代和现代地理的知识之后，他们要

---

① SMITH P L. John Milton as an educator[J]. Peabody journal of education, 1945, 23(3): 169-179.

② MARGARET W J. Commendations for physical activity in writings on gentlemanly education in England c. 1500-c. 1700[D]. London: University of London, 1988: 134.

③ GREAVES R L. The puritan revolution and educational thought: background for reform[M]. New Brunswick: Rutgers University Press, 1969: 51.

阅读一些简明的关于自然哲学方法的书。[①] 在此之后，开始学习希腊语。

学生从学习拉丁语和希腊语语法开始，应特别注意正确的发音。教育方面的经典著作，尤其是苏格拉底（Socrates）的作品，应该读给学生听。他们也要学习算术和简单的几何。应该注意的是，学生的道德发展要在教育的各个阶段不断得到培养。此外，学生要阅读农业方面的古典作家和地理学方面的现代作家的作品。在数学方面，研究将扩大到包括三角学、设防、建筑、机械或导航等领域。弥尔顿认为，自然科学须受到重视，确保学生可以了解从流星、矿物、植物和生物，一直到解剖学的历史。课程中剩下的科目是医学（17 世纪的"物理"）、伦理学（加强道德和宗教教育）、经济学和意大利语。在这个阶段，戏剧的阅读，无论是希腊语的、拉丁语的还是意大利语的，都是被鼓励的。此外，还有政治和法律。宗教教学涉及希伯来语的知识，也可能是迦勒底语和叙利亚语。到这个时候，学生喜欢阅读并经常背诵古典历史、诗歌和演说的选段。对弥尔顿来说，诗歌是简单的、感性的且充满激情的。在整个课程中，练习的内容是明确的。特别推荐的课程类型是使用武器、摔跤和军事演习，包括步行和骑马。

除了旨在开发学生心智的工作之外，弥尔顿还增加了其他锻炼来强健学生的身体。其中大部分是军事上的，这在当时对于深陷内战的英国并不奇怪。击剑、摔跤、骑马和下马的训练都包括在内，还有各种军事技能，就连学校的组织也带有军事色彩。有趣的是，弥尔顿自己上过大学，却选择学院作为他教育思想的载体。同时，弥尔顿也关心教育精英，当然，不是出身高贵的精英而是有价值的精英，更确切地说，是敬虔的精英。从他的学院里教授出来的学生既不是文雅的朝

① PATRIDES C A, WADDINGTON R B. The age of Milton: backgrounds to seventeenth-century literature[M]. Manchester: Manchester University Press, 1980: 167.

臣，也不是政要，而是对学问的研究和对美德的崇拜充满热情的人。他们被寄予厚望，希望能成为勇敢的人，成为值得尊敬的爱国者，为上帝所爱戴，名扬千古。遗憾的是，弥尔顿没有能力去建立这样一所学校，即使他希望这样做。因此，清教徒学院只是一个纸面上的项目，就像在它之前的那些宫廷学院一样虚幻。然而，即使它未能付诸实践，也并非没有价值。弥尔顿的计划仍然清晰地陈述了清教徒的教育理想，由此推论，也是清教徒的文雅理想。学院作为主要的甚至作为温和教育的替代手段，在所有宏伟的计划和充满希望的项目中，只有少数成为现实，没有一个是永久性的。①

最后，弥尔顿对饮食做了说明，还制订计划规定了休息时间。

16 世纪后期，英国倾向于发展两种教育思潮。第一，在贵族中流传着一种极端形式的人文主义，即认为学习纯粹是为了装饰和娱乐，这种人文主义的观念受到伊拉斯谟的严厉谴责。第二，是将知识应用于社会和经济需求。培根使这一问题重新焕发生机，尽管有时人们忽视了这一点，但他并没有因此而否定知识中有价值的方面，这些方面并不直接适用于“有用”的目的。从 1640 年开始，当培根的思想变得容易获得并被广泛讨论时，这种功利主义的观点变得更加根深蒂固。他的观点完全符合他所处时代的教育思想，代表了他认真地去解决困扰贵族的许多当代社会的问题。由此可以看出，他的《教育对话》（*Dialogue Concerning Education*）在 17 世纪的教育专著中占有重要地位。②

从 16 世纪中期开始，绅士们对教育做出了前所未有的承诺。正如

① LEE P A. Some English academies：an experiment in the education of Renaissance gentlemen[J]. History of education quarterly，1970，10(3)：273-286.

② FORREST A. Clarendon's Dialogue Concerning Education：a neglected document in seventeenth-century educational history[J]. Alberta journal of educational research，1972，18(3)：211-222.

他们接管了下议院的代表区，以使下议院成为他们自己的一样，他们也接管了高等法院和大学。据估计，17 世纪中叶接受高等教育的英国人，按比例来说，比 19 世纪末以前的任何时候都多。文艺复兴时期的意大利人文主义者和他们的英国追随者已经宣布新文化是真正绅士的标志。诚然，有些人没有认真对待教育，许多人接受的教育超过了他们在晚年所能接受的程度。总的来说，教育被视为一种有效参与国家生活和更明智地管理家庭财富的手段。弥尔顿本人热情分享的对高等教育的承诺，被看作是对中产阶级的新野心和扩张的确认。

三、论贵族教育的形式

（一）倡导贵族学院

弥尔顿所倡导的教育形式当时已在法国实施。像曼彻斯特的欧文斯学院这样的机构正在做弥尔顿推荐的工作。弥尔顿把他的教育计划分为三个部分：学习、锻炼、饮食。在长时间里，拉丁语是整个学术世界的语言。一个不懂拉丁语的人将无法阅读当代最好的书籍，也没有机会向全世界传达他的思想。因此，弥尔顿建议首先教授拉丁语语法。

弥尔顿和其他人一样，支持在每个英国城市用学院取代大学，这样可以将学校和大学的功能结合起来。事实上，1653 年，议会曾试图废除大学，但未能成功，同时提出了几个流产的计划，通过在曼彻斯特（1642）、伦敦（1647）、约克（1652）和达勒姆（1657）开设新大学来结束牛津大学和剑桥大学的垄断。弥尔顿不可避免地对课程的变化进行了详细讨论，他希望对自然和现代语言的具体研究能够取代拉丁语和希腊语的抽象哲学。尽管大学的学术生活在复辟后停滞不前，越来越多的人对其进行指责，但这一体系仍然得到了极大的支持。塞斯·沃德（Seth Ward）在 1654 年指出，大学教学的不足被个别大学导师的开明方法所弥补，这些导师鼓励他们的学生研究新的科学、语言和英国文学。机会也不是完全没有，例如从 1659 年起彼得·斯塔尔（Peter Stahl）在牛津大学教授科学。1603 年的教育和法律法案禁止任何人开办学校或成为校长，除非是在公立学校或免费文法学校，或在非退学者家中，或得到大主教或主教的许可。[①]

（二）理想的贵族学院

弥尔顿对教育的兴趣可以用多种方式加以说明。有许多研究方法论的作家，如约翰·布林斯利（John Brinsley）于 1612 年出版了《文学教程》，查尔斯·霍尔（Charles Hoole）于 1660 年出版了《教学学校旧艺术的新发现》，这对文法学校的课程来说是非常重要的。有许多改革家希望教育更加实用，并毫不犹豫地提出了他们独特的建议。其中弥尔顿建议在全国各地建立学院，每所学院容纳 150 名 12—21 岁的学生，这些学生应该接受舒适而慷慨的教育。他还计划在每个教区设置一名校长，防止游手好闲的孩子成为乞丐或小偷。此外，清教徒革命期间，中产阶级的胜利似乎为教育推广和改革提供了最光明的前景。[②]

虽然弥尔顿不反对学习逻辑学，但他非常反对在剑桥大学的实践，认为这是野蛮时代的经院哲学的一部分。弥尔顿指出，首先要找到一个宽敞的房子和场地，适合容纳大约 130 名学生。这既是学校，也是大学，提供 12—21 岁完整的教育，学生不需要去其他学习的地方。把学校焊接在一起的想法具有多样性，但它更符合弥尔顿自己时代的观点和实践。[③]

---

① COOK C. English historical facts：1603-1688［M］. Totowa，N. J：Rowman and Littlefield，1980：182-183.

② DAVIES G. The early Stuarts，1603-1660［M］. Oxford：Clarendon Press，1959：351.

③ 克伯雷. 西方教育经典文献：下［M］. 任钟印，译. 北京：人民教育出版社，2016：398-399.

科学革命的主要影响之一是在1680—1720年，在少数开明的人和多数迷信的人之间产生了一条鸿沟。弗朗西斯·凯纳斯顿（Francis Kynaston）爵士于1635年在科文特花园建立的密涅瓦博物馆（Musaeum Minervae）长期以来一直吸引着英国教育和“新学”历史学家的兴趣，因为它是贵族学院失败的一个例子。它效仿当时的法国贵族学院，提供骑马、击剑、舞蹈和绘画等高尚而慷慨的教育，同时提供智力训练的项目，在数学、天文学、物理学、语言和纹章学方面，远远超出了大多数此类学院。在国王的热情支持下，它在1635年和1636年初短暂繁荣，但随后在1636年6月伦敦瘟疫发生时崩溃，再也没有恢复。

法国贵族学院很大程度上是为了教育旧贵族的后代，帮助其发展在宫廷或军队的职业生涯。学院由安托万·德·普鲁维内尔（Antoine de Pluvinel）① 于1594年建立，主要提供意大利风格的马术指导。重点是学习骑马、跳舞和击剑的技能，但智力追求也没有完全被忽视，还提供语言、音乐、绘画及那些用于设计防御工事的几何和算术分支的指导。最重要的目标是培养一种“自然的优雅”和“礼貌”。这将使贵族与社会下层区分开来，使贵族能够在被视为他们自然环境的社交和宫廷圈子中活动。相比之下，英国早期的学院项目主要是出于对人道主义的关注，当地的贵族由于沉迷狩猎和其他体育活动而忽视了教育自身，使自身成为国家的公仆。

培根设定的课程核心包括古典语言、外语、音乐和普通法，而吉尔伯特雄心勃勃得多，设想涵盖逻辑学、修辞学和神学等大学学科以及四种现代语言（法语、意大利语、西班牙语和荷兰语）、历史、自然哲学、法律、天文学、数学和医学。体育活动是不可忽视的。在培根

---

① 安托万·德·普鲁维内尔是法国最早的骑马大师，对现代盛装舞步产生了很大的影响。他写过《国王骑马艺术的指导》，担任过国王路易十三的家庭教师。

的计划下，年龄较大的男孩每周二和周六都要学习如何骑马和使用武器。当然，主要强调的还是具有实际成果的知识追求。贵族和上流社会的年轻成员开始大量出国旅行，寻求法国式的学院教育。

随着弥尔顿复兴英格兰的希望破灭，他回到家中，创作出英国最伟大的史诗巨著之一《失乐园》。他把当时所有的古典、中世纪和现代知识储存在他的头脑中，写出了庄严、灵活、充满感情、既简单直接又高度崇高的诗句。弥尔顿开始为上帝对待人类的方式辩护，他认为美德只能通过斗争来实现，亚当和夏娃的堕落是不可避免的。对弥尔顿来说，隐居的美德根本不是美德，追求美德才是最英勇的事业。①

然而在教育实践中，贵族学院未在英国的土地上获得真正的立足点，更不用说挑战现有的大学和学院的教育模式了，试图建立一所英语学院的故事和这些努力的失败是有教育意义的。这不仅对英国绅士教育的进程有一定的启示，而且对英国绅士观念的发展也有一定的启示。法国学院并没有跨越阶级界限，它只属于出身良好的人，它最具特色的品质是它满足精英群体的特殊需要。此外，尽管它提供礼貌社交的礼仪、艺术和优雅的指导，但它的主题通常是面向军事的。② 这并不奇怪，因为法国人对绅士的概念仍然是军事上的。16 世纪和 17 世纪的法国为士兵提供了大量的工作，对出身良好的人进行军事训练仍然是一个重要的考虑因素。

到了 17 世纪，学院不仅在巴黎蓬勃发展，而且在法国许多城市也很盛行。有些学院规模不大，不过是寄宿学校，把学生借给骑术、舞蹈和音乐大师。还有些学院则更加精巧，有几所是在皇家赞助下建造的。想要了解这些皇家机构的规模，可以看看大马厩学校，它特别受

---

① ROBERTS C，ROBERTS F D，BISSON D. A history of England：prehistory to 1714 [M]. London：Routledge，2016：388.

② LEE P A. Some English academies：an experiment in the education of Renaissance gentlemen[J]. History of education quarterly，1970，10(3)：273-286.

贵族欢迎。它聘请了几个导师、牧师会计和讲师来教授击剑、骑马、演习、写作、数学和绘画。和其他皇家学院一样，这所学院也是由以前培养侍从的学校发展而来的。从许多方面来看，学院被视为一种尝试，它试图将早期培养贵族家庭出身良好的男孩的做法以制度形式呈现出来。与此同时，法国正在努力将宫廷学院引入英国教育模式。①

弥尔顿在给塞缪尔·哈特利布的公开信件《教育》中提出的建议是，建立一所在形式和组织上与其宫廷并行且相似的学院，但代表的是一种更明显的清教徒理想。对弥尔顿来说，教育的目的是更好地认识上帝，但这并不排除进行更多实际训练的必要性。

弥尔顿提出了一个严格规范的学习计划，在这个计划中，男孩们要逐渐从具体的学科转向抽象的学科，从个人责任标准发展到公共责任标准。虽然弥尔顿根据经典资料增加了对农业的特别研究，但他的教学内容还是像往常一样，包括语言、自然哲学、数学和实用医学。无论如何，这只是为更高级的工作做准备，在这些工作中，道德、伦理和政治的学习将使学生成为国家的坚实支柱。同时，修辞学和诗歌的学习可以保证说话和写作的优雅和技巧。②

总的来说，英国的制度倾向于某种程度上的同质性，正如法国宫廷学院倾向于排他性一样。宫廷学院未能在英国建立起来。清教徒学院从未真正有机会仿效法国的贵族。这两种失败，尤其是前一种，都是由于法国贵族制度的宣传无法使出身高贵的英国人相信，这一制度比他们现有的制度具备优势。③

---

① LEE P A. Some English academies：an experiment in the education of Renaissance gentlemen[J]. History of education quarterly，1970，10(3)：273-286.

② LEE P A. Some English academies：an experiment in the education of Renaissance gentlemen[J]. History of education quarterly，1970，10(3)：273-286.

③ LEE P A. Some English academies：an experiment in the education of Renaissance gentlemen[J]. History of education quarterly，1970，10(3)：273-286.

（三）慷慨的教育方式

在弥尔顿的《论教育》中，他简洁明了地描述了一个具体又复杂的理想教育体系。正如他在《论教育》的开头对夸美纽斯著作的略带讽刺的暗示所表明的那样，他确实提出了一种明确的教育形式，这实际上是一种自愿的理念。从这个角度来看，弥尔顿和克拉伦登（Clarendon）对教育的理解具有选择性，弥尔顿的计划提供了一种“慷慨的教育”。[①] 也就是一种适合贵族出身或具有贵族精神的教育。然而，就其范围而言，弥尔顿的计划远远超出了克拉伦登的计划。因为《对话录》被其他有价值的方向限制在英国贵族的社会问题上，所以它无法达到弥尔顿的《论教育》的深度，弥尔顿一如既往地谈到了更深刻和更普遍的问题——伦理和宗教问题。人们可以很容易地通过比较他们各自对宗教教育的愿望来指出不同之处。克拉伦登让他的主教倡导学习教会历史，目的是维护既定的教会，弥尔顿在推崇他对教会的研究时，并没有寻求狭隘的目的，而是关心基督教本身的教义。

弥尔顿在《论教育》中的观点被认为不具普遍性。但是，正如克拉伦登的贵族背景色彩限制和局限了他的视野一样，弥尔顿自己研究的自由主义倾向也使他的视野变得独特甚至极端激进。这种激进主义在《论教育》中表现得非常明显，因为不像克拉伦登更愿意接受牛津大学和剑桥大学的相对温和的变化和改进，弥尔顿计划把现有的大学放在一起，创建一个全新的机构，一个同时兼具学校和大学的机构。他将通过建立学院的方式来实现，每个城市都有一所学院，每所学院招收大约 150 名年龄在 11—21 岁的男孩。这种独创的方案本身没有表现出对高等教育机构的蔑视。高等教育的堡垒应该仅限于对律师和医生等职业的培训，而且只有在学生获得了完整而丰富的教育之后，才

---

① FORREST A. Educational schemes and reformers in England during the early seventeenth century[D]. Edmonton:University of Alberta,1970:104.

可以进行这种培训，因为这种专门的培训是为那些“充满了对普遍事物的洞察力”的人准备的。

和克拉伦登一样，弥尔顿非常清楚，在学生们还没有准备好从国外旅行的经历中获得任何真正的好处之前，把他们送到国外是徒劳无益的。在弥尔顿看来，这可能要等到学院课程结束后。弥尔顿同意克拉伦登和培根的观点，提倡贵族可以通过国外旅行开阔眼界，为正规教育增加内涵，但就像职业培训一样，这需要一段完整的时间。①

自从《论教育》问世以来，正如人们所预料的，弥尔顿在他的小册子的开头所阐述的教育目标，不仅仅是对当地社会或经济目标的概括。

一个高度具体的学术研究课程尤为重要。必须教男孩们基本的语法规则，这足以使他们具备工作能力，他们还必须从一开始就学习如何清晰地说话。为了便于进行愉快的谈话，弥尔顿认为他们应该学习悦耳的意大利元音。算术和几何也将在早期通过游戏轻松地引入。在晚饭和就寝之间，男孩们应该学习宗教的基础知识，包括神学的基础知识以及《圣经》的知识。此外，还可以接受一些技术培训，如防御工事、建筑、解剖学、医学等。由于这些研究最好由专家教授，因此学院应邀请或聘请在特定领域有经验的客座讲师。②

弥尔顿认为，学习意大利语的同时也要开始学习经济学，尽管这应该在男孩们掌握了自律的艺术之后进行，因为如果没有个人责任意识，对他人的责任就不能得到适当的承认。在这个时候，也可以观赏希腊或罗马的喜剧和一些悲剧。在此之后，将学习政治和法律（罗马、撒克逊和英国普通法），学习希伯来语和叙利亚语以及神学、教会历史

---

① FORREST A. Educational schemes and reformers in England during the early seventeenth century[D]. Edmonton: University of Alberta, 1970: 106.

② FORREST A. Educational schemes and reformers in England during the early seventeenth century[D]. Edmonton: University of Alberta, 1970: 105.

和古典演讲学。此外，还应该学习柏拉图（Plato）、亚里士多德、西塞罗（Cicero）等人的修辞学思想以及诗歌。男孩们必须从亚里士多德、贺拉斯（Horatius）和意大利人那里学习史诗的真正法则，目的是展示诗歌所能发挥的宗教的、光荣的和壮丽的作用。①

贵族教育也需要协调好"锻炼"和"娱乐"的关系。在午餐前的一个半小时里，男孩们要练习剑术和英国流行的摔跤运动。接下来是一段休息时间，他们会听音乐，音乐的魅力可能会使他们陶醉其中且变得柔和。在军事训练中，进一步的锻炼和学习是结合在一起的，男孩们要组成队伍玩战争游戏。此外，弥尔顿建议学生去野外旅行，欣赏大自然的美景，同时在城市、乡村和海港观察和学习。如此锻炼，他们确实应该成为有价值的使者，但鉴于弥尔顿公开宣称的目标，他的课程却是不值得期待的。

这只是弥尔顿教育思想独创性的标志之一，因为虽然其他人都赞同他的教育目标的理想，但没有人想过用这种方式来实现它。比如夸美纽斯的目标和弥尔顿很接近。然而，当考察他们提出的课程时，他们的不同之处就会立即显现出来。夸美纽斯对异教作家持消极态度，只允许使用他们作品中涉及美德和诚实的部分。另一方面，弥尔顿的方法是完全积极的，他会按照学生的成熟程度来介绍这些作品。

弥尔顿强烈主张将实地考察纳入课程，目的是让他的学生初步接触现实世界。至少可以说，弥尔顿比夸美纽斯更现实，因为他接受了一个残酷的事实，即大多数知识是无法直接获得的，语言尤其是书面语言，实际上是传达知识的工具。事实上，就直接经验而言，弥尔顿的秩序与夸美纽斯的秩序截然不同，按照弥尔顿的说法，学生应该去阅读一个主题，听专家们讨论，然后去体验它。弥尔顿的野外旅行有

---

① FORREST A. Educational schemes and reformers in England during the early seventeenth century[D]. Edmonton：University of Alberta，1970：107.

双重目的，不仅提供了直接的感性体验，而且提供了额外的愉悦感，因为外出令人愉快且富有教育意义。

当然，弥尔顿在《论篇》（*Tractate*）中都清楚地表达了他对那个时代学校里混乱的学习计划的蔑视。他特别关心学习语言的系统方法。他认为，语言只是一种向人们传达有用的东西的工具。拉丁语无疑是主要的工具，因为大多数出版的文本都是用这种语言。弥尔顿自己的学生时代之后大约50年，就可以清楚地看到拉丁语的主导地位。学生们从星期一到星期五上午专门学习拉丁语法的一部分，而下午则用来学习句子结构。弥尔顿还抨击了强迫学生们写诗和演讲的习惯。简而言之，在语法和过早的写作练习上浪费如此多的时间，完全忽视了语言的主要功能，终将不可挽回地破坏使用语言时天然的乐趣。

尽管弥尔顿不断批评主流的教学模式，但他对学习外语的好处的信念从未动摇过。当然，他相信，只会说一口流利的英语总比只会一口蹩脚的或完全不懂的其他语言要好。他坚持认为，这些语言如果教授得当，将成为打开其他国家和过去时代智慧之门的钥匙。对弥尔顿来说，阅读和写作是三角形的两条边。第三条边是口头表达，这同样重要。①

然而，还有一个更深刻的原因是在写《论教育》的6年前，弥尔顿曾表达过这种焦虑："我相信一个城市的衰落和随之而来的事务的卑劣，可能是由于言语上的瑕疵和错误。"这一观点是从柏拉图的观点发展而来。例如在学习了经济学之后，学生们会继续学习政治学、公民身份、法律以及神学。也就是说，从家庭到城市再到政府到神圣的事物。这种方法是亚当在《失乐园》中对他的老师拉斐尔（Raffaello）的回答中所概括的："你所教导的方法，可以指导知识，自然的尺度从中

---

① FORREST A. Educational schemes and reformers in England during the early seventeenth century[D]. Edmonton: University of Alberta, 1970: 108.

心到圆周，在那里，通过对创造的事物的沉思，可以上升到上帝，这是一个类似于古代概念的大链条存在，因为它涉及一个有序的过程，从物质、植物到生物，最终到对上帝的认识。”此外，这种对正确的研究顺序的关注，在《论教育》中到处都有表达，一开始弥尔顿坚持有序的控制，男孩们还要接受彻底的教育。

在《教会管理的理性》中，弥尔顿曾宣称，纪律不仅能消除混乱，而且如果能给神圣的事物赋予任何可见的形状，那就是美德可见的形状和形象，而它并不是这样。弥尔顿的教育观点不仅仅表现在他组织课程的方式上，还体现在他赋予教师的模范作用上。在他看来，教师是用艺术和恰当的口才来吸引学生的人，有的人使用温和而有效的谆谆教诲，有的人如果需要的话，还带有一些恐惧的暗示，但主要是通过他自己的榜样示范作用，他坚持以身试教，尽可能用温和的方式劝说。弥尔顿意识到，在 17 世纪的英国学校里，体罚的使用越来越受到关注，殴打学生的现象屡见不鲜。弥尔顿为了确保学生快乐学习，他会引导和吸引他们心甘情愿地学习，让他们对学问的研究和对美德的崇拜充满热情。①

此外，像任何称职的教师一样，弥尔顿强调以多种方式愉快地学习。一旦男孩们拥有了真正的自然知识，他们就会处理他们已经学过的东西。所以男孩们在不断地复习。他在《平凡的书》（*Commonplace Book*）中写道：“上帝不打算让所有的人都做一件事，而是让每个人都有自己的工作。”虽然他相信在上帝面前人人平等，但他并没有忽视一个不可避免的真理，即有些人注定要成为砍柴者和挑水者，他的教育计划始终考虑到这一不可改变的事实的逻辑后果。

在接受教育作为一种“纪律的方式”这一观点上，弥尔顿显示出

---

① FORREST A. Educational schemes and reformers in England during the early seventeenth century[D]. Edmonton: University of Alberta, 1970: 109.

强烈的人文主义倾向。如同伊拉斯谟和约翰·科莱特（John Colet）[①]一样，他意识到获得军事技能可以获得优势。虽然这可能与1644年的事态有一些直接的联系。第一次内战开始于1643年4月，弥尔顿欣赏了军事运动对和平与战争更深刻的价值，认为他所描述的培育制度对和平与战争都同样有益。这种军事活动能够培养领导素质，考验创造力，并将证明和增强贵族子弟的重要力量，这是单纯的体育锻炼永远无法做到的。因此，军事训练的用处在于它将身心结合起来，在于它将完整的人结合起来。对弥尔顿来说，有纪律地参加计谋和演习、摔跤和海战、击剑和徒步旅行，真正而持久的好处，即随着积极追求美德和自由的神奇内核的发展，身体素质会得到有序的加强，就像变形一样，思想被一圈钢铁包围着，以保持其贞洁。[②]

虽然《论教育》包含了弥尔顿理想的教育理念，但他后来也承认，还应该考虑其他不同的教育目的。例如在1659年出版的《最有可能消除雇佣的方法》（*The Likeliest Means to Remove Hirelings*）一书中，他以基督门徒使用的方法为基础，勾画了一个简单的计划，在全国范围内提供宗教指导。在这部著作中，他还概述了一个想法，即用公共资金资助学校的职业培训系统，系统内所有的课程都可以免费被教授。然而，在《建立自由联邦的捷径》（*The Ready and Easy Way to Establish a Free Commonwealth*）一书中，他又回到了学院的思想，在那里孩子们可以接受高尚的教育，不仅是语法，还有所有的文科和习题。事实是，他所有的作品，无论是散文还是诗歌，都倾向于教育性的，所有这些作品都显示了一种弥尔顿的良好感觉，即教育永远不会结束。在教育中，人们可以获得真正的自由。正是这样不断地突破表

① 约翰·科莱特（1467—1519），英国神学家、圣保罗学校的创始人，作为都铎王朝的主要人文主义者之一，他推动了英格兰文艺复兴文化的发展。

② FORREST A. Educational schemes and reformers in England during the early seventeenth century[D]. Edmonton：University of Alberta，1970：111.

面，触及现实与人类的灵魂，弥尔顿的思想达到了一种普遍性，这是17世纪其他教育改革家的作品所缺乏的。

对弥尔顿来说，教育的最高重要性在于灌输一种纪律，在人的一生中，没有比自律更紧迫的事情了。此外，他的训诫是坚定的美德和艰苦的自由的源泉，他的训诫不仅与他自己的时代有关，而且是永恒的，可以指向任何时代。我们可以承认，他的成功在于课程和教学方法的一致，而且与他关于美德、自由和人在神圣计划中的地位的更普遍的观点一致。①

弥尔顿在《论教育》一书中仔细地尝试将古典人文主义的理想与清教主义的原则融合在一起，同时又不失功利主义的理想。这是一种适合培养政治领袖的教育体系。它主要是为贵族和绅士的男孩和年轻人设计的，涉及他们从12岁到21岁的教育。弥尔顿谴责了当代大学的做法。关于传统的艺术教学方法，弥尔顿指责大学保持了学院派的传统，其不是从简单的科目开始，而是用逻辑学和形而上学的最抽象的知识。弥尔顿提出的教育计划与其说是改革，不如说是对现有制度的重新安排。它不是创新而是革新。旧的科目仍然存在，只是它们的顺序在课程中被改变了。对古代语言的研究仍在继续，甚至被加强了。此外，弥尔顿充分意识到实验科学的发展，因此在他的课程中给了它一个位置。②

夸美纽斯的《大教学论》中有经典的陈述：不仅仅是富人或有权势者的孩子，而是所有人的孩子，无论是男孩还是女孩，高尚的还是不高尚的，富有的还是贫穷的，都应该被送到学校，全部必须有一定的文化水平，适当地具备智慧、美德和虔诚，他们可以有效地利用现

---

① FORREST A. Educational schemes and reformers in England during the early seventeenth century[D]. Edmonton: University of Alberta, 1970: 91-96.

② GREAVES R L. The puritan revolution and educational thought: background for reform[M]. New Brunswick: Rutgers University Press, 1969: 40-41.

在的生活，并为未来做好充分的准备。[①] 作为保守的人文主义者，弥尔顿在《论教育》中提到建议建立学校，青年可以培养学习能力和诚实的品质。教学的时间是有序的，青年的学习可能不会妨碍他们的劳动或其他职业。在小学中，由三种语言和职业培训要素组成的课程占主导地位。一种有效的变革方式随着复辟而来，通过颁布《克拉伦登法典》，实现了英联邦未能实现的目标，为少数人教授了哈特利布和他的同事们迫切提倡的现代课程。法律禁止持不同政见者在文法学校教书，这导致了持不同政见者学院的建立，起初是秘密的，但后来达到了一定程度的持久性和可接受性，甚至包括英国圣公会家长的儿子在内的客户。[②]

夸美纽斯认为，有学问的人很少胜过那些不识字的人。对清教徒来说，一个不学无术的牧师首先是一个不会布道的人，而布道坛是向有文化的人和文盲传播主的话语的绝佳场所。[③]

在弥尔顿时代，英国宪法不止一次以革命性的方式被修改。尽管有激进的批评和激进的建议，但是英语教育变化相对较小。弥尔顿虽然站在清教徒一边，但他的为人太高尚、太公正，他不明白他的国家在贵族的自卑状态下遭受了多大的痛苦。他梦想着通过教育和指导来复兴他们。正是在这个梦的困扰下，他给塞缪尔·哈特利布写了信。他想到了大大小小的贵族："这些人是我们高贵而温柔的年轻人，他们应该以一种遵守纪律的方式度过他们的余生。"

1608 年，克拉伦登和弥尔顿出生。1674 年，他们双双去世。在这期间，有三位君主，两位护国公；有两次主教战争，一次爱尔兰叛乱，

---

① HARTLIB S. The true and ready way to learn the Latin Tongue，1654[M]. Menston：Scolar Press，1971：30.

② JEWELL H. Education in early modern England[M]. New York：St. Martin's Press，1998：105.

③ 李宏燕. 弥尔顿自由教育思想研究 [D]. 济南：山东师范大学，2021：4-5.

两次内战和三次对荷兰的战争；伦敦发生了大瘟疫和大火。这些纯粹的历史事实，很少有关于人民或日常生活的事情，但它们确实给人一种印象，即英国的局势是多么动荡不安。然而，任何时代的任何个人都有一种连续性的感觉，因为社会只是逐渐地变化以满足新的需求和新的思想。17 世纪的英国人很迟才认识到自己的态度被过时的习俗所左右。由于国家和教会对教育的干预，二者发现教育的进程被大大地延缓了。当这种“刹车”松开时，出现了一股改革热潮，尤其是在教育领域。正如杜里在 1649 年所说的那样，至少在这个国家，与过去相比，最近人们更频繁地、更公开地提到了知识的进步。

第三节　洛克论贵族教育

约翰·洛克在政治上拥护由大资产阶级与贵族联合专政的君主立宪政体，是英国历史上第一个系统提出绅士教育理论的教育家，并提出了与时代背景相适应的教育思想。其教育的最大目的在于培养具有德行、智慧、礼仪和学问的绅士，即具有政治家的知识、合乎地位的举止以及能按自己的身份使自己成为国内著名且有益于国家的人。

一、绅士教育的基础

（一）理性与道德

初窥，洛克和他的前辈弥尔顿之间的鸿沟是显而易见的。弥尔顿描述的是一种在寄宿学校进行的教育，在学校里，男孩们会在 100 人或人数更多的“队伍”中生活多年。而洛克描述的是一种强调私人道德的教育，是在私人家庭的怀抱中，在父母充满爱的辛勤监督下，在精心挑选的高薪私人导师的帮助下完成的。实际上，这意味着洛克的《教育漫话》是直接针对由绅士和贵族构成的人口中的一小部分人的。

洛克指出：“阅读历史、年表和地理知识是绝对必要的。”这样可以培养一个为服务国家做好准备的绅士。弥尔顿坚持要求，准备担任国家领导职务的年轻绅士必须接受“使用地球仪和所有地图上的旧名字，然后是新名字”。切斯特菲尔德在 17 世纪 40 年代给他的儿子提出了基本相同的建议。当时他将地理列为每一位绅士都应该知道的事项之一，无论其职业如何，地理、历史和年表一起被列为政治教育的绝对必要的学习内容。[①]

17 世纪一些最具独创性的思想家出生在荷兰共和国，或者在那里找到了避难所，尤其是巴鲁赫·德·斯宾诺莎（Baruch de Spinoza）[②]和洛克。笛卡尔试图为哲学奠定全新的基础，并系统地将怀疑应用于继承的概念，这使他被认为是启蒙运动之父。牛顿的宇宙观很快取代了笛卡尔的宇宙观，但两人都相信宇宙是由仁慈的上帝统治的。另一方面，斯宾诺莎却否认这样一个存在的存在。洛克在 1690 年出版了两本极具影响力的论著。他的《人类理解论》（*An Essay Concerning Human Understanding*）把人类所有思想的基础都放在经验中，在强调知识的有限性的同时，又主张人类拥有上帝赋予的通过理性和信仰来判断启示的判断能力。他的《政府论》（*Two Treatises of Government*）第二篇中提到，在一份原始契约中找到了政府的权威和基础。《教育漫话》则强调早期经验的重要性，经验能使一个出生时像一张白纸一样的孩子成长为一个积极理性、有道德的成年人。[③]

英国贵族们在 17 世纪开始寻求一种与自己的阶级和性别更为一致

---

① SMITH J M. State formation, geography, and a gentleman's education[J]. Geographical review, 1996, 86(1): 91-100.

② 巴鲁赫·德·斯宾诺莎（1632—1677），荷兰哲学家，17 世纪理性主义先驱，启蒙时代以及现代圣经批判学的开创者，他的作品引导了现代对自我及宇宙的认识。

③ HOULBROOKE R. Britain and Europe, 1500-1780[M]. London: Bloomsbury Academic, 2011: 293.

的术语，方法是制定一种规定性的法典。至今为止，17 世纪早期的英国作品和其他外国作品中所表现出的对礼仪的兴趣不仅仅是仪式上的尊重，还包含人们对自我表现的强调。在 1660—1678 年出版的书籍类型的关键作品有助于建立一种新的男性行为，并在其中考虑和修订与男性气质概念有关的问题。理查德·阿莱斯特里（Richard Allestree）的《绅士的呼唤》（*The Gentleman's Calling*）于 1660 年初出版，开头的标题明确概括其作为指导手册的目的。该书认为，绅士的主要责任是使国家从呻吟的苦难中恢复。绅士们所拥有的教育、财富、时间、权威和声誉的优势使他们能够成为某种阶级和性别的领导，从而确保复辟的英格兰不可能回到激进主义和内乱的状态。

1693 年，洛克出版了他的教育专著，此后，男女礼貌和建议文学蓬勃发展。费内拉·查尔兹（Fenella Childs）以体裁为对象进行调查，认为在这一时期至少有 500 个不同版本的礼仪作品出版，平均印数约为 1000 册。洛克的书影响深远，在 1693—1752 年出版并再版了 14 版，其不仅有宫廷和家庭礼仪的规定，也有更普遍的建议文献。但在 1660 年之前，并没有一种规范性的文学来指导性别建构。这些文献强调这种根据一个人在某些预先确定的社会和性别类别（绅士、女士、仆人、学徒）中的地位来反复灌输行为的全新的风格，普遍具有系统性和说教性。①

洛克认为，一项艰巨而复杂的劳动是真正健全有效的道德教育所必需的。显然，洛克成功了，他希望并期待在他的主持下，未来上层阶级的教育、性格和观点的改革将对整个国家的生活方式产生间接但深远的影响。正如洛克所说，父母的责任和关心是对孩子的良好教育，也在很大程度上决定了国家的幸福和繁荣，希望每个人都认真对待。

---

① FLETCHER A. Gender, sex, and subordination in England 1500-1800[M]. New Haven: Yale University Press, 1995: 335.

洛克以教育的名义对学校教育采取行动就像他在《政府论》的两篇论文中多次提到教育一样，洛克揭示了他自相矛盾且完全非经典的观点，尽管教育对国家乃至政府都至关重要，但它不是政府的责任或义务，而是父母的义务和关心。因为教育首先是道德上的教化，而这反过来又离不开某种宗教教育，或者至少是某种对待宗教的独特姿态。而且，根据洛克的观点，道德和宗教不是维护政府权威的强制性合法事务。洛克并不教条地反对公学。就非常贫困的人而言，他主张国家干预和支持，以期提供最低限度的道德和宗教纪律，引导贫困的年轻人就业，从而生存下去。但他的政治共同体概念的基本主旨是年轻人灵魂的基本道德形成是对个人、家庭的责任。

洛克把个人的灵魂从政府权威的强制的手中解放出来，他建议在家里进行私人教育，因此他对私人学校的批评和对公学的批评一样严厉。洛克认为，学校不是进行有效童年教育的合适场所。在消极方面，洛克注意到男孩群体对个体性格发展的有害影响，并由此推断出教育改革可能带来将男孩的教育与传统上给予女孩的教育等同起来的好处。

此外，洛克还坚持认为需要不断地关注为年轻人树立什么样的榜样。尽管学校教育有其公认的优点，但实际上不可能在学校进行个性化的教育，这是洛克拒绝学校教育的最重要的原因。

似乎很明显的是，洛克所谴责的那种“群体”教育恰恰是军国主义的古典教育理想的核心。正如柏拉图的《雅典的陌生人》（*The Athenian Stranger*）在对公共教育系统做出最详尽的古典建议的结论中所说，最重要的是，任何人，无论男女，都不应该没有统治者；任何人，无论是认真的还是玩耍的，灵魂都不应该形成独自做某事的习惯；任何时候，无论是在战争时期还是在和平时期，任何人，都应该不断地关注和跟随统治者，即使是在最简单的事情上也要受统治者的统治。①

（二）家庭与父母教育

正如洛克所指出的，古典作家并没有轻视家庭，尤其重视父母在教育年轻人过程中所扮演的重要角色。但是，面对特定的、占统治地位的“政治制度”或“文化”所创造的习俗和模式的压倒性力量，即使是最坚定的父母教育也存在脆弱性和弱点，因为家庭总是处于这种“政治制度”或“文化”的强制性法律和道德权威之下。此外，作为道德教育的监护人，家庭至少受到了同样严重的反对。柏拉图甚至让苏格拉底试验废除私人家庭和父母身份（除了生物学意义上的），在所有经典的教育著作中，对家庭使人们远离公众而成为私人的能力和倾向有一种深深的戒心。②

哲学家苏格拉底只是以一种有点保守的方式揭示了其所认为的最严重的教育问题并表达了对教育“绅士”的渴望。绅士通过部分独立的道德严肃性和随之而来的成熟反思能力超越了普通公民，这种成熟反思能力使他们至少能够接受哲学的更表面的魅力。与此形成鲜明对比的是，洛克对哲学教育和亚哲学教育之间的二分法几乎只字未提。洛克把一般人类的个性提升到教育关注的中心，从一开始就把重点放在绝大多数天赋不高的人的教育上。他对教育的论述尤其是对幼儿性格的新的苦心关注，在古典文学中没有对等物，从古典的角度来看，洛克对人类婴儿期的细致关注基于他对人性的新概念、对所有先天道德观念的否定。洛克指出，理性必须是我们最后的判断者和引导者，

---

① PANGLE L S, PANGLE T L. The learning of liberty: the educational ideas of the American founders[M]. Lawrence, KS: University Press of Kansas, 1993: 54-56.

② GIANOUTSOS J. Locke and Rousseau: early childhood education[J]. The pulse, 2006, 4(1): 1-23.

旨在表达一种普遍的教育观念。①

人类天生没有稳定的积极目标，没有可靠的良心，没有社会组织的普遍原则。如果，也只有如果，接受了关于人性的赤裸裸的概念，才会认识到人是一种具有迄今未被发现的潜在的挑战性，甚至是可征服性的存在。人类本质上具有纯粹的潜力。因为人性很少被自然所定义，所以一旦承认缺乏本质或自然或注定的性格，并认识到教育的塑造力，人性可以在很大程度上定义自己。② 对于洛克来说，人类自然需要理性的内在规则来逃离一种混乱的社交，但人类不会自动拥有或自然发展这样的规则。因此，人类从本质上，或者说从最初开始，对自己和他人来说都是一种危险的生物。③ 正如洛克在《关于理解人类》一书中所讲的那样：在现代，抢劫是从惩罚和责难中解放出来的人的运动。行动的原则确实存在于人的欲望，但这些远远不是天生的道德原则，如果让它们发挥最大的作用，它们会把人带到所有道德的对立位置。洛克没有把教育必须应对的这些严重的精神缺陷或紊乱归咎于罪恶或堕落，因此，他从来没有建议人们将对上帝的恐惧或祈求神的恩典和救赎作为补救措施。洛克反复谈到对神的恩典的需要，同时敦促孩子、教师，尤其是父母不断祈祷这种恩典。对于洛克的第一批读者来说，他们与奥巴迪亚·沃克（Obadiah Walker）以及约翰·弥尔顿的对比是鲜明的。④

洛克在他的《教育漫话》中建议父母确保系统地研究《圣经》本

---

① CHAMBLISS J J. Reason, conduct, and revelation in the educational theory of Locke, Watts, and Burgh[J]. Educational theory, 1976, 26(4): 372-387.

② HARRIS I. The mind of John Locke: a study of political theory in its intellectual setting[M]. Cambridge: Cambridge University Press, 1994: 205.

③ TARCOV N. Locke's education for liberty[M]. Chicago: The University of Chicago Press, 1984: 202.

④ LOCKE J, AXTELL J. The educational writings of John Locke: a critical edition with introduction and notes[M]. Cambridge: Cambridge University Press. 1968: 126.

身并将其作为所有道德的基础。洛克在教育中复兴的事实是对儿童阅读和学习《圣经》的保留。洛克指出："《伊索寓言》是我所知道的唯一适合儿童阅读的书。"① 洛克始终坚持认为，很早就应该在孩子的头脑中留下一个关于上帝作为独立的最高存在和万物的创造者的真实概念。事实上，洛克用尤维纳利斯（Juvenalis）反对祈祷的忠告来总结他的教育教学，反复告诫父母尽一切努力让他们的孩子不要把恐惧，包括对惩罚的恐惧，与上帝联系在一起，认为这是多余的和有害的。洛克大胆地指出，如果人们普遍信奉这样的上帝观念则会更好。

洛克强调美德的基础是在童年早期灌输的习惯中建立的，这呼应了亚里士多德在《尼各马科伦理学》第二册中的教导，但在自然基础也是美德习惯化的实际基础上，洛克与亚里士多德有着尖锐的分歧。②洛克拒绝接受希腊、罗马经典和《圣经》传统流传下来的观念，即美德作为人类渴望自我超越和自我克服的本质的一部分，为了更高的意义和奉献的源泉，被认为是高尚的或崇高的，而不仅仅是有用的、令人愉快的或有声望的教育理论。洛克断言，人为的羞耻感是美德唯一真正的克制。在洛克的教育中，没有任何地方是面向英雄主义、自我牺牲或禁欲主义的儿童。没有任何迹象表明呼吁模仿基督的苦难和辛劳，也很少提及伟大的经典公民教育主题，如爱国主义、军事英雄主义和热情的友谊或爱情。③

尽管洛克意识到关于孩子培养中的陷阱，但他坚持认为，如果非常小心，是可以避免的。他的意思并不是说孩子们应该被纵容或允许

① BASIL B. The seventeenth century background: studies in the thought of the age in relation to poetry and religion[M]. New York: Columbia University Press, 1967: 154-155.

② YOLTON J W. John Locke and the way of ideas[M]. Oxford: Clarendon Press, 1956: 22.

③ YOLTON J W. John Locke: problems and perspectives[M]. New York: Cambridge University Press, 1969: 167.

在任何时候做他们想做的事情。孩子们应该在习惯、赞扬和榜样的引导下，学会运用并享受精神上的自我控制，使自身能够从一种职业或思路转移到另一种职业或思路，但这种被认为是有利的职业或思路并不会立即令人感到愉快或吸引人。如果教育管理得好的话，即使远离一个人喜欢的东西也可以成为一种享受。习俗最有力的杠杆是榜样，尤其是父母在他们生命中的每一刻所树立的榜样。许多人说过这样或类似的话，但是在洛克之前，没有人把人的自然倾向降低到零，从而把人，尤其是童年时期的人，变成道德和精神上的变色龙。[①] 正如在洛克的政治理论中，持有和携带武器的权利没有特别的地位一样，在其道德教育中，狩猎的实践也同样没有地位。在共和传统中，用武器打猎是青少年教育的最高特征。然而，在洛克的方案中，狩猎传统被善待宠物和所有动物所取代，而对军人美德的颂扬则被对“人性”和“保护”的清醒赞美所取代。

鉴于对训练年轻人使用武器、了解政治和讲公共语言的明显不重视，鉴于教育的家庭性质以及教育为年轻人准备的家庭和商业的私人生活，洛克建议应该以小的变化对待女儿和儿子。[②]

洛克很清楚，孩子并非生来就处于完全平等的状态。为了孩子早期和未来的教育，父母必须令孩子有一种敬畏感。但是洛克坚持认为父母的权威只是暂时的。这种服从的束缚就像包裹婴儿的襁褓，其束缚作用是有限的。随着年龄和理性的增长，孩子身上的束缚逐渐减少，直到最后束缚完全消失，并由一个人自由支配。对于生活在一起的孩子，父母应该教会他们互相尊重、友爱、讲礼貌。这一点，当他们看

---

① DE MONTMORENCY J E G. The progress of education in England: a sketch of the development of English, educational organization from early, times to the year 1904[M]. London: Knight & Co. La Belle Sauvage, E. C, 1904: 78.

② ARIES P. Centuries of childhood: a social history of family life[M]. New York: Alfred A. Knopf, 1962: 254.

到这些美德为他们赢得尊重与爱时，他们不会失去优越感，他们会更高兴。严格意义上的正义取决于对私有财产的尊重，孩子们如果不能拥有任何财产，他们就不知道什么是正义。然而，他们可以通过被教导远离慷慨或贪婪的邪恶而被引向正义感。在洛克看来，诉诸爱或牺牲并不是灌输这种美德的正确方法。①

社会美德的基石是洛克所谓的“文明”，他赋予这个词一个新的和前所未有的提升的意义。

（三）道德教育为基础

洛克的教育主要是一种道德教育，而在关于教育的思想或著作中通常显得伟大的博学却被洛克几乎不屑一顾地对待。洛克在《教育论》中没有任何地方暗示他自己的哲学沉思生活方式的优越性，也没有试图引导年轻人从远处敬畏那种生活方式。洛克指出，要从泉水中汲取营养，不要从垃圾中汲取营养。永远不要让大师们的作品被搁置一旁，应仔细阅读它们，把它们记在心里，并不时地引用它们。人们应秉持使自己完全熟悉的原著的原则，把彻底理解它们的全部范围和所有环境作为自己的工作。②

洛克的《教育论》引出了《政府论》③ 的两篇论文，在他的两篇《公民政府论》中，对父母和子女的相对权利和义务进行了深刻的讨论，这是他对政治理论的最重要贡献。④ 文章中洛克清楚地指出，父亲和母亲对他们的孩子的权利基本上是相同的，他的讨论是关于父母的权利，而不是父权。洛克讨论的一个主要目的是确立父母权利和政治

---

① ADAMSON J W. Pioneers of modern education in the seventeenth century[M]. New York：Teachers College Press，1971：66-69.

② ASHCRAFT R. Locke's two treatises of government[M]. London：Routledge，2013.

③ OELKERS J. Influence and development：two basic paradigms of education[J]. Studies in philosophy and education，1994，13(2)：91-109.

④ 这本书作为 1688 年英国光荣革命的思想准备和辩护，对一个世纪后美国宪法制定者的思想产生了重大影响，首次出版于 1690 年。

权利之间的根本区别。前者由父母双方分享，不等同于君权。这是因为父母的权利实际上来源于一种义务：在不完美的童年时期照顾不能照顾自己的后代。在政治之前，父母对孩子的权利已经存在于自然状态中。反过来，对国家的家长式解释也是无效的。

除了营养和身体保护之外，洛克认为，教育是父母或监护人最重要和唯一的权利和义务。言外之意，洛克的讨论注入了宗教传统，强调了子女对父母的义务，他的代际权利和义务的概念与现代编纂的“儿童权利”形成了对比。但是孩子的职责的性质也会随着他们成年而改变。孩子以内心的尊重和感激，以防御、救济、援助和安慰的行动来尊敬父母的义务是永久的，这种义务远不只要求绝对的服从和顺应。儿童并非生来就处于这种完全平等的状态，尽管他们生来就是如此。他们的父母在他们来到这个世界的时候，以及以后的一段时间里，对他们有一种统治和管辖权，但这只是暂时的。这种服从的束缚就像襁褓包裹着他们。①

洛克认为，人的自由以及按照自己的意志行动的自由，是建立在他拥有理性的基础上的，这种理性能够在他管理自己的法则中指导他，并使他知道他离自己的意志自由还有多远。在他有理由引导他之前，把他释放到一个无限制的自由，表面上是给予他自由的特权，实则是把他推到野兽中间，把他抛弃到一个可怖的状态环境。父母在赋予了孩子养育、保护的义务同时，也赋予了孩子尊敬父母的永久义务，这种义务包含了一种内在的尊重和尊敬，这种尊重和尊敬要通过所有外在的表现来表现出来，这种义务使孩子免受任何可能的伤害或侮辱、扰乱或危及他父母的幸福或生命的事情的伤害，并使他参与所有的防御行动。教育作为父母对孩子的责任，似乎是最有力量的，因为童年

---

① TARCOV N. Locke's education for liberty[M]. Chicago：The University of Chicago Press，1984.

的懒惰和弱点需要约束和纠正，父母对孩子的教育相当于一种可见的规则和一种统治。①

二、论绅士教育的目的

（一）培养理性

洛克认为，人类的本性既不指向政治也不指向哲学，但是潜在理性的存在，能够使理性转化为激情。通过认识到人类的多样性和自然状态下的直接性，人类可以通过工作的激情来重塑他们的存在。因此，如果足够多的年轻人能够以正确合理的方式来从事他们的工作，就可以构建出自然、和谐的社会，从特殊的意义上说，这是对特定自然条件下的贫困和灾难所做出的理性反应。洛克教育的目标是基于整个民族对自我约束的提倡和对个人利益的尊重；自我约束得到支持，个人利益因根植于国家公民所给予的认可，其地位不断上升。洛克提倡的绅士教育是对他所认可的政治的支持，这种教育可以培养出社会所需要的人。这些人体格健壮，勇敢无畏，必要时能成为战士。②

洛克认为，学习是次要的，只有当它在以后的生活中，有实用价值时它的重要性才得以显现。他认为法语和拉丁语对一位绅士来说是必要的，尽管只有一部分的拉丁语适合学者的能力和未来的需要。导师应该会说拉丁语，因为这门学科，像法语一样，是通过说和读来学习的。根据他的理论，课程包括绘画、速记、地理、算术、天文、几何、年表、历史、民法、英国法律和记账等一系列内容。希腊语被省略了，因为洛克关心的并非一个专业学者的教育，而是绅士的教育。

---

① ROGERS G A J. Locke's philosophy: content and context[M]. Oxford: Oxford University Press, 1996: 217-235.

② GRANT R W. John Locke's Liberalism[M]. Chicago: University of Chic, 1987: 135-136.

绅士喜欢舞蹈，通过对舞蹈的学习，绅士在生活中能够做出优雅的动作，最重要的是能拥有男子气概，这成为年龄小的孩子学习舞蹈的原因。在这里，洛克同意弥尔顿的观点，如果年轻的绅士提前了解要访问的国家的礼仪、法律和政府，那么他在任何地方都是受欢迎的，他会得到最杰出和最有学问的人的帮助和欢迎，他们愿意接受、鼓励和保护一个高尚的旅行者和明智的头脑。①

从复辟时期到 1800 年，关于儿童教育最有影响力的著作无疑是洛克的《教育漫话》。他教育思想的认识论方面，尤其是“白板说”这一概念，经常被强调。在整个 18 世纪，他的著作版本以每五年一次的速度更新。洛克对儿童天性的发现，在整个充满活力的教育对话即将结束的世纪，出现得恰逢其时。尽管他对公学持批判态度，但人们还是愿意阅读他的书，因为他的观点基本上是极其正统权威的。此外，古典文学是他课程的核心。②

弥尔顿和洛克的建议在英国的年轻贵族中并不盛行。贵族们习惯外出，不过他们既不模仿梭伦（Solon），也不模仿毕达哥拉斯(Pythagoras)。在所有的大城市里，贵族们对自己的国家没有正面的评价，要么是出于兴趣，要么是出于选择，他们过着放荡的生活，愉快地把钱花在他们同胞，即工业骑士的身上，这样的状态让所有的英国人在生活中都显得毫无意义。英国贵族的教育体系，正如第一手资料中所概述的那样，注定要毁灭，甚至可能灭绝。

（二）激发兴趣

在洛克的教育思想中，最确切的目标是为绅士的儿子提供更好的教育。由于孩子所学的大部分知识都是在家庭教师的指导下获得的，

---

① NAZAR H. Locke，education，and “disciplinary liberalism”[J]. The review of politics，2017，79(2)：215-238.

② FLETCHER A. Gender，sex，and subordination in England 1500-1800[M]. New Haven：Yale University Press，1995：330.

父亲可能会发现，在某些领域，他的儿子获得了他这个父亲所不知道的知识。同时，洛克也让父亲直接负责自己儿子的大部分教育，如果父亲把自己的不良行为传给儿子，那么他就不适合扮演这样的角色。洛克给了一个父亲富有挑战性的任务，试图让父亲来承担教育者的角色：儿子绝不能看到父亲行为不端，父亲不能在儿子面前做任何不想让他模仿的事情。因此，父亲会发现需要通过角色扮演或伪装的方式来隐藏自己在儿子面前的不良行为。

但是，洛克的目的绝不仅仅是让父亲养成良好的行为习惯，在更深层次上，他是想让父亲将美德视为一种习惯，在这个过程中完成对父亲的再教育。洛克十分重视习惯的养成及其重要性，通过不断地、有意识地重复好的行为，最终父亲会无意识地产生好的行为，这无论是对父亲还是对儿子，都会让他们变得更好。在对儿子进行教育的同时，父亲也得到了再教育。而父亲在整个教育过程中，一直是以榜样的形象出现的。洛克试图把他的新绅士形象树立为社会的典范，正如他在《教育漫话》中所说，如果那些绅士等级的人通过合理的教育被正确的引导，他们将很快获得所有的社会生存能力。但要做到这一点，必须摒弃贵族模式，而这种模式被认为是人类优秀品质的代表，绅士们可能会错误地试图遵从这种模式。不可一世的贵族的骄傲感应该由待人礼貌真诚、彼此尊重的和谐氛围所取代。正如塔尔盖夫（Targhev）所说，人们不应该推断洛克只是以社会地位比他高的人作为榜样。①

尽管贵族和受他们启发的人可能喜欢显示他们对他人的优越感，但他们不喜欢别人对他们做同样的事情。恰恰相反，洛克明确指出，孩子渴望得到别人的尊重，通过他的礼貌，保持他的性格，抵制落入

① GIANOUTSOS J. Locke and Rousseau：early childhood education[J]. The pulse，2006，4(1)：1-23.

贵族的诱惑之中，变得像他们一样傲慢。洛克期望整个社会形成普遍尊重的氛围，以此来对抗贵族的骄傲感，即他人应该满足自己的要求。这种互相尊重的氛围反过来又被孩子所珍视，因为这是他在认识到的人身上所学习的。孩子对人与人之间互相尊重的行为非常渴望，这是一种道德行为的体现，他本身也在不断地协调自己的内在美德与外表方面，使之不断匹配、融合。贵族不断地重申他们所主张的道德，但洛克一次又一次地揭露它仅仅是道德的表象，这种道德是基于习俗和金钱之上的。

洛克避免对贵族进行正面抨击，但是他谴责的行为和态度显然就是贵族们身上所存在的。例如在讨论到如何对良好的行为进行奖励时，他警告父亲不要满足孩子对“财富”或“地位”等的欲望，因为这可能会有教会孩子产生奢侈、骄傲或贪婪这些不良行为的风险。贵族子弟一般被教导，一个自由的心灵是不会傲慢无礼的，孩子也必须避免过度装扮。一般来说，贵族和他们的模仿者的最大错误是，他们只是外表精致，却无法产生与这种精致外表对应和协调的美德。相比之下，洛克从儿童的内心世界出发，通过一些简单的引导，让儿童们朴素生活，而非直接教他们如何拥有美德。通过这种方式，儿童能更好地理解美德，精神上也会更加的坚韧。①

（三）修养美德

洛克将关于道德教育的方法延伸到他对礼貌的讨论中。他反对矫揉造作的行为。洛克告诉人们，这是一种不适当的教育，虽然它在努力纠正人们与生俱来的自然缺陷，而且能够取得令人称赞的结果，但是它并未完成教育的真正目的。贵族们越是努力装出优雅的样子，就离优雅本身越远。他告诉贵族们，真正的优雅，产生于自然的一致性，

---

① BRADIZZA L. Elite education and the viability of a Lockean society[J]. The review of politics,2008,70(4):547-571.

这种一致性体现在所做的事情和做事时的心情上。绅士的一致性更完整地体现在他的随和与美德的结合上，这胜过了仅仅有外在优雅的贵族和他们的模仿者。

为了避免失去重点，洛克还鼓励绅士们要透过美好的表象窥视其背后的罪恶和不一致，以此来批判地审视贵族和他们的模仿者。洛克看到了一个不断模仿贵族的人获得了解放，他对那些模仿贵族的人感到厌恶，那些模仿者经常被揭露出不真诚和傲慢的真实面目。绅士和下层阶级之间的接触意味着下层阶级在这位绅士身上看到了他能够引领自己的行为，并将绅士作为自己的榜样。洛克旨在构建一个理性、繁荣、和谐的社会。这个社会中的人勤劳、富裕、慷慨、仁慈，并且有公德心、彬彬有礼、见多识广，这些价值观念才是调和贫富的重要手段。洛克对贵族持有非常消极的态度，这证明了他所声称的根据经济划分阶级，而这种阶级又引领了人类理性的问题。

在洛克看来，绅士们肯定认为他提出的再教育绅士是不理性的。洛克煞费苦心地在绅士中传播他想要的美德的教化，这种教育对任何人来说都不容易，包括贵族的孩子。一些思想中的苛刻程序表明了获得理性的困难和理性能够长久存在的脆弱性，至少是足以过上美好生活所需要的理性。就美德而言，它必须通过实践和习惯获得，而不仅仅是通过传授的方法。鉴于习得理性存在许多的障碍，所以很难让所有人都拥有完全理性的生活。但是，如若绅士可以变得更加理性，如果他们可以沿着理性的路线重建习俗，那么洛克希望他们的例子可以用来塑造高于他们之上的贵族阶层和下层阶级。洛克认为上层阶级和下层阶级都可以被纳入秩序，这证明他头脑中并没有一个基于阶级的社会的静态模型。①

---

① BRADIZZA L. Elite education and the viability of a Lockean society[J]. The review of politics,2008,70(4):547-571.

洛克作为17世纪的主要哲学家之一，他写的关于人类理解和政府运转的两篇论文是划时代的佳作。前者引发了人们对人类思维方式的理解的一场革命，后者引发了对人类社会应该如何组织和管理的理解的一场革命。[①] 这两篇关于政府的论文对导致美国和法国革命的政治思想的发展产生了深远的影响。洛克在1652年进入牛津基督教会学院之前，就读于伦敦的威斯敏斯特学校。他对传统的自由课程没有什么耐心，他专心于自己选择的课程的学习，尤其是实验科学和医学。他于1656年毕业，并于1660年被任命为基督教会的家庭教师。

1668年，洛克已经建立了作为学者的声誉，并成为皇家学会的会员。他的两篇政府论文不久后发表，这些文章试图证明君主没有神圣或绝对的权利，也证明政府是保护公众利益的信托机构。统治者的权威是有条件的，如果统治者未能维护臣民的利益，这种权威就会丧失。洛克写的《政府论》《人类理解论》是划时代著作，奠定了英国经验主义的基础，并提供了白板教义的当代版本。根据洛克的理论，人类的大脑最初是没有想法的，但是大脑能够接受经验，并被经验改造。[②]

在他撰写关于教育的主要著作《教育漫话》之前，洛克于1693年就已经提出关于政治背景下的家庭和父母责任的问题。17世纪，神权、王权和父权之间的类比被用来支撑国王能凌驾于法律之上并对其臣民拥有绝对权力的观念，即所谓的“君权神授”。在他的第一篇论文中，洛克认为国王和父亲之间的任何类比都是不合法的。他认为，父亲的权威不是无限的，因为它只延伸到孩子有能力承担成人责任的时候。

洛克告诉人们，对子女的良好教育是父母的责任，国家的福利和繁荣在很大程度上取决于此，他希望每个人都认真对待。他的信念深

---

① 沃尔夫．十六、十七世纪科学、技术和哲学史：下［M］．周昌忠，苗以顺，毛荣运，等译．北京：商务印书馆，2017：656-657.

② SHARPE K. Remapping early modern England: the culture of seventeenth-century politics[M]. Cambridge: Cambridge University Press, 2000: 7.

深植根于他那个时代和那个地方的社会等级制度中，那就是如果绅士的儿子们在社会上受到了良好的教育，整个社会将蓬勃发展，如果其他阶层的人通过他们的教育被合理培养，他们将很快使其他的秩序崩塌。《教育漫话》的思想主要集中在男孩教育上，洛克预见了他忽视对女孩进行教育，这将会出现一些反对意见，一个年轻的绅士应该如何从襁褓中被抚养成人，这在任何情况下都不完全适用于女儿的教育，尽管性别的不同需要不同的处理方式，但这并不难区分洛克似乎对教育塑造个人的力量持矛盾态度。因为在另一方面，他宣称，人们的举止和能力的差异更多地归因于他们的教育，而不是其他任何东西。①

新生儿的大脑是处于白板状态的，洛克认为儿童天生就存在个体差异，并非是有了一定的经历后才会有差异性。洛克的教育方法是职业的，即是功利主义和实用主义的结合。一个年轻绅士所受的教育应该反映出他的社会地位。为了使教育合理，首先应该确定什么课程是由史上最伟大的教育家所提出的最重要的课程，这样每个人就能学到在他一生的职业生涯中对他最有用的东西。

洛克提出的保持身体健康的方法是基于他的观察得来的，即穷人的孩子暴露在自然环境中，身体变得僵硬。他对实证科学的兴趣让他对当时穷人的相对死亡率有了一定的了解。他的生活方式在少年时代看起来几乎是苦行僧的代表："大量的户外活动、睡眠以及简单的饮食，其中不包括葡萄酒和其他烈性酒。男孩应该很少甚至不服用药物，他的衣服不应该太暖和或太紧，他的头和脚应该保持寒冷，特别是他的脚应该习惯于冷水并暴露在潮湿中，他的鞋子应该薄到无论何时穿上，都可能漏水和进水。

洛克指出，孩子应该被教育，要否认他们的不良欲望，肯定他们

---

① CAMPBELL G, CORNS T N. John Milton: life, work, and thought[M]. Oxford: Oxford University Press, 2008.

的正确思想，身体应该是充满活力的、强大的。书本知识的学习也在洛克的教育重点中，书本知识的获得仅次于美德。[①] 洛克认识到，儿童更喜欢学习令人感到愉快的东西，因此他更赞同给孩子提供有趣的学习方法，让他们学习应该学习的任何东西。比如游戏对他们来说是一种娱乐，但如何让娱乐与学习之间产生联系呢？教学的有效性取决于学习者坚持完成任务的能力，教师应该努力让孩子在学习所有任务时都尽可能感受到开心和愉快，或者说至少避免让他们产生不快。为此，洛克主张密切观察孩子和他的脾气变化，注意能力和倾向之间的有利调节，并加以利用，以利于孩子的学习，要学的东西必须以正面的方式呈现给孩子。

家庭教师能否发挥出最大的作用与个别儿童的天生能力和儿童的一般情商是有关的，这种对个体学习者能力的限制的认识是洛克教育方法的重要组成部分。促进私立教育发展而不是公立教育，是因为私立教育的一个重要优势是，它要求教师考虑到每个学生的能力和兴趣。史上最伟大的教育家，不管具体的教育方法是什么，为了让学生遵守纪律，可能会出现惩罚学生的行为，学生应该意识到他的老师是出于爱来教育自己的，尽管洛克经常表达对儿童人性的尊重，但他并没有对殴打儿童表示任何原则性的反对。[②]

虽然洛克并不反对学习外语，但他强调孩子应该优先学习母语。母语是孩子自己的语言，他应该批判性地学习和运用，以获得能够清晰和优雅地表达自己的能力。虽然年轻的绅士也要学习法语和拉丁语，但这些外语学习不应该干扰他们对英语的学习，因为英语是他们在生活中经常使用的语言。他们学习法语和拉丁语，不是为了取得学术上

---

① PHILLIPS D C. Encyclopedia of educational theory and philosophy[M]. London: SAGE Publications, Inc., 2014: 33.

② MENDELSON S H. Child rearing in theory and practice: the letters of John Locke and Mary Clarke[J]. Women's history review, 2010, 19(2): 231-243.

的成就，而是因为它们足够实用。他们应该用直接的方法来学，而不是只学习语法。贵族经常使用外语进行交流，最迅速、最适当和最自然的学习语言的方式就是在交谈中学习。这种开明的观点挑战了正统的教学语言的语法规则和文本的研究，很多年后，教育机构才真正地采纳了洛克在这个问题上的观点。洛克喜欢园艺、畜牧业，也喜欢木匠或车工的技术，这些技术非常适合经商的人学习。

一般来说，教学的有效性是根据学习的效用来判断的。这一观点揭示了对心理学的直觉理解，以及各种经历对年轻人发展的长期影响。洛克的声誉几乎完全建立在他的哲学著作上，这无疑使他成为第一流的哲学思想家。相比较而言，他的教育思想是比较轻微和轻量级的。虽然它包含了一些对男孩教育问题的人道主义见解，但它并没有严重挑战当时的教育实践，也没有发展以前的东西，而与洛克同时代的夸美纽斯却做出了开创性的工作。如果洛克没有写其他的东西，这些思想可能不会被今天的人记住，只能作为教育思想史的一个脚注。①

三、论绅士教育的内容

洛克的《教育漫话》十分强调绅士礼仪，他阅读了大约 40 本指导书籍，他本身也有丰富的经验。教育一个年轻的绅士，主要是帮助他培养美德，形成智慧，最终这些学习到的外在内容都将转化为他的内在品质，并通过绅士的外在表现反映出来。在洛克的思想中，适当的自我肯定是心灵内在能力的反映。这体现在外表、声音、言语、动作、姿态和所有外在行为的得体和优雅中，这能使个体与他人交谈时彼此

① FLANAGAN F M. The greatest educators ever[M]. London: Continuum, 2005: 86-96.

都轻松愉快。[①] 在扩大讨论范围，将绅士文明的整个模式纳入其中之前，要把1660年之后的推荐书籍放在背景中来考虑。在此之前，与男性礼仪行为有关的礼仪文学仅限于意大利宫廷传统的作品，以及来自法国的少量材料和基于这些外国范例的一些简短的英语作品。卡斯蒂廖内的《朝臣论》、乔凡尼·德拉·卡萨（Giovanni Della Casa）的《加拉提奥》（*Galateo*）和尼古拉斯·法雷特（Nicolas Faret）的《诚实的人》（*The Honest Man*）分别于1561年、1576年和1632年出版英文版，提供了有关身体和言语的宫廷行为规则。

在《教育漫话》中，洛克认为男孩的身体健康是第一位的。书中第一句话就说明了身体健康和心理健康之间的相互依赖性，健康的身体里有健康的思想，这是对这个世界上幸福状态的简短而完整的描述。[②] 洛克认为，获得教育的最好方式是明智地阅读历史书目、有目的地研究讲述人性的书。[③] 毕竟，洛克对经典作家及其审查能力的评价正是他在阐述自己对英国社会的看法时对自己的评价。由于缺乏从血统方面来定义政治的影响力，洛克拥有另一种明显的现代形式的权威，他与他喜欢推荐的作家分享这种权威。他在《教育漫话》中解释说，他的所有思想不是一些肤浅思想或大量阅读的产物，而是来自经验和观察，他一直保持着清醒的头脑，与各种各样的人交谈并从中学习。

除了日常知识学习，绅士们还要进行身体锻炼，为未来的工作做准备。例如他们大胆而又不断地练习骑马，使他们成为勇敢的骑手。当他们的庄园远离任何学校时，他们在家里接受政府的教育。洛克认

---

① FLETCHER A. Gender, sex, and subordination in England 1500-1800[M]. New Haven: Yale University Press, 1995: 335.

② ADAMSON J W. The educational writings of John Locke[M]. Cambridge: Cambridge University Press, 2011: 165-168.

③ CARRIG J. Liberal impediments to liberal education: the assent to Locke[J]. The review of politics, 2001, 63(1): 41-76.

为，一定要为美德腾出空间，拒绝邪恶。如果没有美德和智慧，贵族即使拥有高贵的血统，也缺乏与之相匹配的灵魂。

斯图亚特时期，英国教育尚未完全从文艺复兴和宗教改革的影响中脱离出来。教育内容宗教性明显，轻视自然学科的学习之风仍居高不下。国家十分注重古典语言的学习，注重培养绅士风度，教育具有鲜明的贵族特征。作为这一时期最具代表性的教育家，皮查姆、弥尔顿、洛克等提出的贵族教育思想对英国乃至欧洲教育都产生了深远影响。他们的教育思想十分注重对个人的意义，教育内容囊括体育、德育、智育、举止行为的训练，注重培养学生知识与技能的共同发展。这些教育思想深刻影响了斯图亚特时期英国教育实践的走向，改变了贵族-乡绅阶层对待子女教育的传统理念和内容，也有力地促进了这一时期英国贵族子女家庭教育与学校教育的发展。

第四章 斯图亚特时期贵族教育的场所

世界上最好的政府都由君主制、贵族制和民主制组成。

——阿尔格农·西德尼（Algernon Sidney）

斯图亚特时期对教育的控制权从罗马天主教会转移到由国家权威支持的国家教会的手中。特别是在早期现代国家的形成过程中，在构建民族主义精神中，贵族教育利用各级各类教育场所起到了重要作用。国家通过教育培养人民的民族忠诚感，这最终成为国家学校制度最重要的任务。家庭教育、学校教育及欧陆游学共同构成了贵族教育的秩序，贵族教育既强调严厉的纪律、约束与服从，也强调自律、克制与反省；既强调毅力、顽强与忍耐，也强调勇敢、对抗与竞争。

第一节 以家庭为场域的非正式教育

英国贵族是凝聚国家力量的象征，由于社会身份地位显赫，贵族成员的教育举足轻重，千百年来，其家庭教育曾经充当着非常重要的角色。8 岁之前，贵族子女大部分时间在家接受教育。也正是因为贵族后代需要首先承担的是家族责任，所以他们从小就不被当作孩子，而是被当作家族的未来进行早期训练和教育。

一、初始家庭教育

家庭被视为社会的缩影，在家庭中，真正的秩序原则可以得到遵守。在英国提供的所有教育中，王室提供的教育是无与伦比的，教育的对象不仅包括国王的孩子，还包括宫廷里的其他人。宫廷提供的教育由两部分组成——技能与语言。技能包括礼仪、体育、舞蹈、音乐、诗歌创作以及其他艺术成就。语言强调英语和拉丁语的阅读和写作，研究实用而不是想象的文学，并促进语法和历史的研究。之所以强调历史，是因为它被认为是娱乐的，鼓励尊敬祖先，并提供了善行和恶行的案例。如果可能的话，精英家庭的教育应该遵循皇家宫廷的教育模式。家庭越富裕，就越有可能提供昂贵的教育。①

无论在家里还是在学校，谁可以最好地教育年轻贵族一直是激烈辩论的话题，这场辩论一直持续到 18 世纪末。在 17 世纪后期，大多数贵族家庭选择在家庭教师的指导下教育他们的儿子。他们在这方面得到了吉尔伯特·布尔内特（Gilbert Burnet）、约翰·盖拉德（John Gailhard）、洛克等教育家的支持。他们认为，学校助长了罪恶和道德腐败，不利于男孩全面地认识社会。然而，与此同时，教育者警告说，家庭教育并非没有危险。②

17 世纪末，贵族和乡绅们喜欢的一项教育计划是在家自学，然后在大学和律师学院住一段时间，最后出国旅行。洛克在晚年用实际价值来检验每一门学科，他认为一位绅士可以省去很大一部分学校学习

① WHITEHEAD B. Women's education in early modern Europe: a history, 1500-1800 [M]. New York & London: Taylor Francis Group, 1999: 58.

② FRANKLIN KIRBY P. The Grand Tour in Italy: 1700-1800[M]. New York: S. F. Vanni, 1952: 195.

的时间，这样自己不会有任何损失。[①] 由此可见，洛克主张私人教学。

在家庭教育中，导师的职位显然是重要的，有许多家庭教师在塑造学生性格方面的影响力远远超过了父亲和母亲。当然理想的情况是，家庭教师和父母一起和谐地教育孩子。

托马斯·法纳比（Thomas Farnaby）被安东尼·伍德（Anthony Wood）描述为“最著名的学校校长”和“他那个时代的首席语法学家、修辞学家、诗人、拉丁主义者和希腊人”。他在萨默塞特郡的马托克文法学校教书，然后搬到伦敦，在戈德史密斯的租金区，在雷德克罗斯街跛子门后面建立了一所私立学校，教授年轻的贵族和其他慷慨的年轻人，人数一度达到 30 人或更多。大约在 1636 年，法纳比从伦敦去了肯特郡的塞文奥克，他的学校经常被人光顾，因此那里的教士和政治家比英国任何一所由一个人执教的学校都要多。劳伦斯·斯通先生提醒人们注意这样一个事实，即在 1626—1637 年，在圣约翰学院、剑桥学院、冈维尔学院和凯厄斯学院以及基督学院的入学登记册上，有 38 个男孩的名字。[②]

17 世纪中期贵族阶级的男孩教育的突出特点是，由母亲教育变为由家庭教师和普通教师教育。母亲的影响被认为是危险的，甚至是有害的。[③] 关于礼仪、道德和得体行为的基本假设中，有许多显然是通过父母的榜样和训诫来教授的。年轻的贵族或绅士学习社交技能是至关重要的。他们在自己的家中，就像在一所免费的学校里一样塑造自己。理想情况下，孩子应该和父母住在一起，睡在父母的卧室里和父母一

---

① 吴式颖，李明德. 外国教育史教程：第 3 版［M］. 北京：人民教育出版社，2018：153.

② COOK C. English historical facts：1603-1688［M］. Totowa，N. J：Rowman and Littlefield，1980：301.

③ FLETCHER A. Gender，sex，and subordination in England 1500-1800［M］. New Haven：Yale University Press，1995：340.

起吃饭，因为只有这样他们才能充分学习父母的优点。

家庭在教育和培训子女方面做出的选择揭示了父母对未来的期望、父母的资源以及父母对子女能力、兴趣和机会的看法。对孩子来说，他们接受教育的影响是深远的。除了直接继承之外，家庭在教育和培训子女方面的投资是代际转移的主要机制之一。给予下一代的教育内容和结构也是社会群体塑造和复制自身的核心手段。正如人们所看到的，在早期的现代英国贵族中，超出文法学校和家庭水平的教育和培训集中在三个主要机构：牛津大学、剑桥大学和律师学院。①

约翰·凯伊（John Kaye）向他的后代描述了父母应该如何在孩子们玩耍和吃饭时教育孩子们分辨好坏。在自觉敬虔的家庭中，对孩子早期道德发展的密切监督是一种宗教责任。杰维斯·迪士尼（Gervase Disney）和他的兄弟姐妹是由虔诚的父母抚养长大的，父母密切关注着他们。这种亲密关系在士绅阶层中是无法保证的，即使是在养育孩子的方法已经被人道主义者和新教的建议软化的 17 世纪。

家庭教育的许多任务，至少在孩子离开托儿所之前都落在了母亲的身上。在最初几年的训练中，父母的雄心促使孩子过早地学习古典文学，比如理查德·伊夫林（Richard Evelyn）在 5 岁去世前会说英语、法语和拉丁语。早期的宗教学习，也许还有一些语言的学习，都由那些拥有足够技能的女性带领孩子进行。杰维斯·霍利斯（Gervase HolIes）在婴儿时期就失去了母亲，但在 6 岁上文法学校之前，他的祖母对他进行了很好的英语阅读训练。布尔斯特罗德·怀特洛克（Bulstrode Whitelocke）的母亲是一位颇有学问的女士，她教儿子基础知识和一些法语的知识。亨利·斯林斯比（Henry Slingsby）爵士的妻

① WALLIS P, WEBB C. The education and training of gentry sons in early modern England[J]. Social history, 2011, 36(1): 36-53.

子教导她的女儿教义问答、阅读和写作。①

孩子在有博学的父亲或母亲的家庭中，可能是一个令人满意的安排。以17世纪绅士的标准来看，一位父亲对女儿们的智力成就感到自豪是很常见的。托马斯·梅蒂斯（Thomas Meautys）爵士表示很高兴他的大女儿记性很好，学的东西比教给她的要多。由此可见，女孩的机会模式随着时间的推移确实发生了一些变化。在修道院解散之前，父母可以选择其他家庭或女修道院作为女孩接受教育的场所。

在17世纪，寄宿学校开始扮演与女修道院相似的角色。在这期间，新教徒父母唯一的选择就是送女孩去另一个精英家庭学习。可以认为，私人机构对女孩有一些好处，因为它们提供了成年女性行为的明显榜样。但求助于其他个人并不总是可能或方便的，许多绅士父母在有机会的时候更倾向于求助正式的机构。到17世纪末，伦敦有了寄宿学校，同时许多省中心也有了寄宿学校，它们已经成为绅士女儿们的标准度假胜地。一些贵妇在家庭中接受了训练，这些家庭可能比任何女修道院或女子寄宿学校更适合年轻人的人生发展。玛格丽特夫人霍比是在亨廷顿伯爵夫人的新教学习和虔诚的氛围中长大的，她日记中透露的事实表明，家庭主妇并没有被忽视。在16世纪末，女性通常比男性更能优雅地掌握斜体字，但她们的拼写和对语言的总体控制的能力仍然暴露出她们缺乏接触高雅文化的机会。然而，在17世纪中期，很难发现一个精英女性不能处理自己的通信或在组织家庭时不会使用正式的会计方法。那些留下关于养育子女的文字记录的父母可能是那些最关心女儿教育的父母。②

弥尔顿的父亲认为最好让他的儿子参观伦敦的一所学校，同时为

① HEAL F, HOLMES C. The gentry in England and Wales, 1500-1700[M]. Stanford: Stanford University Press, 1994: 250.

② HEAL F, HOLMES C. The gentry in England and Wales, 1500-1700[M]. Stanford: Stanford University Press, 1994: 250-251.

他挑选一名清教徒导师。他并不担心出国旅行可能带来的道德风险。很明显，在家庭之外教育年轻人的观念根深蒂固，无法被家庭的任何教育体系所取代。在盎格鲁-撒克逊时代和中世纪，让自己孩子在陌生人家里长大，这种教育方法在英格兰和其他欧洲国家已经相当普遍。

在17世纪的贵族阶级中，教育通常在家庭中由私人家庭教师进行。或者就像中世纪和近代早期的家政或农业服务、工匠学徒制一样，学习过程发生在其他人的家庭中。父母家庭、非父母家庭和学校的教育关系十分复杂。与学校不同，家庭教育是一件孤独的、私密的事情，是对内在导向人格的刺激，是对安静读书的刺激，对宗教宗派主义也是如此。此外，童年通常是玩耍和随意体育活动的时间，将童年的玩耍转变为久坐不动的书本学习，必然会对孩子的性格产生重要影响。

贵族阶级以上的每一位父母都一直希望他们的孩子接受至少和他们一样好的教育，如果可能的话，希望孩子接受比他们更好的教育，并以此作为保持家庭连续性或在获得财富和地位方面取得进步的一种手段。

一个家庭的儿子和女儿通常由家庭教师教育（如果他们的父母负担得起的话），而不是在学校接受教育。一位著名的教育史权威已经表明，教育的许多改进，特别是在现代学科的教学方面，来自普通学习机构之外。富家子弟的家庭教师也确实教了他们的学生许多学校和大学都忽视的科目。此外，许多年轻人在家庭教师的指导下出国旅行，这给了他们学习外语和研究古物的绝佳机会。①

如前所述，贵族子弟可以在七八岁时离开家一段时间，但大多数人直到十几岁才离开家，大多数学徒离开家的年龄是15—25岁。② 正是从离家开始，他们获得一些将他们与儿童区分开来的法律地位。最

---

① DAVIES G. The early Stuarts, 1603-1660[M]. Oxford: Clarendon Press, 1959: 359.

② BEN-AMOS I K. Adolescence and youth in early modern England[M]. New Haven CT: Yale University Press, 1994: 39-47.

重要的是，女性 12 岁、男性 14 岁达到青春期的法定年龄。这些是个人可以结婚的年龄，也是认识到不同性别能够积极进行有性生殖的大致时间点。在这个阶段，只有在父母允许的情况下才能结婚，而且“童婚”很少见，尤其是在绅士和贵族之外。[①] 家庭形式与它所在的任何特定文明的经济和文化限制之间的关系，也是社会组织方式的反映。[②]

二、托儿所教育

在生命的早期，食物和护理比进步更重要。并非每个贵族母亲都像通常认为的那样，将婴儿的喂养委托给护士，有些人显然自己给自己的孩子喂奶。比伯斯沃思的沃尔特在他的出生和童年的叙述中没有提到护士。罗马的贾尔斯没有解决这个问题：如果孩子不想从他的母亲那里喝奶，就应该选择一个与她的身体特征相似的护士。皇室或贵族婴儿除了母亲和护士外，还有其他随从。有时，在孩子断奶后，一个奶妈会继续提供其他类型的服务。

一岁的亨利六世有六个人照顾：一名护士长、一名日间护士、一名女仆、一名洗衣工和另外两名未指明的人。这在王室内部构成了一个小部门，需要有人负责，因为此目的，“托儿所女主人”的职责得到了发展。女主人与护士不同，是一位贵族女士，通常年龄较大，多年来一直照顾皇家托儿所中的婴儿。[③] 仆人的存在在许多方面影响了家庭生活。仆人的数量越多，他们所从事的亲密工作的范围就越广，保持

① O'Day R. Family and family relationships 1500-1900: England, France and the United States of America 1500-1900[M]. New York: St. Martin's Press, 1994: 68-73.

② CASEY J. The history of the family[M]. Oxford: Blackwell, 1989: 1-4.

③ MCGILLIVRAY G. Nannies, nursery nurses and early years professionals: constructions of professional identity in the early years workforce in England[J]. European early childhood education research journal, 2008, 16(2): 242-254.

尊重和礼仪所需要施加的限制就越大。

在都铎王朝和斯图亚特王朝时期，贵族们的婴儿通常由奶妈喂养，其中许多奶妈不住在英国。贵族们经常在孩子很小的时候把他们送到祖父母家，通常在孩子进入青春期之前把他们送到另一个家庭或寄宿学校。生育率、儿童死亡率和社会地位之间的联系尚未得到详细的研究，尽管上层阶级的婴儿死亡率高于大多数由自己母亲喂养的家庭。影响孩子与父母在一起居住时间长短的因素仍不清楚。但很明显，孩子的晋升依赖于父母的物质、地位和有用的人脉。在较富裕的阶层中，对父母的经济依赖通常能在孩子独立后继续存在，而且持续的时间要比社会底层的人长得多。父母提供帮助的能力使他们对孩子的职业选择和婚姻伴侣的选择具有比穷人更大的影响力。①

英国贵族的孩子在六七岁前是由奶妈照顾的。在贵族家庭，这些奶妈通常由家庭女教师监督，女教师负责孩子们的营养、卫生和最初的道德教育。在这一时期的头两年里，喂养和照顾孩子是奶妈的直接职责，尽管医生和道德家普遍建议母亲自己喂养孩子。管理一个大家庭的需要，保持自身的优雅和美丽，以及丈夫避免与哺乳期妇女发生性关系的愿望，都是医学权威用来解释贵族在怀孕期间雇佣奶妈的原因。②

在17世纪，婴儿护理是由妇女一代代传下来的习俗和知识支配的。1647年6月，拉尔夫·韦尔尼（Ralph Verney）爵士在写给妻子玛丽的信中谈到了他们的小儿子，他断言助产士和老妇人比任何医生都更懂得如何顾料婴儿。从古代开始，许多医学观点都强烈支持母亲喂养孩子。孩子应该在母亲的照料下成长，如果托付给奶妈，长大后可能

---

① HOULEBROOKE R A. The English family 1450-1700[M]. London and New York: Longman, 1984: 26.

② O'Day R. The family and family relationships, 1500-1900: England, France and the United States of America[M]. London: Macmillan Press Ltd., 1994: 44.

会有与母亲完全不同的性格。母亲在喂养孩子的过程中，自然地与孩子产生深厚的感情，如果母亲拒绝喂养孩子，孩子的爱就会集中在奶妈身上。此外，教会也认为母乳喂养是母亲的责任。

在 16 世纪和 17 世纪早期，母乳喂养在人文主义者，尤其是伊拉斯谟、儿科医生、天主教和新教改革派神职人员中得到了有力提倡。然而，即使在所谓的专家之间，对这个问题也有不同的意见。事实证明，雇佣奶妈这种长期存在的习俗，在上层阶级中普遍存在，是很难改变的。社会上层和中层的一些妇女受到人文主义者、儿科医生和改革家的观点的影响，觉得有义务履行自己的职责，或者有胆量按照自己的意愿行事。在 17 世纪，许多妇女给自己的孩子喂奶，其中一些妇女地位很高。但是，这些妇女仍然是少数。在虔诚的牧师的妻子中，哺乳母亲的比例可能更高。托付给奶妈的婴儿的存活率比由自己母亲哺育的婴儿存活率要低。在该时期的后半段，英国贵族家庭出生的男婴中，约有五分之一在出生后的第一年死亡，而在 12 个地方教区的重建家庭中，出生的男婴只有七分之一在出生后的第一年死亡。①

儿科手册列出了详细的奶妈选择标准，其中最重要的是奶妈的健康状况、乳汁的质量和性格。有钱人通常会根据值得信赖的朋友或亲戚的个人推荐为孩子挑选奶妈。士绅们通常把婴儿托付给住在他们乡间别墅附近的妇女，这样就可以进行监督，而非常富裕的人通常可以负担得起在自己家里雇一个奶妈。但是，在 17 世纪，至少有两位作家声称，绝大多数被送到伦敦附近村庄喂养的婴儿再也没有回到他们的父母身边。

在一些家庭中，奶妈的服务受到主人的感激并被主人铭记于心，有时奶妈还得到慷慨的奖赏，她们比任何其他仆人都更容易被主人当

---

① HOULEBROOKE R A. The English family 1450-1700[M]. London and New York: Longman, 1984: 131.

作亲人对待。在大多数情况下，母乳喂养可能在婴儿出生第二年的某个时候终止，尽管有时在此之前，有时在此之后很长时间。

一些 17 世纪的自传作家在 3—6 岁开始阅读，通常是在母亲或奶妈的膝盖上。从中世纪后期开始，人们普遍认为 4 岁是正式教育可能有效开始的年龄。到 1660 年，人们认为，在城市或较大的城镇，孩子们在四五岁开始上学，而在机会较少的农村，孩子们在六七岁开始上学。然而，17 世纪早期的校长约翰·布林斯利（John Brinsley）声称，那些在孩子 6 岁时送他们上学的人，这样做更多的是为了防止他们在家里碍事，防止发生意外，而不是出于对他们学习知识的巨大希望或愿望。

根据长期确立的传统，幼儿的养育主要应由母亲负责。然而，中世纪晚期的验尸官名册中记录的致命儿童事故的性质表明，在 2 岁或 3 岁的儿童中，男孩掉进水里的比例要高得多，这表明他们更有可能冒险离开家，而女孩死于意外事故的比例是男孩的 2 倍。在更高的社会阶层，父亲参与抚养小孩的时间无疑是有限的，尽管改革家和人文主义者强调这件事的重要性，年幼的子女的进步会使许多父亲产生自豪感。[①]

查尔斯·霍尔在 1660 年描述了一位父亲如何在看他 2 岁的儿子收集贝壳和木棍后，为他设计了一个玩具，这个玩具能让他在 11 天内学会字母表中的所有字母。在所有的父亲中，神职人员在某些方面是最有资格，也有最好的理由和机会来分担抚养孩子的任务。但是，一个认真履行义务及时开始教育孩子的人，仍然会发现这种经历令人沮丧。在上层阶级中，孩子的早期教育主要委托给仆人。不管有责任心的父母在为孩子选择仆人时采取了怎样的谨慎态度，在这方面还是经常有人抱怨父母的疏忽。托马斯·埃利奥特爵士等教育者呼吁实行有区别

① HOULEBROOKE R A. The English family 1450-1700[M]. London and New York: Longman,1984:146.

的选择。为了防止孩子们受到不好的影响，需要将他们与粗鲁的家仆隔离开来。格蕾丝·谢林顿（Grace Sherrington）还记得她的家庭教师是如何建议她负责的女孩们避免与仆人为伍的，这些仆人的粗话、下流的手势和邪恶的建议对她们纯洁的耳朵和眼睛来说是危险的。①

三、皇室家族教育

众所周知，从中世纪开始，英国贵族的生活范围主要集中在公共场所而非私人场所，他们与各级家仆一起生活。“家庭”一词不仅意味着家族中父母和孩子组成的亲属群体，还包含着生活在同一屋檐下的家臣，所有人一同分享父母的权威，并得到与孩子一样的保护。这样的环境带来的巨大影响是：大多数贵族子弟和女孩都是在与人密切交往中长大的，他们的生活与仆人以及父母密切相关。另外，贵族子弟可以在另一个地方接受教育——威尔士亲王亨利的宫廷。② 王子的家庭本身就是一所学院。克莱兰德建议贵族将他们的孩子送到高贵的亨利亲王的学院接受教育，他希望贵族子弟们在亲王的宫廷中成为德行和学问都首屈一指的那一类人。③

贵族子女受教育的第一个也是最重要的环境是大家族。这个家族中通常不仅有父母和子女，还有亲属、仆人。直到旧贵族被新贵族取代的最后几十年，家族都是贵族权力和威望的重要来源，因此家族教育仍然是教育孩子的自然手段，通过家庭，亲属关系、客户关系和服务关系的紧密网络能够代代相传。把大家庭教育简单地看作是一种传

---

① HOULEBROOKE R A. The English family 1450-1700[M]. London and New York: Longman, 1984: 146-147.

② DANUSHEVSKAYA A V. The formation of a Renaissance nobleman: William Cecil, 2nd Earl of Salisbury 1591-1668[J]. History of education, 2002, 31(6): 505-520.

③ CLELAND J. The instruction of a young noble man[M]. London: W. White, 1612: 35.

统的教育方式是错误的，它正逐渐被核心家庭和更有效的学校制度所取代。由于一些文化动力在起作用，大家族教育成为儿童社会化的手段，也成为社会规范的载体，在它被纳入宫廷系统和其价值观时，这种传统教育对贵族的重要性不降反增。首先，是一种信仰的传播，即婴儿和儿童需要特别的照顾，这不仅保护孩子的生命和灵魂，而且保护他的天性和性格。其次，随着社会等级制度的重新确立，权威与顺从的关系也随之被迫重新建立，礼貌和礼仪越来越多地用于强调规范贵族的传统荣誉。社会化不是基于价值观和约束的内化，这种内化是通过父母和孩子之间强烈的情感关系实现的，通过孩子在公共行为中所做的一系列转变，童年的自然行为从要求正式或公共尊重的关系和情况中消失了。

随着贵族子弟的成长，他们受到身体和道德上的双重约束，要按照成人社会的活动来塑造自己的行为，反映出在社会中地位、性别和年龄上的划分。贵族子弟开始参加成人聚餐等正式活动，开始通过成年人对勇气和荣誉的评价来控制恐惧和愤怒，开始通过跳舞来锻炼身体，为了娱乐而玩室内游戏，开始通过祈祷来承担宗教仪式的责任。此外，童年时期的自然行为继续形成与下级和同龄人的熟悉关系，并在家庭生活的节日场合中得到表现。童年的“自然”和成人的“文化”之间的对话实际上是一种贵族子弟基本的成长方式，在这种方式中，阶级关系和团结关系都可以被构建和表达，家庭社会化与成人生活的主要背景也相互勾连起来。

正如罗杰·阿斯卡姆（Roger Ascham）的《学者》（*The Schoolmaster*）关注私人教师的职责一样，洛克的《教育漫话》也讨论了绅士的儿子在家里的教育，洛克本人曾是沙夫茨伯里（Shaftesbury）伯爵的家庭教师。罗伯特·波义耳在去伊顿公学之前，曾在家里接受过拉丁语和法语的辅导。①

皇室的王子和公主有自己的牧师、吟游诗人和与他们一起定居或旅行的仆人，他们独立于父母。这些家庭中经常有其他贵族子女。贵族的儿子们定期被征召入宫，成为王室贵族的伙伴，并共享他们的教育资源。所有在国王监护下获得男爵或以上级别的贵族子弟都被命令留在国王及其家人身边。在贵族之子、领主和先生们的陪伴下，他们学习语法、音乐和其他课程。这一团体包括平行地位的男孩群体和大贵族家庭的女孩以及皇室的女孩。至于小贵族，他们自己负担不起这样的聚会，他们把孩子送去大家庭，或者送去其他教育机构，如修道院、学校和大学。②

詹姆斯声称，当君主站在舞台上时，最能抚慰人心的工具不是雄辩的演讲，而是宫廷运动和娱乐。他建议他的儿子们展示身体的灵巧，比如跑步、跳跃、摔跤、击剑、跳舞、打网球和射箭等。基于这些，在成为一个王子之前，最好先成为一个优秀的骑手，能够骑在危险的坐骑上，并展示能力。这些不仅是对身体的良好锻炼，还能极大地吸引人们的注意。

四、职业启蒙教育

贵族儿童职业的规划涉及重要的原则，可以称为刚性和灵活性的统一。如上文所述，中世纪的国王在贵族儿童很小的时候就授予他们荣誉和职位，以便于在他们长大之前就宣布他们将在成年生活中所扮演的角色。贵族子女的父母在他们只有几岁时，便开始计划他们的职

---

① PATRIDES C A，WADDINGTON R B. The age of Milton：backgrounds to seventeenth-century literature[M]. Manchester：Manchester University Press，1980：119.

② DANUSHEVSKAYA A V. The formation of a Renaissance nobleman：William Cecil，2nd Earl of Salisbury 1591-1668[J]. History of education，2002，31(6)：505-520.

业生涯，而且完全没有给予他们否定的机会。这样的计划既是谨慎的问题，也是权力的问题。贵族和地主阶层的孩子通过接受职业教育，往往能够具备社会和军事领导能力以及管理他们最终继承的土地的能力。孩子们 7 岁以前都在家里接受教育。他们会学习阅读，还会学习宗教的相关知识和实践活动。他们会被引入社会对他们的道德标准的规范体系，并被教导礼貌、礼仪和对长辈的服从。① 从大约 7 岁开始，男孩和女孩都被寄宿在某位贵族或女士的家里，或在女修道院，在那里这种早期教育能得到延伸和加强，并根据孩子的性别进行适当的补充。一个男孩会给某个贵族当侍童，一当就是 7 年，直到 14 岁左右。他在贵族和其妻子的监督下，在牧师和家庭士兵的指导下，会成为一名骑士，学习骑马和比武，学习如何唱歌跳舞，学习如何吹竖琴或吹笛子。他还可能会学法语，也许还会学一点拉丁语。他将继续信奉他的宗教，同时学习骑士的礼节。例如如何在餐桌上服务，如何在客人面前表现得体以及如何为主人收拾卧室……在他十几岁的时候，他会成为一名侍从，并在比赛中帮助他的主人来学习更多的骑士军事技能，这相当于 20 世纪的演习，或者实际上是在国外服兵役。

贵族教育的一个持久规律，就是让年轻人习惯他人陪伴。一个男孩受益于比自己更好和更差的同伴，因为他努力模仿更好的人，并领先于更坏的人。一个贵族孩子在公共场合中得到成长，得到公认地位，身边的伙伴和家臣也为他的成熟做好了准备。从一个皇室婴儿呱呱坠地开始，皇室父母就授予他尊称，以强调他的重要性，并为他的职业生涯做好准备。②

在成长的岁月里，贵族家的儿子们经常被给予自由的教育和适当的训练，以承担他们注定要承担的公共责任。这些贵族子弟们作为学

---

① SYLVESTER D W. Educational documents，800-1816[M]. London：Methuen，1970：36.

② ORME N. From childhood to chivalry：the education of the English kings and aristocracy，1066-1530[M]. London：Routledge，2017：122-126.

者、听差或同伴被带进贵族和伯爵的家庭，在那里他们将了解那个时期的上流社会生活，有好的一面，也有坏的一面。贵族的小儿子由牧师教导，牧师被认为是“家仆”，并被要求在甜点上桌之前离开餐桌。上完公学和大学后，他们被送到城市去寻找他们的商业财富，或者去律师学院，或者去教堂。贵族家庭中的长子很少被送进学校或大学。通常情况下，他会在一个法律培训课程上学会治安官的职责，并会在一位导师的指导下出国旅行，从而获得对外国和外国语言的密切了解，之后便结束他的教育。①

规划职业时需要灵活性，这意味着贵族教育仍然是一般性的而非专业性的。就女孩而言，修女所需的知识和行为与世俗女士所需的知识和行为几乎没有区别，因此几乎没有必要对她们的成长进行专业的塑造。骑士和男性牧师之间的差异本应更大，但过于专业化是不明智的，至少在青少年中后期之前过于专业化是不明智的。不必想象贵族或绅士的长子童年纯粹是骑马和打猎，而他的弟弟则去教堂或在学校读书。② 在我们对成年贵族的兴趣和成就进行了解时，我们会发现，至少到他们十几岁的时候都学习了广泛的课程，宗教、学习、礼仪和体育也都受到了关注。

英国贵族子女教育中的几种对立政策并存，表明这一过程是一个复杂的过程，不容易用一个简单的公式来概括。在描述的极端政策中，从一个贵族家庭到另一个贵族家庭，他们在实践中可能存在很大差异。由此可见，父母与子女之间的关系也可能存在和谐与不和谐两极之差。这种个人关系尤其难以重建，因为它们通常只保存在传统形式的文学和文件中，而在这些传统形式的背后，个人情感很难被辨别出来。许多贵族父母显然对抚养后代很感兴趣，同时也感觉很麻烦。雇用护士、

---

① PONSONBY A. The decline of aristocracy[M]. New York, NY: Kraus, 1972: 39.

② ORME N. From childhood to chivalry: the education of the English kings and aristocracy, 1066-1530[M]. London: Routledge, 2017: 201-210.

奶妈来照顾他们不能只是责任的转移，也不能把孩子从家里送到接下来要相处的其他家庭中，更重要的是，要为英国贵族子弟进入学校和大学学习打下良好的基础。

第二节 以学校为场域的制度化教育

尽管家庭教育与皇室教育扮演着重要的角色，但随着时代的变迁，英国贵族的教育也逐渐发生了从“非正式教育”向“制度化教育”的转变。对于近代早期的英国社会来说，最好的教育，并非被贵族光环笼罩的封闭式教育，而是在现实学校教育中学习社会经验和人际交往的相关内容。

一、文法学校

文法学校对于那些以任何常规方式接受机构“教育”的大多数人来说，意味着孩子们会在许多捐赠文法学校中的其中一所上学。到了17世纪，人们发现这些学校在英格兰的城市和农村地区分布相当广泛，但只有少数人的教育在文法学校中进行。在大多数情况下，一所捐赠的文法学校的存在意味着拉丁语法的教学仍在进行。首先是通过痛苦地重复学习语言的语法和句法，然后学习修辞和逻辑练习、演说、信件等的写作，最后熟悉拉丁作者的文本。①

17世纪的捐赠文法学校所教授的内容是由该地区的校长及其受托人为了满足家长的要求而决定的，就像学校最初的章程一样。② 因此，私人教师在教育界是不可忽视的人物。尽管捐赠学校的校长人数超过

---

① LEWALSKI B K. The life of John Milton a critical biography[M]. Oxford: Blackwells Publishers, 2003: 84.

② BROOKS P. Milton as an educator[J]. Journal of education, 1908, 68(19): 533-535.

了他们，但他们还是把男孩送进了大学，大学的录取通知书往往是证明他们存在的唯一证据。将一个男孩送到私立学校（无论是走读生还是寄宿生），而不是“公立”捐赠文法学校的动机是复杂的。前者的相对费用显然会被考虑在内，但至少在上层阶级中，在一个男孩很小的时候就送他去上学没有什么可内疚的。当然，在17世纪，私立学校的数量比以往任何时候都多。①

从斯图亚特时期开始时，现代教育体系的三大主要机构——小学、中学和大学已经存在。因此，在17世纪初，一个男孩有可能在一所小学校里待上两三年，学习阅读、写作和拼写，然后再去上文法学校。然而，英格兰和威尔士并没有统一的教育体系，小学教育总体上也不尽如人意。在斯图亚特王朝早期，男孩接受初级教育的方式有几种。托马斯·莫里斯（Thomas Morrice）在1619年出版了一本有趣的书，这本名为《为教师道歉》（*An Apology for School-Masters*）的书揭示了当时私人家庭教师的地位。书中认为教师的地位是“次等臣民”，而且津贴是不合格的。初级教学通常由文法学校的语法老师、高年级学生或由文法学校当局指派的专门教授，或是教授阅读、写作和算术的老师来承担。但是，小学教学的必要性给文法学校的一小部分教职员工带来了过度的压力。②

17世纪初，尽管初等教育资源不足，但英格兰和威尔士的文法学校却蓬勃发展，所有想要接受大学预科教育的人都可以来这里接受教育。约克郡有很多为学生上大学做准备的学校，因为仅仅登记在册的学校就有97所。西部乡村的学生大部分来自德文郡的21所学校和康沃尔郡的3所学校，威尔士也有11所学校。拉丁语是国际语言，教育机

---

① RITGER M. Milton and the literary workhouse[J]. Milton studies,2021,63(2):294-327.

② HOUSTON R A. Literacy in early modern Europe:culture and education 1500-1800[M]. London:Routledge,2016:28-29.

构自然应该得到成功商人的支持，这些商人在旅行中了解到用拉丁语进行良好教育的价值，他们急于继续自己的学习，或为他们的儿子寻求良好学习的机会。

学校倾向于投入大量时间通过语法训练的方法来教授学生学习经典，这种落后的教学方式引起了教育作家的批评。1570—1648年，由汉弗莱·吉尔伯特爵士、埃德蒙·博尔顿（Edmund Bolton）和巴尔萨泽·格比尔（Balthazar Gerbier）爵士提出的仿效法国已经建立的学院风格的项目中，人们渴望更广泛的教育类型，接受“现代学科”，鼓励使用母语，承认体育训练的地位。布林斯利在1612年提到，绝大部分文法学校都忽视母语。他指出，文法学校没有用心去训练学生，使其能够用自己的语言纯粹而容易地表达自己的思想，并增加对语言的练习，就像拉丁语或希腊语一样；而作为教师的主要责任应该是促进学生的语言发展。①

16世纪和17世纪文法学校的实践具有强烈的统一性和连续性，因此要在古典主义和宗教训练的双重目标中寻求实践。1559—1660年，清教主义的频繁胜利，导致古典主义被认为不是目的本身，而是对宗教的从属和帮助，这基本上是学校和国家教育的首要动机。在宗教教育方面，有一个国家干预的例子。1651年7月24日，国会通过决议，禁止使用本国家在王权时期使用的所有初级读本。自此，在英联邦内的任何学校，不论是公立的还是私立的，都不得再使用初级读本。在17世纪初，希伯来语虽然在文法学校里没有被普遍教授，但非常受人尊敬。

文法学校的重要性体现在三个方面。首先，文法学校提供技能培训，这些技能可以有助于学生直接获得一份教会或国家官员的工作。

① HOUSTON R A. Literacy in early modern Europe：culture and education 1500-1800［M］. London：Routledge，2016：30.

人文主义文学，而非职业教育开辟了外交、政府服务、神职人员和教育人员的职业生涯。雇主在寻找听话且自律的材料积累者、分类者和调整者，这些人能够流利地用古典拉丁语演讲，不需要排练，并且能够阅读、写作和教授知识。传统教育很少有明确的就业目标，但文法学校强烈地指导年轻人预设了某些目标。17 世纪后期以来，更实用的非古典教育机构开始培养男孩进入商业、军事中发展。其次，通过专注于经典著作，传统文法学校使年轻人能够参与国际学术交流，并通过吸收一套统一的价值观和信息，成为社会和文化精英的成员。在 16 世纪的英格兰，出现了一种针对少数学生的高等教育，这种教育旨在培养少数积极参与政治的人，他们继承了优秀的外国文化，具有了必要的道德和智力素质，能够为自己发展中的社区做出重大贡献。古典教育是文化认同的标志，它本身可以是目的，也可以是达到目的的手段。最后，文法学校会提供学生进入高等教育机构的资格。18 世纪教育的系统重组和世俗化将在后文讨论。①

在 17 世纪初，大多数男孩会在小学或女子学校接受基础教育。这些学校通常由村里的一位贫穷妇女经营，以每周收取的少量费用作为回报，只提供阅读、写作和学习《圣经》等课程。父母付不起学费的贫困儿童显然没有权利上学。毫无疑问，在 16 世纪末和 17 世纪初的英格兰，教育机会有了相当大范围的扩展。从主教颁发的教学许可证的证据来看，到 16 世纪末，许多教区都存在教授基本“3Rs”的小学校，此外，许多文法学校都是为了教授基于古典的课程而建立的。据估计，1560—1640 年，以个人名义共募捐到 293 000 英镑用来建立文法学校，1603—1649 年，共新建了 142 所文法学校。

复辟时期的当代观点将 17 世纪中期的激进主义和弑君归咎于教育

① HOUSTON R A. Literacy in early modern Europe：culture and education 1500-1800［M］. London：Routledge，2016：31.

机会的增加，并否定教育是社会秩序的良方。从那时起，许多人认为，复辟确实标志着一个长期的教育衰退的开始。然而，这些当代和后来的观点歪曲了实际发生的事情。在英国的许多地方，新学校在17世纪后期继续建立。在查理二世统治时期，建立了80所新的文法学校。从17世纪90年代开始，英国圣公会教徒在英国教会基督教知识传播协会的支持下建立了慈善学校，而持异议的学院则是由复辟后被排除在大学之外的新教徒建立的。除此之外，17世纪后期还建立了多种类型的私立学校，其中许多学校像持异议的学院一样，教授广泛的学科，不仅有古典研究，还有数学、科学和外语。

贵族阶级的儿子通常被送到当地的文法学校。根据文法学校的章程条款，这些学校通常受教会控制。课程的重点是严格的拉丁语，还有一些希腊语和一点希伯来语。教学方法的重点是死记硬背。一些学校如圣保罗学校拒绝接收还不会读或写的学生，而其他学校则准备提供初级教学，作为主要语法课程的预备课程。然而，无论是英语还是越来越多的“新学科”——科学、数学、地理、历史和现代语言，这些都没有一席之地。①

来自英国贵族家庭的男孩被送到公学，这些学校和文法学校一样，仍然坚定地致力于传统的拉丁语和希腊语的学习。语法写作和修辞占据了这些课的大部分时间，学生学习写作、算术、英语或现代语言的机会却很少，科学教育更是没有任何机会去实行。众所周知，公学生活艰苦，纪律严明。到1700年，公学的受欢迎程度和数量都开始下降，尽管伊顿公学、威斯敏斯特公学和温彻斯特公学仍然享有良好的声誉。人们对17世纪学校提供的教育方式越来越不满，这导致许多富裕家庭选择脱离传统的教育体系，雇佣私人教师。私人教师在家教孩子，然后陪他上大学。贵族女孩要么在家接受母亲的教育，要么在寄宿学校

---

① SYLVESTER D W. Educational documents，800-1816[M]. London：Methuen，1970：90.

接受教育。笛福评论说，她们的青春是用来学习缝纫或制作小玩意的，她们被教导阅读，学习写她们自己的名字，这就是女性教育的最高境界。然而，一些女孩被送到寄宿学校，如哈克尼的珀威克夫人（Mrs. Perwick at Hackney）的学校或巴特苏阿·马金（Bathsua Makin）夫人的学校托特纳姆学校（Tottenham High Cross）。在那里，学生们将学习舞蹈、音乐、写作、记账以及拉丁语、法语和其他语言。其中，烹饪、天文、地理、算术和历史被列为选修科目。

16 世纪和 17 世纪英国的文法学校以其追求目标和实践不变的连续性而闻名。缺乏变化的主要原因是各种权威施加在文法学校身上的控制，例如文法学校创始人的法令，主教拥有许可和考试校长的权力以及国王和枢密院对教科书的规定。这种控制的结果是使学校像国教那样成为宗教灌输的代理人，并将拉丁语和希腊语作为课程的科目。因此，文法学校在推进诸如数学、自然科学、英语和外语等“现代学科”的学习方面几乎毫无作为。16 世纪现代学科被提倡和追求，但主要是由作家和贵族教师提出，他们有更大的自由来建议课程改革，他们更愿意教授那些能给学生带来实用价值和声望价值的学科。然而，文法学校仍然是古典课程的提供者。①

1560—1660 年，新的文法学校在全国迅速兴起，很快就规定只招收男生，课程牢牢地以经典著作为基础。② 16 世纪中叶至 17 世纪中叶通常被认为是英国教育发展的关键时期，人们的识字率不断提高，文法学校在全国范围内建立起来。③

1480—1660 年，英格兰 10 个县的捐赠者捐赠了 83 349 312 英镑的

---

① SYLVESTER D W. Educational documents, 800-1816[M]. London: Methuen, 1970: 91.

② FLETCHER A. Gender, sex, and subordination in England 1500-1800[M]. New Haven: Yale University Press, 1995: 299.

③ HANSEN E. A prosopographical study of early modern English schoolmasters, c. 1480-c. 1650[J]. Renaissance studies, 2021, 35(4): 675-690.

巨款。伟大的和慷慨的教育出现在斯图亚特早期。但是，正如查尔顿先生提醒的那样，要对复辟前的教育慈善动机做出解释，就必须考虑到这样一个事实，即那些已经获得财富并希望提高自己社会地位的人在教育捐赠中发现了一种可接受的慈善捐赠形式，这种形式以前在宗教目的的遗赠中找到了出路。事实上，为中等教育而不是看似更低级的基础教育机构捐款可能表明了一些捐赠者的私利和野心。①

从伊丽莎白时代到复辟时期，来自贵族家庭的男孩与来自中等或更下一级阶层的同学一起完成文法学校的日常活动是很正常的。1660—1800 年这一时期最显著的特点是文法学校的课程呈多样化发展趋势，坚持保留古典制度的学校，其价值观是对少年活力的约束和通过体罚强调严厉纪律。处于上层社会阶层的男孩接受教育当然不仅仅是为了一种职业、贸易或工艺。他们被训练去统治，或者是在威斯敏斯特还是在别的地方，成为公众人物或地主和乡绅。一种阶级和性别培训模式被刻意确立，它推动了汉诺威和后来的维多利亚时期的男子气概的发展。一批精选的旧文法学校成为公学，被统治精英垄断。②

当时有三种主要的学校。在小学校里，孩子们要学两三年的阅读和拼写。七八岁的时候，他们就可以进入写作学校或文法学校。在前者，孩子们每天至少需要读一章的英语课本，但教的两门主要科目是写作和算术，这两门课程是为艺术做准备，可以使学生完全适合接受任何普通学科的召唤。对于希望进入某一职业的人来说，在文法学校接受教育是习惯。文法学校在 16—17 世纪达到了最重要的地位。文法学校得到了中产阶级的大力支持，1560—1660 年，中产阶级将他们的财富投入教育基金，其规模可能比英国历史上任何一个世纪都要大。

---

① SYLVESTER D W. Education documents：England and Wales 800 to 1972[M]. London：Taylor & Francis Group，2006：153.

② FLETCHER A. Gender，sex，and subordination in England 1500-1800[M]. New Haven：Yale University Press，1995：301.

17 世纪上半叶创办的学校数量与前一个世纪创办的学校数量一样多。①

17 世纪的前 60 年是英格兰和威尔士文法学校繁荣的时期，所有希望上大学的人都可以接受大学预科教育。1670 年，克里斯托弗·瓦斯（Christopher Wase）收集到的信息是：免费文法学校和他的手稿中提到的 704 所学校的名单已经由 P. J. 沃利斯（P. J. Wallis）先生按照县进行了汇编和整理。事实上，并非所有这些学校都是免费的文法学校，704 所学校的数量可以与英格兰和威尔士 1320 所文法学校的数量相比，这些学校都存在于 1600 年和 1660 年。②

最近研究表明，包括私立付费学校在内，17 世纪有 4000 多所文法学校。其中一些学校，特别是伊顿公学、温彻斯特公学和威斯敏斯特公学，已经声名远播，超出了它们的近邻，某些乡村绅士的儿子作为寄宿生被送到这些学校，而不是被送到邻近的文法学校。这种做法并无新意，尽管并不普遍，但延续了整个 17 世纪。③

斯图亚特后期教育系统第一个令人印象深刻的事实是教育的持续扩张，不仅建立了新学校，还提供额外捐赠，扩大了现有的学校的规模。1868 年，学校调查委员会（Report of the Schools Inquiry）发布的《汤顿报告》（*Taunton Report*）中列出的 799 所学校中，有 500 所是在 200 多年前建立的，147 所是在 1660—1714 年建立的。在对文法学校系统的调查中，学校调查委员会可能希望寻找到导致这种教育在都铎王朝和斯图亚特早期扩张和取得成就后衰落的因素。在复辟后的几年里，英格兰和威尔士的文法学校的教育系统受到了一些冷遇。

汉斯（Hans）博士根据民族和社会出身对他挑选的 3000 名男子进

① DAVIES G. The early Stuarts，1603-1660[M]. Oxford：Clarendon Press，1959：352.

② VINCENT W A L. The grammar schools：their continuing tradition，1660-1714[M]. London：J. Murray，1969. 6.

③ BAMFORD T W. Thomas Arnold on education[M]. Cambridge：Cambridge University Press，1970：165.

行了分类，产生了一个由 2000 多名男子组成的英格兰和威尔士群体，其中包括 713 名贵族和绅士的儿子、750 名职业男子的儿子、361 名商人和商人的儿子以及 308 名农民、工匠和工人的儿子。在贵族和绅士的儿子中，有 239 人是由私人教师在家庭进行教育的。对于职业男性的儿子，其中有 191 名，包括 133 名神职人员的儿子，家庭教育在大多数情况下意味着他们是由父亲教导的。① 根据汉斯的说法，有头衔的贵族和普通贵族中更有眼光的父母选择让他们的孩子接受私人教师的教育。这个社会群体中的其他家庭在很大程度上把儿子送到伊顿公学或威斯敏斯特公学。这两所学校加上温彻斯特、圣保罗、什鲁斯伯里、商人泰勒、拉格比、哈罗和查特豪斯等学校，尤其受到贵族和富人的青睐。其他文法学校很难被称为精英学校，因为在调查中，其中 170 所学校只有 530 名男生。对他们来说，大学、异议学院或天主教学院的高等教育是通往卓越的大道。由此可见，家庭和私人教师以及私立学校在“知识精英”的教育中发挥了重要作用。

在复辟后的 60 年里，文法学校的数量减少了 119 所，只剩下 738 所。同期，私立学校的数量减少了 91 所，只剩下 210 所。按比例来说，私立学校数量的减少幅度大于公立文法学校。同时，进入剑桥大学的男生人数的减少与 17 世纪下半叶牛津大学和剑桥大学入学人数的减少是一致的。数据显示，在 16 世纪 30 年代，大约有 1055 名男孩升入牛津大学和剑桥大学。劳伦斯·斯通先生估计，在 16 世纪，每年在律师学院、私人家里或外国大学接受教育的年轻人数量约为 1240 人，而在 17 世纪的最后 10 年，这个数字减少到每年约 820 人。②

安东尼·伍德对复辟后牛津大学入学人数减少的解释是长老会教徒、无党派人士和其他狂热分子都不愿意在国内，所以将孩子送到海

---

① VINCENT W A L. The grammar schools：their continuing tradition，1660-1714[M]. London：J. Murray，1969：192.

② 平爱红，王威，张春宏. 简明中外教育史 [M]. 沈阳：辽宁大学出版社，2013：145.

外。虽然牛津大学和剑桥大学这两所大学入学人数减少，但越来越多的学生在国内接受私立教育，或在国外接受大学教育，并进入不同的学院。可以预料的是，为男孩进入大学做准备的中学变得越来越萧条。综上所述，我们可以注意到复辟后人们不愿意接受古典教育，这导致公立文法学校现状的恶化。①

二、九大公学

诺曼征服 300 多年后，只有 5%的人口能读写。领主和伯爵仍然认为教育是对封建农奴制的威胁，他们依靠农奴制来管理他们的财产，庄园的一些领主甚至颁布法律禁止当地农奴上学。然而，到了 14 世纪，英国教会已经建立了一个学校网络，为满足自己的雇主的需求以及为富裕的统治阶级服务，他们开始利用这些学校来教育他们的儿子。很快，文法学校和歌校被教会学校加入。富有的捐助者或行会建立“圣歌会”，每个圣歌会都有自己的牧师，他们独立于修道院的统治，因此可以不受神职精英的控制而参加礼拜仪式。这些学校允许基督教慈善家将他们对基督的奉献个性化，并按照自己的形象塑造学校。② 由此，第一所独立的公学就这样诞生了。公学的创建者和资助者的目的是为穷人提供免费教育。在当时，这些学校是充满革命性与前卫性的。第一所公学即温彻斯特公学，是由威廉·威克姆（William Wykeham）③

---

① SLEEPER S. Languages of moderation: religion, education, and print in England, 1649-1714[D]. Claremont: The Claremont Graduate University, 2006: 159.

② BOWEN J. A history of western education. Vol. 3: the modern west, Europe and the new world[M]. London: Methuen, 1981: 129-131.

③ 威廉·威克姆是中世纪温彻斯特教区的主教和大法官。他于 1379 年成立了牛津大学新学院和新学院学校（New College School），1382 年创建温彻斯特公学。他和王室有很亲密的关系。温莎城堡兴建时，他是监工，后来又管理过王室的财务，1363 年 6 月成为掌玺大臣。

于1382年创建的。威克姆来自汉普郡的一个农民家庭，在当地的文法学校接受了至少几年的教育。正是在这里，威克姆获得了有用的人脉，帮助他在温彻斯特城堡获得了一个文书职位。

威克姆对教育改革的第一次尝试是1379年在牛津大学建立了新学院，主要研究神学、教规、民法和艺术。为了支持他的机构，他还在温彻斯特建立了一所新学校来作为学院的支线，但他决心不让这成为贵族们把自己的后代强加给英国政府的另一种手段。威克姆设想了一个公平的招生系统，为和他一样出身卑微的男孩提供服务。温彻斯特公学在1382年迎来了第一批学生，这一时间距离该国第一次大规模社会主义运动农民起义不到一年。温彻斯特，毫无疑问也包括威克姆本人，在全国抗议活动中成为先锋者，抗议活动包括呼吁恢复阿尔弗雷德大帝（Alfred the Great）的社会平等和温彻斯特的法律。威克姆的学校最初只有70名自由学者，这是耶稣根据路加福音派遣来传播上帝之道的门徒人数拟定的，他的解决方案是创建两个巨大的机构来教育人们成为牧师。第一个成立的是牛津新学院，成立于1379年，主要研究神学、教规、民法以及艺术。新学院将有70名学者，其中的50名研究神学。第二所学校是温彻斯特公学，成立于1382年，作为新学院的附属学校，一旦温彻斯特公学有足够多的学生，牛津学院的学生将完全来自温彻斯特公学。①

第一所公学的建立与伊顿公学、圣保罗公学和威斯敏斯特公学齐头并进。商人泰勒学校（Merchant Taylors' School）的宪章，由同名的泰勒公司（Merchant Taylors' Company）于1561年创建，规定它应该满足在招收250名学生的情况下，其中100名必须是穷人的儿子。威克姆和其他早期资助者并没有忽视他们学校的资金需求。很快，拥有

---

① TURNER D. The old boys：the decline and rise of the public school[M]. New Haven and London：Yale University Press，2015：4.

土地的贵族强迫修改公学章程，以打破财政上限。温彻斯特公学修订后的章程写道："然而，允许贵族和上流社会人士的儿子以及一些特殊朋友，最多 10 人，在同一学院内接受语法方面的指导和通知。"[①]

17 世纪的英格兰是一个艰难的成长之地，公学便反映了这一点。在社会底层立足几乎会受到各种侮辱或羞辱。对学者们来说，他们中的许多人都是被雇来当仆人的。在给新贵族提供的有偿服务中，可以找到工资制度的起源，在这种制度中，年龄稍长的男孩往往使用年轻的人员作为私人仆人。教师的工资较低，他们经常会寻找更好的职位，如扮演伯爵和公爵的儿子的附庸角色。英国公学的历史上有很多"不是很富有但很出名"的人的名字，他们在同龄人和老师的手里经历了可怕的过往。以历史学家、牛津大学和剑桥大学划船比赛创始人查尔斯·梅里维尔（Charles Merivale）的学校经历为例。梅里维尔是一名运动员，他虽然并不胆怯害羞，但他不能声称自己是任何著名祖先的后裔。

在哈罗公学的整个时间里，这所学校给梅里维尔留下了深刻的"社会劣根性"印象，他说这种劣根性给他的余生留下了创伤。尽管存在不公平，学校在某种程度上仍然是威克姆所设想的社会流动的温和媒介。理查德·尼尔（Richard Neile），其父亲为牛油商，在 1631 年从卑微的出身上升为约克大主教，这主要归功于威斯敏斯特学校的教育。另一位威斯敏斯特学者理查德·科贝特（Richard Corbet）于 1628 年被任命为牛津主教，尽管他的父亲是一个卑微的保姆。[②] 公学的出现是因为大学的卓越地位，在中世纪晚期的英国，大学已经成为政治和社会进步的关键。如果古代文法学校被允许发展和自然演变，可能会有一

---

① LABORDE E D. Harrow school, yesterday and today[M]. London: Winchester Publications Limited, 1948: 56.

② LABORDE E D. Harrow school, yesterday and today[M]. London: Winchester Publications Limited, 1948: 73-74.

个非常独立的教育系统，有更强的公学，进而得到整个社区的支持。

正是这种风气曾经让整个社区变得富裕，而不仅仅是少数特权阶层。英国公学改革的故事在很大程度上是既得利益者与教会、国家和经济现实斗争的故事。但这是一个错失的机会，也是意志薄弱的政客被要求抑制自己网络影响力的机会。近半个世纪以来，废除死刑甚至进行严肃的改革一直是当务之急。然而，在格鲁吉亚和维多利亚时代的英国，这一点得到了积极的追求，后来在哈罗德·威尔逊（Harold Wilson）工党的领导下，伟大的公学因其存在而生活在真正的恐惧中。伊顿公学甚至设计了移居爱尔兰或法国的计划，同时也考虑成为一所综合性大学。公学运动在开始时最脆弱，当时它脱离了教会的修道规则，几乎被扼杀。绕过修道院学校直接送学生上大学的想法被高级神职人员认为是亵渎神明的。温彻斯特公学专门将学生送到牛津的姐妹学院，而伊顿与剑桥的国王学院有着类似的关系。这相当于直接冲击了教会对国家上层教育长达几个世纪的控制。①

为了追求体育传统的理想，许多公学开发了自己的游戏。也许最著名的是伊顿公学的壁球运动，这是一种流传至今的全接触球类运动。对于一些真正的渐进式改革，学校自己也认为是必要的。管理结构的改善、住宿条件的改善以及课程和教学的质量将受到监督。通过接受克拉伦登的适度改革，九所领先的公学躲过了 16 世纪和 17 世纪为帮助教育社区而建立的 782 种语法的彻底改革。在陶顿委员会（Taunton Commission）的领导下，人们认为这些学校在全国的分布不太均衡，留下了一些被忽视的文盲和半文盲群体。为了弥补这一点，成立了捐赠学校委员会（Endowed Schools Commission）。一夜之间，英国的文法学校变成了准公学，向那些能够接受付费教育的人开放。克拉伦登和陶顿委员会压倒一切法案以及随后的议会法案，是为了在未来 150 年

① 王晋新，姜德福. 现代早期英国社会变迁［M］. 上海：三联书店，2008：125-126.

里保持和加强英国以班级为基础的教育体系的现状。公学没有得到彻底的改革，也没有重新分配公众几个世纪以来从国家捐赠和慈善捐赠中积累的大量资源。①

三、牛津大学与剑桥大学

在17世纪，牛津大学和剑桥大学超过一半的学生是绅士、专业人士或神职人员的儿子，剩下的大部分可能来自富裕的城市家庭。在大学里，在为教会工作而学习的学生和通常没有完成学位的年轻绅士之间也有非正式的划分。在16世纪晚期和17世纪早期，大学教育的实际内容一直是一个具有争议性的话题。逻辑学和修辞学等一系列相当传统的课程仍然是正式课程的核心，尽管在16世纪引入了包括希腊语、希伯来语和数学在内的新主题，但这种指导是通过强调人文主义材料的教程来补充的。这在很大程度上取决于学生的能力、导师的倾向以及某所大学的方向。

从伊丽莎白统治时期到内战期间，贵族子弟大量涌入牛津大学和剑桥大学，平均入学年龄约为17岁。新建立的大学辅导制度，在强化他们的古典学习的同时，也打破了学术传统，为他们介绍了历史和地理等学科。17世纪大学体罚现象的减少可能与1660年入学年龄中值由17岁改为18岁有关。17世纪20年代剑桥大学的约瑟夫·米德（Joseph Mede）等大学导师对学生很认真，有关他们的文献表明，他们在监督学生行为、指导阅读和组织适合进入农村社会的年轻绅士的工作计划方面付出了很大的努力。②

① VERKAIK R. Posh boys: how English public schools ruin Britain[M]. London: Oneworld Publications, 2018: 45.

② FLETCHER A. Gender, sex, and subordination in England 1500-1800[M]. New Haven: Yale University Press, 1995: 310.

在牛津大学和剑桥大学两所大学中，牛津大学更具有古典气息。在17世纪的头40年里，牛津大学似乎很繁荣。1602年底，托马斯·博德利（Thomas Bodley）[①] 爵士在早期图书馆基础上建造的新图书馆已经准备就绪。它的进展非同一般。开馆时约有2000卷书，3年后增至6000卷书，到1620年增至16 000卷书。亨利·萨维尔（Henry Savile）爵士创立了几何和天文学教授职位，至今牛津大学仍在纪念他的名字。当时最著名的古物学家威廉·卡姆登（William Camden）被授予了古代史教授职位。丹比（Danby）伯爵把莫德林学院对面的5英亩土地给了这所大学作为植物园，并花了一大笔钱将其修建和围起来，以促进物理学和植物学的研究。当大学被罗马天主教赞助人赋予教会生活的任命时，牛津大学在南部和西部得到赞助，剑桥大学在东部和东北部得到赞助。

瓦德汉学院建筑完成于1613年，这所学院是由萨默塞特郡富有的地主尼古拉斯·瓦德姆（Nicholas Wadham）和他的妻子多萝西（Dorothy）建立的。自宗教改革以来，越来越多的贵族送他们的儿子上大学，这一现象表明了人们的求知欲在不断增长，同时也表明了大学教育在提供公共事业所必需的技能、修养和人脉方面所起的作用。除了这种世俗功能，牛津大学和剑桥大学仍然是神职人员的培训场所。16世纪，沃德姆成为以典狱长（Warden）约翰·威尔金斯为中心的一群杰出科学家的中心。[②]

17世纪20年代，凯瑟琳·帕斯顿夫人（Lady Katherine Pason）和她在剑桥大学读书的儿子威廉（William）之间的通信表明了一位母亲对儿子的期望。

---

① 托马斯·博德利爵士（1545—1613）是一位英国外交官和学者，他在牛津大学创立了博德利图书馆，其最大的成就是在牛津大学重建图书馆。

② WORDEN B. Stuart England[M]. Oxford:Phaidon,1986:21.

因为你的土地是在耕耘过的土地上，如果你播下好种子，你就会收获丰盛而舒适的庄稼……我希望你能每天起床后在特定的时间完成任务，并且坚持下去而不感到疲倦……你一定要记住，亚当的子孙生来就是要汗流浃背地挖掘和钻研的。同样，智慧不是被发现的，而是一个隐藏的宝藏，必须经过大量的探索才能找到它。我这样想是要让你记住，你这样做是为了我，但主要是为了你自己，这样我就可以从那个充满神圣和人类知识的地方接待你，使我的灵魂得到安慰，因为在这一生中，没有什么比你的美德和文明的行为对我更亲切了。①

在伊丽莎白和斯图亚特时代，甚至在后来的时期，在大学或律师学院获得的教育到底有多少价值，这是有争议的。到 1600 年，进入牛津大学和剑桥大学的学生人数从 150 人左右增加到 500 人左右。② 到 1700 年，旧的大学教育体系可能确实影响了构成文艺复兴和 17 世纪英国的思想的份额，但课程设置和教学方法似乎已经僵化。尽管在一位历史学家看来，当时的地主绅士和神职人员可能已经是衰落的社会群体，但英国大学代表着古人，从而使绅士们暴露在同样的精英社会价值观体系之下，并“提供了一种价值观巩固现状的课程”③。

丹尼尔爵士在牛津大学女王学院读书的时光给他留下了深刻的印象。17 世纪 50 年代初，他的父母作为保皇党，面临着严重的经济问题，但他的父母一直鼓励他。

---

① FLETCHER A. Gender, sex, and subordination in England 1500-1800[M]. New Haven: Yale University Press, 1995: 311.

② MINGAY G E. The gentry: the rise and fall of a ruling class[M]. New York: Longman, 1976: 159.

③ KEITH SIDNEY D. The informal education of the landed classes in the eighteenth century, with particular reference to reading[D]. Birmingham: University of Birmingham, 1974: 13.

英国贵族的子弟学习英语、数学、会计和外语等科目，以取代文法学校死板的经典课程。然而，古典教育仍然很重要，一方面是为学生上牛津大学或剑桥大学做准备；另一方面是在能读和不能读拉丁文的人之间在社会上制造另一种文化鸿沟。在内战之前，大学本身在本科生数量上经历了相当大的扩张，并在学习和学术方面获得了很高的声誉。增长的人员大部分来自贵族子弟，他们被与同龄人接触的社会优势所吸引，同时也被提供给他们的古典、人文和宗教教育所吸引。很少有人获得学位，除非他们注定要从事教会或学术专业。

尽管牛津大学表面上很繁荣，但一切并不顺利。仅存的几篇关于大学生的叙述都认为，酗酒、淫乱和游手好闲等现象在学生中很普遍。因此，当时的伦敦主教，后来的坎特伯雷大主教劳德在1630年被选为校长时，感到有必要改革大学。他应该首先确保学生严格遵守学校的规定。1636年，《劳狄安法典》被采纳，并持续了两个多世纪。《劳德规约》只对中世纪的法令做了必要的改动。[①] 它的总体效果是提高了学院的地位，并增加了校长的权力。

保守的清教徒教育辩护者之一，长老会的托马斯·霍尔（Thomas Hall）指出，如果有牧师，那么就必须有学校。1648年的一位匿名作家也提出了同样的观点。他补充说，将建立更多的学校，为教会和国家培养更多的人才。这种教育的高潮出现在牛津大学或剑桥大学，那里的研究仍然和前半个世纪一样多。正式来说，剑桥大学由1570年的《伊丽莎白法令》管辖，而16世纪40年代和50年代的牛津大学继续按照1636年的《劳德规约》运作。

然而，事实证明，这些法规在16世纪末和17世纪初并没有完全生效。在剑桥大学实施的《伊丽莎白法令》要求艺术本科生在大学至少

---

① GREAVES R L. The puritan revolution and educational thought: background for reform[M]. New Brunswick: Rutgers University Press, 1969: 9.

居住16个学期，在此期间，学生需要参加大学的修辞学、逻辑学和哲学讲座。在牛津大学，《劳德规约》规定文学院的学生参加16个学期或4年的课程，在此期间，他们必须参加大学的公开讲座。贵族的儿子以及男爵和骑士的长子被允许在3年内获得牛津大学的学士学位。在牛津大学攻读硕士学位的学生需要在大学里多待3年或12个学期，尽管经常会有例外。在剑桥大学，硕士考试也是在获得学士学位后再学习3年进行的。然而，通常较高学位的候选人会获得特许，允许他们以非居民身份攻读学位，从而大幅削减专业学位的费用。

对于大学本科生来说，主要的压力在16世纪和17世纪慢慢地从以学术为中心的课程转变为更包容自然科学而不太关注逻辑的课程。长期以来，强调后者一直是研究经院神学的传统前提。清教徒断然拒绝将经院神学作为人口哲学的一部分，但保留了某些唯名论的前提，如不信任理性和强调权威来解决无法理性解决的问题。清教徒也不认为有必要完全拒绝传统的学校课程，这种课程现在已经被奉为神圣的课程。在牛津大学，本科生学习语法、修辞学、道德哲学、几何、希腊语以及逻辑。修辞学现在包括对古典文学的调查，在两所大学的课程中被赋予了更大的作用。

支配剑桥大学学术生活的伊丽莎白时代的法规规定了大学除课程以外的几乎所有方面的运作。本科生第一年学习修辞学，第二年和第三年学习逻辑学，第四年学习哲学。修辞学讲师被要求讨论昆体良（Quintilian）、赫莫吉尼斯（Hermogenes）或西塞罗；逻辑学讲师讲授亚里士多德的辩证法著作和西塞罗的《话题》；哲学讲师讲授亚里士多德、普林尼（Plinius）和柏拉图。除了上课，大学生还被要求参加学术活动，特别是学术辩论。威廉·哈勒（William Haller）观察到，剑桥大学的清教教师们真正感兴趣的不是让他们的学生成为学术上的争论者，而是让他们成为传教士。布道是强调的主题，主要的权威是《圣经》，而不是亚里士多德和他的前辈。

大学课程中所有科目的设置都是为了把知识应用到实际事务中。剑桥大学本科生的一个非典型的学习项目通常被认为是清教徒理查德·霍尔兹沃思（Richard Holdsworth）的课程，他于1613年成为圣约翰学院的院士，1637年成为伊曼纽尔学院的硕士，是内战中的保皇党支持者。据推测，1629—1637年在格雷沙姆学院担任教授的霍尔兹沃思比他的导师们更重视科学。他一年级的学生钻研逻辑学、伦理学、物理学、历史、语法、古典文学、地理、伊拉斯谟的著作和新约。① 在开始第二年的学习之前，学生们被要求复习拉丁语和希腊语语法。然后，他们准备开始新一年的学习，重点是伦理学、物理学、形而上学、古典文学和演讲学。在第三年，他们要面对更多的经典著作、演讲学、伦理学、物理学以及历史。在第四年，学生除了参与辩论之外，还会阅读更多的亚里士多德的著作、神学概论、查士丁尼文集和其他经典著作，也许还会阅读医学概论。英国圣公会教徒、剑桥大学三一学院院士詹姆斯·杜波特（James Duport）制定的一套规则在教育方法上较为保守，强调行为举止以及思辨性学习。语言学研究仍然是大学课程的一部分，本科生必须学习拉丁语和希腊语。在牛津大学，从大三开始，本科生和硕士生都被要求参加希腊语讲座，强调古典语言不受欢迎。然而，早在1600年，剑桥大学的学生们就开始用英语而不是拉丁语交流。学校章程通常规定，在学校大厅用餐时必须讲拉丁语。②

牛津大学的硕士需要学习道德哲学、天文学、几何学、自然哲学、形而上学、历史学、希腊语和希伯来语。在剑桥大学，根据伊丽莎白时代的规定，硕士生必须参加哲学、天文学、绘画和希腊语等学科的讲座。希伯来语、神学和历史也经常被学习。在这两所大学，学生也

① GREAVES R L. The puritan revolution and educational thought: background for reform[M]. New Brunswick: Rutgers University Press, 1969: 11.

② GREAVES R L. The puritan revolution and educational thought: background for reform[M]. New Brunswick: Rutgers University Press, 1969: 12.

可以学习阿拉伯语，因为劳德1632年在剑桥大学、1636年在牛津大学设立了阿拉伯语教授职位。克拉伦登指出，当查理二世在1660年登基时，他发现牛津大学和剑桥大学拥有众多优秀的学者，他们致力于责任和服从。皇家学会的历史学家托马斯·斯普拉特（Thomas Sprat）在谈到克伦威尔时期的牛津大学时，也表达了钦佩之情。斯普拉特特别想到了塞斯·沃德、沃德姆学院院长约翰·威尔金斯、萨维廉大学历史学教授约翰·沃利斯和默顿学院院长乔纳森·戈达德（Jonathan Goddard）等人，他们在保皇党事业崩溃后来到牛津大学。1649年7月，负责监督牛津大学访问者的议会委员会下令，要求牛津大学的访问者在牛津大学参加谈话活动中，必须严格并不断地使用拉丁语或希腊语，任何研究员、学者或学生不得使用其他语言。这些规定虽然收效甚微，但语言学习仍然是所有本科生的必修课。[①]

在17世纪早期，著名的科学家和数学家往往没有大学职位。在剑桥大学，大学对课程的控制没有那么严格，导师可以选择让学生阅读最新的科学著作，但大多数导师对新的实验科学不感兴趣，有些人甚至忽视了古代科学家的工作。例如在霍尔兹沃思的课程中，学生学习的科学是亚里士多德式的。通常使用的教科书是中世纪的而不是现代的。医学讲师被要求评论希波克拉底（Hippocrates）和盖伦（Galenus）。汤姆林斯（Tomlinson）解剖学讲师的职位是在1622年被授予的，但他并没有进行解剖。宇宙学和地理学的讲师被要求评论普林尼、斯特拉波（Strabo）和柏拉图。剑桥大学直到1663年才设立了数学教授。清教徒约翰·沃利斯在伊曼纽尔学院获得学士学位（1637）和硕士学位（1640），在那里他受到霍尔兹沃思的影响。他在1697年指出，数学很少被看作是学术研究，而是机械研究；它作为商人、海员、

① GREAVES R L. The puritan revolution and educational thought: background for reform[M]. New Jersey: Rutgers University Press, 1969: 11.

木匠、土地测量员等人的必学科目；也许还有伦敦的一些年历制作者也需要学习数学。①

在当时，所使用的教科书已经相当过时了，讲座也没有显示出任何与“新哲学”接触的迹象。托勒密被认为是天体系统的一个足够的指南，就像柏拉图的宇宙理论。因此，总的来说，很难对培根的判断提出异议，即这两所大学的课程虽然能很好地训练记忆力，但并不适合发展智力或扩展现有的知识。尽管有大规模的驱逐和时代的干扰，但大学的学术水平仍然得到了很好的维持，纪律也得到了很大的改善。②

当然，这并不意味着情况是一成不变的，因为被录取的本科生人数以及即将毕业的本科生人数大幅增长，延续了16世纪末就已经很明显的增长趋势。例如在16世纪20年代，剑桥大学大约有3000名学生，每年录取人数在300人左右，而在牛津大学录取人数略低。③ 伊丽莎白统治时期及之后，富裕家庭的儿子进入大学的数量显著增加。④

四、律师学院

律师学院是大学教育的另一种补充或替代，皮姆和克伦威尔等许多政要都曾就读于此。塞尔登（Selden）声称，在四所律师学院中最不常去的一所，大约有200名学生，都是有教养的人的儿子。他认为，在律师学院里有一种学院或体育馆，在那里学生学习各种音乐、舞蹈，

---

① GREAVES R L. The puritan revolution and educational thought: background for reform[M]. New Jersey: Rutgers University Press, 1969: 12-13.

② DAVIES G. The early Stuarts, 1603-1660[M]. Oxford: Clarendon Press, 1959: 357.

③ CURTIS M H. Oxford and Cambridge in Transition[M]. Oxford: Clarendon Press, 1959: 236.

④ KEARNEY H F. Scholars and gentlemen: universities and society in pre-industrial Britain 1500-1700[M]. London: Faber, 1970: 68.

以及其他适合他们素质的东西，或者通常在宫廷里练习的东西。在其他时候，大部分人致力于研究法律。研究显示，1427—1540 年，格雷学院、内殿学院、林肯学院和中殿学院的入学人数增长了不到 20%。在接下来的 70 年里，这一数字几乎翻了 5 倍，直到 1640 年都保持在高位。急于接受律师学院教育的绝大多数人都是地主统治阶级的成员。① 詹姆斯一世的命令——限制绅士进入律师学院，确实被忽视了。因为在 17 世纪早期的英国流动社会中，新贵是不能被拒之门外的。但是住在律师学院的费用（每年最低 40 英镑）有效地确保了这种特权仅限于富裕的人。普雷斯特博士的数据非常清楚地证明了这种社会排他性。

1590—1639 年，在 12 163 名进入律师学院的学生中，10 761 人（88%）是贵族或绅士的儿子。律师学院在社交上比牛津大学和剑桥大学排外得多。有充分的证据表明，在内战之前的 50 年里，英国的律师比以往任何时候都更富有，且更有影响力。许多人在大学毕业后去了伦敦的律师学院，那里有许多社会精修学校的设施，还提供短暂的法律学习。然而，内战后出现了一种反应。很少有贵族子弟去上大学或律师学院，除非是为自己的职业生涯做准备，大学在数量上和学术质量上都开始下降。可见，英国社会在斯图亚特王朝统治期间发生了一些根本性的变化。彻底的经济重组是为了使整个国家更加富有，并改善每个人的物质生活。这些变化伴随着社会结构的日益两极化，扩大了少数富人或相当富裕的人与许多穷人之间的鸿沟，特别是在农村。随着社会的上层和中层阶层变得越来越有文化、世俗化和理性，而穷人仍然目不识丁，并继续抱着一种很大程度上迷信的观念，这种分化被文化变革所加剧。②

17 世纪，律师学院的成员对艺术和科学做出了贡献，他们不是作

① HILL C. The Inns of Court[J]. History of education quarterly, 1972, 12(4): 543-550.

② WORDEN B. Stuart England[M]. Oxford: Phaidon, 1986: 47.

为消费者和赞助者，更不是生产者。这一方面反映了法律职业以及所有知识生活的专业化，另一方面是詹姆斯一世统治中期出现的普遍文化萎靡的症状。随着社会和国家内部的分歧越来越明显，人们先前用于文学和学术的精力转向了对政治和神学方面的关注。然而，即使在度过了 13 世纪鼎盛时期之后，律师学院仍然继续为许多作家的职业生涯提供了一个宝贵的开端，它既是相宜的住所，也是伦敦文坛的前厅，有助于将伊丽莎白时代和斯图亚特早期伦敦的艺术和知识热情扩散到全国各地，将艺术和科学从宫廷和教会及其机构的统治中解放出来，从而在未来几个世纪塑造英国独特的文化形象。

但在 1660 年后，绅士们还是逐渐远离了律师学院，律师学院失去了作为社会中心的声望，但恢复了其作为主要专业机构的中世纪地位。① 在 17 世纪后期，律师学院作为富有绅士的精修学校的功能下降，恢复了最初的专业目的。律师学院中来自贵族家庭的学生比例下降，而来自商业和专业家庭的学生比例上升。此外，人们认识到，一知半解的法律知识几乎没有实际用处，甚至可能是危险的。任何重要的问题都需要咨询专家，训练有素的且有声望的律师越来越多。虽然在那个诉讼盛行的年代，对一位绅士来说，略知法律是有利的，但要想对这门学科的专门分支有全面的了解，只能结合私人学习手册，出席法庭和参加律师学院提供的听力学习练习案件陈述、辩论和阅读。也许很少有地主、绅士能对法律术语、法律表格和法律程序略知一二，但为了实际目的，他们不得不依靠专业人士的建议和专门为外行印制的书籍。同时，越来越多的绅士进入大学和律师学院。② 在高等教育领域，英国本身有一所“第三大学”，即律师学院，它从战前的教育扩张中获益良多，与大学相比，它的学生中贵族人数占多数。

---

① HILL C. The Inns of Court[J]. History of education quarterly，1972，12(4)：543-550.

② MINGAY G E. The gentry：the rise and fall of a ruling class[M]. New York：Longman，1976：160.

许多贵族都在律师学院待过一段时间。但在大多数情况下，他们的目的不是进入法学院，而是完成文科教育。律师学院没有导师制，也没有试图控制个人生活或校外行为。与乡村绅士最相关的法律领域，即司法程序和庄园法庭事务，在律师学院里几乎都不怎么学习或教授。从年轻人的活动记录中可以清楚地看出，在律师学院，认真学习并不是他们优先考虑的事情。查士丁尼·帕吉特（Justinian Pagitt）在17世纪30年代的消遣包括准备假面舞会、上舞蹈学校、玩游戏、弹琵琶和参加市长的演出，如果有时间他还会去打网球，或者去格林尼治旅行。①

伊丽莎白和斯图亚特王朝早期的律师都受过良好的教育，比同时代的任何门外汉都受过良好的教育。大多数普通律师离开大学时都懒得去拿学位，就像大多数学生一样，他们注定不会从事教会、医学或民法方面的工作。即便如此，大学毕业生的数量还是相当多。

在这个时期，英国实际上有三所大学，即牛津大学、剑桥大学和律师学院。越来越多的年轻贵族和绅士到律师学院学习法律，同时学习附近法院的一些风俗。在16世纪晚期和17世纪早期，有相当多的贵族、地主、绅士接受了一点法律教育。事实上，尽管大学和律师学院的声望同时上升，但绅士们光顾律师学院的次数总是比这两所历史悠久的大学加起来还要多。②

如果不是在规模上对比的话，四所著名的律师学院在功能和地位上与牛津大学和剑桥大学不相上下。查理一世的枢密院将这些学院描述为神学院和托儿所，在这里，王国的贵族和为陛下服务的公共财富的人被培养和训练。律师学院每年招收的学生总数从未超过牛津大学

---

① FLETCHER A. Gender, sex, and subordination in England 1500-1800[M]. New Haven: Yale University Press, 1995: 315.

② STONE L. The crisis of the aristocracy 1558-1641[M]. London/New York: Oxford University Press, 1965: 690.

或剑桥大学的三分之二，但律师学院中的大多数成员都属于比普通本科生更高的社会阶层。入学登记和录取名单提供的证据虽然不完整，但牛津大学和剑桥大学的新生中，可能只有40％来自地主、绅士或贵族，而被律师学院录取的学生中，有80％以上来自地主、绅士或贵族。长期议会最初的议员中至少有306人上过律师学院，比上过大学的议员多出30人，早期议会议员的教育背景也显示出律师学院的优势。

从16世纪早期到1640年，律师学院的入学人数大幅增加。查尔顿认为这种增长既是量的变化，也是质的变化。大部分每年入学人数的增加追求的是社会声望，而不是任何形式的法律教育。此外，查尔顿还提出了一些学生行为不端的例子，但并没有得到确认。

学生们很少得到正面的报道，查尔顿也没有像他的假设所要求的那样，证明在16世纪和17世纪被报道的行为不端事件与入学人数的增加不成比例。要确定人类行为的动机是出了名的困难，虽然许多16世纪的新来者不可能对律师学院成员的社会声望完全漠不关心，但也不可能因此就认为他们在居住期间没有学过法律。还有一点证据可以支持这样一个常识性的假设，大多数花钱把孩子送进律师学院的父母都希望孩子在那里学习一些法律知识。在最早对律师学院有条理的描述中，福蒂斯丘（Fortescue）声称，律师学院吸引了两类学生：一类是想成为律师的学生；另一类是那些父母不希望他们接受法律科学的训练，也不希望他们靠法律实践生活，只需要他们有一定法律基础即可。

许多杰出的律师都在牛津大学、剑桥大学或其他大学获得了一部分法律知识，也许是更大一部分的法律基础，但曾几何时，除了律师学院以外，在任何地方都找不到任何重要的法律课程，教会法和罗马法除外。大律师和法官在律师学校接受了教育和培训，他们塑造和发展了普通法（Common Law）和衡平法（Equity）原则。①

律师学院的学生有三种学习法律的方法：私下阅读、出庭和参加听觉学习练习。其中，私下阅读是最重要的，或者说在印刷术引进之前可能是最重要的。但是，仅仅学习法律书籍，无论是手稿还是印刷的形式，都不足以成为一名律师。为此，对学生最终希望实习的法庭的课程有所熟悉，对法律辩论的形式和技巧有所了解也是必要的。在这种程度上，参加听觉学习练习和观察法庭行动的习俗具有明确而实际的教育功能。

与经常被拿来与之比较的大学不同，律师学院没有导师制。詹姆斯·克莱兰德建议，人们应该把孩子送到律师学院。几个世纪以来，律师学院一直由法官或法官大师管理，并成立了专门的管理机构，这个管理机构是由律师学院的律师自行任命的。大学教育的另一个补充或替代是由律师学院提供的，许多名人都参加了，如皮姆和克伦威尔。他们在那里学习各种音乐、舞蹈以及适合他们的其他技能，以便于今后从事法律研究。②

斯通将英国"教育革命"的时间定在1560—1600年，这在很大程度上依赖于统计证据，证明英国教育革命的人数大幅增加以及16世纪后期向高等教育的转变。不幸的是，16世纪中叶以前，大学和律师学院的招生名册极其零碎，尽管此后相对丰富和完整。

在16世纪末和17世纪初，住在律师学院是传统绅士教育的一部分，人们普遍认为，年轻男子无论是否注定要去法院，都应该在律师学院学习一些法律知识。伊丽莎白时代和早期斯图亚特时代的商人和自耕农也通过让他们的儿子进入一家律师学院来达到同样的目的：任

---

① MAXWELL-FYFE D. The Inns of Court and the impact on the legal profession in England[J]. SMU law review,1950(4):391-397.

② DAVIES G. The early Stuarts,1603-1660[M]. New York:Oxford University Press,1937:360.

何研究现实法律的人，他将被称为主人，将被认为是一位绅士。

律师学院中除了有完成正规教育或准备从事法律职业的青少年之外，还有相当一部分年龄较大的进入者，如得到主人青睐的议员们（Benchers）、在法律机构中获得职位并需要加入其办公室所在的律师学院的男性、寻求提高收入或社会地位或两者兼而有之的律师。

第三节　以欧洲大陆为场域的游学活动

17 世纪以来，游学已经成为英国贵族家庭的风尚，史称“大旅行”，也被译作“欧陆游学”或“大陆游学”。大旅行与其说是旅行，不如说是学习。其是指英国贵族阶级子弟在本国教育告一段落之后，到欧陆进行长时间的旅行，这成为贵族教育中不可或缺的一部分。作为教育的一部分，大旅行给贵族们带来更多的是文化熏陶和艺术培养，这是大旅行的精髓所在。

一、目标与理想

大旅行的真正目的是提高品位，使人们学会成为鉴赏家。此外，旅行是学习正确语言发音的最佳方式。法语被认为是特别难学的语音。最好在法国学习法语的建议受到青睐，因为那里说的法语最纯正。

为什么年轻的贵族被派往法国？理查德・拉塞尔斯（Richard Lassels）解释说，年轻的贵族被派往法国学习法国贵族的相关知识。也正是在路易十四的宫廷中，体现了法国人的礼貌。

切斯特菲尔德伯爵想让他的儿子效仿的是获得荣誉的男人。然而，因为法国贵族花了太多时间与女士们谈情说爱，他们的男子气概被认为是可疑的，年轻的英国贵族也被警告不要模仿他们。法语长期以来被认为是上流社会年轻人的社会生活或公共事业的必需品。在人文主义传统中，语言被认为是绅士们最好的学习内容。正如已经看到的那样，法语不仅仅对年轻的绅士有一种润色和提高的作用，而且传统上有助于他成为一个真正的男人。

英国贵族们进行大旅行的潜在心理原因是复杂多样的，更确切地说，大旅行的原因可以归类为事业、教育、文化、文学、健康、科学、商业、经济和其他。旅行的原因经历了广泛的变化，这可以与英国的总体文化环境和不断变化的游客群体的社会构成联系起来。通过旅行获得的职业实践训练，只有在大旅行的早期才被发现是重要的，当时像托马斯·霍比（Thomas Hobbes）爵士和亨利·沃顿（Henry Wharton）爵士这样的贵族成员，可以运用他们在旅行中学到的技能，进入政府服务，晋升为大使。但总体而言，样本中的土地阶层一般晋升为议员和郡治安官，贵族则晋升为中尉和宫廷闲职。无论他们是否旅行，这些职位都是为他们的社会阶层保留的。这进一步证明，外交生涯并不是许多“大游客”的重要动机。

尽管大旅行已经被各种学科所研究，但人们很少从旅行研究的角度去分析它。人们考察了大旅行的四个方面：游客、旅行的空间和时间以及旅行业的逐步发展。然后对旅行性质的连续性和变化程度进行了评估，其显著变化主要归因于游客社会阶层的变化。大旅行是对各种学科的考试，也是对旅行的严格限制。大旅行是特定社会和文化环境的产物，因此它吸引了16—17世纪与英国历史有关的许多学科的注意，而每一个学科又提供了自己对这个问题的观点。①

到16世纪末，贵族子弟的正式教育大约从7岁开始，由私人教师指导。后来，一些贵族学生转到文法学校，然后在大学或法律学院度过一段时间。到这个时候，贵族子弟的教育显然还包括所谓的大旅行，

---

① WARNEKE S. Images of the educational traveller in early modern England[M]. Leiden:EJ Brill,1995:225.

即环游欧洲，主要是法国、意大利和德国。大旅行经常被学者们认为是环游欧洲的愉快旅行，有额外的好处，可以提高一个高贵旅行者的社交风度，实际上主要是为了教育目的。查尔顿曾讨论过大旅行的教育目的，他强调了大旅行在提供现代语言的实用知识、提高骑马和击剑技术等社交礼仪方面的作用。然而，作为获得更正规和普通教育的另一种途径，大旅行的作用并不是他所关心的重点。爱德华·钱尼（Edward Chaney）是研究大旅行的最新学者，他一直对意大利之旅及其对英国贵族的文化影响很感兴趣。①

贵族子弟的教育包括所谓的大旅行。早期关于教育的主要人文主义作家都没有将他们作品的任何部分用于描述国外旅行及其在贵族子弟教育中的作用。后来的建议信填补了这个空白。最具特色的旅行建议书是威廉·塞西尔（William Cecil）爵士给他的儿子托马斯和菲利普·西德尼（Philip Sidney）爵士给他的弟弟罗伯特写的那些信，由第二代埃塞克斯伯爵罗伯特·德弗罗（Robert Devereux，2nd Earl of Essex）送给他的第六代堂兄和朋友罗杰·曼纳斯（Roger Manners），也就是第五代拉特兰伯爵（5th Earl of Rutland）。根据这些信件，我们总结出出国旅行有几个目的。第一个目的是教育。在意大利和希腊，贵族青年应该受到古希腊和古罗马文化遗迹的影响。第二个目的是由他们作为贵族的社会地位所决定的。他们可以学习骑马、击剑、舞蹈和音乐。这些绅士艺术的完美只能在巴黎和佛罗伦萨实现。第三个目的是作为未来的政治家的要求。年轻的贵族们必须学习和练习外语：法语、意大利语和德语。贵族们还需要研究欧洲不同的政治制度。第四个目的是在伊丽莎白和早期斯图亚特王朝统治下的长期和平时期获得军事经验。总的来说，大旅行不是为了享乐，它是完成一个受过人

① DANUSHEVSKAYA A V. The formation of a Renaissance nobleman：William Cecil，2nd Earl of Salisbury 1591-1668[J]. History of education，2002，31(6)：505-520.

文教育的贵族的创造，这样贵族就可以准备好利用他的美德为君主服务，为国家谋福利。

17 世纪早期，约翰·坦普尔（John Temple）曾被建议：无论何时，都要好好照顾和你一起躺在床上的人，而且要确保床单干净。然而，总的来说，大旅行的意义不仅仅是让旅行者成为一位绅士，而是成为一个男人。在另一个层面上，大旅行是一种社会修养的锻炼，包括获得知识和艺术品位、取得学习成就、吸收政治立场。旅行者通过了解其他国家的制度和习俗，可以使英国的制度和习俗处于有利的地位。

大旅行的费用是惊人的，但年轻人能够负担得起自己的路费，这一事实不断提醒着他们自己的阶级和性别特权。托马斯·伊沙姆（Thomas Isham）爵士，在他 17 世纪的旅行之前，在关于旅行的一些简要说明中，包括“自然”“艺术”“政策”和“宗教”等标题，这些标题涵盖了切斯特菲尔德后来指导他儿子的大部分观察主题。1704—1707 年，查士丁尼·伊沙姆（Justinian Isham），第四任准男爵，为他的儿子提供了早半个世纪的指导。伊沙姆特意为他的儿子选择了国外的大学教育，但他认为旅行是教育中不可分割的一部分。[①] 伊沙姆从他的儿子那里得到了他儿子所待过的地方的记录以及他所吸收的政治、历史和地理利益的要点。有时人们会被古罗马人的高贵遗迹所吸引。在其他地方，可以看到现代伟大的人在建筑、绘画和雕塑方面的作品，晚上可以听到高雅的大师的音乐。

大旅行的贵族形象被传达出来，因为这个社会阶层的成员在这一行动中往往很重要。同样，教育史倾向于把重点放在一般的土地阶级上。与此同时，英国文学历史的作品倾向于从更广的角度看待社会地

---

① DENT K. Travel as education: the English landed classes in the eighteenth century [J]. Educational studies, 1975, 1(3): 171-180.

位，因为许多旅行作家来自中产阶级。大多数关于大旅行的研究都是描述性的，而不是分析性的，人们很少从旅行研究的独特角度来探究这个问题。

如果大旅行被视为一种明显的贵族制度，那么游客的年龄、旅行动机、旅行时间、空间模式以及旅行衰落的时期，将与任何人都可以进行的西欧巡回旅行的观点大相径庭。换句话说，大旅行应该由游客的社会阶层来定义，或者由游客去了哪里来定义。本书采用后一种观点。如果大旅行被认为主要是贵族旅行，那么无论贵族去哪里，都会构成大旅行，而葡萄牙、希腊等国也必然被包含于贵族旅行的范围之内。

《牛津英语词典》（*Oxford English Dictionary*）将大旅行定义为游览欧洲的主要城市和名胜，因为这被认为是教育出身好或运气好的年轻人的一个重要部分。由于这一定义所隐含的社会阶级和动机的限制，学者提出了另一种定义：对西欧的某些城市和地方进行的旅行，主要但不完全是为了教育和娱乐。[①] 因此，大旅行被设想为一条欧洲的特殊旅行线路，而不仅仅是一个社会阶层的专属。这条旅行线路主要集中在法国、意大利、德国、瑞士和低地国家。大旅行主要由英国人参与，但不完全是英国人。尽管游客的社会阶层随着时间的推移发生了变化，但不同的旅行路线大体上保持不变，即先去凡尔赛宫，然后去罗纳河谷下游的古典古迹，接着去意大利北部的城市，包括都灵、米兰和威尼斯。佛罗伦萨、罗马和那不勒斯成为大旅行的热门旅游地，而回到英国一般是通过德国，沿着莱茵河，穿过低地国家。[②]

高收入人群集中在少数拥有土地的阶层中，从未超过人口的2%—

---

① 阎照祥. 17-19世纪初英国贵族欧陆游学探要［J］. 世界历史，2012（6）：74-84，160.

② AMBROZIAK B. Michael Graves：images of a tour［M］. New York：Princeton Architectural Press，2005：25-29.

3％。这些人的收入在1688—1803年增长，贵族增加了2倍，绅士增加了1倍，商人和银行家增加了6倍。

社会地位样本特征中最重要的变化是社会地位，大约在17世纪80年代，从土地阶级占主导地位过渡到职业中产阶级占主导地位。神职人员经常担任导师。上述表述说明了中产阶级出国旅行能力的增强，以及非劳动所得收入作为许多游客的基本赋能因素的重要性正在下降。中产阶级旅行者的增加也是由于大学（主要是牛津大学和剑桥大学）教育的样本数量百分比下降，虽然85％的样本在1600—1639年上过大学。没有迹象表明统治阶级取代了大学教育，事实上，他们中的许多人继续就读牛津大学或剑桥大学。中产阶级游客数量的增加是样本平均年龄上升的主要因素。贵族学生在导师的陪同下旅行，年龄从14岁到23岁不等，而贵族的平均年龄是29岁。

17世纪80年代后，随着专业科学家开始取代业余科学家，旅行逐渐减少。旅行的文学动机与职业作家的崛起有关。在出国旅行的其他原因中，样本揭示了一些与商业、政治或宗教有关的原因以及一些纯粹的个人动机。这些大趋势影响了旅行团队的构成。虽然从大约1660年到1740年，家庭教师和学生团体占比较大，但他们逐渐被家庭团体旅行的增加所取代。这种家庭方面的旅行导致参加大旅行的女性人数大幅增加。①

1661—1700年大旅行空间格局随时间的稳定和变化程度而变化。早期的地图代表了所谓的“古典大旅行”，当时人们对古代古典世界及其在文艺复兴时期的重新发现的兴趣达到了顶峰。人们走过的地图被视为“浪漫的大旅行”。②

古典大旅行和文艺复兴时期的旅行在17世纪晚期的旅行模式中占

① 安颖超. 17-19世纪英国贵族大陆游学研究［D］. 天津：天津师范大学，2019：135.

② 许璐. 16-18世纪英国贵族大陆游学研究［D］. 武汉：华中师范大学，2015：122.

主导地位是显而易见的。意大利是这些资源的主要国家，正是在那里发现了最明确的路线模式，反映了意大利拥有独特的旅行目标。都灵、米兰、维罗纳、维琴察和威尼斯等意大利北部中心城市确定了一个路线系统：皮亚琴察、帕尔马、雷吉欧、摩德纳和博洛尼亚。博洛尼亚是通往佛罗伦萨、罗马、威尼斯和米兰的重要十字路口。在法国也发现了明确的路线重点。维也纳、奥兰治、阿尔勒、尼姆和加德桥在这一时期形成了一个核心，而巴黎的文化和政治重要性也可以清楚地看到。17 世纪下半叶，法国统治的象征凡尔赛诞生了。大多数从巴黎出发的路线都是先去里昂，然后去意大利或罗纳河谷和疗养胜地蒙彼利埃。某些运输系统影响了这种模式，尤其是那些以水为基础的系统。

在其他地方，主要河流如波河、罗纳河、卢瓦尔河和多瑙河影响了路线的选择。对自然风景的兴趣对 17 世纪大旅行的空间格局影响不大。虽然人们对乡村风景表现出一些兴趣，但这些情感主要局限于去主要文化中心旅行时的偶然观察。到了 17 世纪末，一些主要的旅行目的地中心已经拥有了一系列的景点。巴黎和罗马对于普遍的绅士艺术教育非常重视，它们也获得了“礼貌”社会的声誉，在那里可以研究最新的礼仪和时尚。

在意大利，通往罗马的线路通常是通过意大利中部风景如画的中世纪城镇，包括阿雷佐和佩鲁贾，而不是通过安科纳和洛雷托沿着亚得里亚海海岸行驶，这种模式与以前基本相同。古典古物和文艺复兴时期珍宝的遗址仍然主导着格局，但游客们更关心遗迹如画的一面和场景对自己情感的影响。对景点的搜索也解释了莱茵河流域路线的重点，尤其是美因茨和科隆之间的路线，在那里，该流域已经从一条简单的便利路线发展成为一个独立的旅行景点。从奥斯坦德到布鲁塞尔和科隆的航线发展可以看出快速到达莱茵河的愿望。布鲁塞尔也是一个可以参观滑铁卢战场的中心。①

因此，大旅行的空间格局是由某些主要核心确定的，包括巴黎、莱茵河谷、罗马、佛罗伦萨、那不勒斯、威尼斯、都灵、米兰和博洛尼亚以及维也纳、布拉格和德累斯顿等较小的中心。随着文化品位的改变，大旅行的空间格局发生了一些变化。一些地区因长期稳定而引人注目，例如意大利的一些地区以及通往巴黎和莱茵河的路线。

此外，旅行的性质发生了变化，从早期的实用、勤奋的旅行，需要在国外的中心城市进行长时间的学习，变成 17 世纪和 18 世纪的更一般的文化旅行，有各种各样的景点可以参观。随着中产阶级的涌入，情况发生了进一步的变化，他们在有限的时间和金钱下，在国外度过更短的时间。节省的时间是以在特定中心（尤其是中转中心）和较少的长期目的地中心停留的时间为代价的。在开始和结束旅行的时间方面，一般出发分为两个不同时间：4 月至 5 月和 8 月至 9 月。这种模式在整个旅行期间一直保持着，直到 19 世纪 20 年代。

在早期的旅行中，许多中心都有很长的停留时间，但后来的游客只做了几次很长的停留，并且只会在不同的中转中心停留一两个晚上。在 16 世纪和 17 世纪早期，学习中心，如帕多瓦和锡耶纳，记录了游客最长的逗留时间，反映了旅行的严肃性。在 17 世纪，教育中心在卢瓦尔河流域，如索穆尔、图尔和布洛伊斯等地被长期参观，其学院不仅教授语言，也教授其他技能，如骑马和击剑。

二、国别与地域

在 17 世纪，旅行成为绅士教育的一个基本特征，在 17 世纪末至 18 世纪初，年轻的贵族男性开始进行拉塞尔斯第一次称之为“大旅行”

---

① 阎照祥. 17-19 世纪初英国贵族欧陆游学探要［J］. 世界历史，2012（6）：74-84.

的时尚。虽然安排旅行和寻找住宿地必然要花费游客和随行人员大量的时间和精力，但旅行的重要性在于旅行者看到了什么以及他如何积累和利用他关于欧洲大陆的知识。尽管许多英国人倾向于聚在一起，而且大多数人都遵循时尚，去同一个城市和城镇旅行并待在同一个地方，但每个人的兴趣和品位都让其在国外找到了独特的经历。①

到 1700 年，外国大学的英国学生越来越多地集中在荷兰，尤其是莱顿大学，据报道，1700 年莱顿大学三分之一的学生是英国人。医学吸引了越来越多的出国学生。莱顿逐渐取代帕多瓦成为该学科最受欢迎的大学，尽管蒙彼利埃和其他一些学校仍然具有吸引力。越来越多的英国神学学生也被荷兰大学吸引。在苏格兰学习法律的学生人数不断增加，抵消了海外民法学习人数普遍下降的影响。一些苏格兰学生就读于斯堪的纳维亚和德国波罗的海的大学。越来越多的苏格兰和英格兰的年轻贵族和绅士将欧洲旅行作为他们教育的一部分，尤其是在法国和意大利。

斯图亚特家族一贯倾向于与西班牙和平相处，并且欣赏西班牙更温和的宗教立场，这使得他们能够更安全地进入意大利中部和南部。西班牙本身吸引的英国游客相对较少，同时，德国也不是旅行者首选目的地。然而，一些旅行者的行程远远超出了通常的行程。法国在发展贵族社交技能和礼仪、烹饪、服装时尚以及奢侈品行业方面处于领先地位，巴黎被认为是北欧最优雅的城市。法国宗教改革中的胡格诺派在 17 世纪的大部分时间里都被容忍，他们拥有自己的学院，并集中在某些城镇，在那里可以找到优秀的教师，听到好的布道。此外，威尼斯因其独立性而受到尊重，其商业和工业蓬勃发展。威尼斯和罗马是杰出的建筑、艺术和音乐中心。

---

① MANGIAFICO L C. Aspects in creating a gentleman：education and the Grand Tour in eighteenth-century England[D]. Amherst：University of Massachusetts，1992：69.

对于英国人来说，荷兰可能比欧洲大陆的其他任何地方都让他们熟悉。尽管宗教多样性和君主政府缺席，但这个国家仍然享有和谐的景象以及与其范围、人口或资源不成比例的财富和成功，其吸引了很多的英国观察家。[①] 克兰伯恩的第一本日记在约翰·斯托伊（John Stoye）的《英国国外旅行家》（*English Travellers Abroad*）中受到了相当大的关注。他认为这本日记"可能是现存最早的旅行记录"。克兰伯恩尽职尽责地记下了他访问过的所有城市。他在几个城镇逗留了两三天，用一个又一个城市的名字填满了他的日记页面，并为每个城市做了一个简短的注释。同时，克兰伯恩听从了人文主义的建议，进行了地理观察并将其记录在日记中。[②]

大旅行是贵族教育的最后组成部分，也是定义英国绅士的最独特、最有力的仪式之一。本质上，大旅行需要持续两年到三年时间并围绕一系列规定的活动，旨在完善一个年轻人的思想、习惯和品质。旅行者要在一两个导师的监督下从事学术、体育和社会活动，学术研究集中于历史、语言和自然科学。此外，游客应学习艺术和建筑，以培养适当的审美能力，从而使精英男孩成为鉴赏家，在旅行时购买艺术品和奢侈品。男孩们被期望在骑术、击剑、射击和舞蹈方面磨炼他们的技能。在社交方面，他们意在与欧洲大陆的贵族和名人以及其他英国旅行者交往，从而改善和展示他们的举止。总的来说，这些活动被认为提高了绅士的学识和老练程度。大旅行充分说明了精英们无与伦比的学识、巨大的财富和无限的闲暇时间。出身良好的人有财力和机会参加长期旅行，这一事实使他们与普通的英国人不同，普通英国人既负担不起时间，也负担不起费用。以国际社交、教育和艺术收藏为主

① HOULBROOKE R. Britain and Europe, 1500-1780[M]. London: Bloomsbury Academic, 2011: 200.

② DANUSHEVSKAYA A V. The formation of a Renaissance nobleman: William Cecil, 2nd Earl of Salisbury 1591-1668[J]. History of education, 2002, 31(6): 505-520.

要组成部分的大旅行被认为在登陆队伍中培养了世界主义，从而进一步将他们区分为不同的阶层。大旅行不仅使绅士区别于其他更普通的同胞，还使绅士能够创造和参与国际精英文化。它培养了一种同质性，这种同质性可能是任何一个阶级在如此大的国际范围内都从未实现过的。此外，虽然大旅行的完成标志着一位绅士的正规教育的结束，但它的后遗症却会伴随这位绅士的一生。从欧洲大陆回来后，一位英国大旅行家展示了他后天养成的举止和成就。正是这些社会和物质成就帮助他在国内的统治合法化，并确保他的文化优势。①

不论游客的年龄、级别或出发的潜在动机，一次大旅行的计划和准备都需要花费大量的精力和时间。你需要雇一个家庭教师、仆人或另找一个旅伴，安排介绍信、融资，购置一个衣柜和其他旅行装备。目的地和路线也需要一些初步的考虑，除了在巴黎和意大利半岛周围的明显停留。

年轻贵族、绅士在完成他的书本学习后，经常开始一次大旅行，以检验他的新知识和新举止。这个教育的顶点有四个主要目标，其中三个是实用的：获得优雅的举止，精通礼貌的谈话、舞蹈和击剑；精通现代外语；学习新的农业或工业流程或技术。第四个似乎更理论化：拓宽对世界的知识和经验。获得这些知识和经验将使游客能够自己评估其他国家的特点。② 早期大旅行者的兴趣形成了 17 世纪旅行的标志的活动：对古代奇迹的崇拜、良好政府的理想、古迹学、对古代遗迹的研究以及收藏珍稀艺术品。

在 14 岁到 20 岁的阶段，年轻的贵族们往往在一位家庭教师的陪同下出发，这位教师除了具有优秀的品质之外，还应该具备外语能力。

---

① DICKINSON H T. A companion to eighteenth-century Britain[M]. London: Blackwell Publishers Ltd. ,2002:310.

② MANGIAFICO L C. Aspects in creating a gentleman: education and the Grand Tour in eighteenth-century England[D]. Amherst: University of Massachusetts,1992:40-41.

他们遵循标准的路线和标准的课程。那些有介绍信的人会在法国宫廷或贵族沙龙里受到接待，在那里交谈会产生波兰语的效果。理想的情况是，年轻的英国旅行者温文尔雅，才华横溢，完全是个绅士。然而，许多现代历史学家认为，大旅行的论述远非经常构建的连贯故事，而是充满了矛盾和歧义。大旅行本身不是一个单一的类别。例如沙克尔顿认为，大旅行既有特殊和精确的意义，又有广泛的、非限制性的意义。准确地说，旅行是指年轻贵族的旅行。同时，旅行被认为是完成年轻绅士教育训练的关键，它也是许多批评和激烈辩论的主题。大旅行的目标和理想在詹姆斯·豪厄尔（James Howell）编辑的第一本英国大陆旅行者手册《国外旅行说明》中有叙述，豪厄尔列举了旅行的好处，如丰富心灵，修正判断并构建外在的举止，建立一个完美的最高境界。

大旅行在知识和成就方面都很有教育意义。把这两个方面分开来考虑，一个是“教育性的”，另一个是“轻浮的”，仅仅充当装饰作用，这是不合时宜的。17 世纪末和 18 世纪初的文本不断强调这两者对未来精英的必要性。虽然礼貌的成就可能是绅士教育的“装饰品”，但它们是惩罚的标志。击剑、骑马和舞蹈是主要的运动，而骑马和跳舞是绅士教养中必不可少的礼仪。①

1661—1700 年的行程图表明了大旅行的空间格局随时间的稳定性和变化程度而变化。早期的地图代表了所谓的“古典大旅行”，当时人们对古代古典世界的兴趣及其在文艺复兴形式下的重新发现的关注度达到了顶峰。在 17 世纪晚期的旅行模式中，古典和文艺复兴品味的主导地位是显而易见的。意大利是这些资源的主要国家，在那里发现了最明确的路线模式，反映了意大利拥有独特的旅行目标。意大利北部

---

① REDFORD B. Venice & the Grand Tour[M]. New Haven and London: Yale University Press, 1996: 131.

的中心城市都灵、米兰、维罗纳、维琴察和威尼斯定义了一个路线系统，即皮亚琴察、帕尔马、雷焦、摩德纳，还有博洛尼亚。博洛尼亚是通往佛罗伦萨、罗马、威尼斯和米兰的重要十字路口。博洛尼亚—佛罗伦萨—罗马—那不勒斯—罗马—安科纳—博洛尼亚是一个从17世纪中期持续到18世纪后期的模式。

年轻的贵族出国旅行不仅有助于其成为一位绅士，更有助于其成为一个男人。大旅行可以培养男人，它有一种方式让人们自由地做自己，变得坚强，不再软弱。大旅行有三个阶段，与成年礼的三个阶段非常对应。

大旅行就像是一种成人礼。很明显，进入成年是一个过渡的问题，男子气概是既定的，是理所当然的。英国贵族十分强调拿着剑时的象征："等级、责任、权威和男子气概。"

大旅行是旅行业历史上的一个阶段，在17世纪早期，旅行中空间和时间模式被明确地建立起来，这表明了旅行的早期建立和遵循规定路线的趋势。大旅行的许多特色可以加深对现代旅行各方面的理解。旅行的空间模式、时间模式和规律在现在的国际旅行潮流中得到了响应。旅行者社会阶层的变化过程反映了连续的阶级入侵的循环，与之相关联的社会隔离和对周边地区的寻找，这是许多旅行模式演变的特征。大旅行是旅行史上一个重要的时代。富有的英国旅行者的出现刺激了法国南部、瑞士和意大利部分地区的旅行业发展。①

那时的旅行，就像现在一样，被认为是教育过程的自然延伸，而最受年轻人欢迎的也是旅行。是的，它为所有年龄段的人提供了各种领域的经验和知识。抛开教育体系的缺陷，17世纪英国的教育体系并没有为国内的全面革命做出贡献，而是为一个相当孤立的岛国提供了

---

① TOWNER J. The Grand Tour：a key phase in the history of tourism[J]. Annals of tourism research，1985，12(3)：297-333.

文化敏锐度和借鉴。①

斯图亚特时期，英国贵族重视真正贵族的人文主义理想，强调教育和美德的必要性，以弥补出身和血统的弱势地位。从 16 世纪下半叶开始，贵族开始为其子女提供人文主义教育，训练他们的智力以便于为国家和联邦服务。贵族的文化品位也变得更加广泛多元，对在这一时期英国的教育文化的总体发展发挥了重要作用。该时期的英国经历了重大的政治、社会和文化变革。英国贵族的理想也发生了转变，具体表现为对教育内容的调适。从效果而言，英国贵族通过采用人文主义风格的教育和文化表现出强大的应变能力。

① MANGIAFICO L C. Aspects in creating a gentleman：education and the Grand Tour in eighteenth-century England[D]. Amherst：University of Massachusetts，1992：101-103.

第五章　斯图亚特时期贵族教育的内容

世界上最好的工作总是由贵族成员完成的。

——乔治·柯松（George Curzon）

在斯图亚特时期，英国贵族教育以主题式的教育内容作为教育具体实施的对象，通过教授贵族子弟古典语言，感受古典文化的强大魅力。通过对举止行为的规训，培养贵族子女崇高的理想、高尚的精神境界和道德修养、伟大的人格感召力以及普世的价值观念等，这些品质构成了后世所景仰的“贵族精神”。英国贵族通过宗教教育，培养虔诚谦虚的特性。同时，也推动了教育的普及化和世俗化。

第一节　古典语言

英国贵族在基础教育阶段特别重视阅读和写作能力的训练，古典语言是西方国家文科教育的基础，因此贵族保留着学习古典语言的传统。以拉丁语为代表的古典语言不仅仅是英语的内核，也是古典文化的载体和打开古典文化大门的钥匙。教师在进行语言教授的过程中经常会使用戏剧教学法，这种方式很重视对原著的把握，而经典原著有很大一部分是拉丁语的古籍经典。

一、古典语言的教授目的

罗马天主教徒尤其把拉丁语视为教会的国际语言，把牧师和主教乃至全世界的信徒联系在一起。此外，对大多数善良的基督徒来说，经典不仅仅代表着语言和文学，更代表着传统和权威。对于牧师和主教来说，经典也可能涉及必要且深奥的“秘密”，这有助于使他们在公众眼中赢得敬畏。在职业选择上，经典对于他们获得至少一个主要职位也是很重要的。支持教授经典的一个更广泛的论点是基于希腊和罗马的遗产理论，其动力不一定是宗教性的。① 根据这一论点，现代欧洲的教育基础是由地中海沿岸的两个高度文明的国家奠定的，这一论点从 15 世纪和 16 世纪的文学发现中得到了巨大的刺激，由许多杰出的作家和思想家提出，并在《克拉伦登报告》中得到了详细的阐述。据说，在黑暗时代，古典语言使几乎所有的学习都得以延续。如果没有包含在经典文本中的知识，文艺复兴是不可能的。而现代政治、法律、哲学以及大量的文学、语言和几何只能被理解为与 2000 年前的起源有关。当然，除非对古代世界有所了解，否则任何绅士都不能说自己受过博雅的教育。怀特海德写道：“罗马帝国是一个瓶颈，通过它，过去的葡萄酒进入了现代生活。就欧洲文明而言，历史的关键在于理解罗马人的心态及其帝国的工作。人们逃不出罗马的执政官和帝国，逃不出雅典伯里克利时代的建筑和雕塑，逃不出柏拉图和亚里士多德的著作，逃不出亚历山大博物馆。一句话，逃不出希腊和罗马。”

文艺复兴时期意大利的彼特拉克（Petrarca）和薄伽丘（Boccaccio），英国清教徒时期的弥尔顿，工业革命初期的洛克，他们

① CAMPBELL F. Latin and the elite tradition in education[J]. The British journal of sociology, 1968, 19(3): 308-325.

在时间、宗教和国籍上可能有所不同，但他们的教育信念是一致的，即优秀家庭的聪明儿子应该有机会学习古代雅典和罗马最优秀的艺术和文学作品。拉丁语在教育中的地位，部分是基于语言基础，部分是基于其历史上的英雄人物，或其政治和帝国问题的利益以及其人民管理政府的能力。

众所周知，自从欧洲开始正式教育以来，拉丁语和希腊语一直是大多数精英学校和大学的核心课程。许多时代的普遍共识都是在拉丁和希腊文学的研究中发现了这样的一个主题：拉丁语和希腊语应该在课程中占据最重要的位置，因为它们为语言和文学的研究提供了"最好的材料"，并提供了最优美和最高贵的诗歌，最好的口才与最深刻的哲学以及最明智的历史写作。①

一般来说，在教学等级中，那些教拉丁语和希腊语的老师处于最高地位。从一个世纪到另一个世纪，从一个学校到另一个学校，关于为什么古典学科应该在时间表上被优先考虑，学者们观点不一。历史、宗教、文化、政治、心理、职业培训和社会地位都曾在某个阶段被提及。基督教教会还控制着这个国家教育的多个方面，并且仍然强烈地影响着世界上许多地方的学校。例如基督教教会相信，大部分的智慧不是在当代文明的发现或态度中，而是在古代的书籍和手稿中。11 世纪、12 世纪和 13 世纪的学院派学者热切地求助于古老的文本，把它们视为穿透黑暗时代唯一可能的光亮。毕竟《圣经》有一部分是用希腊文写成的，教会的教父们彼此交流，无论是口头还是书面，都是用拉丁语。

一位优秀的贵族古典学者，是一个不仅接受了传统的上流社会教育，而且具有哲学家国王的许多特质，有着广泛背景和文化的人；一

① CAMPBELL F. Latin and the elite tradition in education[J]. The British journal of sociology, 1968, 19(3): 308-325.

位杰出的律师和雄辩的演说家，道德上最正直，在和平与战争时期都是一个伟大政党的领袖。语言的学习被广泛认为是对思想最好的全面刺激，强调的是词语而非事物，拉丁语和希腊语，因为它们的句法和丰富的文学内涵，提供了最高形式的卓越教育。它们是有序而系统的，迫使学生准确地准备和安排他们的工作。此外，通过学习语法、分析句子、翻译成英语和写作文，可以获得心理技能。在成人生活中，受过博雅教育的业余人士要比有职业修养的人更受欢迎。经典作品可能枯燥或难懂，或者与现代生活的问题不太相关，这本身并不是一个缺陷。事实上，对一个学生的性格来说，坚持做那些可能不愉快但在其他方面被认为是值得的事情是很重要的。“性格”这个词在拉丁语中出现几乎都与宗教有关。①

传统的古典教育能给一个男孩同样的纪律精神训练和成就感。当然，这些论点中有一些是有充分根据的。希腊语和拉丁语有大量精彩的文献，不容忽视。任何自诩有学问或有文化的人都不能忽视公元前400年至公元2000年在地中海附近发生的事情，但古典学问和学术大厦所建立的许多其他基础早已被侵蚀。英国和西欧其他地区的中上层学校如此坚决地学习拉丁语，原因当然是纯粹的教育惯性。传统上，精英学校和大学往往在功能上具有固有的保守性，在实践中，几十年甚至几代人的课程设置、教学方法和价值体系可能几乎没有变化。新课程的发展总是有一段时间的滞后性，这尤其适用于拉丁语和希腊语。几个世纪以来，拉丁语一直在学术重点突出或地位较高的机构中教授，这本身就是拉丁语保留下来的重要原因。如温彻斯特公学和伊顿公学、贝利奥尔学院和国王学院保留着以古典学术著称的传统，在受过良好教育的公众中有着巨大的影响力。既得利益者，如根深蒂固的政治家、

---

① CAMPBELL F. Latin and the elite tradition in education[J]. The British journal of sociology,1968,19(3):308-325.

法官、行政人员、学校理事、校长和其他自由主义建制派成员，他们受过古典教育，并将他们的成功归功于这一事实。

毫无疑问，如果分析使用的语言与使用语言的人，并仔细观察潜意识的动机，对社会和政治的考虑仍然是经典捍卫者的重要考虑因素。帝国主义的粗俗形式也许不光彩，但对于某些教师来说，古典传统仍然比教育中的任何其他传统更能代表秩序、纪律和权威。自阿诺德时代以来，关于领导的观念可能已经发生了变化，但对于许多公学的教师来说，拉丁语仍然代表着古老的等级和阶级结构的概念，尽管他们并不总是明确地表述，甚至可能并不有意识地理解。自由学科和职业学科之间的区别可能不像以前那么明确，但上层阶级的一些人（以及他们的潜在模仿者）仍然坚持绅士的、非功利的、主要是装饰性教育的过时观念。就像 2000 多年前的柏拉图一样，其鄙视“机械”。他们仍然把古典文学看作是精英或本质上是贵族的研究，拥有一种其他平民所不具备的魔力。

经典尤其会强化过去的影响，并成为对抗各种现代形式的强大屏障。从某种程度讲，古典语言本身就是一种美德，因为它们无法进一步成长和发展。古典教育受到高度尊重的事实，意味着资产阶级家庭的父亲、专业人士、公务员、企业负责人，他们自己接受过古典教育，所以他们坚持让子女接受人文主义教育。①

二、古典语言的教授机构

在伊顿公学这样的学校，古典课程仍然以一种彻底和严格的方式进行。男孩们每周花在拉丁语和希腊语上的时间约为 21 小时。此外，

---

① CAMPBELL F. Latin and the elite tradition in education[J]. The British journal of sociology,1968,19(3):308-325.

还有定期的额外课程，如地理、代数、法语、绘画、舞蹈和击剑。而古典文学则旨在培养修辞和表演技巧以及语言的敏捷性。拉丁语的中心地位仍然是上流社会的共同基础，它被视为理性形成的基础和地位的必要标志。洛克指出："我认为拉丁文对于一位绅士来说是绝对必要的。"

文法学校的古典课程在学校实践的描述中表现得最为出色。学生们在 7 岁时会接受词形变化和动词的全面基础训练，并通过每天阅读积累词汇熟悉拉丁语短语。① 学生们锻炼他们的记忆力，以提高他们的表达能力，增加他们的词汇量，这是训练拉丁语的常用方法。复辟后，尽管一些教育家主张男孩应该通过说和听来学习拉丁语，但说拉丁语的做法一直很难实施，甚至逐渐消失。贵族男子说拉丁语的规定可以追溯到 17 世纪末。

在 16 世纪晚期到 17 世纪早期，英格兰的大学教育出现了急剧的扩张，但在 17 世纪晚期出现了明显的衰退。在整个 18 世纪，大学教育在数量上仍然处于非常低的水平。在同一时期，许多 16 世纪和 17 世纪的文法学校要么完全倒塌，要么转向了"3Rs"时期的教育。古典文学的教学仅限于少数文法学校，还有几所精英寄宿学校，由于费用高昂，穷人无法进入。由于加强了宗教测试和实践，宗教反对者也被排除在外。许多城市中产阶级对经典作品产生了敌意，认为经典作品是绅士的、徒劳的且浪费时间。直到 17 世纪后期，随着公学的扩张和文法学校的复兴，以古典主义为导向的中等教育才得以复兴，然后发展到繁荣的程度，以至于它在英国教育体系中形成了一种束缚，这种束缚直到今天才慢慢被打破。

---

① AUER A, SCHREIER D, WATTS R J. Letter writing and language change[M]. Cambridge: Cambridge University Press, 2015: 156-184.

三、古典语言的教授内容

一般古典语言教授阅读、写作和拉丁语语法。把阅读、写作和算术作为主要科目的文法学校反映了对严格功利主义教育日益增长的需求，正如今日所看到的，古典语言对这些学校产生了重要影响。习得的语言对拉丁语的正确学习包括对句法、词汇和短语的记忆，对经典的阅读以及对句子、书信、主题、诗句和演说的写作都产生了影响。

这些课程通常是为比较迟钝的学生而保留的，并且只在非常有限的基础上教授。古典研究的一个进一步的、智力上和伦理上的理由是，其灌输了严谨学术的道德价值。通过学习古典文学，男孩们学会了如何学习。一个优秀的古典学者可以被期望满足权威可能要求的任何智力要求。这种古典的学习本身就是一种文雅的标志，为成为一位绅士做好了准备。除了学习古典文学所固有的美德外，古典文学的教学方式还鼓励人们相信传统价值的神圣不可侵犯性。重视古典研究，是因为人们在其中发现了一种用来解释自己处境的价值体系，因此古典研究在品味、政治和道德方面起到了指导作用。①

在1600年到1800年，拉丁语成为男性精英的秘密语言、一种自成一体的语言，以及一种在餐桌上，在四分之一的法官席上，在男性特权的最后堡垒——上议院和下议院，可以作为学问、优越、阶级和性别差异的标志而被展示的语言。

查尔斯·胡尔（Charles Hoole）赞成将希伯来语纳入文法学校的课程，因为他坚持认为，尽管许多人将学习希伯来语推迟到他们上大学之后，但在文法学校，没有掌握希伯来语基础知识的人很少能在大

① STANWORTH P. Trade, gentility, and upper-class education in Victorian Britain [J]. International Studies of Management & Organization, 1980, 10(1-2): 46-70.

学学到希伯来语。在学校里用得最多的语法，是胡尔推荐给初学者的语法，也就是约翰内斯·布克托夫（Johannes Buxtorf）[①] 的《集大成》（*Epitome*）。在胡尔的方法中，首先是对《圣经》中的句子进行解释和分析，然后是将希伯来语圣歌翻译成拉丁语，再将拉丁语翻译成希伯来语，之后学者们可能会尝试其他的书籍。[②]

希伯来语通常不在文法学校教授，但从学校章程和其他来源的参考文献中可以明显看出，这门学科偶尔会成为课程的一部分，并且在一些学校教授效果很好。大约从 1560 年开始，威斯敏斯特学校要求七年级学生学习希伯来语语法，并且在商人泰勒学校成立时，希伯来语就被列入了教学大纲。[③] 在斯图亚特后期，一些创始人和资助人制定了用希伯来语授课的规定。1667—1668 年，北安普敦郡的吉尔斯伯勒学校于 1688 年 3 月 8 日由约翰·朗汉姆爵士（Sir John Bingham）重建，他每年给学校 100 英镑用于教授男孩拉丁语、希腊语和希伯来语。随后，林肯郡的约翰内尔索普爵士学校由约翰·内尔索普爵士（Sir John Nelthorpe）创建，他希望在他的文法学校里教授拉丁语、希腊语和希伯来语。

古典的支持者可能会为文法学校的教育实践辩护，理由是它为心灵提供了刺激和纪律，在思想和言语中灌输了准确的习惯，并教会男孩尊重精神价值。他们也可能会认为阅读古典作家作品和吸收他们智慧的能力给了一个人持久的灵感和快乐的来源。17 世纪的教育家指出，通过语法学习语言是浪费时间，也没有什么好处。他们主张在古代语

---

① 约翰内斯·布克托夫，著名的希伯来主义者，东方主义者家族的成员。在巴塞尔担任希伯来语教授 39 年，被称为“拉比大师”（Master of the Rabbis）。

② VINCENT W A L. The grammar schools: their continuing tradition, 1660-1714[M]. London: John Murray, 1969: 80.

③ C. E. 埃克斯利，J. M. 埃克斯利. 综合英语语法［M］. 洪清盾，等译. 石家庄：河北人民出版社，1981：651-654.

言的教学中采用说和读的方法，该课程非常适合为教育部、法律部、行政部和校长初步培训男生。但毫无疑问的是，16 世纪和 17 世纪的文法学校奠定了整个教育体系公开宣称的宗教基础。

事实上，以基督教和古典文学为重点是的文法学校教育的基础，乍一看，17 世纪文法学校的数量和受欢迎程度似乎证明了这样一种假设，即课程足以满足社会的智力和道德要求。然而，它未能满足大多数人的需求，学生们不得不谋生，并希望毕业后从事商业活动。同样，它被认为与统治阶级的职业目标脱节，统治阶级希望学生在法院、军队和其他地方接受负责职位的培训，并在这些培训中获得一些适合一个有素质的人在社会中拥有适当位置的实践机会。文法学校在很大程度上受到私人教师竞争的影响，这些教师声称要满足专门培训的需求。

在复辟之后的时代，古代语言的优势并非没有受到挑战，有些人坚持认为，一位绅士可能会通过现代语言的单一帮助而变得有学问。托马斯·霍布斯在大约 1668 年出版的《巨兽》中认为，拉丁语、希腊语和希伯来语在大学里可能会被法语、荷兰语和西班牙语所取代。① 现代语言的价值，在大多数人眼中恢复为一种更有吸引力的形式。虽然不希望贬低希腊语和拉丁语，但这些语言是有充分的理由被重视的，因为最好的人文学习已经在这些语言中交付给贵族子弟。在 1695 年于伦敦出版的《教育孩子的新方法》中，托马斯·泰伦（Thomas Tyrone）提议建立一所学校，其中应该有一名拉丁语和法语的导师，或者一名精通每种语言的导师以及掌握音乐和绘画的大师。课程还包括写作、算术、会计和园艺。泰伦说，一年后，入学时年龄不超过五六岁的孩子将通过“习俗和会话”学习拉丁语和法语。

---

① 邦斯．霍布斯：国家与自由［M］．武汉：华中科技大学出版社，2019：33-34.

第二节　行为规范

英国王室和贵族有着严格的着装礼仪，在不同性质的场所要穿不同的服装。所有的礼服都是去参加宴会、参加舞会、听歌剧、看戏剧或者出席颁奖礼所要穿的。社交礼仪已经从王室贵族演变成每个英国人与生俱来需要遵守的行为规范。通过学习礼仪，可以提高贵族自身道德修养和文明程度，更好地展现自己的良好形象，显示自身的优雅风度。

一、交谈的艺术

毫不夸张地说，17 世纪的英国沉浸在礼貌文学中，每位贵族都从对他的职业的崇高描述中找骄傲和灵感，每个自称有教养的家庭都珍惜自己书架上最喜爱的品行书籍，绅士们生活和呼吸在礼貌的气息中。他们说“赞美”，写“优雅”的笔记，他们培养一种时尚的步态，用于求爱和结婚，他们轮流统治他们的家庭，在法庭上表现谦卑，所有这些都是根据戒律。①

笛福认为绅士们蔑视教育，他们买书只是为了填满书架，他们更喜欢看起来没有学问的人。他们持有巨额的财产，并且享受其中，谁也不嫉妒。然而，相当矛盾的是，他接着说，那些从商业中发家的新贵们为了能够被传统的士绅圈子所接受，他们为自己的儿子提供教育。因此，那些“很早就被送到学校的孩子，通过学习、旅行、交谈和阅读，尤其是谦逊有礼的绅士行为，提高了他们的能力，不管你怎么鄙

---

① RUGGIU F J. The urban gentry in England，1660-1780：a French approach[J]. Historical research，2001，74(185)：249-271.

视，他们会成为绅士，尽管可以做出各种各样的区分”①。

诺森伯兰郡将教育范围定义为使一个人在四件事上完美，尤其是优雅的举止、值得称赞的锻炼、真正的学习和良好的思想。在孩子很小的时候，贵族反对任何教育的尝试，但其认为良好的榜样对于孩子融入文明社会非常重要，这样他就能通过模仿获得良好的举止和习惯。伯爵通过阅读古代作家普鲁塔克和昆体良的作品以及文艺复兴作家伊拉斯谟和埃利奥特的作品，认识到了模仿本能的重要性。对人文主义者来说，教育的目的主要是为公众服务。②

17 世纪发展了这种时尚，这种时尚早在伊丽莎白一世统治时期就已牢固确立，并蕴藏于礼仪书籍。当然，其只是英国文学的一个旁支。人们会记得，意大利贵族的人文主义理想在英国已经逐渐改变，人们竭尽全力完善自己的个性，使自己的日常生活优雅而富有艺术气息。在一个像伊丽莎白一世这样强有力的统治者以狂热的爱国主义将国家团结在一起，并将为国家服务的理想提升到高于一切时，个人完美的孤立概念不可能长期存在。理想主义者与现实主义者达成了协议，17 世纪甚至做出了更多让步。随着不满和冲突的不断增加，公正、温和、仁慈等公平的美德让位于权宜之计，并被谨慎的概念所取代。朝臣不再向内看以培养自己的完美，也不再向上看以渴望为他的女王服务。他们研究了他们周围虚伪和“滑头”的社会，并计划如何走自己的路，如何表现自己，如何在宫廷中得宠，怎样结婚对自己最有利，应该留下什么样的遗产等问题。

智慧、优雅、理想、荣誉、特权已经让位于功利主义。在意大利以及伊丽莎白一世时代的英格兰，贵族们聚集在辉煌的宫廷中，礼仪

---

① MINGAY G E. The gentry: the rise and fall of a ruling class[M]. New York: Longman, 1976: 155.

② Batho G. The education of a Stuart nobleman[J]. British journal of educational studies, 1957, 5(2): 131-143.

不再相称。因此，理想必须宏大。贵族在他的宫廷生活中遵循一种准则，在他的乡村庄园中遵循另一种准则，在他不再委托下属的商业交往中又遵循其他准则。他从宫廷生活的浪漫中走出来，出现在公众面前。当他离开他的隐居地并与其他出身较低的人接触时，他会受到感染，并努力将自己与他下面的阶层区分开来。因此，教育变得越来越重要。一些贵族被证明无法维持他们优越的假设，而中产阶级有才能的人偶尔会强行向上流动。如果不是出身造就了绅士，那一定是教育起着重要作用，英国贵族们为优雅而接受教育。

二、优雅的礼仪

17 世纪对宗教的关注也反映在礼仪书籍中。绅士必须在品格上和造诣上更胜一筹。[①] 宫廷传统在英国教育中扮演着重要的角色，出版了不少相关的出版物。因为这种高雅的、绅士的社交愿景嵌入在礼貌的语言中，语言作为一个主要的隐喻，在不同的话语领域带来了这种愿景的期望和标准。事实上，礼貌的兴起构成了一个双重发展。首先，礼貌的语言改写了绅士的定义。在不放弃绅士风度的传统标准（如土地、血统和公共服务）的情况下，礼貌的语言突出了人们所称的这位绅士在社会或文化领域的表现成就。换句话说，在礼貌的语言中，绅士的原型被设想为在他的同伴中表现出良好的社会互动方式、高雅的文化偏好和活动的特征。在礼貌的层面下，绅士身份的其他方面，如政治活动、庄园管理、地方司法等，直接被排除在外。因此，礼貌代表了英国绅士形象的另一种选择，即作为国家的居民，对自己的经济独立、道德自主和道德单纯抱有强烈的忠诚。礼貌语言使绅士风度在

---

① 滕大春. 教育史研究与教育规律探索［M］. 北京：人民教育出版社，2019：131-132.

广泛的表达形式中成为规范。因此，它创造了一种新的精英文化理想。作为一种文化理想，它坚持文化表达的绅士特征：礼貌行为的词汇被复制到艺术和学习的讨论中。因此，礼貌在精英社会地位与文化表达之间建立了互惠关系，在文化上强化了贵族与平民的区别。①

在文艺复兴思想的影响下，绅士教育的概念被拓宽了。中世纪对骑士技能的要求，如跑步、骑马、比武和跳舞继续存在，但现在人们意识到，如果一个人要在行政或外交部门为君主服务，那么对文学教育的需求同样重要。除此之外，通过模仿一些意大利的宫廷生活，还增加了宫廷礼仪教育，这种教育意味着新的行为模式和社会态度。绅士们通过各种方式获得这种教育，雇佣私人教师是最常见的方式，同时，年轻人还会去国内外的大学和律师学院学习。除此之外，自主学习也发挥着重要作用，随着印刷术的发展，绅士们还从大量的手册中进行自我教育。

皮查姆在写《完美绅士》时，对纹章学、绘画等给出了具体建议。对绅士学院的简要调查实际上是从伊丽莎白女王学院开始的，礼貌和行为书籍就像想象的那样。一个虽令人惊讶但相当普遍的现象是，布道和礼仪手册合并成一个奇怪的两栖产品。其中大部分是为儿子写的，或是在朋友的指导下写的，直到他们被认为拥有一些古董爱好者的兴趣时才出版。其中一些是针对特殊阶层的，给爱人、给王子、给刚进入大学或刚毕业的人、给开始大旅行的年轻人。②

贵族的理想是出身良好、教养良好，他们被教导要注意保护财产和声誉。他们在与朋友、仆人、佃户的高尚交谈方面，在服从教会方面，在选择和使用书籍方面，也受到教导。最后，他们被提供道德上

---

① KLEIN L E. Liberty, manners and politeness in early eighteenth-century England [J]. Historical journal, 1989(32): 583-605.

② 任万芳. 全球化视角下的英美国家社会文化研究［M］. 长春：东北师范大学出版社，2017：147.

的指导，这点由四个基本要素支撑：正义、审慎、刚毅和节制。有一个关于耶稣会的教育方法的有趣的典故：

> 他们通过挑选最好的讲师来帮助和培养他们的学者，这些讲师可能会给他们的年轻人读书（我们的大学，无论是私立还是公立，也是如此）；讲座结束后，他们聚在一起，进行辩论，通过谈话磨砺他们的智慧，把他们听到的东西牢牢地记在一起，补充其中的内容，为不可靠的记忆提供帮助。

最高的礼仪行为是宗教仪式，因此，年轻人被敦促频繁和热情地祈祷，并随时准备专心地宣讲上帝的话语。与宗教有关的"神学"美德被认为是信仰、希望和慈善，还会加上谦逊，这些被描述为道德美德的基础。首先是正义，它是所有社会、家庭、王国和联邦的纽带，使每个人都得到应有的待遇，因此掌握一些法律知识是十分有必要的。律师学院是培育年轻人高尚而富有成效的神学院，是贵族学习当地法律和参加其他高尚活动的场所。其次是谨慎，这是所有其他美德的指导者。再次是坚韧，给贵族勇气去做神所指引的事情。威廉·希福德（William Higford）告诉他的被监护人："要在征服自我中获得胜利，并让你的情感和欲望屈服于理性的统治，这不仅仅是征服世界。"有些人已经做到了，但有些人永远无法征服自己。与刚毅相关的是耐心，这是一种被定义为最英勇的美德。最后，还有最罕见和最优秀的节制美德，它教导学生不仅要戒绝禁止的事情，还要戒绝合法事情的过度使用。

第三节　宗教信仰

17 世纪初，斯图亚特王朝的统治加剧了国内的紧张局势，王党与议会军之间的战争一触即发。内战爆发后国内的混乱形势让各派开始冷静下来重新审视宗教问题，从而进一步提出了宗教宽容主张。因此，进行宗教教育主要基于两个目的。首先，贵族可以通过学习宗教和世界观来更多地了解自己和自己在世界上的位置。其次，了解影响了数百万人的生活并对不同人类文化的发展产生重大影响的宗教和世界观。

一、宗教宽容教育

宗教教育和礼拜的规定经常被列入学校章程。福斯特·沃森（Foster Watson）在总结16世纪后期和整个17世纪对文法学校的主要影响时指出，文法学校确实是古典的，课程与教科书的设计专注古典作家。在学校基金会章程中，课程和使用的教科书中都可以看到明显的宗教性。校长们被要求阅读那些可能引导学生们走向宗教、虔诚、诚实行为的作者的书籍，但不要肆意妄为或鲁莽行事。[①]

鉴于上述目标，诸如《伊索寓言》等教科书在法规中被认定，并经常出现在文法学校的课程中。教会的影响在文法学校中仍然很明显，且在宗教仪式中最明显，宗教仪式成为这些学校课程的重要组成部分，这些学校本身就是教会在改革前为人民提供教育的良好日常活动的场所，祈祷的形式和内容有时由学校章程规定。在许多文法学校，诵读《圣经》替代了集体礼拜行为，查尔斯·胡尔支持这种做法。孩子们有必要更多地从《圣经》中受益，每天早上开始读一章英语，每天晚上复习教学。在这方面，学校里的每个男孩都应该轮流领读，这样就可以知道这些男孩在读英语时是多么的完美。让他去阅读，坐在教室中间的一张桌子旁，确保他大声说话，让每个人都虔诚地关注阅读的内容，低年级的孩子看着他们的英语，高年级的孩子看着他们的拉丁文《圣经》。

---

① 许洁明，王云裳. 英国贵族文化史［M］. 上海：上海社会科学院出版社，2019：352.

为了理解宗教宽容论点的基础，需要了解这些想法是由天主教徒、新教徒和英国王室之间的紧张关系所构成的。这些紧张局势首先出现在亨利八世统治时期，然后在伊丽莎白一世和詹姆斯一世掌权期间升级，只是在查理一世统治期间爆发为彻底的内战。这个时期，也被称为清教徒革命，自从1530年代亨利八世统治期间与罗马教廷决裂以来，英格兰人民与天主教的关系极为混乱。当然，有些人想坚持到底并与长期以来同英国政府密不可分的天主教会和解，然而，大多数人只是为了避免法律的惩罚而决定顺从。随着时间的推移，越来越多的法律被制定出来，以劝阻潜在的天主教徒信奉他们的宗教，到16世纪后期，大多数英国人信奉新教。在当时，宗教是强制性的。每个人都属于一个或另一个宗教团体。然而，在伊丽莎白一世统治期间，重点是宗教统一。伊丽莎白的姐姐玛丽一世，因其狂热的宗教热情而被称为极其残暴和恶毒的统治者。

詹姆斯一世扩大了君主制并加剧了对清教徒与他的教派团体的迫害。然而，这并没有阻止第一个亚美尼亚教会的成立，也没有阻止在1620年代出现的分支。在詹姆斯一世统治即将结束时，他主张儿子查理迎娶一位法国天主教徒，这引发了新教徒对教皇阴谋的怀疑。任命亚美尼亚人托马斯·劳德（Thomas Lauder）为坎特伯雷大主教也加剧了新教徒的恐惧。劳德试图镇压清教徒但失败了，正是在这个时期，即1640年代至1660年代，也称为清教徒革命时期，发生了许多关于宗教宽容的辩论。这个特定时代的标志性成就是，辩论不再是关于如何安抚尽可能多的英格兰教会内部团体，而是关于允许其他团体存在于英格兰教会之外。分离主义者变得更加普遍，因为内战正在把注意力从他们身上移开。由于分离主义团体的增加，宽容问题在1644年成为首要问题。

历史学家约翰·科菲（John Coffey）认为，宽容的概念包含两个主要因素：不赞成和克制。这两个组成部分很重要，因为宗教是一个非常严肃的问题，每个人都对其他人的宗教信仰有自己的看法，甚至必须接受某些不正确的立场。在1689年《宽容法案》通过之前甚至之后，关于宽容是否是正确的行动方针存在很多争论。该法案负责在英格兰建立对异议团体的法律宽容。该法案明确指出，这是一项免除他们陛下的新教臣民与英国国教持不同政见的某些法律的处罚的法案。多年来，宗教宽容一直是具有争论的主题，因此出现了流行的思想趋势。还有一些历史学家认为，宗教宽容完全是由于害怕天主教会在英国重新建立，这些历史学家被称为修正主义历史学家，还有一些历史学家的观点介于两大阵营之间。

二、宗教虔诚教育

在大学课程设置方面，清教徒和教派之间并没有明确的界限。一些清教徒认为，大学的主要目的是促进宗教的发展，而不是通过实验研究或追求功利主义的目标来寻求知识；另一些清教徒则为实验科学争取更大的权益。宗教界专门强调功利性课程，认为在大学里没有宗教教学的位置。在这一点上，宗教教徒与清教徒分道扬镳，但总的来说，改革家们在课程中给予科学及其实际应用的位置方面达成了坚定的共识，与课程设置的争论和抽象的教学兴趣无关，而是与改革家希望利用学校和大学来改善社会的愿望直接相关。

清教徒和各教派由于不同的宗教信仰而对正规教育的功能持不同意见。前者认为上帝的话语可以通过精神和理性的共同帮助来理解；各教派只依靠圣灵来理解上帝的话语，使他们得以自由地寻求正规教育来解决这个世界的问题。因此，普里坦人指望大学培养受过教育的神职人员，而牧师则依赖于平信徒的讲道。清教徒认为牧师需要得到建制派的认可，即大学学位。这给了那些控制高等教育的人相当大的权力。

正如格里夫斯总结的那样，英国清教徒的宗派改革家寻求这样一个社会，在这个社会中，人们受到宗教精神的激励，清教徒也是如此，受到具有功利价值的学科的教育，摆脱对职业种姓的依赖。格里夫斯坚定地站在各教派一边，因为他们前瞻性地倡导民主、平等、政教分离以及普遍的和功利的教育。清教徒几乎同样进步，但他们却依旧坚持教堂、学校和社会的传统结构。由此推断，圣公会教徒是无可救药的保守主义者，他们控制着自己子孙的教育，他们痴迷于让后代重温自己的宗教经历。教育系统就是为了产生这种结果。然而，这一体系似乎使人们产生了焦虑和不安全感，而不是信心和乐观。通过将宗教从学校课程中分离出来，各教派希望虔诚仍然是个人启示的问题，而不是制度化的教化。清教徒们致力于一个更有序的皈依概念。

第四节　技能教育

英国贵族需要多元化的教育，以便与博学的资产阶级竞争政府中有影响力的职位。在斯图亚特时期，年轻的贵族不仅学习马术和击剑，也需要学习良好的礼仪，掌握许多技能，如演奏鲁特琴、绘画以及掌握数学、古典以及现代语言、诗歌、文学和历史等知识。此外，英国贵族还十分强调心灵的教导和身体的发展，这些都需要按照贵族的规范来强化和完善。

一、音乐与歌唱

宗教改革对英国的宗教音乐产生了深远的影响。许多修道院、大学教堂和宗教团体的消失加剧了一个过程，在这个过程中，与皇室和贵族家庭的就业相比，人文主义使得创作教堂音乐的职业的重要性下降。英格兰、爱尔兰、苏格兰和威尔士保留了独特的音乐和乐器形式，但英国音乐深受欧洲大陆发展的影响，英国作曲家对欧洲早期音乐的许多主要运动做出了重要贡献。

英国牧歌学校（English Madrigal School）为英国牧歌音乐带来了短暂但强烈的开花期，主要发生在1588—1627年。英语牧歌是无伴奏合唱，风格轻盈，通常以意大利模式的复制品或直接翻译开始，大多为三节到六节经文。英国最有影响力的牧歌作曲家是托马斯·莫利（Thomas Morley）、托马斯·韦尔克斯（Thomas Weelkes）以及约翰·威尔比（John Wilbye）。最著名的英国牧歌集之一是《奥里亚纳的胜利》（*The Triumphs of Oriana*），这是一部由托马斯·莫利编撰并献给伊丽莎白一世的牧歌集。牧歌在1620年代继续在英国流行，但在1630年代初期，随着欧洲大陆出现新的音乐形式而显得过时。

詹姆斯六世自1567年起成为苏格兰国王，他也是一般艺术的主要赞助人。他制定了改革和促进音乐教学的法定条文。他于1594年在斯特灵重建了皇家礼拜堂，合唱团被用于国家场合。他沿袭了雇用鲁特琴演奏家进行私人娱乐的传统，他的其他家庭成员也是如此。当他于1603年作为詹姆斯一世南下夺取英格兰王位时，他取消了对苏格兰的主要赞助。苏格兰皇家礼拜堂后来仅用于偶尔的国事访问，威斯敏斯特宫廷成为皇家音乐赞助的唯一来源。当查理一世于1633年返回英格兰时，他从英国皇家礼拜堂带来了许多音乐家。詹姆斯一世和他的儿子查理一世继续伊丽莎白一世时代对教堂音乐的赞助，重点仍然是圣公会服务和国歌的设置。1626年，皇室的音乐机构足以让“国王音乐大师”的新办公室成为必要，而最重要的作曲家可能是威廉·劳斯（William Lawes），他创作了幻想曲组曲，为竖琴、小提琴和管风琴伴奏音乐，为个别乐器伴奏音乐。该机构因1642年英格兰内战的爆发而中断，但在冲突期间，一个较小的音乐机构被保留在牛津。

从1642年伦敦议会上台到1660年君主制复辟，这段时期彻底改变了英国音乐的格局。宫廷的消失带走了赞助的主要来源，剧院于1642

年在伦敦关闭，某些形式的音乐，特别是那些与传统事件或礼仪日历相关的音乐如莫里斯舞和颂歌以及某些形式的教堂音乐，包括大学合唱团和风琴，在议会能够行使权力的情况下被劝阻或废除。然而，清教徒并没有禁止世俗音乐和克伦威尔牛津大学马格达伦学院的管风琴在汉普顿宫设立，并聘请了一名管风琴师和其他音乐家，在官方招待会和克伦威尔女儿的婚礼上提供音乐娱乐。由于大规模作曲和公开表演的机会有限，保护室内乐的音乐在很大程度上成为私人事务，并在家庭环境中蓬勃发展，特别是在较大的私人住宅中。小提琴的组合重新流行起来，新作品的主要作曲家是约翰·詹金斯（John Jenkins）和马修·洛克（Matthew Locke）。克里斯托弗·辛普森（Christopher Simpson）的作品《中提琴师》（*The Division Violist*）于1659年首次出版，多年来一直是英国和欧洲大陆关于演奏小提琴和即兴演奏的主要指导手册，至今仍被用作早期音乐复兴主义者的参考。[①]

此外，贵族还需要精通取悦他人的所有宫廷艺术，学习马术、舞蹈、武器操作、军事演习、历史、地理、纹章学、法语和意大利语、数学和绘画，为攻城战和防御工事的科学做准备。17世纪50年代，意大利风格的歌剧传入了英国，这在清教统治时期是不太可能的。然而，复辟时期见证了英国音乐令人印象深刻的繁荣。查理二世本人也有音乐倾向，塞缪尔·佩皮斯（Samuel Pepys）为斯图亚特王朝所做的第一件事便是将皇家吉他传过英吉利海峡。1660年后，皇家礼拜堂成为英国音乐的中心。它最著名也可能是最多产的音乐家是亨利·珀塞尔（Henry Purcell）。尽管出现了许多其他优秀的音乐家，特别是耶利米·克拉克（Jeremiah Clarke），但珀塞尔在1695年去世后没有留下继任者，直到乔治·弗雷德里克·亨德尔（George Frideric Handel）的出

① 魏灿. 欧洲文艺复兴时期音乐教育观念转型研究：以意大利与英国为例［D］. 南京：南京艺术学院，2017：43.

现，才使英国音乐再次恢复活力。①

演奏音乐和唱歌的能力在整个英国社会广泛传播，是绅士的必要成就之一，且在下层绅士群体中也很普遍。这导致了对高度文化统一的一些奢侈的要求。然而，即使在16世纪，社会在音乐和大多数其他事情上的评价依然是分裂的。不可否认的是，对音乐的兴趣渗透到了所有的社会群体中。约翰·普莱福德（John Playford）是第一个全身心投入音乐的英国出版商，他于1651年开店，并于1655年出版了他的《音乐技巧入门》的第一版，这是17世纪后期印刷的许多此类手册中最成功的一本。除了穷人之外，所有群体都拥有乐器。到了1700年左右，英国的音乐已经从一种参与性的活动转变为类似于音乐会和其他表演形式的现代体系。现代意义上的音乐会可能是随着复辟运动而来的，到1740年，音乐会已经成为当代最著名的休闲场所洛克斯豪尔花园的一个常规景点。那时，休闲的商业化正在推进，类似现代综艺节目的东西已经存在，通向现代大众文化的道路已经有了路标。

二、舞蹈与绘画

英国贵族们除了学习所有礼仪外，还被教授高雅的舞蹈和歌唱艺术。除了对古典书籍学习的普遍关注，都铎王朝的教育理论家完全认同中世纪对非学术成就的热情。如果没有读书、写作、画画、唱歌、玩耍、语言、学习、健康和活动，那绅士品质是什么呢？除了满足平衡、全面的人的理想之外，无论是粗鲁的人还是学者，外表的优雅和技能都是优雅的重要外在象征，因此真诚的人和未来的绅士一样需要它们。

① 魏灿．欧洲文艺复兴时期音乐教育观念转型研究：以意大利与英国为例［D］．南京：南京艺术学院，2017：45.

在 16 世纪后期和 17 世纪早期，贵族们希望学习击剑、舞蹈和音乐。律师学院虽然没有给予支持，但也没有阻碍这些活动。学生们有机会在每周六晚上的万圣节和烛光晚会的狂欢中练习他们的舞蹈，也有机会在社团偶尔举办的假面舞会上练习舞蹈。但是大约从詹姆斯一世统治中期开始，圣诞节期间对舞蹈的投入少于对游戏的投入，尽管在 16 世纪 30 年代有过短暂的复兴。①

经济的迅速增长、安全贸易路线的建立和技术的进步最终促成了英国贵族将目光投向绘画、音乐和舞蹈。1533—1603 年，伊丽莎白一世在位期间，音乐和舞蹈得到了前所未有的完善和进步，受到周边欧洲国家和整个西方文明的高度重视和尊重。伊丽莎白一世对音乐艺术的热情催生了著名的音乐家和舞蹈教师，他们创造了一套全新的舞蹈系列，经常为贵族和平民百姓所使用。在那段时间里，舞蹈不仅是一种锻炼身体的方式，还是一种有益于身心的娱乐活动。

上层阶级和宫廷使用的舞蹈多从其他国家引入。游历欧洲各地的商人和贵族将意大利、西班牙和法国的舞蹈带回英国，这对新舞蹈风格的出现产生了巨大的影响。伊丽莎白一世时代著名的舞蹈大师创作了详尽的手册（包括舞步、滑行、踩踏、跳跃和其他动作的说明），这些手册在整个英格兰传播开来，教导高级贵族了解欧洲风格的奇迹。伊丽莎白一世对舞蹈文化的影响是深远的。她自己精通多种乐器，每天练习多种风格的舞蹈，有报道说她每天早上跳七支加利亚德舞，这是一种要求很高且充满活力的舞蹈类型。正因为如此，她要求整个宫廷都必须了解错综复杂的音乐和舞蹈艺术。舞蹈的流行程度如此之高，以至于当时一些政治斗争、宫廷斗争并不是通过政治手段进行的，而是在伦敦宫廷的舞池中进行的。

---

① RAVELHOFER B. The early Stuart masque：dance，costume，and music[M]. Oxford：Oxford University Press，2006：153-159.

自文艺复兴时期以来，肖像画在英国一直占据主导地位，而新教改革导致宗教绘画佣金急剧下降。一个相对稳定的君主制与强大的土地贵族相结合，提供了连续的赞助，因而肖像画蓬勃发展。肖像画和漫画在出售或作为书籍插图的版面中占很大比例，也现出在陶瓷、剪影、硬币、奖章和蜡像上。大量的肖像出现在室内，它们被用来传达家庭、政治和王朝的信息。在一定程度上，文学也得到了发展，如笛福在 17 世纪 20 年代早期出版了许多小说。

成功的艺术家很可能会被视为荣誉贵族，能够自由地与社会上层的人交际，而且艺术家的成功可能是通过对公众的商业吸引力获得的。然而，对于大多数艺术家来说，取得前期的成就或许是走向成功的第一步，取决于获得和保持赞助。幸运的是，贵族普遍认为资助艺术是他们职能的一部分，并且通常为自己拥有良好的文学、艺术和音乐品味而自豪。英国贵族尊重艺术、技能与行为的训练，在教育内容层面逐渐从“装饰性”向“实用性”过渡。①

① SHARPE J. A. Early modern England：a social history 1550-1760[M]. London：St. Martin's Press，1997：126.

第六章　斯图亚特时期贵族教育的反思

现在的西方文化贵族，在它最明显地主宰世界的时刻，正在被东方各国迅速而成功地模仿。

——约翰·德斯蒙德·伯纳尔（John Desmond Bernal）

斯图亚特时期的英国贵族教育既有继承性又有创新性，实现了以下转变：场所的转变，家庭（家族）转向公共学校（社会化）；施教者的转变，非专业教师转向专业教师；教育内容的转变，以军事与宗教道德教育为主转向以文化知识与宗教教育为主；教育目的的转变，人格教育为主的骑士精英教育转向绅士精英教育。这样的变革对英国贵族产生了深远影响。随着文化水平逐渐提高，英国贵族的凝聚力得到加强，巩固了统治地位，经受住时代考验，在近代英国社会占有一席之地。光荣革命后，贵族与资产阶级共同执政，使得英国的近代化明显带有温度与渐进色彩。同时，资产阶级教育以贵族教育为导向，向上流社会看齐成为全国民众追求的目标。①

第一节　贵族教育的价值取向

英国贵族的根本属性，是承担社会责任和家族使命。家族承担的

---

① 许洁明，王云裳. 英国贵族文化史［M］. 上海：上海社会科学院出版社，2019：355.

使命和责任越大，权力沿袭对后代的影响就越大。贵族所承担的责任、使命和义务决定了贵族须具备多种优良品质。繁文缛节的贵族礼仪和高人一等的贵族心态组成的贵族意识，成为贵族在精神层面上的另一支点。社会地位和世袭传承是贵族在物质层面的集中体现，社会责任感和身份高贵感是贵族在精神层面的一体两面。

一、良好教养：贵族教育的道德追求

良好的教养包含许多不同的因素。例如有教养的人必须具备理想绅士的特征，当观察绅士的举止时，看到其谦虚而不害羞，坦率、和蔼而不无礼，殷勤、彬彬有礼而不卑不亢，愉快、幽默而不吵闹；还应该有正确的餐桌礼仪和优雅的举止，要使用恰当的称呼，以应有的态度对待女士；要对上级表示尊重，对平等者表示友好，对下级表示仁慈。

关于英国贵族阶级性别训练这方面的最好描述之一，来自约翰·奥布里（John Aubrey）在1670年代撰写的关于教育的思想手稿。他建议，男孩应该在家精心培养至12岁，然后送到公学深造并完成学业。一个男孩只有进入了这个世界，被温柔照顾、被父母纵容、被同学殴打和诬告、被主人鞭打，他才会了解这个世界的悲惨、虚伪和欺骗。只有这样，他才开始了解自己，发现别人在荣誉、地位、智慧和力量方面都与他平等甚至高于他。①

切斯特菲尔德认为个人的良好教养是防止他人无礼的最佳保障。他总是告诫他的儿子要有良好的教养，没有教养，将会是一个非常令人不快的人。前辈和同时代的人都把良好的教养理解为取悦他人的艺

---

① FLETCHER A. Gender, sex, and subordination in England 1500-1800[M]. New Haven: Yale University Press, 1995: 307.

术。所有良好教养的共同点是给别人带来快乐。亵渎和淫秽是没有教养的体现，因为它们具有攻击性。① 切斯特菲尔德的“我不知道”是良好教养的一个组成部分，因为它体现了某种美，这给人留下了愉快的印象。简而言之，良好教养指的是取悦他人的艺术，或者尽可能为与交谈的人的安逸和幸福做出贡献的艺术。

良好的礼貌是一种自然的愿望，无论进行什么样的谈话，都要轻松愉快。关于良好教养的作品的标题表明，这个术语被广泛解释为使自己愉快或令人愉快的过程。例如詹姆斯·福雷斯特（James Forrester）的《礼貌的哲学家》（“The Polite Philosopher”）的副标题是《或者一篇关于使人快乐并讨人喜欢的艺术的文章》（“Or，an Essay on That Art Which Makes a Man Happy in Himsel，and Agreeable to Others”）。促进安逸和促进快乐之间的区别太细微了，没有太大的意义。相反，塞缪尔·约翰逊（Samuel Johnson）认为良好的教养是让人放松的艺术，大多数作者只是想到了它的一个愉快的效果。即使对良好教养的愤世嫉俗的定义也认为它是一种取悦他人的艺术。②

良好教养的行为通常被分为两类：这两类行为可以被称为仪式和礼貌。仪式包括礼貌的外在表现，如餐桌礼仪、称呼方式和在特定的社会中观察到的行为方式。仪式是必要的，因为可以获得喜悦。因此，称呼的形式必须通过良好的教养来保存。另一方面，礼貌是由一个人所做的那些行为组成的，不是因为某个特定地点和时间的习惯告诉他这些行为会让他高兴，而是因为这些行为是普遍令人高兴的。③

---

① 肖先明. 近代社会转型时期英国贵族文学形象的嬗变与道德价值的重塑［M］. 武汉：武汉大学出版社，2019：168-169.

② BRAUER G C. The education of a gentleman theories of gentlemanly education in England，1660-1775［M］. New York：Bookman Associates，1959：136.

③ BRAUER G C. The education of a gentleman theories of gentlemanly education in England，1660-1775［M］. New York：Bookman Associates，1959：184-186.

良好的教养可以是对善良本性的模仿，如和蔼可亲、彬彬有礼和从容不迫。因此，英国贵族的礼貌若不是建立在真正的善良本性上，那就是一个伪君子，他的虚伪会使人更加厌恶。礼貌就这样成为一种道德教育的副产品。如果一个年轻绅士的父母、导师和管理者通过良好的教育使他变得性情温和，他就会因为通过社交给别人带来幸福而受到激励，因此，他就会拥有真正的礼貌。如果没有发自内心地想要给别人带来快乐的渴望，而是出于恶意，他的反应和理由就没有多大用处，这种观点在 17 世纪很流行。①

因此，洛克在《教育漫话》中提到年轻绅士的礼貌教育时说："一定要在他身上保持善良和善良的原则。"他认为，一个孩子不应该被教导要一丝不苟，因为礼貌的更基本的要素完全依赖于与生俱来的良好品质。他宣称："在行为上缺少传统的礼貌，而在头脑中却不缺少礼貌，应该是父母和导师在他们年轻时最不关心的事。"

有教养的英国贵族认为，官压迫臣民是不公正和不文明的。暴食既是一种粗鲁和不文明的恶习，也是一种邪恶的精神。参与视为罪恶的戏剧和娱乐是不明智的，是没有教养和罪恶的。按照这种观点，一切美德的训练也是文明的训练。参与社会教育，拥有真正良好教养的观念，这是复辟时期的显著特征。

二、自由知识：贵族教育的文化基础

在 17 世纪的理想贵族中，关于学习的阐述不少。其中，知识的获得在绅士属性中的地位，与关于美德的观点不同。教育理论家们也对人所必需的学习程度和某些研究的可取性有不同的看法。此外，也许

① JAMES L. Aristocrats: power, grace, and decadence: Britain's great ruling classes from 1066 to the present[M]. New York: St. Martin's Press, 2013: 200.

大多数绅士对学习的看法与理论家的看法大相径庭，他们中的许多人是导师、校长或牧师。

在伊丽莎白一世时期之后，作为英国绅士理想的一个组成部分，学习的重要性有所下降。学习与贵族的关系问题，首先可以通过对批评家眼中有素质的人的学习状态的考虑来解决。如果相信这些批评家的抱怨，普通的英国人在复辟时期和 17 世纪，是极其无知的，因为他们对历史、数学、拉丁语语法和文学的知识知之甚少。① 当然，一些出身良好的年轻人就读于私立学校，其他人就读于公学，尽管许多时尚人士显然不喜欢公立教育。还有一些人在家接受导师的指导，这在很多情况下是非常适宜的。一些人在国外的学院或大学待了一段时间，还有一部分人去了牛津大学或剑桥大学，他们有机会提高自己的思想水平。同样的信念，英国贵族需要达成对学习和文雅的平衡，是复辟时代许多上流社会的特征。历史和数学是唯一适合绅士们学习的课程，其他课程适合学者和那些必须靠学习生活的人。

事实上，在斯图亚特时期之前，英国贵族对学习的蔑视是一个古老的传统，这源于中世纪，当时骑士或贵族的生活被认为是积极的生活，而不是学者的沉思生活。诚然，在文艺复兴时期，许多作家和绅士理论家认为学习是理想绅士不可或缺的。然而，在相当大的程度上，都铎贵族和斯图亚特贵族保留了反知识分子的观点。②

17 世纪英国贵族对法国学院的喜爱并不令人惊讶，因为法国学院几乎没有培养智力的目标，尽管这可能并不像一些权威人士认为的那样，表明文艺复兴后绅士学习变得不被重视。然而，在复辟时期，有两个因素尚未触及，这两个因素与对学习的流行反感相结合，并助长

---

① BRAUER G C. The education of a gentleman theories of gentlemanly education in England, 1660-1775[M]. New York: Bookman Associates, 1959: 52-54.

② GILLESPIE M A. Liberal education and liberal democracy[J]. Academic questions, 1990(4): 65-68.

了这种趋势。即使是对学习有高度尊重的贵族也对学究式的学习持谨慎态度。因此，切斯特菲尔德曾让他的儿子接受比许多出身良好的年轻人所接受的更严格的学习课程。他认为，伟大的学习，若没有正确的判断，经常会使自身陷入错误、骄傲和迂腐。

正如前文所述，学习对于中世纪的骑士或贵族来说，通常意味着一种军事生活，而在文艺复兴时期，人们已经着重于政治生活取向。虽然文艺复兴时期的理论家认为，学习有助于绅士在政府和立法中发挥重要的作用，但绅士声称，过度博学、专业并不实用，不会帮助一个人履行积极的政治或军事生活的职责。① 更有启发性的观点是关于书本知识和世界知识在绅士属性中的相对等级。相当多的批评家认为，对绅士来说，世界的知识、人性的知识完全和书本知识一样有价值，如果绅士为了艺术和科学而忽视对人的研究，人生的发展就不会完整。因此，一位复辟理论家告诉一位年轻的绅士，出身良好的年轻人不应该在大学毕业后放弃学习，因为他们会随着获得的知识而成长。

在斯图亚特时期之前，英国贵族们被教授自然科学的基础知识，并学习法律。在接受这些传统学科训练的同时，他们还学习了绘画、音乐和舞蹈等技巧。此外，在童年和青春期的各个阶段都进行了适应其身体发育的体育锻炼，如跑步、游泳、摔跤和骑马。值得注意的是，击剑在这些体育锻炼中占有突出地位。许多绅士的教育并没有涵盖所有科目，而且某些领域也只是简单触及。例如，一位绅士在导师的指导下接受非常全面的法语培训教育和其他现代语言的培训。而如果他在公学长大，拉丁语肯定会受到重视，他可能很少或没有得到任何自然科学的指导。另一方面，他的课程有时包括一些尚未提及的研究，如天文学和希伯来语。不同年龄的人对某些科目感到的压力也有所不

① ATTARD J. In defense of a liberal education：criticizing the critical[J]. Academic questions，2013，26(3)：308-317.

同。复辟时期的年轻绅士可能更需要学习神学、希腊语、逻辑和形而上学。[①]

如果贵族在他年轻的时候忽视学习，除了英语什么也不读，他仍然可以通过学习各种各样的知识，成为一个有学问的绅士。笛福描述了两个精通数学、地理、天文学、哲学和历史等领域的人。在他看来，尽管他们不懂拉丁语和希腊语，但他们应该被称为“学者先生”。他补充说，因为古人的作品可以通过翻译获得，所以不阅读原作是没有关系的。根据许多理论家的观点，一个年轻绅士的学习课程应该对他成年后的生活有所帮助。正如已显示的那样，学习的信念是对绅士们各项建议的基础。

在 17 世纪，大学通常被视为广泛开展人文教育的场所，而不仅仅是培养律师、医生的地方，就像在现代大学里一样。17 世纪的教育制度已经为贵族们的教育提供了指南。约瑟夫·普里斯特利（Joseph Priestley）在他的《自由教育课程》中表示，贵族们所需的大多数知识直到完成大学学业时才完全获得。事实上，许多受过本国教育的贵族，能够真正有效地治理国家。

三、公共精神：贵族教育的社会担当

英国贵族作为国家领导阶层的组成部分，作为富有而悠闲的人，有责任有义务为国王和国家服务。在 17 世纪，那些为国家带来利益的美德是授予贵族爵位的主要依据。在中世纪，绅士主要以军事身份对国家有益。但是在文艺复兴时期，虽然绅士的军事职责仍然受到高度重视，但已经从作为战士的绅士转移到作为政治家的绅士，在法庭和

① ANDERSON R. British universities past and present[M]. Lancaster：Carnegie Publishing，2006：221.

议会中履行他的职能，参与政府事务，为国王提供建议，或在外交使团中代表他的国家。①

良好的出身、继承的土地和爵位以及战斗中“军官”的级别是地位最重要的决定因素。头衔、法定特权、可观的财富和贵族生活方式都是这种地位的可见证据。最重要的是一个人在社会上的地位在很大程度上被那些他认为与他平等的人所接受。社会阶级的本质是一个人被他的同伴对待的方式，相应地，也是他对待别人的方式。

在斯图亚特时期，指导贵族宫廷行为和政治权宜之计的政策书籍非常多。让贵族为履行他的国家职责做好准备是教育的一个重要目标。在复辟时期，爱国美德和公共服务有时被称为等级的假设来源。但许多复辟论者走得更远，从文艺复兴和更早的17世纪开始，他们认为当代贵族应该代表他的祖先被提升到显赫的地位。乔治·麦肯齐爵士认为，公共精神是贵族最大的美德。像许多其他复辟时期的思想家一样，奥巴迪亚·沃克列举了有品质的人履行对国王和国家义务的各种方式。

英国贵族向来追求英雄的美德，特别是产生于公共利益的美德。从礼仪文学中淡出，表明人们对绅士作为朝臣和政治家的兴趣正在减弱。在某种程度上，有影响力的商人阶层已经接管了以前由贵族担任的国家重要职位，绅士和贵族成员有时不够富裕，不足以投身外交事业。尽管如此，国家服务仍然在绅士的理想中占有一席之地。

像以前一样，英国重要的政治职位向作为特权阶级成员和国家假定领导人的绅士们开放，使他们有资格担任驻外外交使团。他们中的一些人，如他们的祖先一样，在法庭上积极地参与政治。因此，在整个17世纪，国家服务逐渐移交给绅士，绅士依照法律，从而更好地服务于国家。当然，慈善的理想在17世纪很普遍，且并不仅仅局限于贵

① BRAUER G C. The education of a gentleman theories of gentlemanly education in England, 1660-1775[M]. New York: Bookman Associates, 1959: 34-36.

族。另一方面，理想的贵族作为慷慨的人，经常承担作为绅士的特殊责任。英国贵族和绅士共同努力，促进所有人的福利，帮助人们茁壮成长，从而避免压迫。正如教育被认为在贵族身上建立了道德和宗教意识一样，同时建立了公共精神，贵族能够作为政治家和普通公民为社会服务。公共精神的某些方面，指的是慈善和对他人的无私关怀，这也是基督教的原则之一。在这些原则中，年轻贵族应该很早就被灌输了爱国主义、对国王的忠诚和促进国家福利的思想。当一个年轻的贵族受过良好的训练，他就有资格为他的国王和国家提供一切可以想象的服务。

贵族既不会渴望以政治身份为国家效力，也不会渴望以私人身份从事慈善活动。为此，理查德·赫德（Richard Hurd）主教这样评价年轻的英国贵族："我要求他的雄心被唤醒，或者更确切地说，被引导到正确的目标——公共利益。为了这个目的，他的灵魂会燃烧着对卓越和真正荣誉的热爱。高尚的情操意味着具备强烈的公共精神。"在斯图亚特时期，年轻的绅士被要求对社会发展有益，必须通过正确的教育来摒弃自私的心理并树立公共精神。贵族需要将自己视为公众的一部分，并为他人的利益而努力，将自己的教育视为使自身有资格为公众服务的必要的过程。

一个年轻贵族的学习被认为是他作为政治家和个人履行职责的重要前提。对理论家来说，除非他有足够的学识，否则他不适合担任公职。[①] 由于坚定不移的爱国主义是为国家服务，许多理论家建议对贵族的训练应该转向爱国主义，使他对自己的祖国产生强烈的热爱之情，并对法律和政治产生依恋。在理想学院里，一般通过向年轻人展示公共建筑和国家社会的其他象征物来激发他们对国家的热爱，从而确保

---

① DRESCHER S. Who needs ancienneté? Tocqueville on aristocracy and modernity[J]. History of political thought, 2003, 24(4): 624-646.

爱国主义教育的顺利进行。一般认为，教师把培养优秀人才作为教育事业的主要目标。牛津大学的教师确实把培养优秀人才作为教育事业的主要目标。与此同时，爱国主义的学习和树立为国家服务的思想成为大学教育的重要目标。

四、国防事业：贵族教育的身体表征

战争是现代欧洲早期的一个永久和普遍的特征，也刺激了军事技术和组织的新发展。火器变得越来越重要，军队也变得更加具有专业性和复杂性。到 1600 年，步兵、炮兵和骑兵的比例大致相等。此后，骑兵的比例下降得很快，而且其性质也经历了根本的变化。① 对于英国贵族来说，自中世纪中期以来，战争决定了其在国家和社会中享有特权地位。

1660 年后，随着国家的扩张，一个日益专业化、纪律严明的官员阶层从属于政府，政府更关心的是效率和服从，而不是等级。此后，英国贵族不再是战斗的主要群体，也不再主要负责组织军队和提供防御战争的手段。与过去相比，装备成本更高、战斗的季节性更弱，而常备军的增长往往会在一年的大部分时间里将贵族军官束缚在特定部队中。在规模更大、更没有人情味的军队中，中世纪贵族表现个人英勇壮举的机会变少。

到 1700 年，英国贵族失去了自身的军事角色，与武器职业之间的鸿沟越来越大。换句话说，“非军事化”特征是早期现代史写作中的常见现象。贵族绝不是军事革命不可避免的受害者，他们是这些变革的主要推动者并从中获利。

尽管贵族之间仍然争吵不休，对政府的行为表示不满，但他们已

① KEEN M. Chivalry[M]. London: Yale University Press, 2005: 23-24.

经不再是暴力的精英，他们越来越多地诉诸法庭和法院，来获得对他们有利的裁决。而在 1600 年以前，这些争端可能是由他们自己的士兵解决的，而且往往是以最血腥的方式。这种对法律和暴力的新态度与许多大贵族家庭从农村消失有关，因为他们的正常居住地变成了国家的首都或统治者的法院，这加速瓦解了他们在当地的军事潜力。各地的关键发展是国王逐渐主张军事权力的垄断。[①] 贵族观念的进一步淡化是授予通常从事非军事服务的上校们佩带剑的传统贵族特权。剑是他们军事角色的象征和工具，因为它破坏了特权贵族和精英战士之间的联系，被广泛认为是决斗崇拜的主要起源。

在 17 世纪，作为军事革命的直接结果，贵族成员在军队服役的机会大大增加了。军队的规模在成倍增长，需要越来越多的军官。在大多数国家，贵族仍然是最明显的，有时是唯一的军官来源，这些机会的规模因军队而异，不仅取决于总规模，还取决于军官与士兵的比例，但贵族在任何地方都是相当多的。欧洲军队的军官队伍在地位上非常高，而且会变得越来越高。这种情况在步兵团和骑兵团中尤为明显，贵族军官阶层的成长在承担大部分战斗的部队中最为明显。许多老牌家族延续了他们从军的传统，而新来者则开始建立自己的职业模式。这在整个精英阶层都是真实的，从贵族家族到小贵族家庭。虽然一些贵族如荷兰南部的兰诺伊放弃了军旅生涯，但许多人在几代人的时间里继续走着这样的道路。因此，服兵役是许多贵族家庭策略的一个显著特征。[②]

在英国内战期间，面对种种挑战，贵族军官须具备许多品质，如自律、领导能力，但最重要的是勇气，且要求的程度是相当高的。贵族被认为在勇气上拥有垄断地位，但是这必须伴随着适当水平的技术

---

① RAMSAY J H. The strength of English armies in the middle ages[J]. The English historical review,1914,29(114):221-227.

② 倪世光. 中世纪骑士制度探究 [M]. 北京：商务印书馆，2007：111-112.

知识。从16世纪末开始，统治者和贵族本身专注于精英教育，这导致了许多学院的建立，许多学院只限于贵族，且有军事课程。这些课程在某些国家是找不到的，而在这种情况下，贵族们会去国外的军事学院学习。例如英国贵族的儿子曾被吸引到卢内维尔，这些人后来在军队司令部和宫廷中任职。

与以往时期不同的是，英国贵族们高贵的身份只能通过剑、勇气和其他杰出的行为和服务来获得。公众只认可那些在任何时候都能够在军队中提供有用服务的人以及那些因为拥有特别良好行为和卓越服务，进而被提升为贵族的人。贵族应该拥有忠诚和荣誉的相关美德。

进入军队是贵族内部晋升和实际封爵的最有效途径之一。许多成功的军事家通过被授予男爵、伯爵等较高的头衔而晋升为贵族，或者在某些情况下，被心怀感激的皇帝封为贵族。虽然越来越多的贵族寻求教育作为服兵役的准备，但可能更多的人参军是为了获得教育而不是狭隘的技术教育。①

军队最终捍卫了古代的特权制度，英国贵族们在这种制度下树立了榜样。军事等级制度复制了基本的社会等级制度及其所有的特权和不平等。这是贵族提供大部分军官的原因之一。贵族的社会优越感既反映在其军事优势上，又因其军事优势而得到加强。大贵族占据高级职位，次等贵族占据军官队伍的大部分职位，这更准确地反映了当时的社会结构。② 因此，保持优秀的军事专业人员符合贵族更广泛的战略利益。军队服务也体现了传统性和特权性，各地的贵族仍然把他们的统治者视为封建领主，他们和他们的亲属都受到效忠关系的约束。

贵族的地位迫使其承诺保卫国家，保护和维护其外在尊严和内部结构。这有两个方面，一方面，人们认为贵族的荣誉感、家庭感和血

---

① KAMEN H. European society 1500-1700[M]. London: Hutchinson, 1984: 25-28.

② 蒋翔燕. 百年战争与英国王权研究 [D]：哈尔滨：哈尔滨师范大学，2013：25.

统感可以防止他在部下和同僚面前失职；另一方面，较老的贵族家庭虽然普遍不富裕，但被认为比普通的贵族家庭更有可能拥有正确的军事美德，其成员更有能力被塑造成优秀的军官。①

尽管发生了军事革命，一些军官成功地获得了必要的技术，但贵族作为军官受到重视，仍然是因为传统品质受到高度重视，因为贵族的“道德”基本上仍然是战斗性的。面对军事革命的挑战，个人、家庭、贵族和国家的态度有很大的不同。近代早期，尤其是17世纪后期，贵族生活和文化日益军事化。在17世纪中叶之前，军队生活可能是暂时的，甚至是偶尔的和零星的，而到了后期，典型的贵族军官几乎永远穿着制服，更多的时候和他的团队在一起，并且绝大多数情况下把自己与军队和军事服务联系在一起。贵族们经受住了以军事革命为代表的挑战，而且确实非常成功地适应了新的环境。

英国贵族，尤其是数量上占优势的次级贵族，在国家的永久部队中担任军官，他们的主要军事美德是服从。贵族在促进作为军事革命核心的重要军事政治变革以及武装部队的组织和领导方面发挥了至关重要的作用，由此在贵族和国家之间建立的新关系也有助于后者的至高无上。通过重新定义自己，作为一个军事服务精英，贵族以及绝大多数士绅在更大程度上融入了国家教育体系。②

第二节 贵族教育的性别差异

英国斯图亚特王朝时期的贵族教育在性别上仍存在明显的分野。其中，女子教育是英国近代早期女子教育的一个典型阶段。尽管该时

---

① HOWITT W. The aristocracy of England: a history for the people[M]. London: Chapman, Brothers, 1846.

② STORRS C, SCOTT H M. The military revolution and the european nobility, c. 1600-1800[J]. War in history, 1996, 3(1): 1-41.

期女子教育较之前有所进步，但同时也充斥着各种争议。女性的教育方式更多是围绕贤妻良母这一主旨来展开，对于知识的要求不及男子。男性主要以培养男子气概为主要目标，同时兼顾知识文化教育。总体而言，贵族男子与女子教育仍存在着质的差异。

一、男子气概下的绅士风度

在英国，男子气概和女子气概的观念根深蒂固。有时，积极的女性气质与既定的男性气质相对抗。从 1660 年开始，英国贵族越来越抵制挑衅且拒绝诉诸暴力。贵族们不再打架或决斗，而是越来越多地将愤怒和怨恨转化为争论和漫长的法律程序。英国男子气概中鼓励这一趋势的关键因素是文明观念：男人不再被激情的暴政所统治，而是要控制自己，屈从于理性的意志。[①] 历史学家彼得·伯克（Peter Burke）总结了这一问题的历史，认为确实发生了这样的转变。正如他所言，需要解释的是从“荣誉系统”（好斗、阳刚、等级分明）到“礼貌系统”（更温和、面向异性、更平等）的转变。

荣誉融合了一种强调古代血统和血统重要性的话语，可以证明一种积极的关切。另一种道德强调，需要具备智慧、学识、虔诚和克制的话语。到了 16 世纪 20 年代，这种融合的轮廓发生了变化。荣誉被重新定义为适合新教统治的术语。美德，特别是在虔诚和公共服务领域，其重要性超过了荣誉。所以到了 17 世纪，绅士们更喜欢控制自己的激情，放弃暴力反应，即使他们的荣誉被轻视。尽管这些见解很有价值，但它们重申了这样一个概念，即美德和荣誉必然是对立的概念，土地阶级的战斗倾向减少了，这种情况是在 17 世纪初期，而不是在 17 世纪

① POLLOCK L A. Honor, gender, and reconciliation in elite culture, 1570-1700[J]. Journal of British studies, 2007, 46(1): 3-29.

后期。①

贵族可以被比作一本永远向世界敞开的大书，任何需要建议或忠告的人都可以自由地向他咨询。一方面，绅士必须学会自我控制；另一方面，他又必须通过某种姿态上的自由来表明自己的社会地位。詹姆斯一世在他的《王室赠礼》中告诉他的儿子以一种男性的、圆润的、诚实的方式吃饭，避免荒谬的精致和粗俗。在学习礼仪的过程中，人们担心年轻人可能会陷入女性化的陷阱，这是非常明显的。因此，礼貌的艺术需要不断地在硬化的过程中得到平衡，优雅总是伴随着男子汉的勇气和独立而存在。

人性通常具有的一种美德：道德上的彬彬有礼。最灾难性的后果是矫揉造作、做作的言辞或肢体语言，这些都暴露了人的虚伪。贝德福德伯爵警告他的儿子："如果你要表现得像个贵族，而不是真正的贵族，要小心做作和特立独行。"斯图亚特时期，英国贵族具备一种复杂而苛刻的生活准则，在家庭、邻里和地方社区的各个领域中，生活准则通过血统、勇气、美德和理性的概念来表达。正是通过追求荣誉，这些人才活出了自己的男子汉气概。在1660年之后，英国男子气概中至关重要的新成分似乎是文明的概念。这更多是举止和外在行为的问题，而不是内在品质的问题。费内拉·查尔兹（Fenella Childs）认为，这一时期的行为书籍文学有对绅士尊严的详细关注，非常清楚地揭示了礼仪作为表达和维护社会等级的重要手段所具有的力量。礼仪成为社会和性别等级制度的核心，因为上层社会的男性气质比以往任何时候都更紧密、更刻意地被定义和构建。②

来自贵族家庭的男孩们离开了母亲的照顾和溺爱，进入了家庭教

① POLLOCK L A. Honor, gender, and reconciliation in elite culture, 1570-1700[J]. Journal of British studies, 2007, 46(1): 3-29.

② FLETCHER A. Gender, sex, and subordination in England 1500-1800[M]. New Haven: Yale University Press, 1995: 322-323.

师和校长的塑造之手。这些男孩通常对父亲比母亲更信任，父亲致力于教导儿子，尤其是继承人，充分了解他们的性别角色和命运。哈利法克斯侯爵（Marquess of Halifax）在给女儿的建议中说："生命的最初阶段是在育儿室里受你的支配，在那里你没有竞争。"这不过是在重复传统智慧。由于人们对母亲们的纵容和溺爱心存疑虑和担忧，人们认为有必要在较长时间内果断终止母亲们的统治。在上层阶级中，男孩教育的内容、性质和框架不可避免地具有性别特征。从本质上讲，男孩接受的是学术教育，而女孩不是。克拉弗·莫里斯（Claver Morris）提到了他儿子和女儿在 17 世纪晚期的教育，也说明了这一点。女儿贝蒂 7—13 岁上学，学习小提琴和唱歌，后来学习写作、法语、舞蹈。相比之下，儿子威廉 8—18 岁在文法学校上学，先是上日班，然后从 13 岁开始寄宿。在他十几岁的时候，他的父亲为他支付了写作、算术和绘画等古典课程之外的额外学费。

在大学、律师学院和大旅行团接受的教育，是贵族在英国社会中父权统治的基础。男孩上学的机会在 1500—1800 年大大增加。与此同时，在课程、对学校纪律的政策和态度方面也有重要的发展和变化，这与对性别的调查有关。关于这些主题已经进行了大量研究，但其影响尚未被考虑到与学校教育如何促进男子气概的形成或男性行为准则的建立有关。① 1607 年，詹姆斯·克莱兰德在他的《一个年轻贵族的制度》中写道："荣誉并不存在于受荣誉者的头脑中，而是存在于其他人的心中和意见中。"荣誉和遗传一样，是高尚心灵最关心的事情之一。也许这种对荣誉的关注最引人注目的分支是决斗的出现：事实上，《绅士的召唤》的作者在 1660 年曾说过："一个有荣誉的人现在只被理解为能挑起和维持争吵的人。"尽管当代人声称其历史悠久，但荣誉决斗基

① FLETCHER A. Gender, sex, and subordination in England 1500-1800[M]. New Haven: Yale University Press, 1995: 297-298.

本上是文艺复兴时期的产物，并在 16 世纪晚期进入英国。①

成年意味着特定的年龄范围、足以养家糊口的经济独立性和相应的“气质”，使个人能够管理自己的激情以及他的家属和下属的行为。成年更看重年龄而不是地位，至少在成年人的成熟阶段是这样。完全的男子气概只属于“男子气概”的时代，虽然当代作家采用了一系列的年龄划分方案，但大多数人只允许大约 15 年（通常是 35—50 岁）进入老年。另一种男子气概的意义，即从属男性。行为手册谴责的饮酒、游戏和喧闹的世界代表了另一种男子气概。②

如今，人们对作为一个“真正的男人”意味着什么感到困惑，男子气概正处于“危机”之中，这已经成为一种文化常态。但是，观察男性危机回避了几个相关的问题。在任何特定的时刻，人们所说的“男子气概”内涵是什么？阳刚之气是怎么定义的？它的构成要素是什么？是什么类型的事件引发了男子气概的危机？这些问题需要回答。实际上，占主导地位的英国贵族男性作为一个群体也受益于性别角色社会化模型，这种模型支配着社会和行为科学对性别的处理，因为它使用占主导地位的阶级的男性概念作为参考的规范标准，并最大限度地扩大了两种性别之间的距离，同时最大限度地减少了这些定义重现现有权力关系的程度，这些定义是历史可变的，因此容易受到挑战。如果男子气概是在性别关系的历史动态的更大框架内从社会角度构建的，那么危机和变化的问题仍然存在。

对历史社会学家来说，性别关系中的危机引发了男子气概的“危机”。在特定的历史关头，社会结构性变化改变了个人生活的制度，如婚姻、性和家庭，从而改变了性别认同的可能性。在农业和工业工作

① SHARPE J A. Early modern England: a social history, 1550-1760[M]. London: Edward Arnold, 1987: 170.

② SHEPARD A. Meanings of manhood in early modern England[M]. Oxford: Oxford University Press, 2006.

的组织中，在政治关系中，极大地改变了个人生活的组织。个人生活的这一新领域允许一些女性要求重组家庭生活和男女关系。也就是说，重新定义女性特质。当社会结构在根本上被撕裂时，身体和家庭意象将占据主导地位。

当结构性力量改变了家庭和个人生活的动态，导致一些妇女要求重组性别关系时，就会出现男性危机。这就需要从更大的结构性变化来探析导致一个历史时代的男性危机的深层次原因。在光荣革命后的几十年里，从 17 世纪开始并在两次革命中达到高潮的巨大结构变化开始在英国家庭和男女关系中引起共鸣。几个重要的大规模变化集中在 17 世纪晚期的家庭，促使性别关系、性和婚姻被重新思考，关于男性的概念也被重新审视。

17 世纪英国的性别危机，被视为一种严重的危险，一种颠覆整个社会秩序的威胁。一个社会的经济、政治和社会组织的长期结构性转变会导致个人生活组织的变化，特别是婚姻和家庭制度的变化。[①] 当女性抓住这个机会对继承的性别等级制度提出新的要求时，男性的概念世界就会动摇，许多人会在口头上和制度上争夺，以重申传统的性别等级制度和重建父权权威。然而，对于其他男性来说，性别危机提供了一个机会，一个随着女性扩大了女性化的可能性而形成新的男性定义的机会。对于英国复辟时期的一些男人和女人来说，这种重新设想只能意味着想象性别平等的世界。对于同时代的人来说，想象的世界可能会变成现实。

---

① HORLACHER S. Constructions of masculinity in British literature from the middle ages to the present[M]New York：Palgrave Macmillan，2011：89-108.

二、女子精英下的知识女性

近代早期英国男女关系的本质，缘于出生时的生物学特征。想要了解贵族和贵族妇女的地位，就必须从家庭和土地法律的角度来看待封建贵族统治的变化，尤其是王室权威的日益增强，无疑对他们的生活产生了巨大的影响。诺曼征服带来了土地继承的变化，在盎格鲁-撒克逊时代晚期，遗嘱被用来在一个人口范围广泛的家族中遗赠土地，但这种做法因诺曼人强调长子继承制而被迫终止。

在现代早期的家庭中，女性是否比在后世的家庭中受到更多的压迫是一个备受争议的问题。在整个中世纪，婚姻一直是一种财产关系，是一种将财富从一代传到另一代的方式。作为女方嫁妆和她作为妻子、母亲和帮助对象所提供的服务的交换，男方需要在夫妻共同生活期间提供身体支持，并在女方去世前为她提供食物。①

对于要求女儿接受进一步教育的父母，可以通过在家里请老师私人授课，或在社会地位较高或与其地位相同且有女儿的家里进行寄宿教育的方式让女儿接受教育。17 世纪，女子教育最显著的发展是女子寄宿学校的兴起，这样的学校是中世纪传统的延伸。牛津大学在 1670 年支持了两所女子寄宿学校的建立。1638—1673 年，帕内尔·艾米夫人在曼彻斯特经营了一所寄宿学校，每年收费。除此之外，希望学习额外科目如写作、舞蹈和音乐的学生需要另外付费。课程的核心是阅读和针线活。1680 年，弗兰克兰夫人在曼彻斯特为持不同政见的女儿创办了一所寄宿学校，直至 1714 年，它仍然存在。1641 年，埃克塞特也成立了一所女子学校。到 17 世纪中叶，任何规模的城镇都有至少一

---

① FILDES V. Women as mothers in pre-industrial England[M]. London: Routledge, 1990:8.

所女子学院。①

希泽坎·伍德沃德（Hezekiah Woodward）在他1640年的著作《孩子的遗产》中，用了一章的篇幅来讨论女孩的教育问题。② 约翰·弥尔顿在1644年出版的《论教育》中提出的教育体系完全忽略了女孩，它的目标是培养勇敢的人和值得尊敬的爱国者，蔑视他们所有幼稚和缺乏教育的品质。洛克在研究教育的过程中，曾给克拉克夫人写信，在去信中说了一些话，例如他在长篇大论地抨击公立男校的恶习时，赞许地提到了女孩们在“害羞和孤僻”的环境中长大，并学会了交谈的艺术。他强调，有必要在家里由舞蹈大师进行早期训练，以此为女孩们提供时尚和简单的优美动作。

诺森伯兰认为，女孩子天生是不可教育的。一般来说，据观察，女孩在很小的时候外表举止和长大后一样严肃、文雅，那么以后在学习上就很难有什么进步。她们的教育是按社会和性别而定的。诺森伯兰提供了一个关于父母在女儿出嫁时的愿望的经典陈述：“我们关心的是她们是否谦虚、整洁、优雅、顺从。”若将1640年讽刺小册子《妇女的尖锐复仇》中的评论拿来进行比较，诺森伯兰的观点无疑体现了英国绅士的特征，这足以表达出人们对于男性占据主导地位和男性垄断教育之间联系的理解。

1660年以后，一些女性开始对英国教育制度进行尖锐地批判，她们认为妇女有能力从学术培训中受益，对强加在她们身上的社会教育加以谴责，并坚持认为她们通过知识探索实现个人发展的可能性被剥夺了。

理查德·穆尔卡斯特指出，年轻的女孩通常会在上学的最初阶段

---

① SNOOK E. Women, reading, and the cultural politics of early modern England[M]. London: Routledge, 2017.

② FREEMAN C B. A puritan educator: Hezekiah Woodward and his “childes patrimony”[J]. British journal of educational studies, 1961, 9(2): 132-142.

超越男孩。1630 年代到 1690 年代建立的一些学校，比如柴郡的邦伯里、埃塞克斯的塔克斯特和苏塞克斯的西奇尔廷顿，录取女孩的年龄非常明确，最大可以到 9 岁或 10 岁，她们只能学习阅读英语。在 16 世纪和 17 世纪，只有一小部分主要来自贵族家庭的年轻女性通过家庭教师的专业知识，体验了古典课程。天主教的人文主义者胡安・路易斯・维夫斯（Juan Luis Vives）认为，一个精心组织的拉丁语和希腊语的教育课程，如果与基督教的学习内容一起传授，可以培养一个女人在这种短暂的发展背后至关重要的美德。托马斯・莫尔受到意大利著名学者的启发，让他的三个女儿接受了和儿子一样的古典教育，安东尼・库克（Anthony Cooke）爵士的女儿们也以类似的方式接受了教育。

在斯图亚特时期，还有许多其他家庭为其女儿聘请家庭教师，这与将她们的教育局限于社会和家庭属性的趋势背道而驰。偶尔也会有女性因为受过良好教育而受到表扬。例如朱迪思・巴林顿（Judith Barrington）女士在托马斯・古德温的一次葬礼布道中被描述为超过了大多数女性，并认为她处于女性学者的高级阶段。据 1698 年左右的记录，哈顿子爵的女儿们都是优秀的拉丁语学者。但这样的女孩都是例外。对知识女性强烈地厌恶似乎在 17 世纪的头几十年里就出现了。詹姆斯时代的剧作家们对博学女性的辛辣描写显然是在迎合众所周知的偏见。从 1620 年代左右开始，在学校里对女性特质的教学中可以发现一种一致的意识形态模式，这种模式与男性在家里的教育方式相辅相成。①

到 17 世纪中叶，贵族家庭女孩的成长模式已经非常固定。是在家庭教师的帮助下在家学习，还是在一所新的精修学校学习，很大程度

---

① SMITH H L. Reason's disciples: seventeenth-century English feminists[M]. Urbana: University of Illinois Press, 1982: 24.

上取决于父母的喜好。此外，男女识字水平的差异也揭示了女性在教育准备方面与男性不平等。

一项研究表明，在英国革命之前，男性的识字率相当高，整个英格兰大约为 30%，伦敦高达 60%，但是关于女性的信息要少得多。剑桥人口与社会结构研究小组的一份研究总结指出，在 17 世纪，男性和女性在读写能力上存在显著差异。然而，男女两性的差异不具有可比性，因为现有的记录，无论是婚姻登记，还是教会法庭证人的证词，都没有列出女性的职业或社会地位。因此，尽管人们可以将男性的社会阶层与他们的文化水平联系起来，但对于女性却不能，她们仅仅被归为一个群体。

1640—1660 年，特别是在克伦威尔的统治下，对教育日益高涨的热情达到了顶峰。到了 1688 年，人们已经可以接受几种教育中的一种或者根本不接受教育。亨利八世关闭的女修道院并没有给女孩们提供进一步的正规教育，她们仍旧主要在家里接受教育。尽管有少数女性有幸有私人教师，但这种现象对某个阶层的男孩来说很常见。女子学校曾在詹姆斯一世统治时期建立，但这些学校教授的内容几乎都是当时的社会成就。提供“3Rs”教育的小学校是唯一主张男女平等的学校，这些学校以职业目的进行教育。在这个时期，英国教育尚未完全摆脱阶级差别的影响，富人的教育与穷人的教育完全不同。直到 1670 年以后，小学的数量才开始增加，并且出现在人口稠密的地区之外。尽管宗教改革在某些方面阻碍了教育的发展，但最终的结果对教育是有益的。①

首先，男性和女性受教育的差距，在整个 16 世纪持续不断地扩大。在詹姆斯一世和查理一世统治时期，英国各地出现了大量资金充足的

---

① FORREST A. Educational schemes and reformers in England during the early seventeenth century[D]. Edmonton：University of Alberta，1970：23.

男子文法学校，但当时新的女子学院通常资金短缺，很少能存活超过 20 年。除了少数情况外，女子学院未能为学生提供真正意义上严格的训练，而更像是有相当多的时间用于礼仪和社交礼仪的“精修学校”①。当然，没有一所女子学院发展成为可与伊顿公学、拉格比公学、温彻斯特公学、圣保罗公学或哈罗公学相比的永久性的寄宿学校。其次，女性仍然没有进入大学或律师学院的选择权。因此，对于中学以上的教育，她们依赖于父亲、兄弟、表亲或当地牧师所能提供的任何教育。相对来说，很少有女孩处于这样幸运的境遇，我们无法想象有多少贫穷但有才华的女孩甚至连获得基本的教育都受到限制。但对于那些没有能力、只能接受廉价或免费的帮助的女孩来说，这无疑是一种常态，男女教育之间日益扩大的鸿沟是 16 世纪最不幸的发展之一，因为它强化了男尊女卑的传统观念，这种观念使妇女比以往任何时候都更难释放她们的全部潜力。最后，17 世纪初期许多人仍然认为女性需要的教育比男性少得多，这种错误的观念导致 1603—1640 年建立的许多学校出现了考虑不周的双轨制教育计划。②

人文主义作家主张为女孩提供更好的教育，尽管这一建议影响了宫廷里妇女的教育，但几乎没有证据表明它对更广泛的女性教育内容产生过很大影响。也有人认为，即使是精英女性也在很大程度上被排除在新人文主义学习对象之外，琳达·A. 波洛克（Linda A. Pollock）指出，培养精英女性的主要目的仍然是培养对男性毕恭毕敬的成年女性，但在必要情况下，她们也能够自立自强。总的来说，上层社会的大多数女性都能读写，如果她们愿意或她们的父母愿意提供机会的话，她们也可以学习舞蹈、音乐和针线活，学习拉丁语或法语或两者兼而

① 精修学校起源于英国的私立学校，或者更普遍地说是寄宿学校。这种类型的机构接受专门针对文化和社会活动的教育的年轻女孩。法语翻译是“礼貌学校”。

② ALEXANDER M V C. The growth of English education，1348-1648：a social and cultural history[M]. University Park：Pennsylvania State University Press，1990：215-216.

有之。当然，尤其是在内战期间，她们参与管理丈夫的财产，表明她们至少接受过良好的教育。此外，无论是男人还是女人，有相当比例的下层阶级都会阅读，但只有大多数男人会写作。①

然而，有证据表明，尽管女性受教育程度仍然低于男子，但妇女的识字率确实有所提高。道德学家和教育学家也非常关心什么类型的书适合女性阅读，如伊丽莎白·卡里（Elizabeth Cary）和露西·哈钦森（Lucy Hutchinson），她们虽然受到父亲的鼓励去阅读，但她们的过度读书却遭到了母亲的强烈反对。在整个16世纪和17世纪，妇女进入教育机构的机会非常有限，而且禁止被牛津大学和剑桥大学两所大学录取，或者禁止被伦敦的律师培训学院录取。尽管男孩和女孩都在小学或女子学校上学，这些学校也都教授初级阅读和写作，但两性在学校教育和教育机会方面仍然存在很大差异。那些专门为女孩开设的学校旨在传授被视为对女性有用的课程内容，而不是古典课程。然而，有证据表明，女性有能力获得更多的正规和非正规教育。在此期间，能够自主写下自己名字的女性人数不断增加，能够拥有书籍并进行自主阅读的女性越来越多。这种现象的出现与当时印刷文化的发展有关，尤其是从16世纪80年代开始，专门针对女性的印刷书籍数量不断增加。②

第三节　贵族教育的发展特征

英国斯图亚特王朝时期，随着人文主义教育精神渲染以及内战、光荣革命等系列运动的出现，教育内容发生了明显转向。贵族阶层为迎接不断发展的复杂的现代社会，将科学、历史、地理等课程纳入教

① DAVIES G. The early Stuarts，1603-1660[M]. Oxford：Clarendon Press，1959：359.

② 许洁明，王云裳. 英国贵族文化史［M］. 上海：上海社会科学院出版社，2019：407.

学。连温文儒雅的学者都开始提倡培根所倡导的“知识论”的教学改革，贵族的教育面貌也逐渐发生变化，不断凸显知识性、实用性和多元化等特点。

一、教育目的突出知识性

在 17 世纪的英国，教育是初生贵族的特权。用亨利·皮查姆的话来说，教育可以使自己对国家有益和有用。根据洛克的说法，在这样的教育中，历史、年表的学习和地理的学习是绝对必要的。[①] 培养个性、主动性和自力更生的能力，发展更自然的头脑和更持久的创造力，是所有阶层和每一代人都必须坚持的。[②] 虽然 16 世纪和 17 世纪的一些作家认为教育会培养虔诚和忠诚的品质，避免懒惰和促进经济发展，但也有人警告说，教育可能会对社会造成破坏，可能会传播异端邪说，鼓励煽动叛乱，并通过教育地位高于自己的人来扰乱社会秩序。

多位学者表示，英国贵族子弟应该学习美德和宗教正统，确保其教育活动符合英国教会的规定，并规定学生应适当地被培养成虔诚和服从的特性。都铎和斯图亚特政府形成了一个关于社会、文化、政治和经济进程的矩阵的许可和监督教师的系统，大学毕业生也要接受宗教正统性的测试。在都铎王朝和斯图亚特王朝，教师被现代继任者评价为“以儿童为中心”或“以学科为导向”，但他们更愿意根据前工业时代的育儿实践来考虑适合自己的教学方法。17 世纪关于古典课程实用价值的争论可以用关于相关性的讨论来研究，也可以从后复辟时代

---

① SMITH J M. State formation, geography, and a gentleman's education[J]. Geographical review, 1996, 86(1): 91-100.

② PONSONBY A. The decline of aristocracy[M]. New York: Kraus, 1972: 293.

不断扩大的经济背景中来看。[①]

劳伦斯·斯通将1560—1640年描述为教育革命时期。的确，英国教育体系在这个时期比以往任何时期都更有活力、更有目标，资金也更充足。据估计，16世纪末，几乎三分之一的男性能够写作，尽管这种能力的高低因社会地位和职业存在差异。在这一时期，高等教育持续扩张，大学录取人数显著增长。在16世纪90年代经历了短暂的衰退之后，在17世纪20年代和30年代再次走向繁荣并达到了新的高度，当时每年有多达100名本科生被牛津大学和剑桥大学录取。高等教育的组织系统人员也在发生着重大变化，一些人去了伦敦的英斯法院学习法律，而另一些人则回到自己的岗位上处理当地和家庭事务。在教育革命时期，就读牛津大学或剑桥大学对于英国贵族的儿子来说是一种时髦而宝贵的经历，但学位本身只对那些希望在教会或某个学术职位中获得职业的人有用。人文主义教学的累积效应、王室赞助以及那些有大学经历的人的发展前景，催生了一场将持续百年的教育改革，文法学校受到高等教育的扩展刺激，开始为男孩准备大学入学的课程。[②]

17世纪延续了16世纪发展起来的学校制度，大约88所新的文法学校是在詹姆斯一世统治下建立的，59所是在查理一世统治下建立的。男孩仍然需要被教导，但是在都铎时期激发教育的热情已经被浇灭了。当像弗朗西斯·培根爵士这样强大的声音被提出来时，说明教育的扩展已经走得足够远了。教育不再被认为是解决社会和道德问题的手段，17世纪40年代和50年代的清教徒利用议会优势所创造的新的文化氛围让一群教育乐观主义者脱颖而出。弥尔顿、杜里和夸美纽斯在这个群体中很突出，但他们的不知疲倦使人们又重新燃起了对教育进行重

① Hans N A. New trends in education in the eighteenth century[M]. London: Routledge, 1951: 14.

② WEBSTER C. The curriculum of the grammar schools and universities 1500-1660: a critical review of the literature[J]. History of education, 1975, 4(1): 51-68.

新评价的希望。①

英国贵族对男女进行普及教育时采用虔诚而实用的课程，以期带来一个新的社会秩序。尽管制订了许多计划，但很少将其付诸实施。几十年的教育改革是教育理论的沃土，但实际提供的学校教育却中断了。内战期间，教学实际上已经停止，牛津大学是保皇派的总部，剑桥大学则是议会的驻军和监狱。16 世纪 50 年代学生人数开始有所回升，尽管没有恢复到战前水平，但一些学院也有所恢复。随着查理二世的回归，教会又恢复了对校长的机械性控制。1662 年的立法大大加强了这一点，该立法要求所有教师在获得资格证前必须表明他们的宗教信仰。②

到斯图亚特时期结束时，复辟后的英格兰发生了巨大变化。许多教师都忽略了教会机构和许多教区当局已经失去了其存在意义，这使得教务处对校长的控制显得无关紧要。贸易规模在扩大，经济趋势变得更加复杂，教育系统也在适应商业发展。文法学校的传统古典课程受到攻击，实用科目却很受欢迎。职业女性早期现代教育被认为是职业教育，格兰弗托学校和大学提供的古典教育为个人成为国家或教会的仆人做好了准备。虽然对社会和社会需求的看法可能会改变，但社会教育仍然是当代人的目标。③

① SIMON J. Education and society in Tudor England[M]. Cambridge: Cambridge University Press, 1966: 13-14.

② COFFEY J. John Goodwin and the puritan revolution: religion and intellectual change in seventeenth-century England[M]. Woodbridge: Boydell Press, 2006: 78.

③ CRAWFORD P. Blood, bodies and families in early modern England[M]. New York: Routledge, 2014: 16.

二、教育内容体现实用性

在新教和人文主义鼓励的背景下，16 世纪和 17 世纪英国出现了大规模的非专业扫盲。换句话说，这种非专业文化的传播与以文化为明显特征的中世纪晚期的情况形成了鲜明的对比。

在现代早期，拥有读写能力的人并不像人们想象的那样普遍存在。很明显，前工业社会的识字程度问题对教育的目的极其重要。识字水平是小学教育成功与否的一个重要指标。同样，识字水平的巨大波动可能反映了教育提供方面的巨大变化，或者至少反映了父母或资助者向儿童介绍阅读和写作的决心。[①] 当贵族知道英国人文主义者关于儿童教育的建议后，他们开始付诸实践，其目的是创造一个受过良好教育、有教养和更加国际化的新贵族。贵族父母有意识地希望他们的孩子以新的方式接受教育，要求他们不只是学习希腊语，至少会使用拉丁语，同时了解古典罗马和希腊的哲学和历史。大旅行最初旨在通过学习观察当代欧洲存在的不同政治制度、礼仪和传统而获得的知识来补充匮乏的书本学习。

在 16 世纪和 17 世纪，宗教、政治和经济都在促进识字率的增长方面发挥了极大的作用。一般来说，牧师阶层的成员不仅仅是大家族中的男性，更被看作是社会中唯一可以被期望以“有文化的白话”读写的成员。历史学家不习惯一个社会不仅被划分为水平阶层，还被划分为垂直阶层，他们多年来一直在与中世纪识字仅限于职员的观念做斗争。[②]

---

① WHEALE N. Writing and society: literacy, print and politics in Britain 1590-1660 [M]. London: Routledge, 2005: 33.

② SPUFFORD M. Small books and pleasant histories: popular fiction and its readership in seventeenth-century England[M]. Cambridge: Cambridge University Press, 1985: 26.

从现代的角度来看，年轻贵族在成为神职人员之前必须接受一定的教育。当一个男孩接受第一次剃度的时候，意味着他将作为该阶层的候选人也是教育的候选人。在16世纪和17世纪伦敦的一些教区中，男孩作为圣歌牧师、世俗神职人员、普通神职人员、文员、代书人等的比例尤其高。实现在教会的事业，年轻人不仅基础素养要高，他的拉丁文功底更要扎实。[①] 对于下层阶级的成员从某种意义上说，教育代表着向上层社会流动的途径，不是因为识字本身受到重视，而是因为它是神职人员的先决条件。那些没有从事文员职业的人将他们的技能用于边缘职业，例如教学、行政、法律、写作和记账。

有证据表明，在1660年复辟之前，只有通过印刷文字才能接触到社会领袖。1576—1640年，估计每年平均有300 000本书从伦敦印刷机上印出。有人提出，这一数字仅够每年向牧师和职业家庭成员提供约10本书或小册子，市场并没有假设有极其庞大的识字人口，因此显然，其他社会群体的一些成员也在买书。真正的印刷爆炸发生在17世纪后期。当然，这并不是说影响舆论的社会某些部分的力量是微不足道的。[②] 对社会群体和职业群体识字水平的比较也很有启发性，农民和劳动者（城市和农村）以及妇女（无论级别高低）的文盲率最高，而神职人员和其他专业人员（律师、医生）以及大多数贵族都有文化。教育的熵不是一个常数，而是一个变量，它取决于对教育的社会效用的解释。因此，在16世纪，教育被看作是解决社会问题的一种方法，而在17世纪，人们意识到教育也会导致社会问题。根据这一观点，相对于教育的革命效果而言，大众教育的热心者总是对教育作为社会控制手段的潜力更感兴趣，尽管事实上其主要目标之一是灌输新教信仰

---

① BALMUTH M. Female education in 16th and 17th century England[J]. Canadian woman studies, 1988(9): 17-20.

② HOUSTON R A. Literacy, education and the culture of print in Enlightenment Edinburgh[J]. History, 1993, 78(254): 373-392.

和价值观。那个时期没有一个教育改革家关心为教育为社会流动提供的机会。[①] 可以说，英国的统治阶级从未设想过将教育作为社会变革的工具，尽管他们中的一些人偶尔认为教育可以用来纠正一些社会不公。对于许多精英来说，教育的重要性在于随着封建历史的消退，它为新的中央集权国家的继续存在和权力提供了一个理由。就教育被视为与其他阶层的需求相关而言，它是一种严格的功利主义工具。教育将为人们从事适合他们出身的工作做好准备。

教育有必要向人们介绍国家和教会的价值观，然而，教育在社会中的确切功能却明显偏离了这一愿景。在这种状态下，创新的想法是令人厌恶的，通过诉诸虚构的历史，原始行为被掩盖，教育为创造力和独创性的产生与发展奠定了基础。那些反对英格兰教会形式的男人和女人后来也许是持不同政见者，或出于抗议而移民到新大陆，他们要求的不是自由或宽容，而是他们自己思想的胜利。尽管如此，在思想世界中，"消费者选择"的重要性仍然不断显现，对未来产生了革命性的影响。[②]

三、教育方式日趋多元化

早在大革命之前，英国贵族们就已经开始反对将学术教育扩展到所有阶层。到了斯图亚特后期，教区牧师持有的标准学位是硕士学位。有人认为，许多未来的牧师都是从他们的牧师父亲或当地牧师那里私下接受教育的。

英国贵族们倾向于让自己的子弟进入一些精英学校，如九大公学。

---

① EALES J. Women in early modern England，1500-1700[M]. London：Routledge，2005：135.

② CRESSY D. Literacy and the social order：reading and writing in Tudor and Stuart England[M]. Cambridge：Cambridge University Press，2006：69.

在资产阶级的背景下，规模更大、条件更好的城市文法学校的存在意味着比以前较少的捐赠文法学校能够保持纯粹的古典课程并生存下来。16 世纪 40 年代以前，教育专注于宗教问题，从 16 世纪 60 年代起，教育越来越强调世俗化。在这方面，苏格兰的发展与英格兰非常相似，但在 1707 年的联合之后，苏格兰教育也变得世俗化并受到商业需求的影响。

家庭和学校作为孩子成长的重要场所，采取的教育方式必须通过深思熟虑，以免孩子受到环境和经历的不利影响。教育被认为是一种向善的力量，能够对抗贫穷家庭的邪恶影响，避免孩子养成懒惰的性格。在 17 世纪，关于牛津和剑桥古代大学的课程和方法有相当多的争论。现实主义者与人文主义者的学术方法是不同的，一个关注内在，另一个关注古老传统文字。然而，到 17 世纪初，拉姆主义①在剑桥也几乎失败了。弗朗西斯·培根的作品保持了对现实主义、功利主义教育的浓厚兴趣。他的著作对大学的学术成果有着重要的影响。在 16 世纪 20 年代和 30 年代，他的乌托邦提议，即“学习应该为了共同的利益”吸引了许多激进的新教徒。

随着内战的到来，学术的氛围发生了很大的变化。一些看起来新的想法实际上是由临时政府鼓励的。杜里等社会改革家提出了详细的教育改革建议，致使新教徒们的计划得到了一些鼓励。与此同时，牛津大学和剑桥大学的课外氛围促使科学家和哲学家从事新的活动。

1642—1660 年，新的教育理念更容易被接受，大学内外的私营企业也有了更多的自由，但国家很少以制度的方式提供支持。毫无疑问，在复辟时期，创造一种更实用的教育形式的动力大部分被转移到了中产阶级和不符合传统的企业中。

---

① 法国学者提出的理论，在 16 世纪晚期和 17 世纪初期的欧洲广受欢迎，它提供了一种将所有知识分支系统化的方法，强调理论与实际应用的相关性。拉姆主义的进步与大学教育密切相关并受其影响。

现代社会发展水平的标准之一是它所享有的教育设施的程度和它的人口识字的程度。此外，在工业、贸易和商业都很发达的庞大而复杂的社会中，人们识字率高和教育事业繁荣发展是司空见惯的事。至少，大部分人口接受正规教育的前提是社会已经达到了使儿童和青少年在几年内脱离劳动过程所需的繁荣水平。这些假设显然与近代早期英格兰的教育发展有关。如果英国社会变得越来越复杂和商业化，人们的文化水平就会提高，教育设施也会增加。

第四节　贵族教育的历史影响

17 世纪后，传统贵族向绅士转变的步伐不断加快，贵族们普遍开始接受文化教育，越来越多的贵族进入大学和律师学院接受教育。更有部分贵族进入地方学院，对教育进行资助。这一时期贵族更积极地参加文化活动，并进行大陆游学，文化水平不断提高。贵族从轻视文化教育到接受学识教育，越来越重视文化的培养，对自己的形象也有了极大的改善。斯图亚特时期英国贵族的种种变革对本国的文化教育整体改观贡献了中坚力量，也影响了其他国家教育的发展与改革。

一、贵族教育与民众教育协同并进

斯图亚特时期，英国发生了一个重要的文化转变，从 1650 年开始，英国贵族成员参与流行文化，试图获得或提高声望。[①] 在整个欧洲，近代早期经历了一个重要的转变，从近代早期欧洲的限制识字到普遍识字，人口增长、经济增长、社会变革、民族国家的发展、改革和反改

---

① 冉群超. 16 世纪到 20 世纪英国旅游的兴起与发展［M］. 北京：中国铁道出版社，2017：48-49.

革、文艺复兴和启蒙运动的思潮，这些都刺激了人们对阅读、写作和计算的需求。与这一变化相关的是教育设施的显著增加。新的学校被建立，现有的学校被扩大，以至于劳伦斯·斯通将其总结为英国1540—1640年的“教育革命”。斯通对英格兰的研究在其他国家得到了效仿和推广，揭示了有记录的学校教育相关数据的显著增长。1480—1660年，英格兰至少建立了410所新学校，大多是捐赠的文法学校。1550—1640年，英国大学的招生人数也翻了一番，律师学院和法律培训中心也蓬勃发展，除了最贫困的阶层，所有人都能从中受益。①

17世纪，苏格兰的阅读群体是一个小群体。有人断言，苏格兰宗教改革后的宗教文化导致了异常高的识字率。由于加尔文教会的影响和国家学校制度，苏格兰要成为一个比英格兰更有文化的国家的话，直到17世纪中叶之后才会实现。然而，就女性而言，所有调查人员都认为，尽管表面上看起来女性的文化程度低于男性，但很难通过确凿的证据评估女性的文化程度和被动读写（阅读的能力）是前现代教学技术的广泛成果。因此，使用签名作为关键证据可能夸大了女性文盲的程度，因为女孩的教育很可能是阅读和缝纫等实用技能，而男孩则可能是写作。

据历史学家估计，男性识字水平，即能够签名的能力，从16世纪中期的20%上升到18世纪早期的45%。女性识字率虽然低得多，但在同一时期也从5%上升到25%。这无疑是一种进步，代表着欧洲其他地方无法比拟的水平。但这些数字清楚地表明，超过一半的人口仍然是文盲。当然，这一半人口主要是穷人。由于从这一时期开始时，有很大比例的绅士已经识字，很明显，主要受益者是那些处于社会中等阶层的人。② 1700年，在大约550万人口中，有头衔的精英有1546人，

---

① HOUSTON R A. Literacy in early modern Europe: culture and education 1500-1800[M]. London: Routledge, 2016: 31.

② WORDEN B. Stuart England[M]. Oxford: Phaidon, 1986: 46.

即每 3500 人中有 1 人。[①]

识字率的提高是这一时期教育发展最重要的成果之一。在英国贵族中，在内战前的一个世纪里，学生上牛津大学、剑桥大学或律师学院的现象越来越普遍。牛津大学和剑桥大学的许多学院都有强烈的地域偏见，即使是受过高等教育的绅士，在与更广泛的社会进行了有限的接触后，也可能会回到自己的家乡。即便如此，不可否认的是，1642 年以前高等教育的发展有助于在士绅中培养一种共同的知识话语以及一种类似民族文化的特质。贵族中的许多人在离开大学后继续读书，与以前的导师保持联系，并饶有兴趣地观察他们的年轻亲戚在大学或律师学院的进步。此外，文法学校也有助于培养民族教育文化。在那个时代有很多文法学校，它们存在的意义不仅仅是教育，还有宗教。对许多人来说，包括非士绅阶层，英国贵族传播了一种广泛共享的文化，这种文化主要基于拉丁经典。[②]

二、通权达变与自我适应共促稳定

英国贵族认为自己是世界稳定的主要支柱，如果失去了影响和控制，这个世界会陷入不确定和混乱之中。若没有他们对法治的执行，没有他们的道德领导和社会榜样，文明生活就会崩溃。此外，他们的一部分社会职能是，通过改善公路和河流运输等公共设施，尽其所能地维护社会的稳定和繁荣。这在贵族的影响能够发挥作用的地方，似

① BECKETT J V. The aristocracy in England 1660-1914[M]. New York：Basil Blackwell Inc.，1986：40.

② SHARPE J A. Early modern England：a social history，1550-1760[M]. London：Edward Arnold，1987：118.

乎更像是一种善的力量。①

英国君主和上层贵族之间相互依存。在这一点上，两者都达到了进化的极限。孟德斯鸠（Montesquieu）的著名格言是：没有贵族，就没有君主；但可能会有一个专制的王子。②

17 世纪资产阶级革命以后，英国的资本主义经历了自由竞争阶段和帝国主义阶段。③ 在后一种情况下，君主制将变得多余。在前一种情况下，它必须承担不同的角色并提供不同的理由。在启蒙运动的影响下，还有在从英国传入的颠覆性思想的帮助下，君主制的宗教和传统基础正在瓦解。被剥夺了神圣性，面对公民而不求助于中间的、从属的和附属的权力，如果这被认为是合法的，君主将不得不让出一些代表权力给人民或充当一个非人格化的国家的仆人，无论哪种方式都意味着君主制和贵族制之间基本纽带的瓦解。④

英国贵族对自己的处境有充足的信心，但自满必须通过对环境做出反应的能力来调和。社会群体在漫长时期的显著特征是其适应性。在两个世纪中，适应性经受了都铎王朝建设、宗教冲突、物价膨胀、内战和租金下降的考验。当“士绅崛起”或“贵族危机”被用来解释 1540—1640 年的社会变化时，就失去了这种连续性的有力证据。当然，持久性并不排除主要的变化因素，士绅的数量在 17 世纪急剧增加，他们的政治作用不断增强，他们的行为在许多方面都有了显著的改变。⑤

---

① MINGAY G E. The gentry: the rise and fall of a ruling class[M]. New York: Longman, 1976: 164.

② KRAUSE S. The politics of distinction and disobedience: honor and the defense of liberty in Montesquieu[J]. Polity, 1999, 31(3): 469-499.

③ 孙承谷. 英国国家制度［M］. 北京：生活・读书・新知三联书店，1965：9.

④ POWIS J. Monarchy, aristocracy, and the State in Europe: 1300-1800 [J]. The English historical review, 2002, 117(473): 970-972.

⑤ HEAL F, HOLMES C. The gentry in England and Wales, 1500-1700[M]. Stanford: Stanford University Press, 1994: 381.

在随后的几个世纪里，随着统治阶级高层与下层士绅之间的教育鸿沟越来越大，公学作为享有全国声誉的高级文法学校，与地方文法学校的区别越来越明显，某些著名的公学和牛津大学、剑桥大学之间的直接联系很早就建立起来，甚至在那些上大学的人内部也产生了进一步的区别。与此同时，乡村慈善学校的发展在较低层次上界定了较低级别的士绅、富农和富商与较低级别的小农、小商和手工业者之间相当明显的社会鸿沟。

因此，英国贵族教育沿着越来越明显的社会功能线发展。对于贵族来说，他们关注的是文法学校，而对于少数富有的人来说，公学、大学、律师学院、国外欧陆游学都为他们在统治阶级中扮演一个潜在的角色打好了基础，这个角色可能在国家意义上十分重要。不同的学校和教育形式所带来的不同程度的声望使人们更加意识到社会差异，也滋生了怨恨，尤其是在那些大儿子上大学，而小儿子离开当地文法学校去当学徒的家庭中。总的来说，博雅教育的共同基础使统治阶级的各个阶层都有一种共同文化的认同感，使地位不高的乡绅也能与强大的巨头几乎平等地交流。在士绅阶层中，教育总体上是一种凝聚力而非分裂性的影响，巩固了文化同质但等级森严的精英阶层的共同成员身份。没有受过良好教育和受过不良教育之间仍存在巨大而危险的鸿沟，这种鸿沟是现代社会的显著特征。

哲学家埃德蒙·伯克（Edmund Burke）宣称，当代贵族们已经尽了最大努力来支持那些沉重的贵族地位、财富和头衔的旧偏见，通过对传统的自我意识的理性宣传以避免贵族世界结束。显然，维护贵族变得越来越必要，也越来越困难。[①] 国家扩张得越多，他们积累的权力就越大。正是在这个意义上，贵族权力在近代早期的显著增长和巩固

---

① CHARLTON K. Education in Renaissance England[M]. London: Routledge and Kegan Paul,1965:48-50.

可以说是取得了很大的成功。随着国家继续发展，君主形式开始超越传统，它变成了贵族虚弱的根源，不再是君主政体的支柱，也不再是新兴国家的大陆贵族的支柱。

另一方面，在英格兰，贵族的权力基本上不在于国家，他们作为个人，司法和政治权威相对较弱。正如英国的立宪政体比其专制对手更有弹性一样，英国贵族也比欧洲大陆的贵族更有弹性。1688 年后，英国贵族日益增长的统治地位建立在一个不同的、更健全的基础上，这使贵族能够保持其地位并更长久地享有社会的尊重。然而，英国贵族并没有引起多少怨恨。这主要是因为他们自身的经济实力，英国贵族能够发挥重要的政治作用，为社会的和谐稳定打下了坚实的基础。此外，财产优势作为成员资格的标准，意味着富有的平民可以被接受，并且经常实现向上流动的愿望。

三、近代英国与现代欧洲应势而起

1601—1700 年被称为 17 世纪，属于近代早期，在欧洲也称巴洛克时期。17 世纪涵盖了法国的黄金时代“大世纪”、西班牙黄金时代、荷兰黄金时代以及科学革命，欧洲政权在这段时期发动了一系列规模庞大的战争和殖民征服。在英国革命的同时，科学革命也进入了高潮，诞生了牛顿力学和洛克学说，即发生了一场“双元革命”。在这期间，英国贵族对他们自身、家庭和时间上的秩序具有高度的认识。随着时间的推移，英国贵族意识到自己也是时间的囚徒，财富减少、地位降低和权力削弱的确切时间顺序在每种情况下都是不同的。阶级意识、集体认同感的淡化再次受到不同时间尺度的影响。通过梳理英国贵族 100 年来的起伏与衰落，我们不难发现英国贵族的教育辐射影响亦十分深远。[①]

影响深远的变化为欧洲大陆的贵族创造了政治条件，使他们适应英格兰贵族长期以来已经习惯的政治环境，进一步开启了英国近代的进程。尽管政治权力有其作用，但它并不是获得巨额个人财富的必要条件，这与其他君主制国家的情况截然不同。这是公民社会存在的一个特征。[②]

反过来说，贵族的自我调适在很大程度上是由于英国避开了欧洲地缘政治的纷争，而这种纷争却导致了英国与欧洲大陆国家的蓬勃发展，这里几乎没有已经衰弱的贵族可以赖以生存的东西。同样，英国君主政体也逐渐衰弱，因此，在 17 世纪晚期，当英国卷入大规模冲突时，它随后开始建立的庞大国家机器可能会受到保护，不会被局部利益所侵占，这当然延续了贵族对国家控制的相对弱势。从 17 世纪中期开始，贵族取得了巨大的成功，在资本主义生产方式和议会政府制度的框架内重新确立了他们的社会统治地位。[③]

因此，就算在 17 世纪晚期的英格兰，贵族的权力也有某种程度的复兴，这是事实，这种复兴的贵族与古老的贵族有着不同的面貌。其是灵活的社会政治秩序的一个有机组成部分，这种秩序不以制度化的不平等原则为基础。作为国家阶层的补充，在缺乏特权的情况下，贵族被扔回到更微妙的、非正式的势利机制上，以使他们自己从特权中脱颖而出。换句话说，英国贵族已经为现代世界做好了充分的准备。[④]

“等级”作为一个术语，至少从 12 世纪开始，被用来表示社会等级

---

① CANNADINE D. The decline and fall of the British aristocracy[M]. New Haven and London: Yale University Press, 1990: 78-79.

② 邱翔钟. 权贵英国 [M]. 上海：上海人民出版社，2016：244-245.

③ GARDINER D. English girlhood at school: a study of women's education through twelve centuries[M]. Oxford: Oxford University Press, 1929: 106.

④ 施罗德. 英国史 [M]. 刘秋叶，译. 上海：上海三联书店，2020：49-50.

的每个司法类别。后来，人们使用“秩序”这个词。经济标准本身不足以纵向和横向去划分社会中的每一个阶层。在最早的代表大会类型中，有主教，其控制着广阔的时间领域，在某些情况下还控制着领地公国以及相关有限区域内的乡村牧师。因此，一个秩序的存在不仅仅是因为其成员的财富，而是因为其社会认知度如此之低，以至于现代历史学家很难准确地确定这个秩序。贵族，作为秩序或财产，从这一点开始就呈现出一种司法现实，其被赋予特定的权利和义务，并拥有严格意义上的特权。高贵与其说是举止或生活方式的问题，不如说是出身，也就是血缘的问题。[①] 1939 年，马克·布洛赫（Marc Bloch）指出，13 世纪是贵族阶层变革的关键时期，从事实上的贵族变成了权力上的贵族。

贵族制度无论是使封建社会摆脱黑暗时代的混乱，还是在欧洲文艺复兴时期的宫廷和乡间别墅，抑或是在大英帝国的建立中，都可以看到它的文明影响，它为英国的强大做出了巨大贡献。每当英国社会结构遭到破坏时，贵族阶层在重建社会过程中都发挥了重要作用。[②] 但是，贵族们对自己固有的优越感和管理下层阶级的自然权力的信念有时会导致滥用他们所掌握的广泛权力。值得注意的是，英国贵族们总体上对他们的下属表现出强烈的公共责任和社会义务意识，他们希望受到大众的尊重，希望被认为是慷慨的地主、仁慈的行政人员、诚实的地方长官和抵御不幸的值得信赖的堡垒。尊重更多是通过彼此真诚以待而获得的，而不是封建权利所要求的。尽管士绅们普遍持保守主义态度，但正如人们所看到的，他们愿意与时俱进，有兴趣开发他们国家的资源，以获得比他们自己的收入更广泛的利益。

此外，贵族文化的传播和现代国家的诞生，极大提高了英国贵族

---

① CURTIS S J. History of education in Great Britain[M]. 3rd ed. London: University Tutorial Press, 1953: 53.

② BENCE-JONES M. The British aristocracy[M]. London: Constable, 1979: 238.

的文化影响力。对于国家的研究，倾向于使用马克斯·韦伯（Max Weber）的理论，在这其中，君主制被认为是暴力垄断。具体来说，这种国家权力的巩固确保了君主政体拥有迄今为止一直掌握在领地领主手中的大部分权力：禁令、胁迫、惩罚和司法权威。这个过程为几个新的研究领域提供了背景。国家的发展决定了一般贵族的法律命运和个别贵族的个人地位。

贵族在官方仪式上享有特权席位。值得注意的是，这种贵族秩序的出现与奴役的法律相吻合，奴役成为某些农户特有的个人身份，这些农户的成员要缴纳特定的税，并附属于其领主的领地。

英国贵族意识到自己作为上层阶级，即使是随着现代化的发展落入衰落的境地，他们仍然优越于他们的祖先——曾经拥有财富、地位和权力的精英阶层。阶级意识把巨大的财富、崇高的地位和至高无上的权力聚集在一起，并加以阐述、包容和超越。因为阶级意识本质上是对财富、地位和权力等客观情况的有限但真实的主观意识。

英国贵族后来的衰落是缓慢而温和的。在所有方面，近代早期英格兰明显偏离了主要的大陆君主国的模式。直到18世纪后期，国家和社会仍然紧密地交织在一起，私人和公共领域令人绝望地交织在一起。[①] 战争驱动的国家扩张扩大了而不是减少了这种混乱。西方大陆国家成为贵族获取和行使重要权力的主要阵地。因此，欧洲大陆君主政体的自治程度远不如英国，英国贵族长期霸权的两个基础是私有财产和微弱的特权，直到19世纪80年代才开始衰落。即使是英国贵族，尽管其灵活性和适应性极强，也无法抵挡努力塑造现代世界的强大力量。

在描述和强调历史变迁时，教育史学者倾向于挖掘过去发生的变化。然而，专注于教育历史的变化并非全是益处。在这一过程中，连

① 许洁明，王云裳. 英国贵族文化史［M］. 上海：上海社会科学院出版社，2019：64-65.

续性的教育规律会被弱化，甚至会变得模糊，不利于对后来影响的深入分析。本书主要在延续的基础上，对新变的教育变化进行阐述与梳理。若归纳斯图亚特时期的历史性特征和阶段划分，可分为四个阶段：斯图亚特早期贵族教育的发展（1603—1640）、斯图亚特革命时期贵族教育的发展（1641—1660）、斯图亚特复辟时期教育的发展（1661—1688）以及斯图亚特后期贵族教育的发展（1689—1714）。但这样的分期显得过于简单与笼统，也不利于对教育的长时段梳理与描述，这是本书之所以主要采取专题式研究贵族教育的缘由。在斯图亚特王朝统治时期，英国教育、社会与人发生了巨大变化，有学者将该时期定性为“现代英格兰的开端”。1603—1714 年，英国经济取得了巨大进步，社会结构发生了根本变化。1714 年后，英国正处于从农业社会向工业化社会过渡的边缘。宗教和知识趋势的普遍世俗化共同推进教育的现代化。发生在 1603—1714 年的重大宪法变革，标志着中世纪英格兰和现代英国之间的急剧断裂，为君主立宪制和政治稳定提供了基础。总之，斯图亚特时代发生变化的重要性不应被低估，但需要放在恰当的历史背景中看待。关于英国为什么会成为“第一个工业化国家”这个备受争议的问题，至少部分答案是基于此阶段取得的教育成就。

结　论

历史是贵族的坟墓。

——维尔弗雷多·帕雷托（Vilfredo Pareto）

英国贵族在各方面受到历史学家相当多的关注，教育史学者可通过探索贵族不断变化的理想，探析教育对他们的公共生活以及国家进程的影响，进而以自己的研究方式不断深化补充该主题。教育史的研究并不囿于还原教育产生和发展的历史过程，更多的是揭示教育发展的真相与规律，为当代教育革新提供参照。此外，教育史学者还应以自己的方式研究教育学科来纠正时代的错误判断，结合史料对现有观点的继承与批判也是十分必要且重要的。既有的观察表明，英国教育史图谱中仍存在不少的研究空白，其中不乏蕴藏着巨大研究价值的议题。本书透过历史视角对斯图亚特时期英国贵族教育的内容、特征、规律进行了梳理与归纳，但仍存在需要进一步深耕拓展之处。

一

英国贵族阶层及其生活吸引了许多历史学家和学者进行多维度的研究与关注。自荷马时代以来，英国贵族一直是有荣誉感的人，他们希望自己成为最好的人并遥遥领先于其他人。因此，教育承担并发挥了重要作用。在 11 世纪至 12 世纪，上层贵族以牺牲下层贵族为代价获得了权力，并发展出一套精致的礼仪和生活方式，以此在国王的宫廷中展示他们的威望。一般来说，对国王和贵族教育的了解在 12 世纪和 13 世纪开始变得深入起来，这取决于有关贵族教育书籍的出版。这些书籍提供了关于礼仪的建议以及涉及一般儿童教育的论说。中世纪的英国贵族是地主贵族，他们的成员享有国王的封地特权，以此来换取在战争中的优待。尽管他们作为铠甲骑士所采取的行动提高了自己阶层的威望，但他们作为贵族的荣誉却被认为是世袭的。16 世纪和 17 世纪早期教育家的号召可以用教皇庇护十一世在 1936 年的一句话来概括："永远不要忘记，基督教教育的主题是人的完整。"①

英国贵族和欧洲大陆贵族在荣誉观念和实践上存在着明显的异同，那些研究决斗的人倾向于淡化当代批评家的影响，认为决斗的持续存在证明了贵族未能获得广泛的公众支持。然而，战斗的意愿并不是捍卫决斗的权利而是少数人的立场，与此同时还有太多其他的抵消原则需要考虑。许多没有战斗过的绅士和贵族可以通过呼吁人们要培育忍耐、节制、和解与和谐的美德来支持他们的决定。这些虽并不总是能防止决斗，但它们足够引人注目，可以将决斗保持在很少的数量，并抑制大量的暴力。那些出身高贵的人应该有判断力：知道什么时候该约束自己，什么时候该弥合分歧。和解与团结的呼吁及提醒当然首先被用来试图防止战斗，更重要的是，它们还是在冲突爆发后让各方重新走到一起的呼吁。②

17 世纪后期出现的浪漫主义、自然主义教育家将贵族的礼貌行为视为装饰，而不是美德。理想的情况是婴儿应该按照理念所解释的内在天性来抚养。随着资产阶级在社会上掌权，其文化获得了霸权地位，

---

① FORREST A. Educational schemes and reformers in England during the early seventeenth century[D]. Edmonton:University of Alberta,1970:101.

② POLLNITZ A. Princely education in early modern Britain[M]. Cambridge:Cambridge University Press,2015:379.

古老的贵族教育变得荒谬并且被侵蚀。伊顿公学关于出身名门的孩子以强烈的荣誉感互相争斗的故事被维多利亚时代取笑，资产阶级理想也接管了贵族学院。然而，在人们的爱国主义和民族主义教育中，确实存在一些贵族价值观的碎片。①

正如本书前几章所述，贵族关于荣誉的争论是土地贵族生活的社会结构的一部分。这并不是一个明确的话题，而人们却在违反或者打破。荣誉观念是通过塑造对生活的看法来起作用的。它不仅仅是在法庭上、在政治舞台上、在刑台上，或者在决斗中发挥作用，而且它是日常对话和交流的一部分，以此来确保只有将公开展示的荣誉与精英的日常生活联系起来时，才能理解它。荣誉可能是一种令人不安的力量，但在很大程度上，它增强了社会凝聚力和社区性。荣誉赋予个人尊严和价值，提供行为模式，并提供与他人的联系。精英男女集体参与、定义光荣的行为，并且有许多关于光荣义务的公共提醒。②

在斯图亚特时期，英国贵族在复杂的教育等级制度的各个层次上的大幅度扩展完全称得上是一场“教育革命”。上学和上大学的人比以往任何时候都多，教育机构也在进行重组，以反映不断变化的社会需求以及国家的新权力和新要求。教育的连续性也很强，尤其体现在教学方法和材料以及教学职业的结构上。教育变革的经历千差万别，大学的命运突出了一个重要事实，即教育的进步不是线性的，教育机构密切依赖于它们所处的社会和政治环境。教育对社会的影响既是独立的，也是相互依赖的。近代早期，欧洲的大学反映并延续了财富和机会的不平等以及社会上层普遍存在的意识形态假设。学校教育在他们的成长过程中扮演了比 16 世纪更重要的角色，但必须认识到，对学习的需求必须存在才能推动教育和识字的发展，而且学校并不是获得识

---

① BALTZELL E D. Reflections on aristocracy[J]. Social research,1968:635-650.

② POLLOCK L A. Honor,gender,and reconciliation in elite culture,1570-1700[J]. Journal of British studies,2007,46(1):3-29.

字能力的唯一场所。①

英国贵族在历史上的重要性与他们的数量无关，他们在总人口中所占的比例总是很小，即使在农村也是如此，他们的社会地位与人口数量无关，因为只有不到十分之一的人拥有头衔。绝大多数士绅确实是平凡的人，在一个受到严格限制的环境中从事着普通职业，过着默默无闻的生活。士绅的社会重要性主要来自他们对土地的所有权，直到近代，土地还是财富的主要形式和政治权力的最大来源。从 16 世纪开始，贵族们获得了英国大约一半的领土，剩下的一半由王权、教会、大地主和自耕农共同分享。士绅占据主导地位的重要因素是他们成功地在现代历史的重大转折和趋势中找到了优势。随着这一成功，他们获得了君主和大领主的经济特权和政治独立，而士绅作为地主阶层中占支配地位的中间因素，他们在郡政府中拥有实权。的确，在复辟之后，大地主们控制了威斯敏斯特和中央行政部门，并长期控制着资助来源。尽管如此，士绅们在其本县的亲民基础上，仍然是一股不可忽视的力量，是司法机关和政府不可缺少的力量。

二

实际上，英国贵族并非一个同质的、统一的社会群体。详尽的历史论题是建立在相反的假设之上的，不少学者将其分为相互冲突的两部分——“崛起的”绅士和“衰落的”绅士、“宫廷”绅士和“普通”绅士。与其强调土地财产所有权所形成的共同利益纽带和对其优势与责任的认知，不如观察共同的教育背景在建立土地社会各阶层之间普遍的文化联系方面的强大影响，似乎更为现实。因此，在有关地租和

① MARGARET W J. Commendations for physical activity in writings on gentlemanly education in England c. 1500-c. 1700[D]. London：University of London，1988：89-90.

农业、财产安全和国家稳定、享受乡村生活和关心贫穷人的问题上，最伟大的公爵和最谦虚的乡村绅士通常的思想和言论几乎是相同的。自然，存在于地主阶层内部的财富和影响力的巨大差异，使人们对等级制度中的地位有了敏锐的认识，必须向社会上层表示尊重，但这本身就是一种尊重。①

为了使一个人在社会中扮演好贵族角色，教育至关重要。宫廷生活成为良好行为的典范，礼貌这个词进入了语言。英国贵族的子弟被培养成彬彬有礼的骑士和侍女。即使是成为牧师的贵族也学会了使用武器。父母通过为孩子规划婚姻和事业等方式，努力组织孩子的教育。婴儿有奶妈喂养他们，还有干奶妈，父母以其他方式照顾他们。有些孩子由亲戚抚养，这加强了亲属关系，有些孩子被送到更高级别的贵族家庭，甚至被送到宫廷，这使他们有机会学习更优雅的礼仪，接受更多博学的大师的教育。当孩子六七岁时，情况会发生转变。男孩们由男性导师教导，导师教他们阅读和写作以及一些拉丁语。只有少数贵族继续在大学学习。②

与此同时，英国贵族女孩们也学会了阅读和写作，但她们的教学不那么正式和密集。男孩们开始参加著名的狩猎运动，在那里他们学习了马术和武器管理。在12—14岁，他们开始了必要的体能训练，学习成为骑士，穿戴盔甲，掌握使用剑和长枪的技能，并在比赛中进行角逐。18岁时，他们正式成为骑士。此时女孩们开始学习家务以及如何缝纫、编织和纺纱。

文艺复兴时期的人文主义挑战了贵族世代继承的优越感这一观念，并提出了一种精神贵族的观念，这种观念源于对身体本能更精细的控

---

① MINGAY G E. The gentry：the rise and fall of a ruling class[M]. New York：Longman，1976：188.

② CROUCH D. The birth of nobility：constructing aristocracy in England and France，900-1300[M]. London：Routledge，2015：3-7.

制以及更广泛的文学技巧。因此，贵族需要更好的教育，以便与博学的资产阶级竞争并获得在国王政府中有影响力的职位。骑士的形象仍然是贵族的象征，这表现在对纹章和盔甲肖像的持续使用上，骑士游戏以骑马等衍生形式继续存在。然而，贵族男性的体力活动被正式化，因为这些活动被转化为一种仪式化的生活方式，这种生活方式在巴洛克和洛可可时期达到顶峰，强调外表和举止。

17 世纪，英国社会呈现出的一些新特征影响了英国贵族教育。例如，舞蹈变得越来越重要，并引起了教育作家的兴趣。优秀的舞者更容易了解并学习在贵族生活中取得成功所必需的外表、姿势和步态的知识。贵族子女继续在父母的庄园、其他贵族家庭或宫廷中长大。男孩的正规文学教育得到升级，由专业的校长指导。拉丁语是最受关注的科目，有些男孩学会了希腊语，甚至希伯来语。后来意大利语和法语取代拉丁语成为通用语，学习这些语言变得很重要。

斯图亚特时期英国贵族教育的另一个特点是盛大的旅行，在此期间，一个年轻人和他的导师在欧洲各地旅行几年，在学院和大学学习。通过与同级别的外国成员交往，年轻人学会了精致的国际化礼仪、口才技能和语言。与此同时，女孩的文学教育水平也得到了提高。除了阅读和写作之外，她们还学习意大利语和法语。有的女性因博学而在欧洲名声大噪，但总体来说，女孩的受教育水平还是低于男孩，她们的重心仍然是家务和针线活。

贵族政府是以希腊哲学家亚里士多德的名字命名的，亚里士多德认为社会中最富有或最受爱戴的成员是社会中最优秀的人，因此应该成为统治者。然而，在现实中，这些人往往只占人口的一小部分。在中世纪欧洲大部分地区，贵族政府范例中存在的封建制度就是贵族制度的例子。贵族社会的一个共同特征是社会经济因素，如具有某种宗教、血统或经济地位。值得注意的是，在贵族社会中存在着某种结构各异的政府形式，最有钱的人也可以直接购买政治职位，或者有能力竞选公职。相比之下，较贫穷的社会成员无法做到这一点，从而使贵族制度长期存在。

英国贵族具有某种贵族感，无论是真实的还是意象的都与统治阶级有关。在寡头政体中，统治完全基于权力。例如英国王室在现代相当于贵族。家庭成员应遵守礼仪标准，对社会产生良好影响，即使是有名无实的人物。今天，贵族被认为是一种相当陈旧的政府形式。然而，社会仍然以一种赋予权力的方式宠爱富人和名人，这与过去的贵族无异。寡头政治中的精英拥有商业或金融背景，而贵族中的精英则拥有军事背景。① 吉尔伯特·切斯特顿（Gilbert Chesterton）打趣道："民主意味着未受教育者的政府，而贵族意味着受教育程度低的人的政府。"然而，精英贵族阶级统治社会既有好处，也有坏处。古希腊哲学家柏拉图在《理想国》一书中对不同类型的政府从好到坏进行了排名，并对每种政府的优点进行了深入讨论。他认为，贵族是最好的政府形式，因为其能够以最有效的方式来管理社会。②

三

17 世纪，贵族学院在欧洲开始蔓延，它们通常是由国王和王子建立。大多数学院都是寄宿学校。在很长一段历史时期，制度是由贵族阶级组成的议会制定的，要么由贵族自己统治要么由国王统治。尽管历史上有些贵族独立于君主而存在，但大多数情况下，这种制度是在君主制的框架下发展起来的。这导致了一个贵族阶层的兴起，其成员拥有男爵、公爵、伯爵和领主等官方头衔，并协助国王统治他的王国。有时，君主本人也是从贵族阶层中选出的。在历史上和现代的大多数

---

① KATHLEEN K. Making way for genius: the Irish aristocracy in the seventeenth century[M]. New Haven: Yale University Press, 2012: 153.

② 柏拉图. 理想国 [M]. 郭斌和，张竹明，译. 北京：商务印书馆，2017：176.

贵族中，统治阶级都任命自己的孩子为继承人。这种世袭的权力转移是基于这样一种信念，即良好的领导素质是由血统传承下来的。①

英国政府的优点是这种政府形式旨在将领导权交给高素质的人，这是值得称赞的。它通过在委员会成员之间分配权力来防止单一独裁者的崛起。统治阶级的赞助成就了历史上贵族统治的王国艺术和文化的蓬勃发展。理想情况下，贵族中善意的领导人可以为国家做最好的事情，而不会受到公众舆论的影响。这种政府形式在发生军事冲突的情况下是有利的，因为它可以形成一个组织良好的指挥链。

贵族、伯爵和侯爵等头衔在过去几个世纪由君主制授予，并且多年来一直被继承。在封建主义时期，成为贵族意味着拥有巨大的财政、政治和社会特权。但长期以来，它的现实意义只表示认可和声望。随着岁月的流逝和新国家形式的创建，特权一直在消失。贵族的优点可归纳为三点，其一，温和保守。贵族的主要优点在于其保守主义更为稳定。贵族能够奉行一致的政策，因为贵族不受大众热情的影响。其二，贵族更强调质量而非数量。由少数高素质的人领导的政府必然是好的。其三，贵族统治下的政府是由少数有智慧和能力的人管理的。这样一个政府的决策是成熟、正确和理性的，肯定不会轻易受到民众情绪的影响。

当英国贵族掌权时，他们拥有至高无上的权力。为保持自身荣誉，他们有动力维持现状，技术和经济驱动因素时常伴随着教育变革。无论如何，英国贵族都要回答一个问题，那就是必须考虑利益影响谁的问题。统治阶级的利益将是实质性的，但被统治者的利益很少在贵族统治下。领导者生来就被赋予了特定的角色，但纵观历史，纯粹的贵族制度从未持续超过几年，这是因为贵族希望获得进一步的权力和影

---

① BENCE-JONES M. The British aristocracy[M]. London:Constable,1979:236.

响，从而有利于或巩固他们的地位。[①] “贵族义务”的概念使贵族们努力工作却一无所获，后来倾向于被谴责为“家长式统治”。然而，如果英国贵族制度完全过时，受害的将是国家，而不是贵族，他们只是被免除了许多令人厌烦的责任。在其他方面，这个国家遭受的贵族价值衰落比贵族本身更严重。

客观地说，所谓的精英政治很难给本国带来与以前贵族时代相媲美的开明领导。伯特兰·罗素（Bertrand Russell）所说的“人类的卓越”也无法与贵族相提并论，在他看来，“人类的卓越”包含了许多与贵族有关的元素，如无畏、独立判断、悠闲的文化。随着英国权力结构和等级制度的变化，贵族教育在斯图亚特时期经历了重大转变。它从断断续续的基础识字教育，乐观地说，是一些写作教育，转变为试图在文科中建立某种程度的文化适应的教育。学校教育成为英国社会越来越重要的一部分，虽然在这个时期已经很重要了，但在洛克的论文发表一个世纪后，它才在儿童生活中发挥核心作用。事实上，这场关于普通教育的对话继续影响着整个西方世界，并促使各国考虑强制性公共教育。[②]

综上，贵族时代的英国是一个不平衡的社会，它的理论基础在于少数人有能力为了多数人的利益而支配国家机构。土地赋予了他们信誉，他们借此对立法机关和行政机关进行控制，土地所有者统治着整个州。没有革命，也没有对他们地位的持续挑战，反映出贵族们有能力适应不断变化的环境，并以被视为大多数人的最佳利益的方式进行治理。在斯图亚特时期，关于英国贵族教育仍有许多疆域等待开拓。反思当代，随着全球范围内后疫情时代的到来，世界各国凸显出众多

---

① BENCE-JONES M. The British aristocracy[M]. London：Constable，1979：237.

② SAMUEL G. Revolutionary schooling in England：general education in the Stuart period[D]. Charleston：College of Charleston，2021：45.

社会问题，这提醒着人们需要愈发关注人、教育与社会发展的问题。从实践角度看，重要的是影响教育改革的公共辩论以及如何在教育各方面更好地迎接未来的挑战。教育史的研究不能以思辨性和理论性为满足，它必须从历史的篇章中走出来，影响我们现代的教育主张。

参考文献

一、中文参考文献

（一）著作

［1］施罗德. 英国史［M］. 刘秋叶，译. 上海：上海三联书店，2020.

［2］巴比耶. 书籍的历史［M］. 刘阳，等译. 桂林：广西师范大学出版社，2005.

［3］柏拉图. 理想国［M］. 郭斌和，张竹明，译. 北京：商务印书馆，2017.

［4］伯恩斯，拉尔夫. 世界文明史：第2卷［M］. 罗经国，译. 北京：商务印书馆，1987.

［5］布鲁巴克. 西方教育史经典名著译丛：西方教育文化史［M］. 单中惠，王强，译. 济南：山东教育出版社，2012.

［6］塔科夫. 为了自由：洛克的教育思想［M］. 邓文正，译. 北京：生活·读书·新知三联书店，2001.

［7］夏平. 真理的社会史：17世纪英国的文明和科学［M］. 赵万里，等译. 南昌：江西教育出版社，2002.

［8］克伯雷. 西方教育经典文献：上［M］. 任钟印，译. 北京：人民教育出版社，2016.

[9] 克伯雷. 西方教育经典文献：下 [M]. 任钟印，译. 北京：人民教育出版社，2016.

[10] 默顿. 17 世纪英国的科学、技术与社会 [M]. 范岱年，吴忠，蒋效东，译. 成都：四川人民出版社，1986.

[11] 杜兰. 世界文明史第七卷：理性开始时代 [M]. 幼狮文化公司，译. 北京：东方出版社，1998.

[12] 洛克，贝克莱，休谟. 17、18 世纪英国著名哲学家 [M]. 韦丽，王欢，等译. 北京：北京理工大学出版社，2013.

[13] 赖斯纳. 近代西洋教育发达史 [M]. 陈明志，等译. 北京：商务印书馆，1934.

[14] 罗伯兹. 英国史：1688 年至今 [M]. 鲁光桓，译. 广州：中山大学出版社，1990.

[15] 摩根. 牛津英国通史 [M]. 王觉非，等译. 北京：商务印书馆，1993.

[16] 德瓦尔德. 欧洲贵族 1400-1800 [M]. 姜德福，译. 北京：商务印书馆，2008.

[17] 豪厄特，威多森. 英语教学史 [M]. 刘振前，庄会彬，宋青，译. 北京：商务印书馆，2016.

[18] C. E. 埃克斯利，J. M. 埃克斯利. 综合英语语法 [M]. 洪清盾，等译. 石家庄：河北人民出版社，1981.

[19] 麦克法兰. 英国个人主义的起源 [M]. 管可秾，译. 北京：商务印书馆，2020.

[20] 奥尔德里奇. 简明英国教育史 [M]. 诸惠芳，等译. 北京：人民教育出版社，1987.

[21] 麦考莱. 麦考莱英国史Ⅲ：威廉王朝和复辟王朝的斗争：1685-1702 [M]. 刘仲敬，译. 长春：吉林出版集团股份有限公司，2016.

［22］沙玛．英国史Ⅰ：在世界的边缘？3000BC-AD1603［M］．彭灵，译．北京：中信出版社，2016.

［23］沙玛．英国史Ⅱ：不列颠的战争：1603-1776［M］．彭灵，译．北京：中信出版社，2018.

［24］沃尔夫．十六、十七世纪科学、技术和哲学史：全两册［M］．周昌忠，苗以顺，毛荣运，等译．北京：商务印书馆，2017.

［25］邦斯．托马斯·霍布斯：国家与自由［M］．江威，译．武汉：华中科技大学出版社，2019.

［26］布里格斯．英国社会史［M］．陈叔平，等译．北京：商务印书馆，2015.

［27］科班．中世纪英国大学生活［M］．邓磊，杨甜，译．重庆：重庆大学出版社，2017.

［28］斯通．贵族的危机 1558-1641 年［M］．于民，王俊芳，译．上海：上海人民出版社．2011.

［29］斯通．英国的家庭、性与婚姻 1500-1800［M］．刁筱华，译．北京：商务印书馆，2011.

［30］曹孚．外国教育史［M］．北京：人民教育出版社，1962.

［31］陈曦文，王乃耀．英国社会转型时期经济发展研究：16 世纪至 18 世纪中叶［M］．北京：首都师范大学出版社，2002.

［32］崔树义．当代英国阶级状况［M］．杭州：浙江大学出版社，2006.

［33］傅新球．英国社会转型时期的家庭研究［M］．合肥：安徽人民出版社，2008.

［34］高岱．英国通史纲要［M］．合肥：安徽人民出版社，2002.

［35］高海林，阎照祥，丁建定，等．世界通史：近代史卷［M］．开封：河南大学出版社，2004.

［36］龚勋．世界通史：第 2 卷［M］．汕头：汕头大学出版社，

2012.

［37］辜燮高，等. 1689-1815 年的英国［M］. 北京：商务印书馆，1997.

［38］郭方. 英国近代国家的形成：16 世纪英国国家机构与职能的变革［M］. 北京：商务印书馆，2006.

［39］郭家宏. 从旧帝国到新帝国：1783-1815 年英帝国史纲要［M］. 北京：商务印书馆，2007.

［40］郭家宏. 日不落帝国的兴衰：英国与英帝国史研究［M］. 北京：北京师范大学出版社，2012.

［41］贺国庆，王保星，朱文富，等. 外国高等教育史［M］. 北京：人民教育出版社，2003.

［42］胡景钊，余丽嫦. 17 世纪英国哲学［M］. 北京：商务印书馆，2006.

［43］胡悦. 英国私立学校指南［M］. 北京：清华大学出版社，2018.

［44］扈红英. 西方现代国家建构研究：自由主义与民族主义的视角［M］. 北京：光明日报出版社，2018.

［45］姜德福. 社会变迁中的贵族：16-18 世纪英国贵族研究［M］. 北京：商务印书馆，2004.

［46］姜德福，等. 转型时期英国社会重构与社会关系调整研究［M］. 北京：商务印书馆，2017.

［47］姜守明，黄光耀，许洁明，等. 英国通史·第 3 卷　铸造国家：16-17 世纪英国［M］. 南京：江苏人民出版社，2016.

［48］李念培，孙正达. 英国［M］. 北京：世界知识出版社，1988.

［49］刘贵华. 人文主义与近代早期英国大学教育［M］. 北京：中国社会科学出版社，2016.

［50］刘金源，李义中，刘明周，等. 英国通史·第 4 卷　转型时

期：18 世纪英国［M］. 南京：江苏人民出版社，2016.

［51］刘亮. 剑桥大学史［M］. 上海：上海交通大学出版社，2012.

［52］刘明周. 英帝国史［M］. 南京：江苏人民出版社，2019.

［53］刘益东，高璐，李斌. 科技革命与英国现代化［M］. 济南：山东教育出版社，2020.

［54］中共中央马克思恩格斯列宁斯大林著作编译局. 马克思恩格斯选集：第 1 卷［M］. 北京：人民出版社，1995.

［55］马陵. 新太阳：教育经济化［M］. 北京：新华出版社，2001.

［56］国际皮埃尔·德·顾拜旦委员会. 奥林匹克主义：顾拜旦文选［M］. 刘汉全，等译. 北京：人民体育出版社，2008.

［57］平爱红，王威，张春宏. 简明中外教育史［M］. 沈阳：辽宁大学出版社，2013.

［58］钱乘旦，陈晓律. 在传统与变革之间：英国文化模式溯源［M］. 成都：四川人民出版社，2003.

［59］钱乘旦，许洁明. 英国通史［M］. 上海：上海社会科学院出版社，2007.

［60］钱乘旦. 英帝国史：第 1-7 卷［M］. 南京：江苏人民出版社，2019.

［61］邱翔钟. 权贵英国［M］. 上海：上海人民出版社，2016.

［62］曲卫国. 近代英国礼貌变革研究［M］. 上海：复旦大学出版社，2017.

［63］冉群超. 16 世纪到 20 世纪英国旅行的兴起与发展［M］. 北京：中国铁道出版社，2017.

［64］任万芳. 全球化视角下的英美国家社会文化研究［M］. 长春：东北师范大学出版社，2017.

［65］单中惠. 西方教育思想史［M］. 北京：中国人民大学出版社，2017.

［66］沈之兴．西方文化史：第 4 版［M］．广州：中山大学出版社，2019.

［67］孙承谷．英国国家制度［M］．北京：生活·读书·新知三联书店，1965.

［68］舒小昀．分化与整合：1688-1783 年英国社会结构分析［M］．南京：南京大学出版社，2003.

［69］滕大春，姜文闵．外国教育通史：第 4 卷［M］．济南：山东教育出版社，1992.

［70］滕大春．教育史研究与教育规律探索［M］．北京：人民教育出版社，2019.

［71］王建平．西方健康教育思想史［M］．北京：首都师范大学出版社，2006.

［72］王晋新，姜德福．现代早期英国社会变迁［M］．上海：上海三联书店，2008.

［73］王荣堂．英国近代史纲［M］．沈阳：辽宁大学出版社，1988.

［74］王承绪．世界教育大系：英国教育［M］．长春：吉林教育出版社，2000.

［75］吴式颖，李明德．外国教育史教程：第 3 版［M］．北京：人民教育出版社，2018.

［76］吴式颖，任钟印，杨汉麟，等．外国教育思想通史：第 5 卷［M］．长沙：湖南教育出版社，2002.

［77］吴式颖，任钟印，朱旭东，等．外国教育思想通史：第 6 卷［M］．长沙：湖南教育出版社，2002.

［78］吴式颖，赵荣昌，等．外国教育史简编［M］．北京：教育科学出版社，1988.

［79］肖先明．近代社会转型时期英国贵族文学形象的嬗变与道德价值的重塑［M］．武汉：武汉大学出版社，2019.

［80］邢占廷．英美语言文化背景知识［M］．郑州：河南大学出版社，2011.

［81］徐华娟．社会转型时期英国富裕农民经济生活与社会生活研究［M］．北京：中国社会科学出版社，2020.

［82］徐辉，郑继伟．英国教育史［M］．长春：吉林人民出版社，1993.

［83］徐辉．简明外国教育史［M］．重庆：西南师范大学出版社，2020.

［84］许洁明，王云裳．英国贵族文化史［M］．上海：上海社会科学院出版社，2019.

［85］许洁明．17 世纪的英国社会［M］．北京：中国社会科学出版社，2004.

［86］阎照祥．英国贵族史［M］．北京：人民出版社，2000.

［87］阎照祥．英国近代贵族体制研究［M］．北京：人民出版社，2006.

［88］阎照祥．英国史［M］．北京：人民出版社，2014.

［89］阎照祥．英国政党政治史［M］．北京：中国社会科学出版社，1993.

［90］阎照祥．英国政治思想史［M］．北京：人民出版社，2010.

［91］阎照祥．英国政治制度史［M］．北京：人民出版社，2012.

［92］颜景高．历史转折的文化动因探析［M］．济南：山东人民出版社，2012.

［93］易红郡．英国教育的文化阐释［M］．上海：华东师范大学出版社，2009.

［94］易红郡．英国教育思想史［M］．上海：华东师范大学出版社，2017.

［95］易红郡．近代早期西方教育的演进［M］．上海：华东师范大

学出版社，2022.

［96］易红郡. 从冲突到融合：20 世纪英国中等教育政策研究［M］. 保定：河北大学出版社，2022.

［97］原青林. 揭示英才教育的秘诀：英国公学研究［M］. 哈尔滨：黑龙江人民出版社，2006.

［98］张斌贤，王晨. 外国教育史［M］. 北京：教育科学出版社，2015.

［99］张薇. 苏格兰大学发展研究［M］. 呼和浩特：内蒙古大学出版社，2011.

［100］张勇. 英国［M］. 沈阳：辽宁教育出版社，1999.

［101］赵秀荣. 近代早期英国社会史研究［M］. 北京：中国社会科学出版社，2017.

［102］周常明. 牛津大学史［M］. 上海：上海交通大学出版社，2012.

［103］周采. 外国教育史［M］. 上海：华东师范大学出版社，2008.

［104］周亦斌. 传承与嬗变：英国都铎时期学校音乐教育的演进研究［M］. 保定：河北大学出版社，2022.

［105］朱镜人. 英国教育思想之演进［M］. 北京：人民教育出版社，2014.

［106］朱伟奇. 中世纪骑士精神［M］. 西安：陕西人民出版社，2004.

［107］朱孝远. 中世纪欧洲贵族［M］. 广州：广东人民出版社，1996.

（二）期刊论文

［1］蔡玲玉. 英国绅士文化对当前教育的启示［J］. 法制与社会，2016（26）：224-225.

［2］陈露茜. 外国教育史学在中国［J］. 浙江大学学报（人文社会科学版），2019，49（2）：32-43.

［3］陈凯鹏. 近代早期英国贵族的体育运动［J］. 经济社会史评论，2018（1）：21-29.

［4］陈倩晗. “群体人物研究”的样本：西方史学界对中世纪晚期英国“北方贵族”的研究［J］. 天津大学学报（社会科学版），2020，22（4）：321-329.

［5］陈祖洲. 斯图亚特王朝早期议会与王权的斗争［J］. 史学月刊，2000（6）：94-100.

［6］杜大昌. 英国贵族子弟学校：伊顿公学［J］. 世界知识，1981（9）：27-28.

［7］杜成宪，章小谦. 关于教育史学评论的理论思考［J］. 华东师范大学学报（教育科学版），2003（1）：65-73.

［8］谷延方，侯建新. 17 世纪英国城市化与非农化：危机下的社会转型［J］. 世界历史，2013（1）：51-65.

［9］顾晓鸣. 略论十七世纪英国革命中的新贵族［J］. 复旦学报：社会科学版，1982（1）：88-92.

［10］郭佳丽. 从文化贡献视角溯源英国贵族教育发展轨迹：评《英国贵族文化史》［J］. 教育发展研究，2020，40（Z1）：127.

［11］郭法奇. 教育史研究：应当增强一定的解释力：基于教育史研究一些基本问题的思考［J］. 首都师范大学学报（社会科学版），2014，216（1）：131-135.

［12］洪明. 西方教育研究取向新进展［J］. 教育研究，2000（10）：68-71.

［13］贺国庆. 新时期外国教育史学科的奠基人之一：纪念滕大春先生诞辰 100 周年［J］. 河北大学学报（哲学社会科学版），2009，34（5）：1-4.

[14] 贺国庆，张薇．“教育史”学科面向未来的思考 [J]．教育科学，2005 (1)：31-33.

[15] 郝田虎．作为教育家和思想家的弥尔顿 [J]．外国语文，2019，35 (4)：33-40.

[16] 黄硕．17 世纪伦敦重建与近代英国经济发展 [J]．鲁东大学学报（哲学社会科学版），2014，31 (3)：29-34.

[17] 黄思记，李申申．论当前道德及道德教育的症结：兼论世俗化进程中认知的偏颇与失误 [J]．河南大学学报（社会科学版），2015，55 (1)：124-135.

[18] 姜德福，闫俊萍．12 世纪早期英国诺曼贵族的家族成长策略 [J]．苏州科技学院学报（社会科学版），2013，30 (6)：74-79.

[19] 李德志．试论英国新贵族的构成、特点及历史作用 [J]．史学集刊，1985 (3)：57-63.

[20] 李立国．宗教改革与西方教育现代化的起源 [J]．清华大学教育研究，2003 (6)：67-72.

[21] 李先军，孙莉．教育史研究的“视觉转向”分析：滥觞、价值及解读方法 [J]．现代大学教育，2023，39 (2)：27-37.

[22] 李佩．试析 16-17 世纪英国社会结构的变化 [J]．重庆与世界（学术版），2013，30 (11)：68-71.

[23] 刘长宽．教育史研究中的直接引用指瑕 [J]．教育史研究，2023，5 (1)：23-28.

[24] 刘贵华．近代早期英国贵族子弟入学的文化动因 [J]．江汉大学学报（社会科学版），2009，26 (2)：106-110.

[25] 刘淑青．17 世纪初英国宫廷贵族政治斗争的文化诠释 [J]．学习与探索，2009 (1)：234-236.

[26] 刘家和．关于历史发展的连续性与统一性问题：对黑格尔曲解中国历史特点的驳论 [J]．北京师范大学学报（社会科学版），2009，

211（1）：87-99.

［27］孟广林，金德宁. 中世纪后期英国世俗贵族阶层的历史辨析［J］. 史学月刊，2017（5）：85-94.

［28］欧志雄，舒小昀. 1688-1783年英国贵族阶层分析［J］. 湖北师范学院学报（哲学社会科学版），2003（2）：44-50.

［29］秦元旭，罗香香. 近代早期英国贵族捐赠高等教育的方式探析［J］. 新丝路，2018（24）：191-192.

［30］尚梦杰. 历史必然性：英国欧陆游学的兴起［J］. 陇东学院学报，2019，30（1）：80-83.

［31］邵政达. 革命与司法：17世纪英国普通法法院的独立［J］. 世界历史，2018（4）：104-116.

［32］沈文钦，陈洪捷. 近代英国博雅教育及其古典渊源［J］. 高等教育研究，2011（12）：45.

［33］申国昌，周洪宇. 全球化视野下的教育史学新走向［J］. 教育研究，2009，30（3）：70-74.

［34］孙连娣. 探析中世纪贵妇社会地位的变化［J］. 赤峰学院学报（汉文哲学社会科学版），2014，35（1）：59-60.

［35］田正平. 我学习和研究中国教育史的历程与感悟［J］. 课程·教材·教法，2017，37（4）：93-99.

［36］田晓红. 论近代英国贵族政治文化大众化及其影响［J］. 湖北行政学院学报，2012，（5）：93-96.

［37］王立杰，陈家起. 英国伊顿公学"贵族精神"的培养对体育课程实践的启示［J］. 山东体育学院学报，2018，34（3）：112-116.

［38］王乃耀. 论英国都铎王朝时期阶级关系的新变化［J］. 首都师范大学学报（社会科学版），1996（3）：50-56.

［39］王萍. 从传统回归现实：英国都铎时期世俗贵族传统军事职能弱化现象简析［J］. 世界历史，2009（5）：70-77.

[40] 王秋怡. 论近代英国贵族的教育变革 [J]. 临沂大学学报, 2015, 37 (2): 41-43.

[41] 王炳照. 人文社会科学研究的历史意识 [J]. 北京师范大学学报 (社会科学版), 2009, 213 (3): 22-28.

[42] 吴新颖, 龙献忠. 英国传统文化对现代化进程的影响 [J]. 江淮论坛, 2004 (5): 141-144.

[43] 王保星. 知识变迁与我国外国教育史学科改革的新思维 [J]. 南京师大学报 (社会科学版), 2014, 192 (2): 104-109.

[44] 王晨. 教育思想史系统性研究方式及其限度 [J]. 教育研究, 2012, 33 (3): 125-129.

[45] 肖朗. 史学方法论与教育史研究刍议 [J]. 华东师范大学学报 (教育科学版), 2016, 34 (4): 5-7.

[46] 肖先明. 近代早期英国贵族传统教育方式的转型 [J]. 国外社会科学, 2015 (5): 109-113.

[47] 徐志超, 顾复. 论英国的新贵族及其历史演变 [J]. 苏州大学学报, 1988 (4): 139-144.

[48] 许洁明, 秦元旭. 近代英国社会结构变迁中的文化牵引作用 [J]. 四川大学学报 (哲学社会科学版), 2012 (3): 25-31.

[49] 阎照祥. 近代前期思想家对英国贵族制的评论 [J]. 世界历史, 2006 (3): 39-50.

[50] 阎照祥. 近代英国上层党派关系宽容化摭论 [J]. 世界历史, 2008 (2): 46-58.

[51] 阎照祥. 论英国贵族政治权势在近代的延续 [J]. 历史研究, 1991 (4): 168-182.

[52] 阎照祥. "光荣革命"后英国贵族集团的若干特征 [J]. 河南大学学报 (社科版), 1996 (6): 54-59.

[53] 阎照祥. 16-18 世纪英国宪制和宪制思想演进 [J]. 史学集

刊，2006（4）：51-59.

［54］阎照祥. 17-19世纪初英国贵族欧陆游学探要［J］. 世界历史，2012（6）：74-84.

［55］阎照祥. 论英国近代政治制度发展的渐进性和多元性［J］. 河南大学学报（哲学社会科学版），1985（4）：143-148.

［56］阎照祥. 略论英国保守党和自由党的产生［J］. 史学月刊，1990（3）：96-103.

［57］阎照祥. 英国贵族阶级属性和等级制的演变［J］. 史学月刊，2000（5）：91-98.

［58］阎照祥. 英国近代贵族大地产论略［J］. 史学月刊，2003（8）：77-84.

［59］阎照祥. 英国近代贵族决斗析要［J］. 世界历史，2011（6）：73-83.

［60］阎照祥. 英国近代贵族政治研究述评［J］. 河南大学学报（社会科学版），2003（4）：36-40.

［61］阎照祥. 英国世俗贵族等级的演化［J］. 历史教学（高校版），2007（1）：18-23.

［62］杨捷. 试论西方教育史学科发展的轨迹［J］. 河北师范大学学报（教育科学版），2017，19（2）：8-15.

［63］易红郡. 公学：英国社会精英的摇篮［J］. 中国地质大学学报（社会科学版），2008（6）：73-77.

［64］喻冰峰. 近代早期英国的教育捐赠［J］. 江西社会科学，2012，32（7）：127-132.

［65］张慧芝. 论近代初期英国新贵族与社会阶级的关系［J］. 黑龙江史志，2008（17）：64-65.

［66］张明明. 近代早期英国世俗贵族对文化知识态度的转变［J］. 洛阳师范学院学报，2015，34（6）：68-76.

[67] 张宗华. 论英国近代贵族体制中民族精神的精髓 [J]. 西北民族大学学报（哲学社会科学版），2009（5）：28-35.

[68] 周采. 当代史学发展趋势及其对教育史研究的意义 [J]. 清华大学教育研究，2018（3）：105-111.

[69] 朱镜人，汤燕. 托马斯·埃利奥特的人文主义绅士教育思想研究 [J]. 安徽教育学院学报，2007，130（2）：1-4.

[70] 庄晨燕. 法国教育体制与“国家贵族”再生产：皮埃尔·布迪厄《国家贵族：精英大学与团体精神》导读 [J]. 民族高等教育研究，2021，9（6）：9-17.

[71] 左敏. 从国王特权到贵族文化：17 世纪英国狩猎活动的变化及其寓意分析 [J]. 史林，2012（5）：152-159.

[72] 张斌贤，杜成宪，肖朗，等. 教育史学科建设六人谈 [J]. 华东师范大学学报（教育科学版），2016，34（4）：1-14.

（三）学位论文

[1] 安行. 近代早期英国贵族教育研究：以哈罗公学为范例 [D]. 苏州：苏州大学，2019.

[2] 安颖超. 17-19 世纪英国贵族大陆游学研究 [D]. 天津：天津师范大学，2019.

[3] 毕书媛. 16-18 世纪英国贵族精神的“渐进式”演变及其对社会风气的影响 [D] 大连：辽宁大学，2011.

[4] 卞玉. 斯图亚特王朝复辟时期英国宗教政策研究：1660-1688 [D]. 南京：南京师范大学，2012.

[5] 陈磊. 16 世纪的伦敦“精英阶层”研究 [D]. 哈尔滨：哈尔滨师范大学，2013.

[6] 丁芳. 英国伊顿公学办学特色研究 [D]. 长沙：湖南师范大学，2012.

[7] 杜冰川. 14-17 世纪西方绅士教育思想研究 [D]. 南京：南京

师范大学，2012.

［8］郭佳丽. 近代早期英国贵族阶层妇女的教育［D］. 天津：天津师范大学，2014.

［9］贺亚丽. 15 世纪英国乡绅的政治生活研究［D］. 兰州：兰州大学，2017.

［10］黄燕. 英国公学改革历史研究：1861-1979［D］. 南京：南京师范大学，2010.

［11］姜德福. 16-18 世纪英国贵族的社会地位［D］. 长春：东北师范大学，2003.

［12］李宏燕. 弥尔顿自由教育思想研究［D］. 济南：山东师范大学，2021.

［13］李梓榕. 中世纪时期英国贵族阶层子女的教育状况研究［D］. 天津：天津师范大学，2018.

［14］梁淑红. 英国公学的特色研究［D］. 武汉：华中师范大学，2002.

［15］秦元旭. 18 世纪英国社会结构变迁研究［D］. 昆明：云南大学，2012.

［16］尚梦杰. 英国欧陆游学研究［D］. 开封：河南大学，2020.

［17］邵冠青. 行走的力量：伊丽莎白一世时期的教育旅行研究［D］. 上海：上海大学，2013.

［18］孙艳. 斯图亚特王朝早期宗教政策研究［D］. 南京：南京师范大学，2011.

［19］田杰. 从威廉·马歇尔看骑士的“勇”与“忠”［D］. 石家庄：河北师范大学，2010.

［20］汪兰丽. 中世纪英国贵族政治文化［D］. 北京：中国政法大学，2007.

［21］王丽丽. 维多利亚晚期英国社会改革运动中的贵族女性：以

亨利·萨默塞特公爵夫人为个案［D］. 昆明：云南大学，2012.

［22］魏灿. 欧洲文艺复兴时期音乐教育观念转型研究：以意大利与英国为例［D］. 南京：南京艺术学院，2017.

［23］吴婷. 18世纪英国大旅行研究［D］. 兰州：西北师范大学，2016.

［24］伍娅. 试论英国的骑士制度［D］. 上海：华东师范大学，2006.

［25］武翠红. 传统与变革：英国教育史学历史演变研究［D］. 南京：南京师范大学，2012.

［26］谢雪冰. 近代英国高等教育的历史脉络及其特征分析［D］. 昆明：云南大学，2008.

［27］许璐. 16-18世纪英国贵族大陆游学研究［D］. 武汉：华中师范大学，2015.

［28］许二斌. 14-17世纪欧洲的军事革命与社会转型［D］：长春：东北师范大学，2003.

［29］杨娜. 论17-19世纪的英国贵族社会［D］. 济南：山东师范大学，2011.

［30］于淼. 当代英国伊顿公学课程设置研究［D］. 哈尔滨：哈尔滨师范大学，2016.

［31］张富体. 16-18世纪英国世俗贵族教育变革研究［D］. 昆明：云南大学，2010.

［32］张炜. 印刷媒介与15、16世纪英国社会变迁［D］. 北京：中国社会科学院研究生院，2009.

［33］甄玉峰. 试论中世纪英国骑士制度的特征及作用［D］. 石家庄：河北师范大学，2022.

［34］周丽丽. 试论英国公学的文化特色［D］. 上海：上海外国语大学，2005.

二、英文参考文献

（一）著作

[1] BEALES A C F. Education under penalty: English Catholic education from the reformation to the fall of James Ⅱ,1547-1689[M]. London:University of London,Athlone Press,1963.

[2] ADAM B. Aristocracy in England[M]. New York: Harper & brothers,1886.

[3] ACHESON E. A gentry community: Leicestershire in the fifteenth century,c. 1422-c. 1485[M]. Cambridge:Cambridge University Press,2003.

[4] GRELL C, FORTANIER A D. L'éducation des jeunes filles nobles en Europe: XⅧe-XⅧe siècles[M]. Paris:Presses de L'Université de Sorbonne,2004.

[5] FOX A. Oral and literate culture in England 1500-1700[M]. Oxford:Clarendon Press,2000.

[6] ADAMSON J W. The educational writings of John Locke[M]. Cambridge:Cambridge University Press Cambridge,2011.

[7] ADAMSON J W. Pioneers of modern education in the seventeenth century[M]. New York:Teachers College Press,1971.

[8] ALEXANDER M V C. The growth of English education,1348-1648: a social andcultural history[M]. University Park: Pennsylvania State University Press,1990.

[9] AMBROZIAK B. Michael Graves: images of a tour[M]. New York:Princeton Architectural Press,2005.

[10] ANDERSON R. British universities past and present[M].

Lancaster:Carnegie Publishing,2006.

[11] FLETCHER A. Growing up in England: the experience of childhood 1600-1914[M]. New Haven,CT:Yale University Press,2008.

[12] BAMFORD T W. Thomas Arnold on education[M]. Cambridge: Cambridge University Press,1970.

[13] PONSONBY A. The decline of aristocracy[M]. New York: Kraus,1972.

[14] ASHCRAFT R. Locke's two treatises of government[M]. London:Routledge,2013.

[15] HARRIS B J. English aristocratic women,1450-1550:marriage and family, property and careers[M]. New York: Oxford University Press,2002.

[16] COWARD B. The Stuart age:England 1603-1714[M]. London: Routledge,1980.

[17] BASIL B. The seventeenth century background:studies in the thought of the age in relation to poetry and religion[M]. New York: Columbia University Press,1967.

[18] BEER A B. Milton: poet, pamphleteer and patriot[M]. New York:Bloomsbury Press,2008.

[19] BEN-AMOS I K. Adolescence and youth in early modern England[M]. New Haven CT:Yale University Press,1994.

[20] BERNARD G W. The power of the early Tudor nobility: a study of the fourth and fifth Earls of Shrewsbury[M]. Sussex: Harvester Press,1985.

[21] BLACK J A. Military revolution? Military change and European society 1550-1800[M]. Basingstoke:Red Globe Press,1991.

[22] WORDEN B. Stuart England[M]. Oxford:Phaidon,1986.

[23] BRADDICK M J. State formation in early modern England, c. 1550-1700[M]. Cambridge: Cambridge University Press, 2000.

[24] REDFORD B. Venice & the Grand Tour[M]. New Haven and London: Yale University Press, 1996.

[25] BRYANT C. Entitled: a critical history of the British aristocracy [M]. New York: Doubleday, 2017.

[26] BUSH M L. Social orders and social classes in Europe since 1500: studies in social stratification[M]. London: Routledge, 2014.

[27] CLAY C G A. Economic expansion and social change: England, 1500-1700: volume 1: people, land, and towns[M]. New York: Cambridge University Press, 1984.

[28] CLAY C G A. Economic expansion and social change: England 1500-1700: volume 2: industry, trade and government[M]. Cambridge: Cambridge University Press, 1985.

[29] PATRIDES C A, WADDINGTON R B. The age of Milton: backgrounds to seventeenth-century literature[M]. Manchester: Manchester University Press: 1980.

[30] SOMMERVILLE C J. The discovery of childhood in puritan England[M]. London: University of Georgia Press, 1992.

[31] BREMNER C S. Education of girls and women in Great Britain [M]. London: S. Sonnenschein & Company, Lim. , 1897.

[32] HOLLISTER C W. The making of England: 55 B. C. to 1399 [M]. Lexington, MA: DCHeath & Co. , 1996.

[33] CANNON J. Aristocratic century: the peerage of eighteenth-century England[M]. London/New York: Cambridge University Press, 1984.

[34] CASTRONOVO D. The English gentleman: images and ideals

in literature and society[M]. New York:Ungar,1987.

[35] KNIGHT C. William Caxton,the first English printer:a biography [M]. London:Charles Knight and Co. ,1844.

[36] MILLS C. The history of chivalry or knighthood and its times [M]. London:Longman,1826.

[37] PETIT-DUTAILLIS C. The feudal monarchy in France and England: from the Xth to the XIIth century[M]. London/New York: Routledge,2013.

[38] TILLY C. The formation of national states in western Europe [M]. Princeton:Princeton University Press,1975.

[39] GIVEN-WILSON C. The English nobility in the late middle ages[M]. London:Routledge,1996.

[40] RYAN C. The tourist experience[M]. London:Cengage Learning EMEA,2002.

[41] GRAVETT C. The knight in medieval England 1400-1500 [M]. Oxford:Osprey Publishing,2002.

[42] HILL C. The century of revolution: 1603-1714[M]. London: Routledge,1993.

[43] MAXWELL C,AGGLETON P. Elite education: international perspectives[M]. London:Routledge,2015.

[44] COFFEY J. John Goodwin and the puritan revolution: religion and intellectual change in seventeenth-century England[M]. Woodbridge: Boydell Press,2006.

[45] CLAIR C. A history of European printing London[M]. New York:Academic Press,1976.

[46] COSS P R. The knight in medieval England: 1000-1400[M]. Brand:Sutton Pub Ltd. ,1993.

[47] CRAWFORD P. Blood, bodies and families in early modern England[M]. New York: Routledge, 2014.

[48] FILDES V. Women as mothers in pre-industrial England[M]. London: Routledge, 1990.

[49] CRESSY D. Education in Tudor and Stuart England[M]. London: Edward Arnold Ltd., 1975.

[50] CRESSY D. Literacy and the social order: reading and writing in Tudor and Stuart England[M]. Cambridge: Cambridge University Press, 2006.

[51] CROUCH D. The birth of nobility: constructing aristocracy in England and France, 900-1300[M]. London: Routledge, 2015.

[52] UNDERDOWN D, KISHLANSKY M A, AMUSSEN S D. Political culture and cultural politics in early modern England: essays presented to David Underdown[M]. Manchester: Manchester University Press, 1995.

[53] PHILLIPS D C. Encyclopedia of educational theory and philosophy [M]. London: SAGE Publications Inc., 2014.

[54] SYLVESTER D W. Educational documents, 800-1816[M]. London: Methuen, 1970.

[55] LEADER D R. A history of the University of Cambridge. Volume1: the university to 1546[M]. Cambridge: Cambridge University Press, 1994.

[56] DEFOE D. The compleat English gentleman[M]. London: David Nutt, 1890.

[57] CANNADINE D. Aspects of aristocracy, grandeur and decline in modern Britain[M]. New Haven: Yale University Press, 1994.

[58] CANNADINE D. The decline and fall of the British aristocracy

[M]. New Haven and London: Yale University Press, 1990.

[59] CRESSY D. Literacy and the social order: reading and writing in Tudor and Stuart England [M]. Cambridge: Cambridge University Press, 2006.

[60] CROUCH D. The image of aristocracy: in Britain, 1000-1300 [M]. London: Routledge, 1992.

[61] MCKITTERICK D. Four hundred years of university printing and publishing in Cambridge 1584-1984[M]. Cambridge: Cambridge University Press, 1984.

[62] MCKITTERICK D. A history of Cambridge University Press, volume Ⅰ [M]. Cambridge: Cambridge University Press, 1992.

[63] DUNTHORNE H. Britain and the Dutch Revolt, 1560-1700 [M]. Cambridge: Cambridge University Press, 2013.

[64] CHANEY E. The evolution of the Grand Tour: Anglo Italian cultural relations since the renaissance[M]. London: Frank Cass, 1998.

[65] WINGFIELD-STRATFORD E. The making of a gentleman [M]. London: Williams and Norgate Ltd., 1938.

[66] HEAL F, HOLMES C. The gentry in England and Wales, 1500-1700[M]. Stanford: Stanford University Press, 1994.

[67] AUER A, SCHREIER D, WATTS R J. Letter writing and language change[M]. Cambridge: Cambridge University Press, 2015.

[68] FLETCHER A. Gender, sex, and subordination in England 1500-1800[M]. New Haven: Yale University Press, 1995.

[69] FLANAGAN F M. The greatest educators ever [M]. London: Continuum, 2005.

[70] ROGERS G A J. Locke's philosophy: content and context[M]. Oxford: Oxford University Press, 1996.

[71] TREVELYAN G M. England under the Stuarts[M]. London: Methuen,1980.

[72] CLARK G N. The later Stuarts, 1660-1714 [M]. Oxford: Clarendon Press,1934.

[73] EVANS G R. The University of Oxford: a new history[M]. London: Bloomsbury Academic,2021.

[74] GARDINER D. English girlhood at school: a study of women's education through twelve centuries [M]. Oxford: Oxford University Press,1929.

[75] George Bell Publisher. The English gentleman: his principles, his feelings, his manners, his pursuits[M]. London: G. Bell,1849.

[76] BRAUER G C. The education of a gentleman theories of gentlemanly education in England,1660-1775[M]. New York: Bookman Associates,1959.

[77] CRANFIELD G A. The press and society from Caxton to Northcliffe[M]. London: Longman,1978.

[78] GIBSON J. Locke's theory of knowledge and its historical relations[M]. Cambridge: Cambridge University Press,1917.

[79] DAVIES G. The early Stuarts,1603-1660[M]. London: Oxford University Press,1959.

[80] CAMPBELL G, CORNS T N. John Milton: life, work, and thought[M]. Oxford: Oxford University Press,2008.

[81] GORDON P, LAWTON D. Royal education: past, present, and future[M]. London: Frank Cass,2003.

[82] SMITH H L. Reason's disciples: seventeenth-century English feminists[M]. Urbana: University of Illinois Press,1982.

[83] DICKINSON H T. A companion to eighteenth-century Britain

[M]. New York, NY: John Wiley & Sons, 2008.

[84] HANS N A. New trends in education in the eighteenth century [M]. London: Routledge, 1951.

[85] HARRIS B J. English aristocratic women and the fabric of piety, 1450-1550[M]. Amsterdam: Amsterdam University Press, 2018.

[86] HARRIS I. The mind of John Locke: a study of political theory in its intellectual setting[M]. Cambridge: Cambridge University Press, 1998.

[87] HACKEL H B. Reading material in early modern England: print, gender, and literacy[M]. Cambridge: Cambridge University Press, 2005.

[88] GORDON G S. Peacham's compleat gentleman[M]. Oxford: Clarendon Press, 1906.

[89] HILL C. Change and continuity in seventeenth-century England [M]. London: Weidenfeld and Nicolson, 1974.

[90] ZMORA H. Monarchy, aristocracy and state in Europe, 1300-1800[M]. London: Routledge, 2001.

[91] HOUSTON R A. Literacy in early modern Europe: culture and education 1500-1800[M]. London: Routledge, 2016.

[92] NENNER H. The right to be king: the succession to the crown of England, 1603-1714[M]. Basingstoke: Macmillan, 1995.

[93] HOWITT W. The aristocracy of England: a history for the people[M]. London: Chapman, Brothers, 1846.

[94] KEARNEY H F. Scholars and gentlemen: universities and society in pre-industrial Britain, 1500-1700[M]. Ithaca: Cornell University Press, 1970.

[95] WHYTE I. Scotland's society and economy in transition, c.

1500-c. 1760[M]. London:Palgrave,1997.

[96] MILLWARD J S. Seventeenth century, 1603-1714 [M]. London:Hutchinson Educational,1967.

[97] BECKETT J V. The aristocracy in England 1660-1914[M]. New York:Basil Blackwell Inc. ,1986.

[98] HELLINGA L, TRAPP J B. The Cambridge history of the book in Britain, Ⅷ 1400-1557 [M]. Cambridge: Cambridge University Press,2014.

[99] DE MONTMORENCY J E G. The progress of education in England:a sketch of the development of English, educational organization from early,times to the year 1904[M]. London:Knight & Co. La Belle Sauvage,E. C,1904.

[100] BOWEN J. A history of western education. Vol. 3: the modern west,Europe and the new world[M]. London:Methuen,1981.

[101] CASEY J. The history of the family[M]. Oxford:Blackwell, 1989.

[102] CLELAND J. Institution of young nobleman[M]. New York: Scholars' Facsimiles & Reprints,1948.

[103] REED J E, PREVOST R. A history of christian education [M]. Nashville:Broadman & Holman,1993.

[104] AXTELL J. The educational writings of John Locke:a critical edition with introduction and notes[M]. Cambridge:Cambridge University Press,1968.

[105] JAMES L. Aristocrats: power, grace, and decadence: Britain's great ruling classes from 1066 to the present[M]. New York:St. Martin's Press,2013.

[106] JAMES L. On the nobility of the British gentry, or the

political ranks and dignities of the British empire, compared with those on the continent for the use of foreigners in Great Britain and of Britons abroad[M]. London: T. Hookham and Simpkin and Marshall, 1827.

[107] TEHIE J B. Historical foundations of education: bridges from the ancient world to the present[M]. Upper Saddle River, N. J: Pearson Merrill Prentice Hall, 2006.

[108] JENKINS P. The making of a ruling class: the glamorgan gentry 1640-1790[M]. Cambridge: Cambridge University Press, 2002.

[109] VELASCO J R. Order and chivalry: knighthood and citizenship in late medieval Castile[M]. Philadelphia: University of Pennsylvania Press, 2010.

[110] JEWELL H. Education in early modern England[M]. New York: St. Martin's Press, 1998.

[111] SIMON J. Education and society in Tudor England[M]. Cambridge: Cambridge University press, 1979.

[112] ADAMSON J W. The educational writings of John Locke [M]. Cambridge: Cambridge University Press, 2011.

[113] MILTON J, BROWNING O. Milton's tractate on education: a facsimile reprint from the edition of 1673[M]. Cambridge: Cambridge University Press, 1890.

[114] SPURR J. English puritanism, 1603-1689[M]. New York: St. Martin's Press, 1998.

[115] YOLTON J W. John Locke & education[M]. New York: Random House, 1971.

[116] YOLTON J W. John Locke and the way of ideas[M]. Oxford: Clarendon Press, 1956.

[117] ADAMSON J W. Pioneers of modern education: 1600-1700

[M]. Cambridge:Cambridge University Press,1905.

[118] ADAMSON J W. Contributions to the history of education: volume 3, pioneers of modern education 1600-1700 [M]. Cambridge: Cambridge University Press,2014.

[119] WROUGHTON J. The longman companion to the Stuart age,1603-1714[M]. New York:Longman,1997.

[120] YOLTON J W. John Locke:problems and perspectives[M]. New York:Cambridge University Press,1969.

[121] MCFARLANE K B. The nobility of later medieval England [M]. New York:Oxford University Press,1981.

[122] KAMEN H. European society 1500-1700 [M]. London: Hutchinson,1984.

[123] PARK K,DASTON L. The Cambridge history of science. Volume 3:early modern science[M]. New York:Cambridge University Press,2016.

[124] KATHLEEN K. Making way for genius:the Irish aristocracy in the seventeenth century[M]. New Haven:Yale University Press,2012.

[125] CHARLTON K. Education in renaissance England [M]. London:Routledge and Kegan Paul,1965.

[126] CHARLTON K. Women, religion and education in early modern England[M]. London:Routledge,1999.

[127] FRANKLIN KIRBY P. The Grand Tour in Italy(1700-1800) [M]. New York:S. F. Vanni,1952.

[128] KNIGHT L,WHITE M,SAUER E. Women's bookscapes in early modern Britain: reading, ownership, circulation [M]. Ann Arbor: University of Michigan Press,2018.

[129] STONE L. The crisis of the aristocracy, 1558-1641 [M].

Oxford:Oxford University Press,1967.

[130] LABORDE E D. Harrow school, yesterday and today[M]. London:Winchester Publications Limited,1948.

[131] LARMINIE V M. Wealth, kinship and culture: the seventeenth-century newdigates of Arbury and their world[M]. Rochester, N. Y: Boydell & Brewer,1995.

[132] LAURIE S S. The rise and early constitution of universities: with a survey of mediaeval education[M]. New York: Humboldt Publishing Co. ,1886.

[133] JAMES L. Aristocrats: power, grace, and decadence: Britain's great ruling classes from 1066 to the present[M]. Boston:Little Brown, 2009.

[134] STONE L. Schooling and society studies in the history of education[M]. Baltimore,Md:The Johns Hopkins University Press,1978.

[135] LAWSON J, SILVER H. A social history of education in England[M]. Abingdon:Routledge,2007.

[136] LEWALSKI B K. The life of John Milton[M]. Oxford: Blackwells Publishers,2003.

[137] LEWIS J S. In the family way: childbearing in the British aristocracy, 1760-1860 [M]. New Brunswick, NJ: Rutgers University Press,1986.

[138] PINE L G. Tales of the British aristocracy[M]. London: Burke Publishing Company Ltd. ,1956.

[139] MITCHELL L E. Family life in the middle ages[M]. Westport, Conn:Greenwood Press,2007.

[140] LOCKE J. An essay concerning human understanding[M]. New York:Penguin Books,1997.

[141] LOCKE J. The educational writings of John Locke[M]. Cambridge:Cambridge University Press,1968.

[142] LUDOVICI A M. A defence of aristocracy: a text book for Tories[M]. Boston:LeRoy Phillips,1915.

[143] JONES M. Gentry and lesser nobility in late medieval Europe [M]. New York:St. Martin's Press,1986.

[144] KISHLANSKY M. A monarchy transformed: Britain, 1603-1714[M]. London:Allen Lane/The Penguin Press,1996.

[145] BUSH M L. The English aristocracy: a comparative synthesis [M]. Manchester & New York:Manchester University Press,1984.

[146] LARDY M. L'éducation des filles de la noblesse et de la gentry en Angleterre au XVIIIe siècle[M]. Berne:Peter Lang,1994.

[147] MALLET C E. A history of the University of Oxford: volume 3[M]. London:Methuen and Co. Ltd. ,1927.

[148] JACOB M C. The cultural meaning of the scientific revolution [M]. New York:Alfred A. Knopf,1988.

[149] BENCE-JONES MARK. The British aristocracy[M]. London: Constable,1979.

[150] MOTLEY M E. Becoming a french aristocrat: the education of the court nobility 1580-1715[M]. Princeton:Princeton University Press, 2016.

[151] GIROUAR M. The return to camelot: chivalry and the English gentleman[M]. New Haven:Yale University Press,1981.

[152] CURTIS M H. Oxford and Cambridge in transition[M]. Oxford:Clarendon Press,1959.

[153] KEEN M. Chivalry[M]. London:Yale University Press,2005.

[154] MINER J N. The grammar schools of medieval England: AF

leach in historiographical perspective [M]. London: McGill-Queen's Press-MQUP, 1990.

[155] HARTE N, QUINAULT R. Land and society in Britain, 1700-1914: essays in honour of F. M. L. Thompson[M]. Manchester: Manchester University Press, 1996.

[156] BARKER N. The Oxford University Press and the spread of learning, 1478-1978: an illustrated history[M]. Oxford: Clarendon Press, 1978.

[157] TARCOV N. Locke's education for liberty[M]. Chicago: The University of Chicago Press, 1984.

[158] BARKER N. Form and meaning in the history of the book [M]. London: The British Library, 2003.

[159] SAUL N. Age of chivalry: art and society in late medieval England[M]. New York: St. Martin's Press, 1992.

[160] SAUL N. Chivalry in medieval England [M]. Cambridge, MA: Harvard University Press, 2011.

[161] WHEALE N. Writing and society: literacy, print and politics in Britain 1590-1660[M]. London: Routledge, 1999.

[162] O'DAY R. The family and family relationships, 1500-1900: England, France and the United States of America[M]. London: Macmillan Press Ltd., 1994.

[163] ORME N. From childhood to chivalry: the education of the English kings and aristocracy 1066-1530[M]. London: Methuen, 1984.

[164] COOK C. English historical facts: 1603-1688[M]. Totowa, N. J: Rowman and Littlefield, 1980.

[165] PARKER F, PARKER B J. Education in England and Wales: an annotated bibliography[M]. London: Routledge, 2018.

[166] MONROE P. A brief course in the history of education[M]. New York:The Macmillan Company,1907.

[167] PEACHAM H. The complete gentleman: the truth of our times,and the art of living in London[M]. Ithaca:Cornell University Press, for the Folger Shakespeare Library,1962.

[168] PELTONEN M. The duel in early modern England:civility, politeness and honour[M]. Cambridge:Cambridge University Press,2003.

[169] MASON P. The English gentleman: the rise and fall of an ideal[M]. New York:Morrow,1982.

[170] ARIÈS P. Centuries of childhood. A social history of family life[M]. trans. Robert Baldick,New York:Alfred A. Knopf,1962.

[171] POLLNITZ A. Princely education in early modern Britain [M]. Cambridge:Cambridge University Press,2015.

[172] PREST W R. The inns of court under Elizabeth I and the early Stuarts,1590-1640[M]. Harlow:Longmans,1972.

[173] ROBERTS C, ROBERTS F D, BISSON D. A history of England:prehistory to 1714[M]. London:Routledge,2016.

[174] HOULEBROOKE R A. The English family 1450-1700[M]. London and New York:Longman,1984.

[175] HOULBROOKE R. Britain and Europe, 1500-1780 [M]. London:Bloomsbury Academic,2011.

[176] RAVELHOFER B. The early stuart masque: dance, costume, and music[M]. Oxford:Oxford University Press,2006.

[177] GREAVES R L. The puritan revolution and educational thought:background for reform[M]. New Brunswick: Rutgers University Press,1969.

[178] RICKMAN J. Love, lust, and license in early modern England:

illicit sex and the nobility[M]. London:Routledge,2016.

[179] VERKAIK R. Posh boys: how English public schools ruin Britain[M]. London:Oneworld Publications,2018.

[180] RODRÍGUEZ-VELASCO J D. Order and chivalry: knighthood and citizenship in late medieval castile[M]. Philadelphia,Pa: University of Pennsylvania Press,2016.

[181] BEIER A L,FINLAY R. London 1500-1700: the making of the metropolis[M]. London/New York:Longman,1986.

[182] O'DAY R. Education and society 1500-1800: the social foundations of education in early modern Britain[M]. London:Longman,1982.

[183] SWEET R. Cities and the Grand Tour: the British in Italy 1690-1820[M]. Cambridge:Cambridge University Press,2012.

[184] ROSENTHAL J T. Patriarchy and families of privilege in fifteenth-century England[M]. Philadelphia: University of Pennsylvania Press,1991.

[185] ROUND J H. Studies in peerage and family history[M]. London:Archibald Constable & Co. Ltd. ,1901.

[186] GRANT R W. John Locke's liberalism[M]. Chicago: University of Chic,1987.

[187] HORLACHER S. Constructions of masculinity in British literature from the middle ages to the present[M]New York: Palgrave Macmillan,2011.

[188] CURTIS S J. History of education in Great Britain[M]. 3rd ed. London:University Tutorial Press,1953.

[189] HARTLIB S. The true and ready way to learn the Latin tongue,1654[M]. Menston:Scolar Press,1971.

[190] WARNEKE S. Images of the educational traveller in early

modern England[M]. Leiden:EJ Brill,1995.

[191] SCHÜCKING L L. The puritan family: a social study from the literary sources[M]. London: Routledge & Kegan Paul, 1969.

[192] SCHUTTE K. Women, rank and marriage in the British aristocracy, 1485-2000. An open elite? [M]. Basingstoke: Palgrave Macmillan, 2014.

[193] MORGAN V, LEADER D R, SEARBY P. A history of the University of Cambridge: volume 2, 1546-1750[M]. Cambridge: Cambridge University Press, 1988.

[194] SHEPARD A. Meanings of manhood in early modern England [M]. Oxford: Oxford University Press, 2006.

[195] SLACK P. The invention of improvement: information and material progress in seventeenth-century England[M]. Oxford: Oxford University Press, 2015.

[196] SNOOK E. Women, reading, and the cultural politics of early modern England[M]. London: Routledge, 2017.

[197] SOLINGER J D. Becoming the gentleman: British literature and the invention of modern masculinity, 1660-1815[M]. New York: Palgrave Macmillan, 2012.

[198] SPUFFORD M. Small books and pleasant histories: popular fiction and its readership in seventeenth-century England[M]. Cambridge: Cambridge University Press, 1985.

[199] FALLON S M. Milton among the philosophers: poetry and materialism in seventeenth century England[M]. Ithaca: Cornell University Press, 1991.

[200] HINDLE S. The state and social change in early modern England, 1550-1640[M]. Basingstoke: Palgrave, 2002.

［201］ JACK S M. Trade and industry in Tudor and Stuart England［M］. London：Allen and Unwin，1977.

［202］ SYLVESTER D W. Education documents：England and Wales 800 to 1972［M］. 1st ed. London：Taylor & Francis Group，2006.

［203］ TARCOV N. Locke's education for liberty［M］. Chicago：The University of Chicago Press，1984.

［204］ PANGLE L S，PANGLE T L. The learning of liberty：the educational ideas of the American founders［M］. Lawrence，KS：University Press of Kansas，1993.

［205］ SHERIDAN T. A plan of education for the young nobility and gentry of Great Britain［M］. Ann Arbor：University Microfilms，1969.

［206］ TREVELYAN G M. The English revolution，1688-1689［M］. Oxford：Oxford University Press，1938.

［207］ TURNER D. The old boys：the decline and rise of the public school［M］. New Haven and London：Yale University Press，2015.

［208］ VINCENT W A L. The grammar schools：their continuing tradition，1660-1714［M］. London：J. Murray，1969.

［209］ MALLOCK W. H. Aristocracy and evolution：a study of the rights，the origin，and the social functions of the wealthier classes［M］. New York：Macmillan，1898.

［210］ SPELLMAN W M. John Locke［M］. Basingstoke：Macmillan，1997.

［211］ COSTELLO S J W T. The scholastic curriculum at early seventeenth century Cambridge［M］. Cambridge，Mass：Harvard University Press，1958.

［212］ WHITEHEAD B. Women's education in early modern Europe：a history，1500 to 1800［M］. New York & London：Taylor Francis Group，

1999.

[213] PREST W R. The rise of the barristers:a social history of the English bar 1590-1640[M]. Oxford:Clarendon Press,1986.

[214] COSTER W. Family and kinship in England,1450-1800[M]. London:Routledge,2017.

[215] WILLCOX W B,ARNSTEIN W L. The age of aristocracy, 1688-1830[M]. Boston:DC Heath & Company,1992.

[216] DOYLE W. Aristocracy: a very short introduction [M]. Oxford:Oxford University Press,2010.

[217] GORDON G. S. Peacham's compleat gentleman: with an introduction[M]. Oxford:Clarendon Press,1634.

[218] SHARPE J A. Early modern England:a social history 1550-1760[M]. London:St. Martin's Press,1997.

[219] SHARPE K. Remapping early modern England: the culture of seventeenth-century politics [M]. Cambridge: Cambridge University Press,2000.

(二)期刊论文

[1] GILLESPIE M A. Liberal education and liberal democracy[J]. Academic questions,1990(4):65-68.

[2] WALSHAM A. Cultures of coexistence in early modern England: history,literature and religious toleration[J]. The seventeenth century, 2013,(28)2:115-137.

[3] ALLEN D W. A theory of the pre-modern British aristocracy [J]. Explorations in economic history,2009,46(3):299-313.

[4] ATTARD J. In defense of a liberal education: criticizing the critical[J]. Academic questions,2013,26(3):308-317.

[5] SMITH P L. Milton as an educator[J]. Journal of education,

1908,68(19):533-535.

[6] BALMUTH M. Female education in 16th and 17th century England[J]. Canadian woman studies,1988(9):17-20.

[7] BALTZELL E D. Reflections on aristocracy[J]. Social research, 1968,35(4):635-650.

[8] BATHO G. The education of a Stuart nobleman[J]. British journal of educational studies,1957,5(2):131-143.

[9] BRADIZZA L. Elite education and the viability of a Lockean society[J]. The review of politics,2008,70(4):547-571.

[10] BROEKHOFF J. Chivalric education in the middle ages[J]. Quest-illinois-national association for physical education in higher education, 1968,11(1):24-31.

[11] CAMPBELL F. Latin and the elite tradition in education[J]. The British journal of sociology,1968,19(3):308-325.

[12] CARRIG J. Liberal impediments to liberal education: the assent to Locke[J]. The review of politics,2001,63(1):41-76.

[13] CHAMBLISS J J. Reason, conduct, and revelation in the educational theory of Locke, Watts, and Burgh[J]. Educational theory, 1976,26(4):372-387.

[14] COHEN M. The Grand Tour: constructing the English gentleman in eighteenth-century France[J]. History of education, 1992, 21(3): 241-257.

[15] CRESSY D. Educational opportunity in Tudor and Stuart England[J]. History of education quarterly,1976,16(3):301-320.

[16] DANUSHEVSKAYA A V. The formation of a renaissance nobleman: William Cecil, 2nd Earl of Salisbury 1591-1668[J]. History of education,2002,31(6):505-520.

[17] MAXWELL-FYFE D. The inns of court and the impact on the legal profession in England[J]. SMU law review, 1950(4): 391-397.

[18] Dent K. Travel as education: the English landed classes in the eighteenth century[J]. Educational studies, 1975, 1(3): 171-180.

[19] DICKSON P G M, BECKETT J V. The finances of the Dukes of Chandos: aristocratic inheritance, marriage, and debt in eighteenth-century England[J]. Huntington library quarterly, 2001, 64(3/4): 309-355.

[20] DRESCHER S. Who needs ancienneté? Tocqueville on aristocracy and modernity[J]. History of political thought, 2003, 24(4): 624-646.

[21] DURKACZ V. The source of the language problem in Scottish education, 1688-1709[J]. The Scottish historical review, 1978, 57(163): 28-39.

[22] EVANS D R. Charles Ⅱ's "Grand Tour": restoration panegyric and the rhetoric of travel literature[J]. Philological quarterly, 1993, 72(1): 53-72.

[23] FORREST A. Clarendon's dialogue concerning education: a neglected document in seventeenth-century educational history [J]. Alberta journal of educational research, 1972, 18(3): 211-222.

[24] FRIEDMAN S, REEVESR A. From aristocratic to ordinary: shifting modes of elite distinction[J]. American sociological review, 2020, 85(2): 323-350.

[25] LOYN H R. Gesiths and thegns in Anglo-Saxon England from the seventh to the tenth century[J]. English historical review, 1955, 70(277): 529-549.

[26] GIANOUTSOS J. Locke and Rousseau: early childhood education [J]. The pulse, 2006, 4(1): 1-23.

[27] GOODRICHG A. Understanding a language of "aristocracy",

1700-1850[J]. The historical journal,2013,56(2):369-398.

[28] HALL M J. Women's education and literacy in England,1066-1540[J]. History of education quarterly,2021,61(2):181-212.

[29] FRENCH H,ROTHERY M. "Upon your entry into the world": masculine values and the threshold of adulthood among landed elites in England 1680-1800[J]. Social history,2008,33(4):402-422.

[30] HEXTER J H. The English aristocracy, its crises, and the English revolution,1558-1660[J]. Journal of British studies,1968,8(1):22-78.

[31] HILL C. The inns of court[J]. History of education quarterly,1972,12(4):543-550.

[32] HANSEN E. A prosopographical study of early modern English schoolmasters,c. 1480-c. 1650[J]. Renaissance studies,2021,35(4):675-690.

[33] HOUSTON R A. Literacy,education and the culture of print in Enlightenment Edinburgh[J]. History,1993,78(254):373-392.

[34] ROSE J E. Religion and revolution in seventeenth-century England[J]. The seventeenth century,2014,29(3):293-302.

[35] HEXTER J H. The education of the aristocracy in the renaissance[J]. The journal of modern history,1950,22(1):1-20.

[36] PARMENTIER J. De l'éducation de la noblesse anglaise du XVIe au XVIIIe siècle[J]. Revue internationale de l'enseignement année,1895(29):146-158.

[37] BROEKHOFF J. Chivalric education in the middle ages[J]. Quest,1968,11(1). :24-31.

[38] DENT K. Travel as education: the English landed classes in the eighteenth century[J]. Educational studies,1975,1(3):171-180.

[39] KLEIN L E. Liberty, manners and politeness in early eighteenth-century England[J]. Historical journal, 1989(32): 583-605.

[40] STONE L. The educational revolution in England, 1560-1640 [J]. Past and present, 1964(28): 69-139.

[41] LEVY F J. Henry Peacham and the art of drawing[J]. Journal of the warburg and courtauld institutes, 1974, 37(1): 174-190.

[42] WALLBANK M V. Eighteenth century public schools and the education of the governing Elite[J]. History of education, 1979, 8(1): 1-19.

[43] MACHARDY K J. Cultural capital, family strategies and noble identity in early modern Habsburg Austria 1579-1620[J]. Past & present, 1999, 163(1): 36-75.

[44] McGillivray G. Nannies, nursery nurses and early years professionals: constructions of professional identity in the early years workforce in England[J]. European early childhood education research journal, 2008, 16(2): 242-254.

[45] MENDELSON S H. Child rearing in theory and practice: the letters of John Locke and Mary Clarke[J]. Women's history review, 2010, 19(2): 231-243.

[46] Nazar H. Locke, education, and "disciplinary liberalism"[J]. The review of politics, 2017, 79(2): 215-238.

[47] O'Day R. Social change in the history of education: perspectives on the emergence of learned professions in England, c. 1500-1800[J]. History of education, 2007, 36(4/5): 409-428.

[48] OELKERS J. Influence and development: two basic paradigms of education[J]. Studies in philosophy and education, 1994, 13(2): 91-109.

[49] LEE P-A. Some English academies: an experiment in the education of renaissance gentlemen[J]. History of education quarterly, 1970, 10

(3):273-286.

[50] BOURDIEU P. The aristocracy of culture[J]. Media, culture & society, 1980, 2(3):225-254.

[51] POLLOCK L A. Honor, gender, and reconciliation in elite culture, 1570-1700[J]. Journal of British studies, 2007, 46(1):3-29.

[52] POWIS J. Monarchy, aristocracy, and the State in Europe: 1300-1800[J]. The English historical review, 2002, 117(473):970-972.

[53] RAMSAY J H. The strength of English armies in the middle ages[J]. The English historical review, 1914, 29(114):221-227.

[54] RITGER M. Milton and the literary workhouse[J]. Milton studies, 2021, 63(2):294-327.

[55] REVELL L. Religious education in England[J]. Numen, 2008, 55(2-3):218-240.

[56] RUGGIU F J. The urban gentry in England, 1660-1780: a French approach[J]. Historical research, 2001, 74(185):249-271.

[57] ACHINSTEIN S. "Samson Agonistes and the Drama of Dissent" [J]. Milton studies, 1997(32):133-157.

[58] SMITH J M. State formation, geography, and a gentleman's education[J]. Geographical review, 1996, 86(1):91-100.

[59] SMITH P L. John Milton as an educator[J]. Peabody journal of education, 1945, 23(3):169-179.

[60] STARNES D T. Elyot's "Governour" and Peacham's "Compleat Gentleman"[J]. The modern language review, 1927, 22(3):319-322.

[61] STEVENSON J. Reading, writing and gender in early modern Scotland[J]. The seventeenth century, 2012, 27(3):335-374.

[62] STONE L. Literacy and education in England 1640-1900[J]. Past & present, 1969(42):69-139.

[63] STORRS C, SCOTT H. M. The military revolution and the European nobility, c. 1600-1800[J]. War in history, 1996, 3(1): 1-41.

[64] STANWORTH P. Trade, gentility, and upper-class education in Victorian Britain[J]. International studies of management & organization, 1980, 10(1/2): 46-70.

[65] TOWNER J. The grand tour: a key phase in the history of tourism[J]. Annals of tourism research, 1985, 12(3): 297-333.

[66] USTICK W L. Changing ideals of aristocratic character and conduct in seventeenth-century England[J]. Modern philology, 1932, 30(2): 147-166.

[67] WALLIS P, WEBB C. The education and training of gentry sons in early modern England[J]. Social history, 2011, 36(1): 36-53.

[68] WEBSTER C. The curriculum of the grammar schools and universities 1500-1660: a critical review of the literature[J]. History of education, 1975, 4(1): 51-68.

[69] PREST W. Legal education of the gentry at the inns of court, 1560-1640[J]. Past & present, 1967(1): 20-39.

[70] YOUNG A R. Henry Peacham, Ben Jonson and the Cult of Elizabeth-Oriana[J]. Music & letters, 1979, 60(3): 305-311.

(三)学位论文

[1] BROMLEY A. Milton's utopian millennium: ideal society and eschatologyin seventeenth-century England [D]. Exeter: University of Exeter, 2021.

[2] MONICA DAPHNEB B. The children of the aristocracy and squirearchy in 18th century England: a new era in parent-child relationships [D]. Montreal: Concordia University, 1992.

[3] BOYLE C A. A social analysis of the upper ranks of the Scottish

peerage, 1587-1625[D]. Montreal: McGill University, 1998.

[4] SCHNECK C. Between words: popular culture and the rise of print in seventeenth century England[D]. Orlando: University of Central Florida, 2012.

[5] ANNA VLADIMIRAD. Ideal and practice: aspects of noble life in late Elizabethan and Jacobean England [D]. Kingston upon Hull: University of Hull, 2001.

[6] FORREST A. Educational schemes and reformers in England during the early seventeenth century [D]. Edmonton: University of Alberta, 1970.

[7] SAMUEL G. Revolutionary schooling in England: general education in the Stuart period[D]. Charleston: College of Charleston, 2021.

[8] LEONARD H. Knights and knighthood in Tudor gland[D]. London: Queen Mary University of London, 1970.

[9] KEITH SIDNEY D. The informal education of the landed classes in the eighteenth century, with particular reference to reading [D]. Birmingham: University of Birmingham, 1974.

[10] ROBBINS L H. The foundations of education: charity and the educational revolution in Tudor and Stuart England, 1560-1640 [D]. Evanston: Northwestern University, 2013.

[11] MANGIAFICO L C. Aspects in creating a gentleman: education and the Grand Tour in eighteenth-century England[D]. Amherst: University of Massachusetts, 1992.

[12] ZIMMER M B. The education of John Locke: a philosophical and historical analysis[D]. Cambridge: Harvard University, 1980.

[13] PINYAN K C. Changing understandings of gentility: status, gender, and social opportunity in England, c. 1400-1530[D]. New Brunswick:

The State University of New Jersey,2017.

[14] ANDREWS R P. A critical edition of the compleat gentleman (1622)By Henry Peacham[D]. London:University of London,1982.

[15] SLEEPER S. Languages of moderation:religion,education,and print in England, 1649-1714 [D]. Claremont: The Claremont Graduate University,2006.

[16] SHEEHAN E M. Survey of medieval schools from 500 to 1300 [D]. Boston:Boston University,1931.

[17] STARR C. The essex gentry 1381-1450[D]. Leicester:University of Leicester,1999.

[18] KNIPHFERT C. Nobility, knighthood, and Chivalry in medieval Britain:William Marshal and Simon de Montfort,1150-1265[D]. Waco: Baylor University,2018.

[19] MARGARET W J. Commendations for physical activity in writings on gentlemanly education in England c. 1500-c. 1700[D]. London: University of London,1988.

附　　录

表 1　1658—1719 年英国贵族人数　　（单位：人）

年份	公爵	侯爵	伯爵	子爵	男爵	总数	女贵族	总数
1658	2	2	55	7	53	119		
1676	11	3	66	11	65	156		
1684	13	2	66	9	63	153	6	159
1691	13	2	71	9	66	161		
1697	19	3	75	9	71	177		
1709	22	2	64	9	60	157		
1719	22	0	73	13	68	176		

资料来源：BECKETT J V. The aristocracy in England 1660-1914[M]. New York: Basil Blackwell Inc. ,1986:487.

表 2　1700—1720 年苏格兰和爱尔兰贵族人数　　（单位：人）

年份	苏格兰	仅苏格兰	仅爱尔兰
1700	—	135	88
1710	—	134	90
1720	—	109	96

资料来源：BECKETT J V. The aristocracy in England 1660-1914[M]. New York: Basil Blackwell Inc. ,1986:488.

表3 1660—1715年准男爵的授予人数 （单位：人）

年份	英格兰	苏格兰	爱尔兰	大不列颠（自1707年）
1660	136	—	6	
1661—1665	168	28	17	
1666—1670	28	29	4	
1671—1675	29	18	5	
1676—1680	39	10	5	
1681—1685	31	18	9	
1686—1690	22	17	7	
1691—1695	8	6	—	
1696—1700	23	18	2	
1701—1705	11	31	4	
1706—1710	1	11	2	10
1711—1715			—	27

资料来源：BECKETT J V. The aristocracy in England 1660-1914[M]. New York：Basil Blackwell Inc.，1986：489.

后　记

“穿过幽暗的岁月，也曾感到彷徨。”看了太多的后记，轮到自己，不觉辛劳，更多的是一种内心深处的宁静与复杂感慨。幸福是一种神秘的东西，它介于太少与太多之间。苏格拉底说：“承认自己的无知，乃是开启智慧的大门。”读博不仅是一场学术科研的升级操练，更多的是对自我世界意义的探寻。也许是心中期盼已久的果实即将成熟，也许是不确定性因素的逐渐明晰，也许是内心压抑之久的重事得以暂放，心中每一个小小目标与计划都在逐一进行中。从某种意义讲，中国哲学的本质就是人生哲学，人终究要回答一个问题——如何安排好自己这个最难安排的生命。有时并无对错，我们都在以“自己的方式”活着。既然选择了“出世”这样的一种生活方式，便需要将自己从现实世界中超脱出来，把无法在现实世界中被安顿好的内心投射到无限思想的一面，以期获得充实人生的最好方式，这便是读博之意义。

“业毕铭记师恩日月长。”首先很感激恩师易红郡教授，承蒙先生不弃，才有了如此宝贵的深造机会。易老师为人亲和，待人真诚，学术严谨的作风深刻影响着每一位易门学子，易门品牌也成为湖南师范大学教科院一面独具特色的旗帜。三年来，不论是学业还是生活上，易老师都对我关爱有加，提供了全方位的指导。易老师为我们制定的“做好规划，持续用功；掌握方法，提高效率；注意规范，稳步推进；日积月累，早日圆梦”目标成为我们日常学习和生活的科学指南。在学习上，易老师因材施教，不仅强调学术科研的严谨规范，还十分重视写作的方法与效率。每周三的读书会以及每月 8 号的汇报会，都是易门的常规活动，每一次的活动易老师都为我们带来最新的学术思想启迪和学业规划反馈，这也是易门凝聚力高度集中的有力方式之一，感谢老师的谆谆教诲。

“千山万水不忘来时路。”感谢我的硕导洪明教授，是他引领我踏上学术之路。在旗山脚下、人文楼中，洪老师当初的谆谆教导至今仍萦绕我耳畔。回想起来，硕士三年的学习为读博打下了一定基础。从葱葱旗山到巍巍麓山，从泱泱闽水到浩浩湘江，我在湖南师范大学教科院遇到了最敬爱的老师们。刘铁芳教授的“有但还不够”成为我们日常辩证法思考的箴言；容中逵教授十分强调思想表达的“逻辑自洽”；张传燧教授以“最好的学习是‘玩’”作为基本命题，带领我们从中国教育经典著作中汲取教育智慧；刘德华教授鼓励学生养成批判性独立思考意识，“研究方法论”是我们教育学人始终应遵循的研究自觉；王卫华教授提出的“体验为王”凸显出教育现象学研究的核心指向——“教育生活世界”；蒋红斌教授发出的“学校德育何以可能?”一问，引发了我们对当代社会道德教育深刻的思考与认识。此外，有幸旁听了张楚廷校长的课，在张校长通透犀利、饱含哲思睿智而又幽默风趣的表达，浅显易懂、深入浅出的话语间，大家逐渐获得了自我提升。

“听我说谢谢你，因为有你……”感谢“教原博小集体”的杜薇、蔡光悦、罗丰同学，大家一起上课，互帮互助且结成了深厚友谊。感谢二里半 8 栋的 210“家人”——刘京学博士、甘亚兵博士，很怀念我们一起相知相伴的岁月。感谢李必新等同学，感谢邹永星处长、陈国连师兄等。“易门学园”是所有易门学子温馨的港湾，尤其感谢陈瑶师姐一直以来对我的帮助，感谢缪学超、稂建中、黄蓝紫、唐超、周亦斌、曾咏柳、曹俊峰、胡碧瑜、杨杨、郑子菀、易珊、潘静、周颖莹、贺威姿、周元、尹霖等老师，感谢王宇遥、张礼华、秦睿、王新鹏、刘艳林、付娟等师弟师妹们对我的帮助，特别感谢胡玲师妹帮我校对英文摘要。“独学而无友，则孤陋而寡闻”，读博期间有幸认识了诸多优秀学友。感谢华东师范大学苏明明博士、清华大学马立超博士等，特别要感谢当时远在美国访学的北京师范大学蒋玉阳博士特意为我扫描珍贵的外文资料。感谢延安大学教科院刘瑞儒院长一直以来鼓励我奋进，支持我专注学业。

“回家吧，回到最初的美好。”感谢我的父母、哥哥与爱人，家庭支持是迄今为止让我继续前进的坚强后盾。特别要感谢我的爱人一直以来容忍我的缺点，在我失落时陪伴我、鼓励我，为我减负，替我分忧。家人是我完成学业的根本动力。饮水思源，感谢母校对我的培养。未来，尽管依旧充满不确定性，但我依然保持对生命和生活的热爱。希望自己成为对社会和祖国有用之人。

本书的顺利出版，离不开河北大学朱文富教授的指导与帮助，离不开李达老师等团队的辛勤工作与悉心指导，深切地感受到编辑工作的不易与伟大，在此由衷地深表谢意！

赵　森

2024 年 6 月 1 日于延安大学杨家岭校区